高等职业学校"十四五"规划护理专业群新形态一体化教材

正常人体形态结构

主　编　曾　韬
副主编　黄　华　佈仁托娅　吴庆明　李武成
编　者　（按姓氏笔画排序）
　　　　王先琴　常德职业技术学院
　　　　李武成　荆楚理工学院附属人民医院
　　　　李泽良　顺德职业技术学院
　　　　吴庆明　常德职业技术学院
　　　　佈仁托娅　锡林郭勒职业学院
　　　　郭凤敏　常德职业技术学院
　　　　唐立文　常德职业技术学院
　　　　黄　华　荆楚理工学院
　　　　曾　韬　荆楚理工学院

华中科技大学出版社
http://press.hust.edu.cn
中国·武汉

内 容 简 介

本书为高等职业学校"十四五"规划护理专业群新形态一体化教材。

本书共分为十二章,包括绪论、基本组织、运动系统、内脏学概述及消化系统、呼吸系统、泌尿系统、生殖系统、脉管系统、感觉器、神经系统、内分泌系统、人体胚胎学概论。

本书可供全国高职高专护理、助产、临床医学、口腔医学、中医学、康复治疗技术、呼吸治疗技术、药学、中药学等专业使用。

图书在版编目(CIP)数据

正常人体形态结构 / 曾韬主编. —武汉:华中科技大学出版社,2023.9(2025.8重印)
ISBN 978-7-5680-9781-9

Ⅰ.①正… Ⅱ.①曾… Ⅲ.①人体形态学 ②人体结构 Ⅳ.①R32 ②Q983

中国国家版本馆 CIP 数据核字(2023)第 174663 号

正常人体形态结构   曾　韬　主编

Zhengchang Renti Xingtai Jiegou

策划编辑:余　雯　周　琳
责任编辑:毛晶晶　余　琼
封面设计:廖亚萍
责任校对:朱　霞
责任监印:周治超
出版发行:华中科技大学出版社(中国·武汉)　　　电话:(027)81321913
　　　　　武汉市东湖新技术开发区华工科技园　　　邮编:430223
录　　排:华中科技大学惠友文印中心
印　　刷:湖北新华印务有限公司
开　　本:787mm×1092mm　1/16
印　　张:18
字　　数:415千字
版　　次:2025 年 8 月第 1 版第 2 次印刷
定　　价:79.80 元

高等职业学校"十四五"规划护理专业群新形态一体化教材编委会

主任委员　文历阳　华中科技大学
　　　　　　胡　野　金华职业技术学院

副主任委员（按姓氏笔画排序）

江智霞　贵州护理职业技术学院　　姚腊初　益阳医学高等专科学校
林雪霞　邢台医学高等专科学校　　梁明进　广东茂名健康职业学院

委　员（按姓氏笔画排序）

于爱霞　周口职业技术学院　　　　李燕飞　广东茂名健康职业学院
马　彦　顺德职业技术学院　　　　肖有田　常德职业技术学院
王　刚　仙桃职业学院　　　　　　何秀堂　荆楚理工学院
申社林　邢台医学高等专科学校　　柏晓玲　贵州护理职业技术学院
史　铀　四川城市职业学院　　　　黄贺梅　郑州铁路职业技术学院
冯永军　锡林郭勒职业学院　　　　傅学红　益阳医学高等专科学校
兰小群　广东创新科技职业学院　　熊海燕　广东茂名健康职业学院
李　涛　仙桃职业学院

网络增值服务使用说明

欢迎使用华中科技大学出版社医学资源网yixue.hustp.com

1.教师使用流程

（1）登录网址：http://yixue.hustp.com （注册时请选择教师用户）

注册　登录　完善个人信息　等待审核

（2）审核通过后，您可以在网站使用以下功能：

管理学生

建立课程　　　　　　　布置作业

下载教学资源　　　　教师　　　查询学生学习记录等

2.学员使用流程

建议学员在PC端完成注册、登录、完善个人信息的操作。

（1）PC端学员操作步骤

①登录网址：http://yixue.hustp.com （注册时请选择普通用户）

注册　登录　完善个人信息

②查看课程资源

如有学习码，请在个人中心-学习码验证中先验证，再进行操作。

首页课程 —选择课程→ 课程详情页 → 查看课程资源

（2）手机端扫码操作步骤

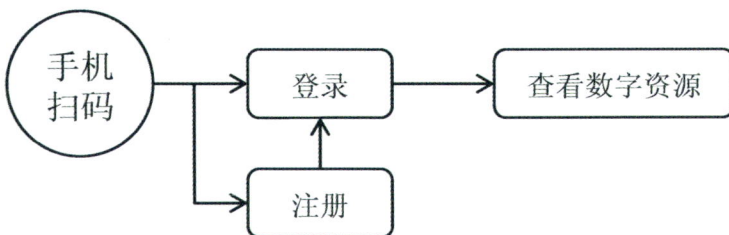

手机扫码 → 登录 → 查看数字资源
手机扫码 → 注册 → 登录

前 言

Qianyan

  《正常人体形态结构》的编写遵循思想性、科学性、先进性、创新性和适用性相结合的原则，以医学各专业人才培养目标为核心，重点体现本课程的基本理论、基本知识和基本技能，力求贴近学生、贴近岗位、贴近社会。

  本书的知识目标是让医学生能够掌握正常人体形态结构中的基本结构名词、人体的组成。熟悉各系统主要器官的位置、形态、结构、毗邻关系。理解人体各系统、器官的功能和相互影响，认识到人体是一个有机的整体，能够正确运用解剖学知识进行专业操作。

  本书共十二章，每章或每节之前列有相应的学习目标，内容中间穿插有"知识拓展"，大部分章后附有"课后习题"，有助于课后练习和总结。全书图片精美，解剖学名词以全国科学技术名词审定委员会公布的《人体解剖学名词》为准；计量单位的使用按照《中华人民共和国法定计量单位》的规定执行。本书合理地融入部分实践教学内容，以培养学生理论联系实际的能力，完成学以致用的能力目标。同时希望学生能够通过对课程的学习，具有实事求是的科学态度，完成能够发现问题、分析问题、解决问题的素质目标。

  本书是由各位编者共同努力、通力合作而完成的。在编写过程中参考、借鉴了许多同行的研究成果和文献资料，也得到了出版社的大力支持，在此一并致谢！

  由于编者水平有限，加之时间紧张，书中尚存不足之处，恳请各位读者提出宝贵意见，以便修正提高，使之臻于完美，特此致谢！

曾 韬

目 录

Mulu

第一章　绪　　论

本章 PPT

学习目标

掌握：正常人体形态结构的定义、解剖学姿势、常用的方位术语。
熟悉：人体的组成和系统的划分。
了解：正常人体形态结构在医学中的地位及学习方法。

案例导入

有文献提示，人类可能不应该采取仰卧位睡姿，因为违反了人体重要器官的自然血流动力学原理。"卧如弓"是重要的传统养生理念，意思是说，睡觉时不应采取仰卧位，而应该采取左侧卧位或右侧卧位。此外，某些与心肺功能和消化吸收功能测试相关的实验研究报道，仰卧位会产生更加不利的影响，如不利于肺换气或消化道对营养物质的吸收。因此，睡姿与健康的关系是一个值得深入研究的问题。

第一节　正常人体形态结构的定义及在医学中的地位

正常人体形态结构是一门形态科学，是研究正常人体形态、结构及发生、发展规律的学科。它包括人体解剖学、组织学与胚胎学。

人体解剖学（human anatomy）是研究正常人体各部分形态、结构、位置、毗邻及结构与功能关系的学科。按照其研究和叙述方法的不同，又可分为按照组成人体的各系统，逐一研究和叙述各系统器官形态、结构的系统解剖学（systematic anatomy）；按照人体的分部及医疗手术学的需要，研究和论述人体内部诸结构的形态、位置和毗邻关系的局部解剖学（regional anatomy）。

此外，还有艺术解剖学、运动解剖学、应用（手术）解剖学等。按照研究手段的不同，又可分为大体（巨视）解剖学和显微解剖学。

组织学（histology）是借助组织切片技术以显微镜观察人体微细结构，研究正常人体微细结构（组织、细胞及器官微细结构）及相关功能的学科。

胚胎学（embryology）是研究个体发生、发育过程及规律的一门科学。包括生殖细胞的发生、受精、整个胚胎发育过程、胚胎与母体的关系、先天性畸形的成因等。

NOTE

知识拓展

正常人体形态结构在医学中的地位

正常人体形态结构是一门重要的医学基础课程,它为学生学习其他医学课程提供正常人体形态、结构及发生、发展规律等基础知识,以便更好地理解和分析人体的正常生理功能与病理变化,判断器官与组织的正常与异常,从而对疾病做出正确的诊断和治疗。

第二节 人体的组成与分部

人体结构的基本单位是细胞。

细胞可分为三部分:细胞膜、细胞质和细胞核。

细胞膜(cell membrane)主要由蛋白质、脂类和糖类构成,有保护细胞、维持细胞内部的稳定性、控制细胞内外物质交换的作用。

细胞质(cytoplasm)是细胞新陈代谢的中心,主要由水、蛋白质、核糖核酸、电解质等组成。细胞质中还悬浮有各种细胞器。主要的细胞器有线粒体、内质网、溶酶体、中心体等。细胞核由核膜围成,其内有核仁和染色质。染色质含有核酸和蛋白质。核酸是控制生物性状遗传的物质。

细胞之间存在着非细胞结构的物质,称为细胞间质(intercellular substance)。

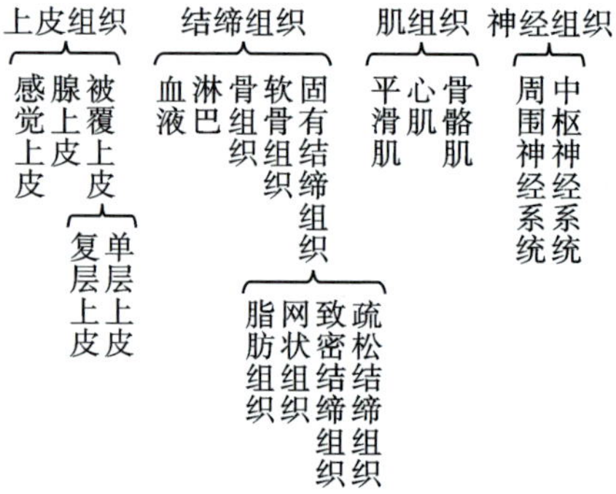

许多形态相似和功能相近的细胞借细胞间质结合在一起构成组织。人体四大组织分别是上皮组织、结缔组织、肌组织、神经组织(图1-1)。

上皮组织(epithelial tissue)又称上皮,是衬贴或覆盖在其他组织上的一种重要结构。由密集的上皮细胞和少量细胞间质构成。

结缔组织(connective tissue)由细胞和大量细胞间质构成,结缔组织的细胞间质包括基质、细丝状的纤维和不断循环更新的组织液,具有重要功能。结缔组织在人体内分布广、种类多,包括固有结缔组织(疏松结缔组织、致密结缔组织、网状组织、脂肪组织)、血液、淋巴、软骨组织和骨组织。

图 1-1 组织的分类

肌组织(muscle tissue)由肌细胞(或称肌纤维)组成。按其存在部位、结构和功能不同,可分为骨骼肌(或称横纹肌)、平滑肌和心肌三种。肌细胞间有少量结缔组织,并有毛细血管和神经纤维等。

神经组织(nerve tissue)是神经系统的主要组成成分,由神经细胞(nerve cell)和神经胶质细胞组成。

这些不同的组织相结合,构成具有一定形态和功能的结构,即器官,多个功能相关的不同器官组成系统,人体由运动系统、消化系统、呼吸系统、生殖系统、泌尿系统、内分泌系统、脉管系统、感觉器和神经系统共9个系统构成,在神经系统及体液的调节下构成一个完整的有机体,进行正常的生命活动。按照部位划分,人体可划分为头部、颈部、躯干和四肢(分为上肢和下肢)4个部分。

头部:颅、面。

躯干:胸部、背部、腹部、盆部、会阴部。

上肢:肩部、上臂、前臂、手。

下肢:臀、大腿、小腿、足。

第三节 正常人体形态结构常用的方位术语

为了正确描述人体结构的形态、位置以及相互关系,必须制定公认的统一标准,即解剖学姿势和方位术语,初学者必须准确掌握,以利于学习、交流而避免误解。

一、解剖学姿势

为了阐明人体各部和诸结构的形态、位置及相互关系,首先必须确立一个标准姿势,在描述任何体位时,均以此标准姿势为参照。人体的解剖学姿势(anatomical position)(又称标准解剖学姿势)是指身体直立,面向前方,两眼平视正前方,双足并拢,足尖向前,双上肢下垂于躯干的两侧,掌心向前(图1-2)。

知识拓展

在描述人体任何结构时,均应用解剖学姿势,即使被观察的客体处于不同的位置,或只是身体的一个局部,仍应以人体的解剖学姿势为依据进行描述。

二、常用的方位术语

按照上述解剖学姿势可对人体各部的位置及相互关系进行描述,常用的方位术语整理如下(图1-3)。

（一）上(superior)和下(inferior)

头为上,足为下。在胚胎学中,常用颅侧(cranial)代替上,尾侧(caudal)代替下。在四肢则常用近侧(proximal)和远侧(distal)描述部位间的关系,靠近躯干中轴为近侧,相反为远侧。

NOTE

3

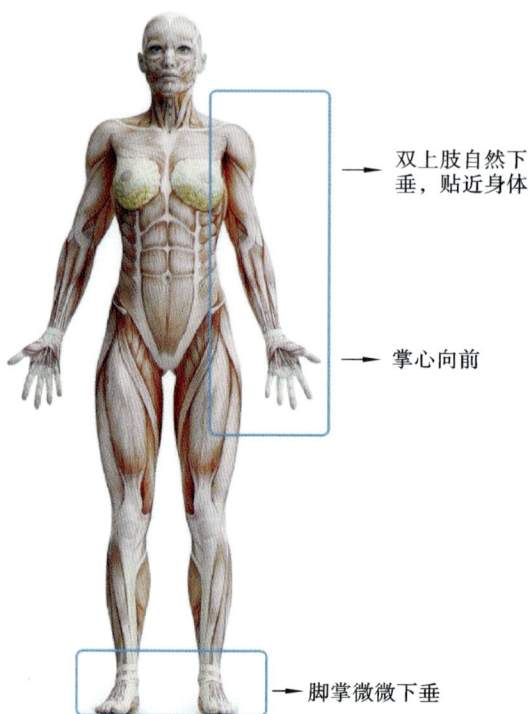

图 1-2　解剖学姿势

双上肢自然下垂，贴近身体

掌心向前

脚掌微微下垂

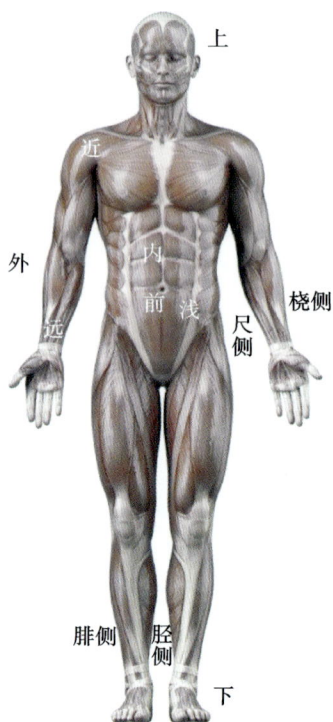

图 1-3　人体方位术语

上
近
外
内
前 浅
远
尺侧
桡侧
腓侧　胫侧
下

（二）前（anterior）和后（posterior）

靠近腹面者为前，靠近背面者为后，又称为腹侧（ventral）和背侧（dorsal）。在手部常用掌侧和背侧。

（三）内侧（medial）和外侧（lateral）

以人体中轴为参照，近中线者为内侧，远中线者为外侧。例如，手的拇指在外侧，小指在内侧。在上肢，前臂尺骨、桡骨并列，尺骨在内侧，桡骨在外侧，故常用尺侧（ulnar）和桡侧（radial）进行描述。小腿胫骨、腓骨并列，胫骨在内侧，腓骨在外侧，常用胫侧（tibial）和腓侧（fibular）进行描述。

（四）内（internal）和外（external）

用以表示人体结构与"腔"的关系，在腔内或相对近"腔"者为内，反之则为外。

（五）浅（superficial）和深（profundal）

近体表者为浅，相对远离体表者为深。

三、轴和面

（一）轴（axis）

以解剖学姿势为参照，轴多用于描述关节运动，人体有 3 种互相垂直的轴（图 1-4）。

（1）矢状轴（sagittal axis）：由前向后，垂直于人体长轴，与地面平行。

（2）冠状轴（coronal axis）：由左向右，垂直于人体长轴及矢状轴，与地面平行，又称额状轴。

（3）垂直轴：由上向下，垂直于矢状轴及冠状轴，与人体长轴平行。

（二）面（plane）

按照上述三种轴，人体可以有互相垂直的三种面，用于描述人体结构（常用于医学影像学检查，如 CT、MRI 等）。典型切面（图 1-5）如下。

（1）矢状面（sagittal plane）：沿矢状轴方向将人体分为左、右两个部分的纵向切面，当此切面正好通过人体的正中线时，称为正中矢状面（median sagittal plane）。

（2）冠状面（coronal plane）：沿冠状轴方向将人体分为前、后两个部分的纵向切面，又称为额状面。

（3）水平面（horizontal plane）：沿水平线将人体分为上、下两个部分，又称为横断面（transverse plane）。

（4）在器官切面的描述中，以其本身长轴为参照，沿此长轴所做的切面为纵切面（longitudinal section），与长轴垂直的切面为横断面。

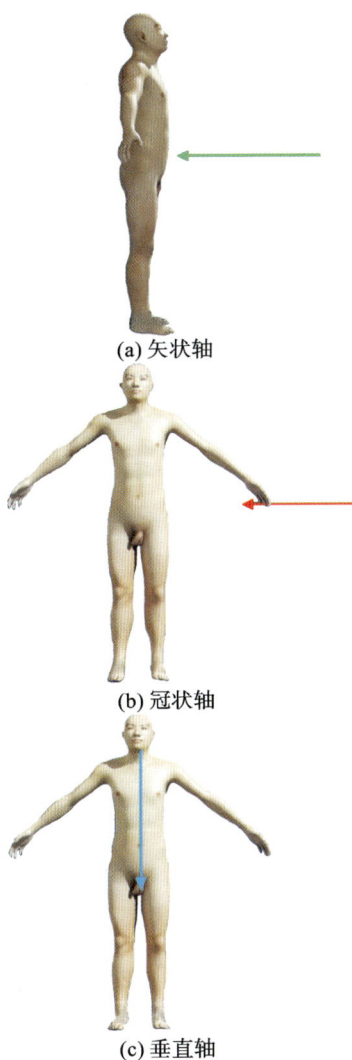

(a) 矢状轴

(b) 冠状轴

(c) 垂直轴

图 1-4　人体的轴

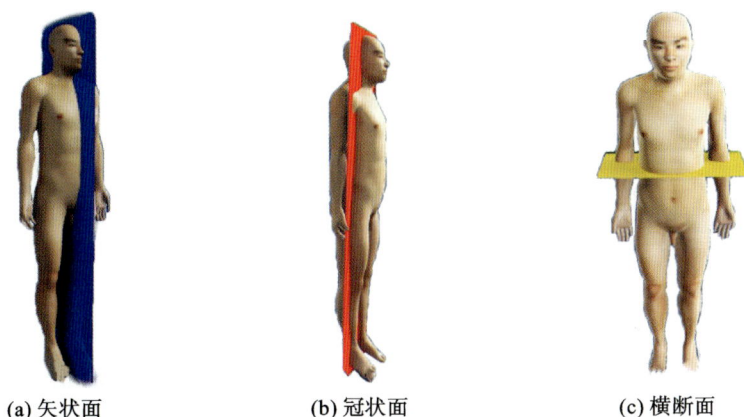

(a) 矢状面　　(b) 冠状面　　(c) 横断面

图 1-5　人体的面

NOTE

▎第四节　正常人体形态结构的学习方法▎

正常人体形态结构是研究正常人体各器官形成、发育、位置、形态、结构、毗邻关系的学科,既是基础医学其他课程和临床医学相关课程的基石,也是医学专业学生重要的必修基础课程之一。正常人体形态结构课程内容庞杂,理论描述抽象难懂,学科牵涉的医学名词繁多,占所有医学名词的三分之一,大部分需要依靠死记硬背,学习起来难免会觉得枯燥乏味,难以激发学习兴趣。

一、加强专业术语的训练

从学习正常人体形态结构开始,同学们就要尽快养成运用专业名词及术语的习惯,对于人体结构的专业描述应反复体会、运用并多加练习。如长骨描述:分一体两端,上端称为头,头体间(变细的部分)称为颈(一般来说有头必有颈,骨如此,其他器官也是如此)。扁骨分面、缘、角。骨性标志无论是突起还是凹陷,均有肌肉、韧带附着;突起称为结节、粗隆、突(如乳突、喙突、茎突等)、转子等;线状的突起称为嵴;凹陷称为窝、陷窝等。神经、血管穿行处称为沟、裂、管、孔等。长骨端椭圆形的膨大,称为髁,髁上方的突起称为上髁;骨内的含气空腔称为窦、小房等。

二、掌握命名规律

正常人体形态结构中,各解剖结构的命名都具有一定规律,应多看、多记、多思考,掌握其规律,如骨的表面形态是受肌肉牵拉,血管、神经通过,邻接器官压迫而形成的,按形成原因或形态特征分别给予不同的命名。如:骨面的突起一般称突、棘、隆起、粗隆、结节、嵴等;骨面的凹陷一般称窝、凹、小凹、压迹等;骨的空腔一般称腔、窦、房、小房、管、道等;骨端的膨大一般称头、小头、髁、上髁等。

三、注重识图能力的提高

对于教材、图谱中的图片,均应明确其结构的相对位置关系。有时同一幅图既有整体观部分,又有切面部分(甚至出现多个切面),这种情况下应对照标本,锻炼空间想象能力。面对一幅平面图,建立起三维的立体形象。想象能力既是解剖学习所必需,更是医务工作者开展医疗活动的重要能力,学习过程中既要培养形象思维和理解能力,也要提高自己的空间思维水平。

四、多措并举提高学习效率

在学习过程中要学会充分利用各种标本、模型、图片等,以加深对知识的理解和掌握。此外,学习正常人体形态结构要遵循进化发展的观点、局部与整体统一的观点、形态与功能统一的观点、理论联系实际的观点。只有这样,才能全面地理解和掌握人体的形态结构,才能将正常人体形态结构这门医学基础课程学好。

NOTE

知识拓展

解剖学是一门历史悠久的科学,我国战国时期(约公元前500年)第一部医学著作《黄帝内经》中,明确提出"解剖"的认识方法,其中提到的器官名称一直沿用至今。在西欧古希腊时期(公元前500—公元前300年),著名哲学家希波克拉底(Hippocrates)和亚里士多德(Aristotle)都曾进行动物实体解剖,并有论著。

随着时代的发展和科技的进步,生物力学、免疫学、组织化学、分子生物学等学科快速发展,示踪技术、免疫组织化学技术、细胞培养技术和原位分子杂交技术等技术逐渐在形态学研究中被广泛应用,使解剖学尤其是神经解剖学的研究有了革命性的进展。

课后习题

一、名词解释

1. 系统解剖学　2. histology　3. nerve tissue　4. anatomical position

5. 冠状面

二、简答题

1. 请简述人体组织的分类。

2. 请简述正常人体形态结构在医学中的地位。

三、论述题

你将如何学习正常人体形态结构这门课程?

在线答题

NOTE

第二章 基本组织

掌握：细胞的组成；细胞膜的结构和功能；细胞质和细胞核的结构；上皮组织的特点，被覆上皮的分类和分布；结缔组织的特征；疏松结缔组织的光镜特点；血细胞的光镜结构及功能；三种肌纤维的光镜结构。

熟悉：细胞质中各种细胞器的功能；外分泌腺泡的结构；软骨组织的组成及不同类型软骨的纤维成分；骨组织的组成及长骨骨干的光镜特点；骨骼肌纤维与心肌纤维的超微结构。

了解：上皮细胞的特化结构；致密结缔组织、脂肪组织和网状组织的光镜特点；骨和血细胞的发生；平滑肌纤维的超微结构。

第一节 细 胞

细胞(cell)是构成人体的形态结构、生理功能和生长发育的基本单位。一切生物体，无论结构是复杂还是简单，均由细胞和细胞间质构成。人体的代谢过程和生理功能的发挥，都是在整个机体的协调统一下，以细胞为单位进行的。

组织(tissue)由细胞和细胞外基质(细胞间质)组成，执行特定的功能。人体组织分为上皮组织、结缔组织、肌组织和神经组织，称基本组织(fundamental tissue)。组织有机结合，构成机体的器官；功能相关的器官一起组成人体的系统。

组成人体的细胞大小不一，形态多样，功能各异。大多数细胞直径只有几微米，需借助显微镜才能观察到，最大的人卵细胞直径可达 $100\sim140\ \mu m$，肉眼勉强可见。人体细胞尽管千差万别，但都有共同的基本结构，在光镜下均可分为细胞膜、细胞质和细胞核三个部分。

一、细胞膜

细胞膜(cell membrane)是包在细胞表面的一层薄膜，也称质膜，其厚度为 $7\sim10$ nm。细胞膜是防止细胞外物质自由进入细胞的屏障，它保证了细胞内环境的相对稳定，使各种生化反应能够有序进行。

1. 细胞膜的结构 细胞膜在光镜下一般难以分辨，用电镜观察固定并染色的标本可见细胞呈现"两暗夹一明"的三层结构，即内、外层电子密度高，深暗；中间层电子密度低,明亮。三层厚度约 7.5 nm。细胞内膜性细胞器的膜也均有类似的三层结构。由此可见,上述三层结构是一切生物的共同特征,故称单位膜(unit membrane)。

细胞膜主要由脂类、蛋白质和少量糖类组成。关于细胞膜的分子结构,目前公认的是液态镶嵌模型学说,膜的分子结构以液态的脂质双分子层为基架,其中镶嵌着各种不同生理功能的球状蛋白质。脂质分子排列成内、外两层,形成一个连续的隔膜;膜上的蛋白质分子大部分不同程度地嵌入、深埋或横跨全膜,镶嵌在两层脂质分子之间。液态镶嵌模型学说主要强调膜的流动性和不对称性,这一结构使细胞膜具有各种生理功能。

2. 细胞膜的功能　细胞膜可维持细胞的完整性,保持一定的细胞形态;具有选择性通透作用,维持细胞内环境的相对稳定;具有受体功能;构成细胞的支架;具有细胞识别、运动功能等。

二、细胞质

细胞质(cytoplasm)是位于细胞膜与细胞核之间的部分,是细胞完成多种重要生命活动的场所,包括细胞器、基质和包含物三个部分。

1. 细胞器　细胞器指悬浮于细胞基质内,具有特定的形态结构并执行一定生理功能的微细结构。

(1)线粒体(mitochondrion):为细胞的生物合成和活动提供能量的结构。在光镜下线粒体呈线状、杆状或颗粒状。电镜下观察,线粒体为双层单位膜围成的椭圆形小体,外膜光滑,内膜向内折叠形成线粒体嵴。线粒体嵴含有多种酶,能将细胞摄入的蛋白质、脂肪、糖等分解和氧化,并制造高能磷酸化合物——三磷酸腺苷(ATP),为细胞活动提供能量。故线粒体被称为"人体的动力工厂"。

(2)核糖体(ribosome):又称核蛋白体。电镜下观察,核糖体是一种近似球状的致密颗粒,主要由 RNA 和蛋白质组成。核糖体的功能是合成蛋白质。在胞质中核糖体以两种形式存在,一种游离于细胞基质中,称游离核糖体,主要合成细胞"内源性"结构蛋白,以满足细胞自身的代谢、生长和增殖需要;另一种附着于内质网和核外膜表面,称附着核糖体,主要参与合成向细胞外输出的分泌性蛋白质(如消化酶、抗体等)。

(3)内质网(endoplasmic reticulum):呈囊状或管泡状的膜性小管结构,这些结构在细胞质中纵横交错,相互沟通并连接成网。表面有大量核糖体附着的,称粗面内质网,由平行排列的扁囊和附着在膜外表面的核糖体构成,主要功能是合成和分泌蛋白质;表面没有核糖体附着,膜外表面光滑的,称滑面内质网,其功能多样,随所在细胞而异。肝细胞的内质网与肝糖原合成和解毒有关;脂肪细胞的内质网与合成脂类有关;肾上腺皮质细胞的内质网与合成类固醇激素有关;肌细胞的内质网参与钙离子的储存和释放,参与肌细胞的收缩活动。

(4)高尔基复合体(Golgi complex):位于细胞核附近的囊状结构。在电镜下高尔基复合体由扁平囊泡、小泡和大泡三个部分构成。高尔基复合体将粗面内质网中合成的蛋白质进一步加工、浓缩、分类、包装而形成分泌颗粒,故被称为"蛋白质加工厂"。

(5)溶酶体(lysosome):由一层单位膜围成的颗粒状小体,大小不一,形态各异。含有多种水解酶,能将蛋白质、核酸、糖类和脂类等物质水解成供细胞利用的小分子物

NOTE

质,对外源性有害物质(如细菌)及内源性衰老损伤的细胞器进行消化分解,是细胞的"清除器"。

(6) 过氧化物酶体(peroxisome):又称微体,由单位膜包裹的细颗粒基质小体构成,富含过氧化酶、过氧化氢酶以及多种氧化酶。其主要功能是参与细胞内脂类代谢,分解对细胞有毒的过氧化氢,防止细胞的氧中毒,故被称为细胞的"防毒小体"。

(7) 中心体(centrosome):位于细胞核附近,是两个相互垂直的短筒状中心粒,每个中心粒由 9 组三联微管构成。中心粒能自我复制,在细胞分裂时与纺锤丝的形成和排列以及染色体的移动有关,是细胞分裂的"推动器"。

(8) 细胞骨架(cytoskeleton):由蛋白质纤维构成,包括微管、微丝、中间丝等。微管是一种中空性圆柱状结构,粗细均匀,无分支,其主要成分是微管蛋白;微丝是一种实心的丝状结构,其主要成分是肌动蛋白;中间丝是细胞质中介于微管与微丝之间的一种实心细丝,其成分复杂。微管、微丝和中间丝构成细胞内支架,在维持细胞形态、参与细胞运动和细胞分裂以及跨膜信息传递等方面发挥重要作用。

2. 基质 基质(stroma)是无定形的半透明胶状物质,其成分复杂,有水、无机盐、多种酶、脂类和糖类等。基质是细胞进行多种物质代谢的重要场所。

3. 包含物 包含物(inclusion)指细胞的一些代谢产物或所储存的物质,如脂肪细胞的脂滴、肝细胞的糖原。有些细胞有其特殊产物,如黑素细胞产生的黑色素颗粒。

三、细胞核

细胞核(nucleus)是细胞的控制中心,在细胞的代谢、生长、分化中起重要作用,是遗传物质的主要储存部位。细胞核的形态与细胞的形态相适应,一般为圆形或卵圆形,但也有其他形态,如白细胞的分叶状核、马蹄形核等。电镜下细胞核由核膜、染色质和染色体、核仁、核基质组成。

1. 核膜 核膜(nuclear membrane)由内、外两层单位膜构成,内、外层核膜之间的间隙称核周隙。外层核膜附有核糖体,有时与内质网相连续。核膜上有核孔,是细胞与细胞质之间进行物质交换的通道。

2. 核仁 核仁(nucleolus)呈圆球状,表面无膜,主要的化学成分是 RNA、DNA 和蛋白质。其主要功能是合成 RNA 和核糖体。

3. 染色质和染色体 染色质(chromatin)和染色体(chromosome)均由 DNA 和蛋白质构成,在化学成分上基本相同,只是分别处于不同功能阶段的不同构型。染色质是分裂间期细胞核内被碱性染料染色的物质;染色体指细胞分裂时,染色质浓缩成杆状或条状的结构。它们是遗传物质的载体。

各种生物的染色体数目恒定,人体细胞有 46 条染色体,组成 23 对,称二倍体,有 44 条常染色体和 2 条性染色体。常染色体男、女相同,性染色体决定人类的性别,较短的为 Y 染色体,较长的为 X 染色体,在男性表现为 XY,在女性表现为 XX。每条染色体由两条纵向排列的染色单体构成,它们借着丝粒相连接。根据染色体的特征按顺序排列的图案,称染色体组型(图 2-1),男性为 46,XY;女性为 46,XX。

4. 核基质 又称核液,一般认为是核内无定形的胶状物质,主要由水、蛋白质及无机盐等组成,为核内代谢活动提供适宜的环境。

NOTE

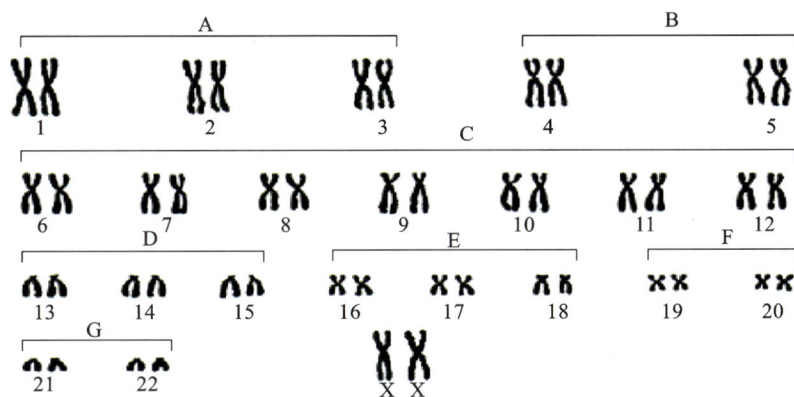

图 2-1 人类的染色体组型

第二节 上皮组织

上皮组织(epithelial tissue),简称上皮,由大量排列密集的细胞和少量的细胞间质组成。其特征如下:①细胞多,细胞间质少,排列紧密;一般呈膜状或板状。②上皮细胞有极性,一面朝向体表或腔面,称游离面;相对的另一面,称基底面。基底面附着于基膜上,与深部结缔组织相连。③无血管和淋巴管,由深部结缔组织内的血管透过基膜供给营养。④有丰富的神经末梢。

上皮组织主要分为被覆上皮和腺上皮,具有保护、吸收、分泌和排泄的功能。

一、被覆上皮

被覆上皮(covering epithelium)覆盖在体表及管、腔和囊的腔面,以保护功能等为主。根据细胞的形态及层数,分为下列类型。

(一)单层上皮

1. 单层扁平上皮(simple squamous epithelium) 又名单层鳞状上皮。由一层扁平如鳞状的细胞组成。表面观:细胞为多边形,边缘呈锯齿状,相互嵌合;细胞核位于细胞的中央。侧面观:胞质很薄,含核的部分略厚(图 2-2)。分布在心血管和淋巴管腔面者,称内皮(endothelium);分布在胸膜、心包膜和腹膜表面者,称间皮(mesothelium)。单层扁平上皮有利于物质的透过和液体的流动,可保持器官表面的润滑。内皮细胞能分泌多种生物活性物质。

2. 单层立方上皮(simple cuboidal epithelium) 由一层立方形的细胞组成。表面观:细胞呈多边形。侧面观:细胞大致呈正方形,核位于中央(图 2-3)。单层立方上皮分布于甲状腺滤泡、肾小管等部位,有分泌和吸收功能。

3. 单层柱状上皮(simple columnar epithelium) 由一层柱状细胞组成。表面观:细胞呈多边形。侧面观:细胞呈长方形,核多位于细胞近基底部(图 2-4)。此种上皮多分布于胃肠、胆囊和子宫等器官。在小肠与大肠的单层柱状上皮细胞间有散在分布

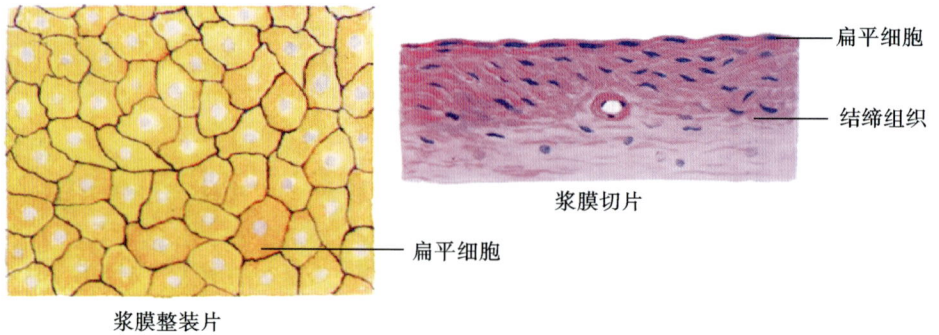

图 2-2　单层扁平上皮

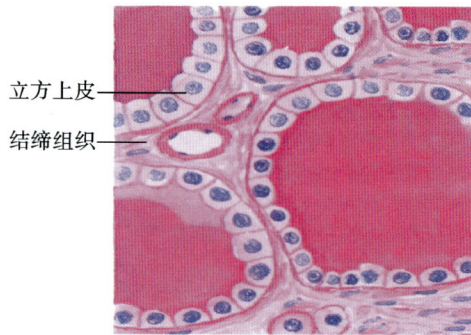

图 2-3　单层立方上皮(甲状腺滤泡)

的杯状细胞。杯状细胞是一种单细胞的外分泌细胞,其分泌的黏蛋白与水结合形成黏液。单层柱状上皮多有吸收或分泌功能。

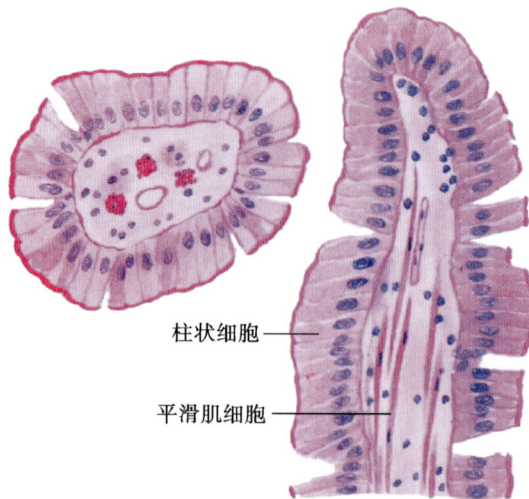

图 2-4　单层柱状上皮(小肠上皮)

4. 假复层纤毛柱状上皮(pseudostratified ciliated columnar epithelium)　由梭形细胞、锥形细胞、柱状细胞和杯状细胞组成(图 2-5)。柱状细胞最多,表面有大量纤毛。上皮细胞形态不同,高低不一,胞核的位置不在同一平面上,但基底部均附着于基膜。侧面观：貌似复层，实为单层；上皮内杯状细胞较多。这种上皮主要分布于呼吸道黏膜，有保护和分泌功能。

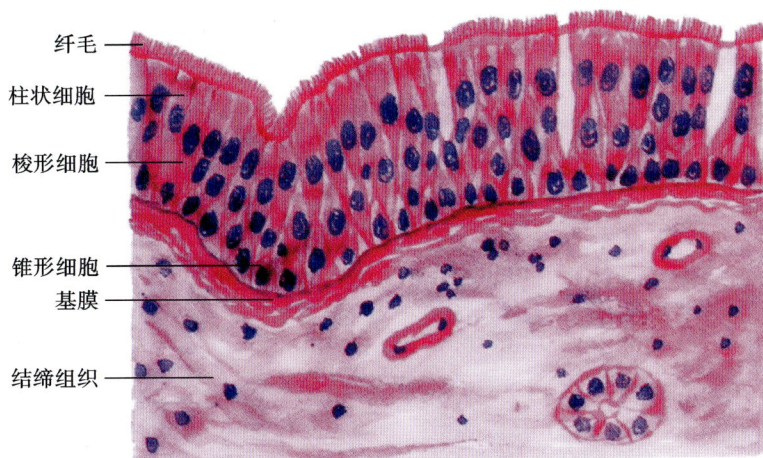

纤毛
柱状细胞
梭形细胞
锥形细胞
基膜
结缔组织

图 2-5　假复层纤毛柱状上皮(气管上皮模式图)

(二) 复层上皮

1. 复层扁平上皮(stratified squamous epithelium)　由多种细胞组成。侧面观：紧靠基膜的一层基底细胞为低柱状细胞，是有分裂增殖能力的干细胞；中间数层由深至浅为多边形细胞和梭形细胞；表层为数层扁平鳞状细胞，故又称复层鳞状上皮(图2-6)。上皮与深部结缔组织的连接面凹凸不平。该类上皮能在最表层形成角化层，称角化的复层扁平上皮，主要分布于皮肤；不形成角化层的，称未角化的复层扁平上皮，主要分布在口腔、食管和阴道黏膜。复层扁平上皮具有很强的机械性保护作用。

2. 变移上皮(transitional epithelium)　又名移行上皮，由多层细胞组成。其表层细胞大而厚，称盖细胞；部分盖细胞有两个胞核。变移上皮主要分布在肾盂、输尿管和膀胱等处。该上皮的主要特点：细胞形状和层数可随所在器官容积的大小变化而改变。例如，膀胱空虚时，上皮变厚，细胞层数变多，细胞体积变大；膀胱充盈扩张时，上皮变薄，细胞层数变少，细胞形状变扁(图2-7)。变移上皮有防止尿液侵蚀的作用。

知识拓展

上皮组织生理性再生能力

在正常状态下，上皮细胞不断衰老、死亡和脱落，并由新生细胞不断地补充更新，此为生理性再生。如皮肤的表皮和消化道的上皮，因经常与外界接触，易受机械性磨损，细胞经常死亡、脱落，不断更新。上皮的更新率，常受季节、温度变化、营养状态、内分泌变化等因素的影响。上皮组织除具有较强的生理性再生能力外，当遭受损伤后，一般还有较强的再生和修复能力。

NOTE

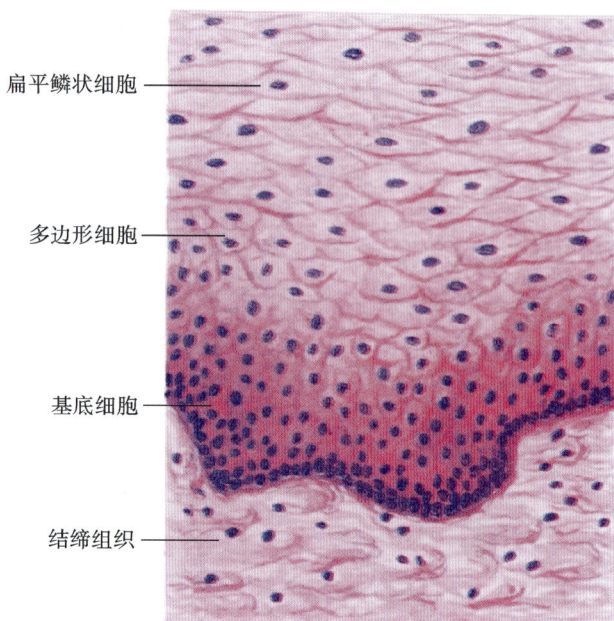

扁平鳞状细胞

多边形细胞

基底细胞

结缔组织

图 2-6　复层扁平上皮

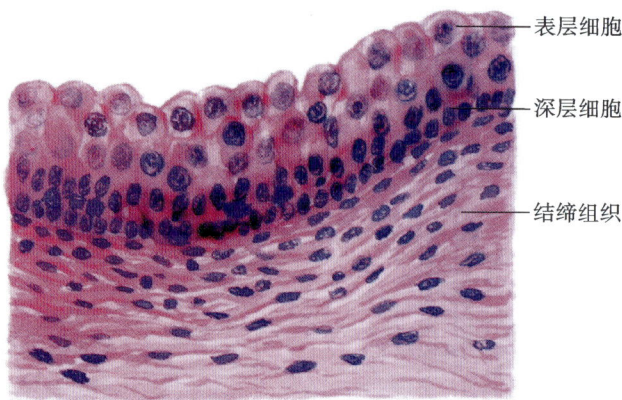

表层细胞

深层细胞

结缔组织

图 2-7　变移上皮

二、上皮组织的特殊结构

在上皮细胞的游离面、侧面和基底面常形成一些具有重要生理功能的特殊结构，如下所述。

1. 上皮细胞的游离面

（1）细胞衣（cell coat）：一薄层绒毛状结构，是构成细胞膜的糖蛋白、蛋白多糖和糖脂向外伸出的寡糖，基底面和侧面较不明显。细胞衣具有黏着、支持、保护、物质交换及识别等功能。

（2）微绒毛（microvillus）：上皮细胞游离面细胞膜和细胞质向外伸出的细小指状突起（图 2-8），其直径约 0.1 μm。电镜下，微绒毛外包细胞膜，轴心的胞质中有许多纵行的微丝,微丝自微绒毛尖端下行,与细胞质顶部终末网(terminal web)的微丝相连,微丝内含肌动蛋白,终末网的微丝内含肌球蛋白,两者相互作用,致使微绒毛伸长或缩短。吸收功能旺盛的细胞,如小肠柱状上皮细胞和肾近端小管的上皮细胞,微绒毛多而长,且排列整齐,形成光镜下可见的纹状缘(striated border)或刷状缘(brush border),极大地增加了细胞的表面积。

(3)纤毛(cilium):上皮细胞游离面向外伸出的指状突起,粗约 0.2 μm,长 5~10 μm。电镜下,纤毛外包细胞膜,中轴的胞质内含有纵行而规则排列的微管(microtubule),其中央为 2 条中央微管,周围为 9 组双联微管,根部连于基体(basal body),基体的结构类似于中心粒。纤毛具有单向摆动能力,许多纤毛的协同摆动,犹如麦浪起伏,能将一些分泌物及黏附于上皮表面的细菌和灰尘等加以清除。纤毛的双联微管中含有一种具有 ATP

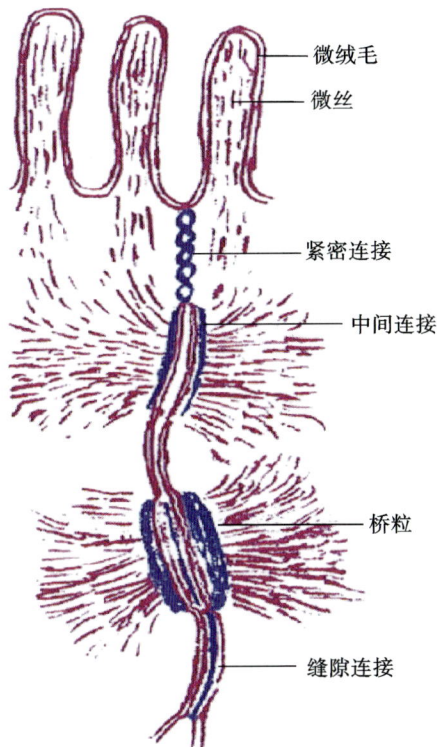

微绒毛
微丝

紧密连接

中间连接

桥粒

缝隙连接

图 2-8 上皮细胞的特殊结构

酶活性的蛋白质,称为动力蛋白(dynein),纤毛的运动可能是由此种蛋白质分解 ATP 使微管之间产生滑动所致。有的上皮细胞的游离面伸出的细长突起,虽然类似纤毛,但不能运动,其结构与微绒毛结构相同,称为静纤毛。

2. 上皮细胞的侧面 相邻的上皮细胞之间的间隙很窄,其间存在着少量细胞间质,其中有少量的钙黏蛋白起黏附作用,细胞相邻面凹凸不平,互相嵌合,可进一步加固细胞间的连接。更重要的是细胞相邻面上形成的一些特殊连接结构,维持了上皮组织的完整性,并对协调细胞功能有重要意义。根据连接的结构和功能特点,细胞连接可分为紧密连接、中间连接、桥粒和缝隙连接四种(图 2-8)。

(1)紧密连接(tight junction):又称闭锁小带(zonula occludens)。连接呈点状、斑状或带状。在单层柱状上皮和单层立方上皮内常见典型的带状紧密连接,呈箍状环绕细胞的顶端侧面。在电镜下可见此处相邻细胞膜上有网格状的嵴(实为成串排列的嵌入脂质双分子层膜的蛋白质构成),嵴与嵴的顶端相互融合成封闭索,细胞间隙消失。紧密连接在相邻细胞顶部形成一道闭锁屏障,可防止大分子物质通过细胞间隙进出,在保证内环境稳定方面起重要的作用;同时还具有机械性连接作用。

(2)中间连接(intermediate junction):又称黏着小带(zonula adherens)。常位于紧密连接的下方,环绕着上皮细胞。电镜下,相邻细胞膜有 15~20 nm 宽的间隙,间隙内的细丝状物质横向与相邻的细胞膜连接。在细胞膜的胞质面,有薄层致密物质和微丝,有的微丝参与构成终末网。中间连接有保持细胞形状和传递细胞收缩力的作用,同时也起着细胞间黏着连接作用。

NOTE

（3）桥粒（desmosome）（图 2-8）：又称黏着斑（macula adherens）。位于中间连接的深部,呈大小不等的斑状。电镜下,此处相邻细胞间有 20～30 nm 宽的间隙,内有电子密度较低的丝状物,丝状物在间隙中线处交织而形成一条纵向的中间线。此处细胞的胞质面有椭圆形的盘状致密物,称附着板。胞质中的若干张力细丝附着于板上,又成袢状折回胞质。一些微丝将这些张力细丝固定于细胞膜上；还有一些起始于附着板内部的跨膜细丝伸入细胞间隙,与中间线的细丝网相连。通过这些细丝的机械性连接作用,桥粒像铆钉一样将细胞牢固地连接在一起。在易受摩擦的复层扁平上皮中,桥粒特别发达。

（4）缝隙连接（gap junction）：位于柱状上皮细胞侧面,呈斑块状。电镜下可见此处相邻细胞膜高度平行,膜间的间隙仅 2～3 nm,内有许多间隔大致相等的连接点。冷冻蚀刻复型法显示,相邻两个细胞的细胞膜内有许多规则排列的柱状颗粒,颗粒由6 个亚单位环绕而成,其中央有一直径约 2 nm 的管腔。相邻两个细胞的细胞膜上的柱状颗粒彼此相对接,管腔连通,成为细胞间的交通管道,细胞间可借这些管道进行小分子物质和离子交换,传递化学信息,因此缝隙连接又称通信连接（communication junction）。同时,这种连接的电阻低,有利于细胞间传递电冲动,调节细胞功能。

上述细胞连接不仅在上皮细胞之间存在,在其他细胞（如心肌细胞、骨细胞和神经细胞）之间也存在,但以上皮细胞之间的细胞连接最为发达。上述四种连接中,如果有两种以上的连接同时存在,称连接复合体（junctional complex）。细胞连接的数量及存在与否,可因器官不同的发育阶段及病理改变而变化。

3. 上皮细胞的基底面　基膜（basement membrane）又称基底膜,是上皮基底面与深部结缔组织间的一层薄膜,一般染色光镜下难以辨认,但假复层纤毛柱状上皮的基膜较厚,在光镜下可见其呈粉红色线状。PAS 染色及镀银染色可以清楚地显示基膜。电镜下基膜可分两层：靠近上皮基底面的一层为基板,靠近结缔组织的一层称网板（reticular lamina）。在有些细胞的周围,如毛细血管内皮下方、某些神经胶质细胞和肌细胞周围,基膜只有基板,而不见网板。

三、腺上皮和腺

以内分泌功能为主的上皮,称腺上皮（glandular epithelium）,以腺上皮为主构成的器官,称腺。腺分为外分泌腺和内分泌腺。外分泌腺的分泌物经导管分泌到体表或器官的腔面；内分泌腺无导管,腺细胞周围有丰富的毛细血管,其分泌物（称激素）直接释入血液。内分泌腺和内分泌细胞的结构参见"内分泌系统",本节只介绍外分泌腺的结构。

外分泌腺由分泌部和导管组成。

（一）分泌部

分泌部呈泡状或管泡状,称腺泡（acinus）；腺泡由单层腺细胞围成,中间有腺泡腔。腺细胞分浆液性腺细胞和黏液性腺细胞两种。

1. 浆液性腺泡（serous acinus）　由单层锥形或立方形的浆液性腺细胞围成,腺细胞有分泌蛋白质细胞的结构特点。细胞核位于细胞基底部；顶部胞质内有分泌颗粒；基底部胞质内有丰富的粗面内质网和核糖体。其分泌物较稀薄,内含多种酶。

2. 黏液性腺泡（mucous acinus） 由单层立方形的黏液性腺细胞围成,胞核位于细胞基底部。胞质色浅,含大量黏原颗粒。其分泌物黏稠,主要是黏液。

3. 混合型腺泡（mixed acinus） 由浆液性腺细胞和黏液性腺细胞共同组成。常见在黏液性腺泡的底部附有几个浆液性细胞,形如新月,称半月,分泌酶和黏液。

（二）导管

导管（duct）是与分泌部直接通连的上皮性管道,由单层或复层上皮围成。导管的主要功能是排出分泌物,有的导管上皮细胞还兼有分泌功能。导管无分支的腺体称单腺,有分支的腺体称复腺。通常根据导管有无分支和分泌部的形状,外分泌腺被命名为单管状腺、单泡状腺、单管泡状腺、复管状腺、复泡状腺、复管泡状腺等。

第三节 结缔组织

结缔组织（connective tissue）又称支持组织（supporting tissue）,是人体内分布最广泛的一类组织。作为基本组织,结缔组织也由细胞和细胞间质组成。与上皮组织相比,结缔组织的特点是细胞的种类多,但数量较少;细胞间质相对较多;所有的细胞都无极性,分散在大量的细胞间质内。细胞的类型和数量随结缔组织的类型不同而有差异。细胞间质由细胞产生,包括纤维、基质以及基质内的组织液,参与构成细胞生存的微环境,起支持、营养和保护细胞的作用,并能调节细胞的增殖、分化、运动和信息交流。根据细胞和纤维的种类以及基质的状态不同,广义的结缔组织包括固有结缔组织（connective tissue proper）、软骨组织、骨组织和血液。固有结缔组织是构成器官的基本成分,它又可分为疏松结缔组织、致密结缔组织、脂肪组织和网状组织。

结缔组织具有连接、支持、保护、防御、修复和储水等多方面的功能。结缔组织内含有丰富的血管,细胞通过结缔组织内的组织液与血液进行物质交换。

一、固有结缔组织

（一）疏松结缔组织

疏松结缔组织（loose connective tissue）的结构松散,呈蜂窝状,故又称蜂窝组织（areolar tissue）。疏松结缔组织广泛分布在器官之间、组织之间以及细胞之间,起连接、支持、营养和保护等作用。构成疏松结缔组织的细胞种类多,纤维较少,细胞和纤维散在分布在大量基质内。

疏松结缔组织内的细胞可分为两类:一类为相对固定的细胞,包括成纤维细胞、巨噬细胞、肥大细胞、脂肪细胞和未分化的间充质细胞;另一类为可游走的细胞（wandering cell）,包括浆细胞和从血液内来的白细胞（图 2-9）。

1. 成纤维细胞 成纤维细胞（fibroblast）是疏松结缔组织内数量最多的细胞,胞体较大,扁平,有长突起;胞质着色浅,呈弱嗜碱性;核较大,卵圆形,可见核仁（图2-10）。电镜下,可见成纤维细胞的胞质内粗面内质网和核糖体丰富,高尔基复合体发达。

成纤维细胞的功能是形成纤维和基质。成纤维细胞能合成和分泌胶原蛋白、弹性

NOTE

17

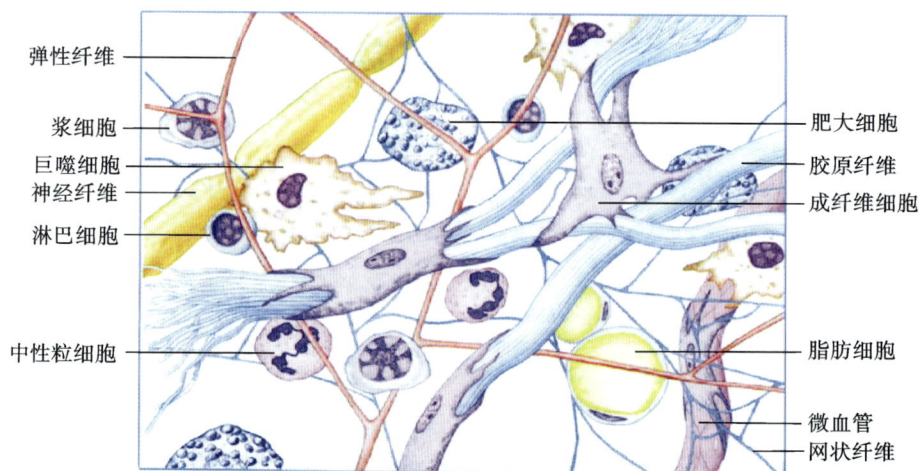

图 2-9　疏松结缔组织

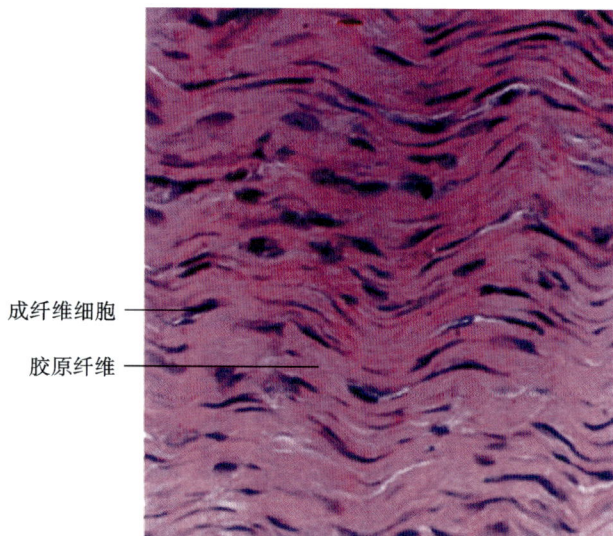

图 2-10　成纤维细胞

蛋白、糖蛋白和糖胺多糖等多种物质,其中的胶原蛋白构成胶原纤维和网状纤维,弹性蛋白构成弹性纤维,其他蛋白质及糖胺多糖和糖蛋白则是基质的主要成分。在机体遭受创伤时,成纤维细胞产生纤维和基质的功能增强,能加速伤口愈合,但容易形成瘢痕。在伤口愈合过程中,还可观察到一种特殊的成纤维细胞——肌成纤维细胞(myofibroblast),这种细胞具有成纤维细胞的形态特点,但含有许多肌丝,能像平滑肌一样收缩,有利于伤口的愈合。

功能处于静止状态的成纤维细胞称为纤维细胞(fibrocyte),胞体较小,呈梭形;胞质内细胞器不发达,核着色深,核仁不明显。当机体需要(如创伤修复)时,静止状态的纤维细胞能转变为活跃的成纤维细胞,执行其合成和分泌功能。

2. 巨噬细胞　疏松结缔组织内的巨噬细胞(macrophage)又称组织细胞(histocyte),由血液中的单核细胞分化而来(图 2-9)。细胞形态不规则,有一些短而钝的突起,胞质嗜酸性,内含空泡或颗粒状物质;核较小,染色深。电镜下,可见细胞表面有许多皱褶及伪足样突起,胞质内含发达的高尔基复合体,丰富的溶酶体、微丝和微管,以及一些吞噬的异物颗粒(吞噬体)。

巨噬细胞具有趋化性(chemotaxis)。淋巴细胞分泌的一些细胞因子及某些细菌产生的一些化学物质,可使巨噬细胞向产生这些物质的部位做定向运动。巨噬细胞的这种性能称为趋化性,此类化学物质称为趋化因子(chemotactic factor)。变性的蛋白质也具有趋化因子的作用。在趋化因子的作用下,固定的巨噬细胞活化为游走的巨噬细胞,并发挥活跃的吞噬作用。巨噬细胞的功能如下。

(1)吞噬作用:巨噬细胞有很强的吞噬(phagocytosis)能力,能将异物或衰老的细胞等吞噬,形成吞噬体(phagosome),然后与初级溶酶体融合,形成次级溶酶体。溶酶体酶能将被吞噬的异物消化或降解,不能降解的物质则形成残余体(residual body)。

(2)抗原呈递作用:巨噬细胞吞噬抗原物质后,除了其内的溶酶体酶能对抗原物质进行分解处理外,还能将抗原信息传递给 T、B 细胞,激活 T、B 细胞的免疫反应,最终清除抗原物质。巨噬细胞的这种功能称为抗原呈递(antigen presenting)作用。

(3)分泌生物活性物质:巨噬细胞能分泌多种生物活性物质,其分泌的溶菌酶(lysozyme)能分解细菌的细胞壁而杀死细菌。

3. 浆细胞 浆细胞(plasma cell)由 B 细胞接受抗原刺激后转化而来。细胞呈圆形或椭圆形,胞质嗜碱性,核周胞质着色浅,形成一淡染区;核偏向细胞的一侧,异染色质呈块状聚集在核膜内侧,核仁明显,整个核呈车轮状(图 2-9)。电镜下,可见浆细胞的胞质内有大量平行排列的粗面内质网和发达的高尔基复合体。

B 细胞受抗原刺激后转化为淋巴母细胞,后者再经分裂和分化,形成浆细胞,其寿命只有 3 天左右。浆细胞能产生抗体(antibody),参与体液免疫反应。一种浆细胞只能产生一种特异性的抗体。抗体与抗原的特异性结合,可消除抗原对机体的危害;同时,还可加速巨噬细胞对抗原物质的吞噬和清除。

4. 肥大细胞 肥大细胞(mast cell)是疏松结缔组织内较常见的细胞,起源于骨髓的多能干细胞。肥大细胞较大,呈圆形或椭圆形,胞质内充满粗大的水溶性、嗜碱性和异染性颗粒(图 2-9)。电镜下,肥大细胞表面有微绒毛,胞质内的颗粒大小不一,呈圆形或椭圆形,有膜包裹,颗粒的内部呈旋涡状或网格状。

肥大细胞的颗粒内含有组胺、肝素和嗜酸性粒细胞趋化因子等物质,胞质内含有白三烯。白三烯和组胺可引起毛细血管扩张和通透性增加、小支气管黏膜水肿和平滑肌收缩等,从而引起局部或全身的过敏反应,如支气管哮喘、过敏性鼻炎、荨麻疹和过敏性休克等。肝素具有抗凝血的作用。嗜酸性粒细胞趋化因子可吸引血液内的嗜酸性粒细胞向过敏反应部位迁移(嗜酸性粒细胞具有抗过敏的功能),可减轻过敏反应。能致肥大细胞释放白三烯和脱颗粒的抗原物质称为过敏原。

知识拓展

肥大细胞与过敏反应

肥大细胞受到过敏原刺激时,将胞质内的分泌颗粒释放到细胞外,白三

NOTE

烯和组胺使局部毛细血管扩张,通透性增加,组织液增加,导致局部红肿;小支气管平滑肌收缩,引起哮喘;引起局部的过敏反应,如荨麻疹和支气管哮喘等;严重者可导致过敏性休克。肝素有抗凝血作用。嗜酸性粒细胞趋化因子可吸引血液中的嗜酸性粒细胞向产生过敏反应的病灶聚集,释放组胺酶,减轻过敏反应。

5. 脂肪细胞 脂肪细胞(adipocyte,fat cell)成群聚集,少量单个分布,体积较大,呈圆形或椭圆形,胞质内含有脂滴(见于黄色脂肪组织),细胞器少,胞核呈扁圆形,位于细胞一侧。脂肪细胞能合成和储存脂肪,参与机体的能量代谢。

6. 未分化的间充质细胞 在成体的结缔组织内还保留有一些未分化的间充质细胞(undifferentiated mesenchymal cell),它们保持着间充质细胞的分化潜能,在炎症和创伤修复时可增殖和分化为成纤维细胞、脂肪细胞及平滑肌细胞等。

此外,疏松结缔组织内还有来自血液的各种白细胞。

7. 纤维 疏松结缔组织中含有三种纤维(fiber):胶原纤维、弹性纤维和网状纤维。三种纤维交织在一起,包埋于基质之中。

(1)胶原纤维:胶原纤维(collagenous fiber)是三种纤维中分布最广泛、含量最多的一种纤维。新鲜的胶原纤维肉眼观呈白色,故又称为白纤维。在 HE 染色的标本中,胶原纤维被染成粉红色,粗细不等,成束分布,呈波浪状,并交织成网(图 2-9)。胶原纤维延展性好,韧性大,抗拉力强。

(2)弹性纤维:新鲜的弹性纤维(elastic fiber)肉眼观呈黄色,故又称为黄纤维。在 HE 染色的标本中,弹性纤维也呈红色,不易与胶原纤维相鉴别。若用特殊染色,则能清晰地显示出弹性纤维比胶原纤维细,交织成网(图 2-9)。弹性纤维弹性好,使组织具有弹性。

(3)网状纤维:网状纤维(reticular fiber)在 HE 染色的标本中不易被鉴别,可用镀银染色法显示。将网状纤维浸入银盐内,可见棕黑色网状纤维,细而短,有分支,互相交织成网,故网状纤维又称为嗜银纤维(argyrophilic fiber)。网状纤维主要分布于网状组织以及结缔组织与其他组织的交界处,疏松结缔组织中的网状纤维一般沿小血管分布。

知识拓展

胶原纤维和维生素 C

成纤维细胞合成胶原纤维的过程需要维生素 C,机体内严重缺乏维生素 C 时,胶原纤维合成会发生障碍。因此,在手术后及创伤愈合过程中,患者口服适量的维生素 C,可加速胶原纤维的形成,促进伤口愈合。同时,胶原纤维与弹性纤维交织在一起,使疏松的结缔组织既有韧性又有弹性,有利于器官和组织保持形态、位置的相对恒定,并具有一定的可变性。

NOTE

8. 基质 疏松结缔组织的基质（ground substance）为无定形的凝胶状，填充在细胞和纤维之间，其化学成分主要为蛋白多糖和结构性糖蛋白。

（1）蛋白多糖：蛋白多糖（proteoglycan）由蛋白质和糖胺多糖结合而成。蛋白质包括连接蛋白和核心蛋白；糖胺多糖包括透明质酸、硫酸软骨素、硫酸角质素、硫酸乙酰肝素和肝素等。蛋白多糖以透明质酸为中心，形成一种稳定的蛋白多糖聚合体。其他糖胺多糖则与核心蛋白相连，构成蛋白多糖亚单位，通过连接蛋白与透明质酸结合在一起。由此构成的蛋白多糖聚合体曲折盘绕，形成多微孔的筛状结构，称为分子筛。该分子筛只允许小于其微孔的物质通过，对大于其微孔的颗粒状物质（如细菌等）则具有屏障作用。癌细胞和溶血性链球菌分泌的透明质酸酶能分解透明质酸，使分子筛的结构遭到破坏，屏障作用丧失，致使癌细胞和细菌等能向四周扩散。蛋白多糖聚合体上还结合着许多亲水基团，能结合大量水分子，形成细胞外"储水库"。

（2）结构性糖蛋白：基质中的结构性糖蛋白主要包括纤维粘连蛋白、层粘连蛋白、腱蛋白和软骨粘连蛋白等，它们除了参与基质分子筛的构成外，还通过其连接和介导作用影响细胞的附着和移动，并参与调节细胞的生长和分化。在疏松结缔组织的基质中，主要的结构性糖蛋白是纤维粘连蛋白。纤维粘连蛋白还能黏附细菌等抗原物质，启动巨噬细胞对抗原物质的特异性吞噬作用。

（3）组织液：组织液（tissue fluid）由从毛细血管动脉端渗出到基质中的水和一些小分子物质（如氨基酸、葡萄糖和电解质等）组成，而后通过毛细血管静脉端或毛细淋巴管再吸收入血液或淋巴内。正常情况下，组织液不断地生成，又不断地被吸收，始终保持动态平衡。一旦组织液形成的动态平衡遭到破坏，基质中的组织液含量就会增多或减少，导致组织水肿或组织脱水。组织液是细胞生存的内环境，是细胞摄取营养物质和排出代谢产物的中介，细胞只有通过组织液才能与血液之间进行物质交换。

（二）致密结缔组织

致密结缔组织（dense connective tissue）是一种以纤维成分为主的固有结缔组织，可分为不规则致密结缔组织和规则致密结缔组织两种。

1. 不规则致密结缔组织 不规则致密结缔组织（irregular dense connective tissue）的结构与疏松结缔组织基本相同，特点是纤维较粗大，纵横交织，排列紧密，纤维之间间隙很小，细胞成分较少。不规则致密结缔组织主要分布于皮肤的真皮、硬脑膜、巩膜及一些器官的被膜等处，具有很强的抗拉力作用。

2. 规则致密结缔组织 规则致密结缔组织（regular connective tissue）分为两种：一种以胶原纤维为主，构成肌腱和腱膜，成束的胶原纤维平行排列，纤维束之间有形态特殊的成纤维细胞，称为腱细胞。另一种以弹性纤维为主，又称弹性组织，粗大的弹性纤维平行排列成束，形成韧带，如黄韧带，以适应脊柱的运动；或呈层状排列，如大动脉的中膜，以缓冲血流的压力。

（三）脂肪组织

脂肪组织是一种以脂肪细胞为主要成分的结缔组织，按其形态结构和功能的不同，可以分为两种类型：一种呈黄色（在某些哺乳动物呈白色），称为黄（白）色脂肪组织，白色脂肪是体内最大的储能库，参与能量代谢，具有产生能量、维持体温、缓冲和支

NOTE

持填充等作用;另一种呈棕色,称为棕色脂肪组织,棕色脂肪组织在成人体内较少,在新生儿及冬眠的动物体内较多,主要功能是在寒冷的刺激下散发大量的热能(图 2-11)。

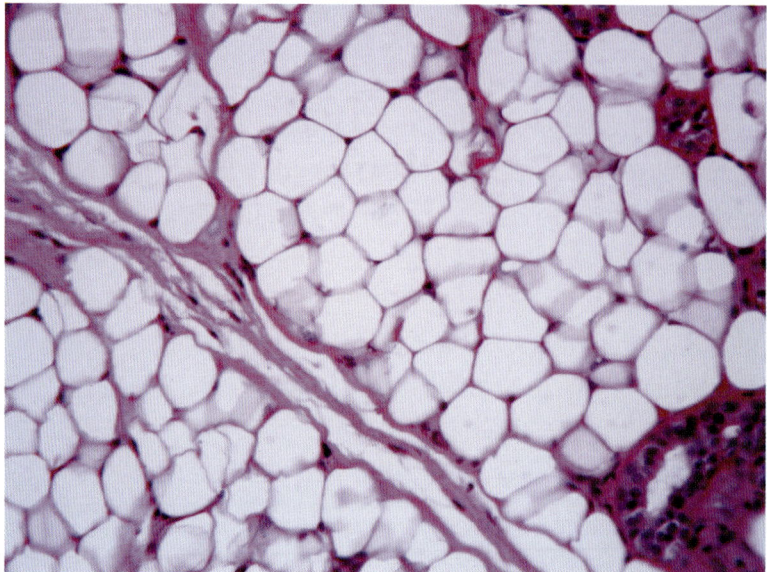

图 2-11　脂肪组织

（四）网状组织

网状组织由网状细胞(reticular cell)和网状纤维构成。网状细胞呈星状,多突起,相邻细胞的突起互相连接成网;胞核较大,呈圆形或卵圆形,着色浅,核仁明显。由网状细胞产生的网状纤维,沿网状细胞的胞体和突起分布,也交织成网。

二、软骨与骨

（一）软骨

软骨(cartilage)由软骨组织及其周围的软骨膜构成。软骨组织由软骨基质、纤维和软骨细胞构成。根据软骨组织中所含纤维的不同,软骨可分为三种,即透明软骨、纤维软骨和弹性软骨。

1. 软骨组织

（1）软骨基质(cartilage matrix):呈固态(图 2-12),其化学组成与疏松结缔组织的基质相似,但蛋白多糖含量较高;以透明质酸分子为主干,形成分子筛结构。在 HE 染色时呈嗜碱性。基质内的小腔称为软骨陷窝(cartilage lacuna),软骨细胞即位于此陷窝中。软骨陷窝周围的基质呈强嗜碱性,称为软骨囊(cartilage capsule),其硫酸软骨素含量高,胶原原纤维少或无。软骨组织内无血管,但基质富含水分,渗透性好,因而软骨膜内血管中的营养物质可通过渗透进入软骨组织。

（2）纤维(fiber):透明软骨中的纤维是胶原原纤维,由 Ⅱ 型胶原蛋白组成。胶原原纤维很细,无明显的周期性横纹,其折光率类似于基质,因而在光镜下与基质不易区分。

（3）软骨细胞(chondrocyte):位于软骨陷窝中(图 2-12)。幼稚的软骨细胞位于软

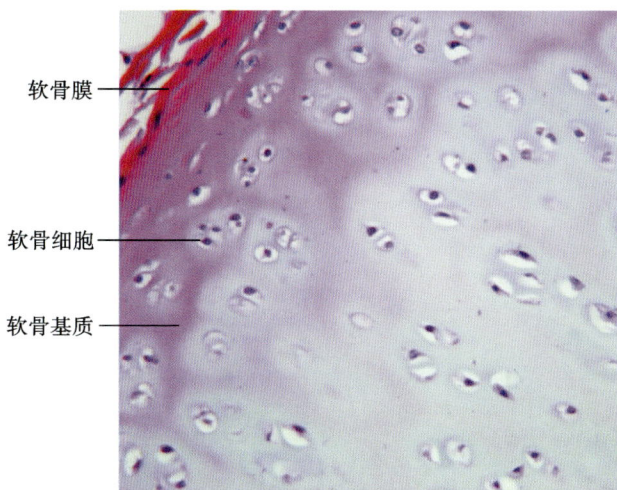

图 2-12 软骨组织

骨内,透明软骨组织周边部,较小;成熟软骨细胞的核为圆形或卵圆形,染色浅,可见1～2个核仁,胞质呈弱嗜碱性。

透明软骨(hyaline cartilage)分布较广,关节软骨、肋软骨、气管和支气管的软骨等均属于透明软骨。透明软骨因新鲜时呈半透明状而得名。

纤维软骨(fibrocartilage)(图 2-13)分布于关节盘、椎间盘和耻骨联合等处,其结构特点是含有大量由Ⅰ型胶原蛋白构成的胶原纤维束,呈平行排列。HE 染色切片中,胶原纤维束呈红色,基质较少,软骨细胞较小,成行分布于胶原纤维束之间。

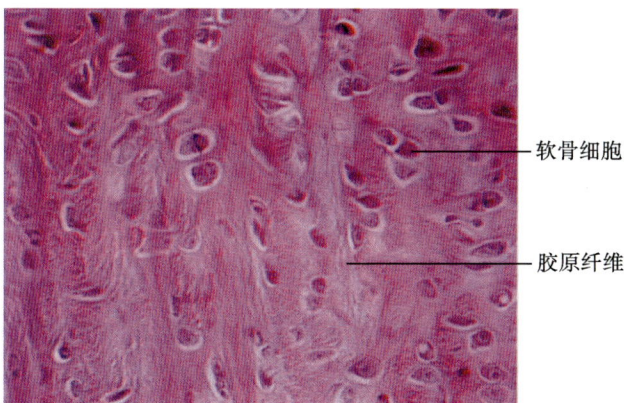

图 2-13 纤维软骨

弹性软骨(elastic cartilage)(图 2-14)分布于耳郭和会厌等处,其结构特点是软骨组织中含有大量交织成网的弹性纤维,使软骨具有很强的弹性。

2. 软骨膜 除关节软骨外,软骨表面均被覆一层致密结缔组织,即软骨膜(perichondrium)。软骨膜可分为内层和外层,外层纤维多,较致密,主要起保护作用;内层细胞和血管多,较疏松,其中的梭形骨祖细胞可增殖分化为软骨细胞,使软骨生长。

NOTE

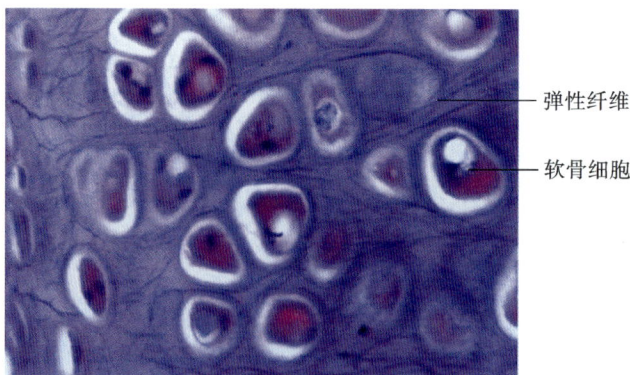

弹性纤维

软骨细胞

图 2-14　弹性软骨

（二）骨

骨（bone）作为一种器官，由骨组织、骨膜和骨髓等构成，具有运动、保护和支持作用，骨髓是血细胞发生的部位。此外，骨组织是人体重要的钙、磷储存库，体内 99% 的钙和 85% 的磷储存于骨内。

1. 骨组织　骨组织（osseous tissue）是人体较坚硬的组织之一，由大量钙化的细胞间质和多种细胞组成。钙化的细胞间质称为骨基质，细胞包括骨祖细胞、成骨细胞、骨细胞和破骨细胞。骨细胞数量最多，分散在骨基质内，其余三种细胞位于骨组织边缘。

（1）骨基质：骨基质（bone matrix）即钙化的细胞间质，包括有机质和无机质。有机质由大量胶原纤维和少量无定形有机物组成。未钙化的细胞间质又称类骨质。其中胶原纤维称骨胶纤维，主要由Ⅰ型胶原蛋白组成，分子间有较大的空隙，占有机质的90%。有机质呈凝胶状，主要成分是中性和弱酸性糖胺多糖，还含有多种糖蛋白，如骨钙蛋白、骨粘连蛋白和骨桥蛋白。骨基质中的骨胶纤维成层排列，并与骨盐紧密结合，构成板层状的骨板，同层骨板内的纤维相互平行，相邻两层骨板的纤维相互垂直或成一定角度，成层排列的骨板犹如多层木质胶合板。

（2）骨组织的细胞：

①骨祖细胞：骨祖细胞（osteoprogenitor cell）位于骨组织表面，细胞较小，呈梭形，细胞核椭圆形，胞质少，呈弱嗜碱性，含少量核糖体和线粒体。骨祖细胞是骨组织的干细胞，当骨组织生长、改建及骨折修复时，骨祖细胞能分裂分化为成骨细胞。

②成骨细胞：成骨细胞（osteoblast）位于骨组织表面，成年前较多，成年后较少。成骨细胞常呈单层排列，胞体较大，立方形或矮柱状，表面伸出许多细小突起，并与邻近的成骨细胞或骨细胞的突起形成缝隙连接。成骨细胞的核较大，呈圆形，可见明显的核仁，胞质嗜碱性。电镜下可见丰富的粗面内质网和发达的高尔基复合体。成骨细胞的功能是合成和分泌骨胶纤维和基质，并以顶浆分泌方式向类骨质中释放基质小泡。

（3）骨细胞：骨细胞（osteocyte）单个分散于骨板内或骨板间，胞体较小，呈扁椭圆形，位于骨陷窝（bone lacuna）内，胞体伸出很多细长突起，突起位于骨小管内，相邻骨细胞的突起形成缝隙连接，因而骨小管也彼此通连。骨陷窝和骨小管内的组织液可营养骨细胞,同时运走代谢产物。骨细胞对骨质的更新与维持具有重要作用,骨陷窝周围的薄层骨质钙化程度较低,当机体需要时,骨细胞可溶解此层骨质,使钙释放并进入骨陷窝的组织液中,从而参与调节血钙的平衡。

(4)破骨细胞:破骨细胞(osteoclast)数量较少,位于骨组织表面的小凹陷内。破骨细胞是一种多核大细胞,一般认为它由多个单核细胞融合形成。光镜下,胞质嗜酸性,功能活跃的破骨细胞在骨质侧有皱褶缘(ruffled border)。

2. 长骨的结构 长骨(long bone)由骨密质、骨松质、骨膜、关节软骨、血管和神经等构成。

(1)骨密质:骨密质(compact bone)分布于长骨的骨干和骨骺的表面。骨板的排列很有规律,按其排列方式可分为环骨板、骨单位和间骨板。

环绕骨干外表面的环骨板称外环骨板,有 10~40 层,整齐地环绕骨干排列。环绕骨干内表面的环骨板称内环骨板,较薄,由数层排列不甚规则的骨板组成。横向穿越外环骨板和内环骨板的管道称穿通管,又称伏氏管,内含血管、神经及组织液。穿通管与纵向走行的中央管相通连。

骨单位是内、外环骨板之间的纵行圆筒状结构,又称哈弗斯系统(Haversian system)。数量多,是长骨骨干的基本结构单位。其中轴为纵行的管道,称中央管,又称哈弗斯管,周围是 10~20 层同心圆排列的骨板,又称哈弗斯骨板。

间骨板(interstitial lamella)存在于骨单位之间或骨单位与环骨板之间,是骨生长和改建过程中原有的骨单位和环骨板被吸收后的残留部分。

(2)骨松质:骨松质(spongy bone)分布在骨干的内侧面和骨骺,是大量骨小梁(bone trabecula)相互交织形成的多孔隙网状结构,网孔为骨髓腔,其内充填着骨髓。骨小梁由针状或片状的骨板及骨细胞构成。

(3)骨膜:骨膜分为骨外膜(periosteum)和骨内膜(endosteum)。骨外膜位于除关节面以外的骨外表面;骨内膜分布在骨髓腔面、穿通管和中央管的内表面及骨小梁的表面。骨外膜较厚,又分为两层。外层为致密结缔组织,含粗大密集的胶原纤维,其中有些纤维穿入骨质,称穿通纤维(perforating fiber)或沙比纤维(Sharpey fiber),将骨外膜固定于骨;内层结缔组织疏松,纤维少,含骨祖细胞、成骨细胞、血管、神经等。骨膜的主要作用是营养骨组织,为骨的生长和修复提供成骨细胞。

知识拓展

青枝骨折

青枝骨折多见于儿童。青枝骨折是如植物的青嫩枝条呈现折而不断状的一类骨折。青少年骨骼中的有机成分多,具有很好的弹性和韧性,不易完全折断。青枝骨折一般属于稳定性骨折,通常不需要手术治疗。四肢的青枝骨折以石膏外固定的治疗方法为佳。

NOTE

三、血液

血液（blood）是循环流动在心血管系统内的液态组织，成人循环血容量约 5 L，约占体重的 7%。血液由血浆与血细胞组成。在采集的血液中加入抗凝剂（肝素或柠檬酸钠），经沉淀后，血液可分 3 层：上层淡黄色的为血浆，下层深红色的是红细胞，中间薄层灰白色的是白细胞与血小板（图2-15）。不加抗凝剂的血液在体外会自然凝固，上层析出的淡黄色的清亮液体，称为血清。

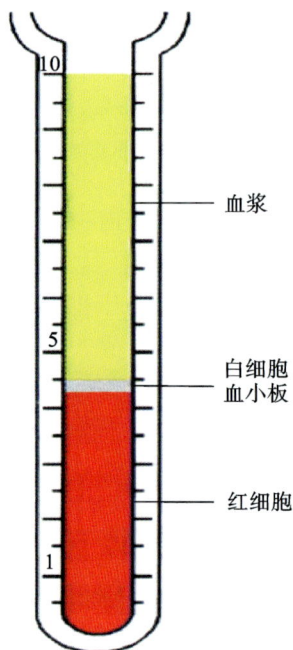

图 2-15　血浆与血细胞

血液是一种液态的结缔组织，血浆相当于细胞间质，约占血液容积的 55%，其主要成分是水（占90%），其余是血浆蛋白（包括白蛋白、球蛋白、补体蛋白、纤维蛋白原、酶、脂蛋白等）、糖、激素、维生素、无机盐和代谢产物等。血浆不仅是运载血细胞、营养物质和全身代谢产物的循环液体，而且参与机体免疫反应、体温调节、酸碱平衡与渗透压的维持，具有稳定机体内环境的功能。在没有抗凝剂的情况下，将血液静置于体外可见血液中溶解状态的纤维蛋白原转变为不溶状态的纤维蛋白，并将血细胞网入其中凝固成血块。血块静置后即析出淡黄色清亮液体，称血清。血细胞约占血液容积的 45%，包括红细胞、白细胞和血小板。在正常生理情况下，各种血细胞有稳定的形态结构、数量和比例。通常采用瑞氏或吉姆萨染色法进行血细胞的形态学检查。血细胞分类和计数的正常值如下：

红细胞 { 男性 $(4.0 \sim 5.5) \times 10^{12}/L$
　　　　 女性 $(3.5 \sim 5.0) \times 10^{12}/L$

血细胞 { 白细胞 $(4 \sim 10) \times 10^9/L$ {
　　　　粒细胞 { 中性粒细胞（50%~70%）
　　　　　　　　 嗜酸性粒细胞（0.5%~3%）
　　　　　　　　 嗜碱性粒细胞（0~1%）
　　　　无粒细胞 { 淋巴细胞（25%~30%）
　　　　　　　　　 单核细胞（3%~8%）

血小板 $(100 \sim 300) \times 10^9/L$

血细胞（图 2-16）的形态、数量、比例及血红蛋白含量称为血象（hemogram）。检查血象是临床诊断疾病，判断疾病预后和制订疾病治疗方案的最基本、最常用的方法。

（一）红细胞

红细胞（erythrocyte，red blood cell）直径为 7.5~8.5 pm，呈双凹圆盘状，中央较薄，周边较厚，血涂片标本显示中央染色较浅，周边较深（图 2-16）。成熟的红细胞是结构、功能高度特化的细胞，无细胞核，也无细胞器（图 2-17），细胞内充满血红蛋白

(hemoglobin，Hb)。红细胞的这种结构特点使其与同体积球形结构相比，表面积增大约 25%，同时，还使细胞内任何一点与细胞表面的距离缩短至 0.85 pm 以下，从而有利于红细胞的气体交换。红细胞的数量及血红蛋白的含量可随生理功能而变化，红细胞形态、数量以及血红蛋白质与量的改变超出正常范围，则为病理现象。一般认为红细胞数少于 $3.0×12^{12}$/L，血红蛋白含量低于 100 g/L，则为贫血（anemia）。红细胞数高于 $7.0×12^{12}$/L，血红蛋白含量超过 180 g/L，则为红细胞增多症。

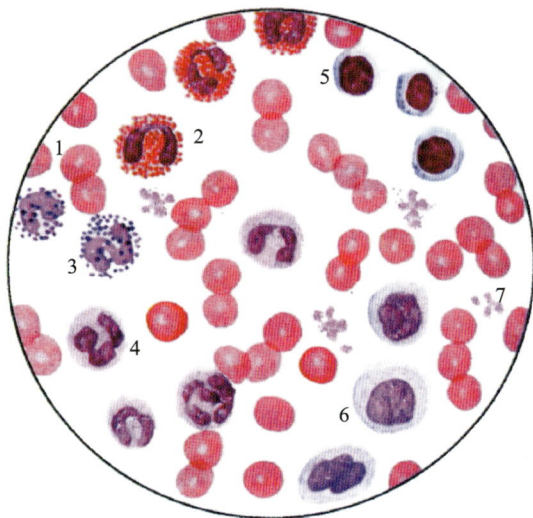

图 2-16 血细胞

1—红细胞；2—嗜酸性粒细胞；3—嗜碱性粒细胞；4—中性粒细胞；
5—淋巴细胞；6—单核细胞；7—血小板

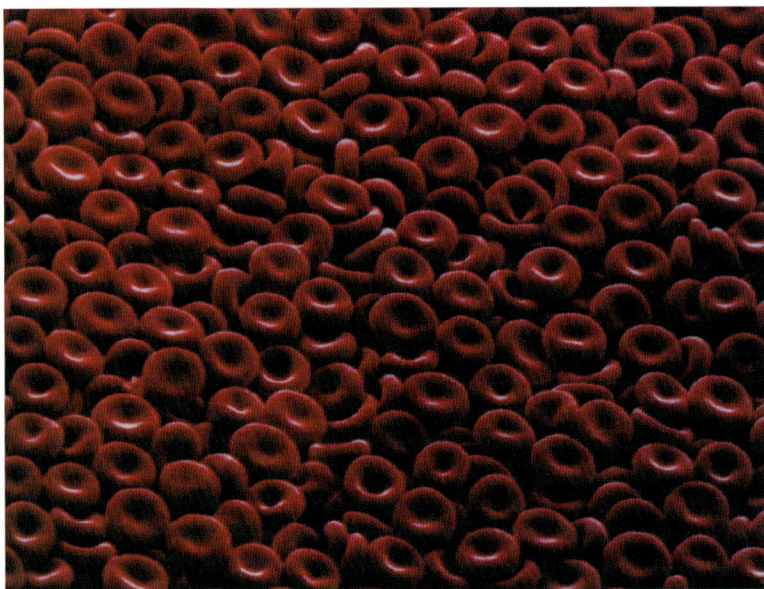

图 2-17 红细胞电镜扫描图

NOTE

27

高原环境对红细胞和血红蛋白的影响

人体进入高原环境后,红细胞数、血红蛋白含量和血细胞比容增高。这与高原低氧环境兴奋交感神经,肝、脾收缩释放大量储备血液和红细胞有关。长期生活在高原环境中的人,红细胞数和血红蛋白含量的增加与红细胞生成素增加有关。红细胞数和血红蛋白含量的增加有利于增加携氧能力,提高血氧饱和度。但红细胞生成过多,血液黏滞性增加,会加大循环阻力,反而使人体适应高原的能力降低,甚至发展为高原红细胞增多症。

单个红细胞在新鲜时为淡黄绿色,大量红细胞使血液呈猩红色。多个红细胞叠连在一起呈钱串状,称缗钱状红细胞。红细胞有一定弹性和形态可变性,能通过自身的变形顺利通过比它直径小的毛细血管。维持红细胞的正常形态需要足够的 ATP 供能以及细胞内、外渗透压的平衡。当缺乏 ATP 供能时,红细胞的形态由圆盘状变为棘球状,ATP 供能状态改变后可恢复。当血浆渗透压降低时,过量水分移入红细胞内,可导致红细胞肿胀、破裂,血红蛋白逸出,称为溶血,残留的红细胞膜囊称血影;若血浆渗透压升高,红细胞内水分析出过多,致使红细胞皱缩,也可导致红细胞膜破坏而溶血。此外,蛇毒、溶血性细菌、脂溶剂等也能引起溶血。

红细胞膜上有 ABO 血型抗原。根据血型抗原的不同,人血型可分为 A、B、O 和 AB 型四种,在临床输血中有极为重要的意义。

从骨髓进入血液的尚未完全成熟的红细胞称网织红细胞(reticulocyte)。在常规染色的血涂片中不能与成熟红细胞区别,用煌焦油蓝做活体染色,可见网织红细胞内有染成蓝色的细网或颗粒,是细胞内残留的核糖体,说明该细胞仍有合成血红蛋白的功能。网织红细胞进入外周血后 1~3 天,核糖体消失,成为成熟的红细胞。成人外周血网织红细胞占红细胞总数的 0.5%~1%,新生儿可达 3%~6%。网织红细胞计数常作为判断骨髓生成红细胞能力的指标之一,骨髓造血功能发生障碍的患者经治疗后,若网织红细胞计数增加,则提示其骨髓造血能力增强。

红细胞的平均寿命约为 120 天。衰老的红细胞在肝、脾和骨髓等处被巨噬细胞吞噬,其血红蛋白中的铁可被重新用于造血。

(二) 白细胞

白细胞(leukocyte,white blood cell)为无色有核的球形细胞,能做变形运动,有重要的防御和免疫功能。血液中白细胞数量无显著的性别差异,但婴幼儿稍多于成人,并可受运动、饮食及妇女经期等生理因素的影响。在某些疾病状态下,白细胞总数及各种白细胞的百分比皆可发生改变。

根据白细胞胞质内有无特殊颗粒,白细胞可分为有粒白细胞(granulocyte)和无粒白细胞(agranulocyte)两大类。有粒白细胞又依其特殊颗粒的染色特点,分为中性粒细胞、嗜酸性粒细胞和嗜碱性粒细胞。无粒白细胞又分为单核细胞与淋巴细胞(图2-18)。

1. 中性粒细胞 中性粒细胞（neutrophilic granulocyte，neutrophil）是白细胞中数量最多的一种。细胞呈球状，直径为 10～12 μm，核呈杆状或分叶状，分叶核的叶间有细丝相连，一般为 2～5 叶，正常人以 2～3 叶为多，核染色较深。在某些疾病情况下，如机体发生严重的细菌感染时，1～2 叶核的细胞增多，称核左移；骨髓造血功能低下时，4～5 叶核的细胞增多，称核右移。一般认为，核分叶多是衰老的标志。胞质内充满大量细小的、分布均匀的、染成淡紫色或淡红色的中性颗粒（图 2-18）。颗粒分为嗜天青颗粒（azurophilic granule）和特殊颗粒。嗜天青颗粒占颗粒总数的 20%，电镜下为圆形或椭圆形的膜包颗粒，直径为 0.6～0.7 μm，电子密度高，是一种溶酶体，含酸性磷酸酶和髓过氧化物酶等，能消化分解吞噬的异物。特殊颗粒占颗粒总数的80%，电镜下颗粒较小，直径为 0.3～0.4 μm，呈哑铃状或椭圆形，呈中等电子密度，是一种分泌颗粒，内含碱性磷酸酶、吞噬素、溶菌酶等，能杀死细菌，溶解细菌表面的糖蛋白。

中性粒细胞可做活跃的变形运动，具有趋化性和和吞噬功能。其吞噬对象以细菌为主。当机体因感染细菌而发生炎症时，除白细胞总数增加外，中性粒细胞的比例显著提高。中性粒细胞在吞噬细菌后，自身死亡成为脓细胞。中性粒细胞可在组织中存活 2～3 天。

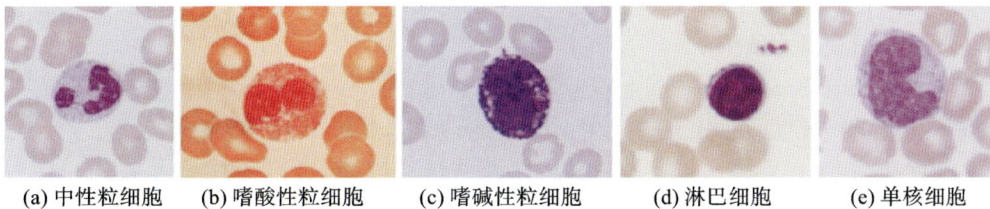

| (a) 中性粒细胞 | (b) 嗜酸性粒细胞 | (c) 嗜碱性粒细胞 | (d) 淋巴细胞 | (e) 单核细胞 |

图 2-18 各类白细胞

2. 嗜酸性粒细胞 嗜酸性粒细胞（eosinophilic granulocyte，eosinophil）呈球形，直径为 10～15 μm，核为分叶状，以 2 叶核居多。胞质内充满粗大的、分布均匀的、染成橘红色、略带折光性的嗜酸性颗粒（图 2-18）。电镜下膜包颗粒呈圆形或椭圆形，内含细颗粒状基质和方形或长方形的致密结晶体。颗粒内含酸性磷酸酶、芳基硫酸酯酶、过氧化物酶和组胺酶等，因此也是一种溶酶体。

嗜酸性粒细胞也能做变形运动并具有趋化性，可吞噬异物或抗原抗体复合物；灭活组胺，分解白三烯或抑制其释放，从而减轻过敏反应；还可借助抗体与某些寄生虫表面结合，释放颗粒内物质，杀死虫体或虫卵。因此，在过敏性疾病或寄生虫感染时该细胞数量增多。嗜酸性粒细胞在组织中可生存 8～12 天。

3. 嗜碱性粒细胞 嗜碱性粒细胞（basophilic granulocyte，basophil）在白细胞中数量最少，呈球状，直径为 10～12 μm。胞核分叶或呈 S 形，着色浅淡，轮廓常不清楚。胞质内含大小不等、分布不均、染成蓝紫色的嗜碱性颗粒（图 2-18），常覆盖在细胞核上，具有异染性。电镜下，膜包颗粒中充满细小微粒，均匀分布，有些颗粒内可见板层状或细丝状结构。颗粒内含有肝素、组胺等，可被快速释放；白三烯则存在于细胞基质内，它的释放较肝素、组胺缓慢。这与肥大细胞分泌的物质相同。肝素具有抗凝血作用。组胺和白三烯参与过敏反应。嗜碱性粒细胞在组织中可存活 12～15 天。

NOTE

4. 单核细胞　　单核细胞(monocyte)是体积最大的白细胞,呈圆球状,直径为14～20 μm。胞核呈肾形、马蹄形或卵圆形,染色质呈细网状,着色较浅。胞质丰富,呈灰蓝色,内含较多细小的嗜天青颗粒(图 2-18)。电镜下,细胞表面有皱褶和短的微绒毛,胞质内有许多吞噬泡和膜包颗粒。颗粒具溶酶体样结构,内含有过氧化物酶、酸性磷酸酶、非特异性酯酶和溶菌酶,这些酶不仅与单核细胞的功能有关,还可作为与淋巴细胞的鉴别依据。

单核细胞具有活跃的变形运动能力和明显的趋化性。骨髓生成的单核细胞进入血液循环,停留 1～5 天,再穿越血管进入组织,分化成巨噬细胞。血液与骨髓中的单核细胞和器官组织内的巨噬细胞共同构成单核-吞噬细胞系统。单核细胞具有一定的吞噬功能,能消灭入侵机体的病原微生物等异物,消除机体衰老病变的细胞,参与调节免疫应答,但其功能不如巨噬细胞强。

5. 淋巴细胞　　淋巴细胞(lymphocyte)呈球状,大小不一,直径为 6～8 μm 的是小淋巴细胞,9～12 μm 的为中淋巴细胞,13～20 μm 的是大淋巴细胞。在外周血中,小淋巴细胞数量最多,细胞核呈圆形,一侧常有小凹陷,染色质致密呈粗块状,染色深。胞质很少,仅在核周形成一窄缘,染成蔚蓝色,含少量嗜天青颗粒(图 2-18)。大、中淋巴细胞的细胞核呈椭圆形,染色质较疏松,胞质较多,可见少量嗜天青颗粒。电镜下淋巴细胞胞质内含丰富的游离核糖体、少量线粒体及粗面内质网和膜包颗粒(即溶酶体,但其内不含过氧化物酶)。

淋巴细胞是体内功能与分类最为复杂的细胞群。根据发生来源、形态特点、表面标志与功能等的不同,可分为胸腺依赖淋巴细胞(T 淋巴细胞,简称 T 细胞)、骨髓依赖淋巴细胞(B 淋巴细胞,简称 B 细胞)、自然杀伤细胞(简称 NK 细胞)等类型。

(三)血小板

血小板(blood platelet)又称血栓细胞,是骨髓巨核细胞胞质脱落的小片,直径为 2～4 μm。血小板呈双凸圆盘状,当受到机械或化学刺激时,可伸出小突起,呈不规则形。血小板无核,表面有完整的细胞膜。光镜下,单个或集聚成群存在,胞质呈浅蓝色,中央部有密集的紫色颗粒,称颗粒区;周边胞质弱嗜碱性,称透明区;颗粒内含血小板因子,在止血和凝血过程中起重要作用。血小板的寿命为 7～14 天。

第四节　肌　组　织

肌组织(muscle tissue)主要由肌细胞组成,肌细胞之间有少量的结缔组织、血管、淋巴管和神经。肌细胞呈细长的纤维状,故又称为肌纤维(muscle fiber)。肌细胞的细胞膜称肌膜(sarcolemma),细胞质称肌质(sarcoplasm),细胞内的滑面内质网称肌质网(sarcoplasmic reticulum)。肌质中有许多与细胞长轴平行排列的肌丝,它们是肌纤维收缩的主要物质基础。根据其存在部位、结构和功能不同,肌组织可分为三类:骨骼肌、心肌和平滑肌。骨骼肌纤维和心肌纤维上有横纹,故骨骼肌和心肌属于横纹肌。骨骼肌受躯体神经支配,为随意肌;心肌和平滑肌受自主神经支配,为不随意肌。

一、骨骼肌

大多数骨骼肌(skeletal muscle)通过肌腱附着在骨骼上,每块肌肉均由许多平行排列的骨骼肌纤维组成(图 2-19)。致密结缔组织包裹在整块肌肉外面形成肌外膜(epimysium),内含有血管和神经;肌外膜的结缔组织以及血管和神经的分支伸入肌肉内,将肌纤维分隔成大小不等的肌束,形成肌束膜(perimysium);分布在每条肌纤维周围的少量结缔组织为肌内膜(endomysium),肌内膜含有丰富的毛细血管。各层结缔组织膜除有支持、连接、营养和保护肌纤维的作用外,对单条肌纤维的活动,乃至对肌束和整块肌肉的肌纤维群体活动也起着调节作用。

骨骼肌	心肌	平滑肌

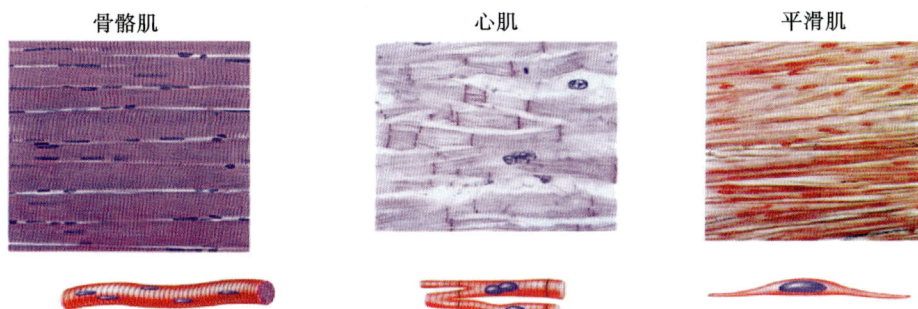

图 2-19　肌组织

(一)骨骼肌纤维的光镜结构

骨骼肌纤维呈细长的圆柱形,直径为 $10\sim100~\mu m$,长为 $1\sim40$ mm。肌膜的外面有基膜紧密贴附。肌纤维呈强嗜酸性,其上有明暗相间的横纹(cross striation)。一条肌纤维内含有几十个甚至几百个细胞核,位于肌质的周边即肌膜下方,核呈扁椭圆形,异染色质较少,染色较浅。肌质内含许多与细胞长轴平行排列的肌原纤维,在骨骼肌纤维的横切面上,肌原纤维呈点状,聚集为许多小区,称孔海姆区。肌原纤维之间含有大量线粒体、糖原以及少量脂滴,肌质内还含有肌红蛋白。

肌原纤维呈细丝状,直径为 $1\sim2~\mu m$,沿肌纤维长轴平行排列,每条肌原纤维上都有明暗相间的带。由于各条肌原纤维的明、暗带都排列在同一平面上,因此肌纤维呈现出规则的明暗相间的横纹。在偏振光显微镜下,明带(light band)呈单折光,为各向同性(isotropic),又称Ⅰ带;暗带呈双折光,为各向异性,又称 A 带。暗带中央有一条浅色窄带称 H 带,H 带中央还有一条深色的 M 线。明带中央则有一条深色的细线称 Z 线。两条相邻 Z 线之间的一段肌原纤维称为一个肌节。每个肌节都由 1/2 明带＋暗带＋1/2 明带所组成。肌节长为 $2\sim2.5~\mu m$,它是骨骼肌收缩的基本结构单位。因此,肌原纤维是由许多肌节连续排列构成的。

(二)骨骼肌纤维的超微结构

1. 肌原纤维　肌原纤维由上千条粗、细肌丝有规律地平行排列组成,明带和暗带就是这两种肌丝规则排列的结果;暗带由粗、细肌丝共同构成,其中的 H 带只有粗肌丝;明带由细肌丝构成,其中的 Z 线是细肌丝附着的位点。横切面上可见一条粗肌丝周围有 6 条细肌丝,而一条细肌丝周围有 3 条粗肌丝(图 2-20)。

NOTE

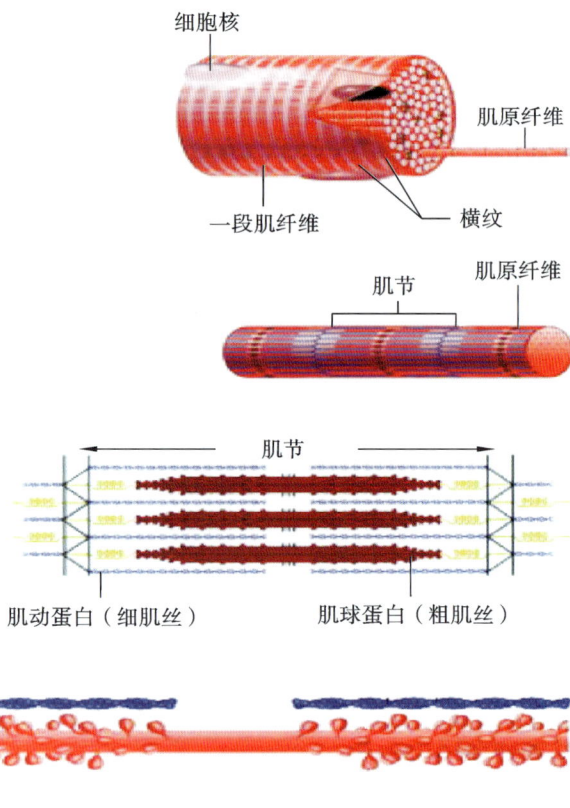

细胞核
肌原纤维
一段肌纤维
横纹
肌节
肌原纤维
肌节
肌动蛋白（细肌丝）
肌球蛋白（粗肌丝）
细肌丝
粗肌丝

图 2-20　骨骼肌超微结构

2. 粗肌丝　粗肌丝(thick filament)长约为 1.5 μm，直径约为 15 nm，位于肌节的暗带，中央借 M 线固定，两端游离。

粗肌丝的分子结构：粗肌丝是由许多肌球蛋白(myosin)分子有序排列组成的。肌球蛋白形如豆芽，分为头和杆两部分，头部如同两个豆瓣，杆部如同豆茎。在头和杆的连接点及杆上有两处类似关节的结构，可以屈动。M 线两侧的肌球蛋白对称排列，杆部均朝向粗肌丝的中段，头部则朝向粗肌丝的两端并露出表面。

课后习题

1. 试述上皮组织的分布特点及分类。
2. 试述被覆上皮的分类，被覆上皮的结构特点和主要分布。
3. 试述上皮组织各种特殊结构的构造和功能特点。
4. 简述腺的分类原则及各种腺细胞的结构特点。

NOTE

第三章 运动系统

学习目标

　　掌握:运动系统的组成;骨的分类、构造;关节的基本结构;脊柱、胸廓和骨盆的组成和结构特点;椎骨的一般形态,椎骨间的主要连结;脊柱的生理弯曲、意义及运动;四肢骨的形态特征,四肢主要关节的组成及运动,骨盆的组成;全身主要骨骼肌的位置及作用。

　　熟悉:新生儿颅的特点和生后的变化;颅骨前面观和侧面观的主要结构;男、女性骨盆的差别;关节的辅助结构;肌的辅助结构。

　　了解:全身骨连结的概况;骨骼肌的整体分布概况。

　　运动系统(locomotor system)由骨、骨连结和骨骼肌三部分组成。全身的骨由骨连结相连构成一个支架,称骨骼。骨骼肌附着于骨表面,跨过关节,在神经系统的支配下,牵引骨骼改变位置,产生运动。在运动过程中,骨是运动的杠杆,骨连结是运动的枢纽,骨骼肌是运动的动力。运动系统对人体具有支持、保护和运动等作用。

　　骨或骨骼肌的某些部位,常在人体表面形成比较明显的隆起或凹陷,称为体表标志。这些体表标志在临床上具有十分重要的意义,如常用它们作为确定深部器官的位置、大小、范围,判定血管、神经的走向,选取手术切口的部位及穿刺定位的依据。

第一节　骨和骨连结

一、概述

(一)骨

　　每块骨都具有一定的形态、结构和功能,含有丰富的血管和神经。骨具有改建、修复和再生能力。成人共有 206 块骨,按部位分为颅骨、躯干骨和四肢骨三部分(图3-1)。

　　1. 骨的形态和分类　根据骨的形态,可分为长骨、短骨、扁骨和不规则骨四种类型。

　　(1)长骨:呈长管状,分一体两端;体称为骨干,其内部的空腔称骨髓腔,容纳骨髓;两端膨大称骺,具有光滑的关节面,骨干与骺相接的部分称干骺端。长骨多位于四肢,如肱骨、指骨等。

（2）短骨：较短小，近似立方形，多位于连结牢固、运动灵活的部位，如腕骨和跗骨等。

（3）扁骨：呈板状，主要构成颅腔、胸腔和盆腔的壁，如颅盖骨和肋骨等。

（4）不规则骨：形状不规则，多位于躯干、颅底和面部，如椎骨、颞骨等。有的不规则骨内部含有气的腔，这种骨称为含气骨，如上颌骨等。

此外，在经常与骨面发生摩擦的某些肌腱内有扁圆形的小骨，称籽骨，如髌骨等。

2. 骨的构造 骨由骨质、骨膜和骨髓构成（图 3-2）。

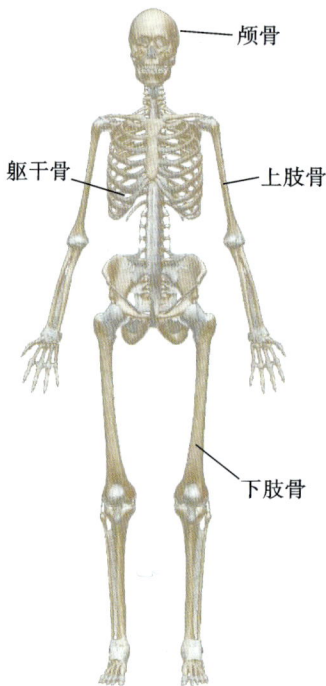

图 3-1 全身骨骼

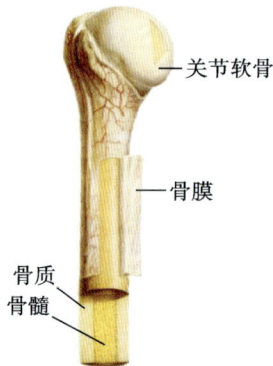

图 3-2 骨的构造

（1）骨质：由骨组织构成，分骨密质和骨松质两种。骨密质致密坚硬，抗压性强，分布于骨的表层；骨松质由交织排列的骨小梁构成，结构疏松，分布于骨的深面。

（2）骨膜：薄而致密的结缔组织膜，被覆在除关节面以外的骨表面。骨膜含有血管和神经，它对骨的生长、修复有重要的作用。

（3）骨髓：充填于骨髓腔和骨松质间隙内，分为红骨髓和黄骨髓两种。红骨髓主要由网状组织和大量的血细胞构成，胎儿和幼儿的骨髓都是红骨髓，具有造血功能；5岁以后，长骨骨髓腔内的红骨髓逐渐被脂肪组织代替，称黄骨髓，失去造血功能，但当大量失血或重度贫血时，黄骨髓可转化为红骨髓而恢复造血功能。一般在长骨两端、扁骨和不规则骨骨松质内，终生都是红骨髓。

知识拓展

造血干细胞是能自我更新、有较强分化和再生能力、可以产生各种类型血细胞的原始细胞。造血干细胞来源于红骨髓,可以经血流转移到外周血液循环中,机体不会因献血和捐献造血干细胞而使造血功能受损。

3. 骨的化学成分和物理特性 骨由有机质和无机质组成。有机质主要是骨胶原纤维和黏多糖蛋白,使骨具有韧性和弹性。无机质主要为无机盐类,如磷酸钙和碳酸钙,它使骨具有硬度和脆性。成人骨的有机质和无机质的比例约为 3∶7,此比例使骨具有较大的硬度,也具有一定弹性。幼儿骨的有机质较多,受伤时骨易变形。老年人的骨中无机质较多,脆性增大,容易发生骨折。

(二)骨连结

骨与骨之间借纤维结缔组织、软骨或骨组织相连,构成骨连结。按连结形式的不同,骨连结分为直接连结和间接连结两种。

1. 直接连结 骨与骨之间借致密结缔组织、软骨直接相连,牢固无间隙,不活动或有少许活动,可分为纤维连结、软骨连结和骨性结合三种。

2. 间接连结 又称关节,相对的骨面之间有腔隙,借结缔组织囊相连,一般具有较大的活动度。关节是人体骨连结的主要形式。

(1)关节的基本结构:包括关节面、关节囊和关节腔(图 3-3)。

①关节面:参与构成关节的各相关骨的接触面,一般为一凸一凹的结构,即关节头和关节窝,表面覆盖关节软骨,可减少运动摩擦、缓冲震荡。

②关节囊:由结缔组织构成的膜性囊,附着于关节面周缘及附近的骨面上,封闭关节腔。结构上分内、外两层,外层为纤维层,由致密结缔组织构成,厚而坚韧,有丰富的血管、神经;内层为滑膜层,由疏松结缔组织构成,紧贴纤维层内表面,薄而柔软,能分泌滑液,有润滑关节、营养关节软骨等作用。

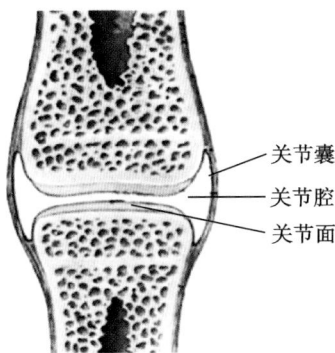

关节囊
关节腔
关节面

图 3-3 关节结构

③关节腔:关节软骨与关节囊滑膜层共同围成的密闭腔隙,腔内含有少量滑液,呈负压,有维持关节稳定性的作用。

(2)关节的辅助结构:某些关节还具有韧带、关节盘和关节唇等辅助结构。

①韧带:由致密结缔组织束构成,连于相邻两骨之间。位于关节囊内的称囊内韧带,如膝关节内的交叉韧带。位于关节囊外的称囊外韧带,如膝关节的腓侧副韧带。韧带有加强关节稳定性、限制关节过度运动的作用。

②关节盘:位于构成关节的骨的关节面之间的纤维软骨板,周缘附于关节囊内面,将关节腔分为两部分。关节盘可使关节面更加适配,减少冲击和震荡,还有增加关节运动形式和范围的作用。

③关节唇:附着于关节窝周缘的纤维软骨环,可加深关节窝,增大关节面,增加关节的稳固性。

（3）关节的运动：关节围绕运动轴进行运动，包括以下四种基本形式。

①屈和伸：关节沿冠状轴进行的运动。组成关节的两骨之间的角度变小称为屈，反之称为伸。

②内收和外展：关节沿矢状轴进行的运动。骨向正中矢状面靠拢为内收，反之称为外展。

③旋内和旋外：关节沿垂直轴进行的运动。骨的前面向内侧旋转称为旋内，反之称为旋外。在前臂，将手背转向前方为旋前，反之称为旋后。

④环转：骨的近端在原位转动，远端做圆周运动。环转实际上是屈、展、伸、收的依次连续运动。

二、躯干骨及其连结

躯干骨包括椎骨、胸骨和肋，共 51 块。它们借骨连结构成脊柱和胸廓。

（一）脊柱

脊柱由 26 块椎骨借椎骨间连结而成。

1. 椎骨　成人椎骨（vertebrae）包括颈椎 7 块、胸椎 12 块、腰椎 5 块、骶骨 1 块和尾骨 1 块。

（1）椎骨的一般形态：椎骨分为前方的椎体和后方的椎弓两部分。椎体呈短圆柱形，椎弓呈半环形，两者共同围成椎孔，所有椎孔上下贯通，构成椎管，容纳脊髓；椎弓与椎体相连处缩窄称椎弓根，其上、下缘各有凹陷，分别称椎上切迹、椎下切迹，两个相邻椎骨的椎上、下切迹围成的孔，称椎间孔，有脊神经及血管通过。椎弓的后部较宽薄呈板状，称为椎弓板。椎弓发出 7 个突起，向两侧伸出的称横突，向上、下各伸出的一对突起，称上、下关节突，向后或后下方伸出的突起称棘突。每个关节突均与相邻椎骨的关节突构成关节。

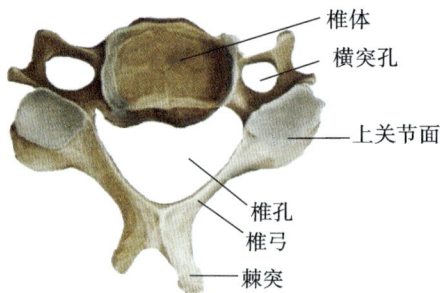

图 3-4　颈椎（上面观）

椎体
横突孔
上关节面
椎孔
椎弓
棘突

（2）各部椎骨的主要特征：

①颈椎：椎体较小，椎孔较大，呈三角形。横突根部有横突孔，有椎动脉和椎静脉通过。第 2～6 颈椎棘突短小，末端分叉（图 3-4）。

第 1 颈椎：又称寰椎（图 3-5）。无椎体和棘突，由前弓、后弓和两个侧块构成。前弓后面正中有齿突凹，侧块上面有上关节凹。

第 2 颈椎：又称枢椎（图 3-6）。椎体上有一向上的突起，称齿突。

第 7 颈椎：又称隆椎。棘突较长，末端不分叉，体表易触及，是计数椎骨的标志。

②胸椎：椎体较大，椎孔呈心形。椎体后部两侧面分别有上、下肋凹，横突末端有横突肋凹。棘突较长，伸向后下方呈叠瓦状排列（图 3-7）。

③腰椎：椎体粗壮，椎孔大，近似三角形。棘突宽、短，呈板状，水平伸向后方（图 3-8）。棘突之间间隙较宽，临床上常在下部腰椎间隙做腰椎穿刺。

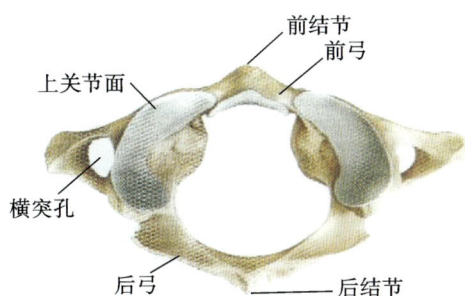

图 3-5 寰椎(上面观)

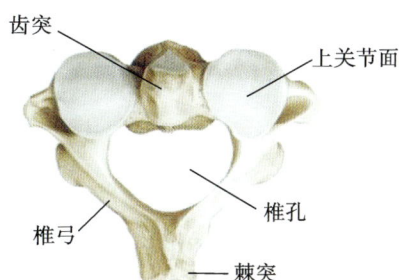

图 3-6 枢椎(上面观)

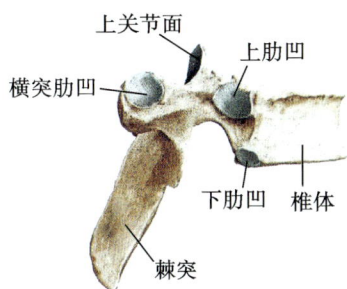

(a) 侧面观

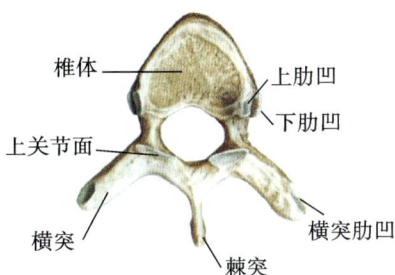

(b) 上面观

图 3-7 胸椎

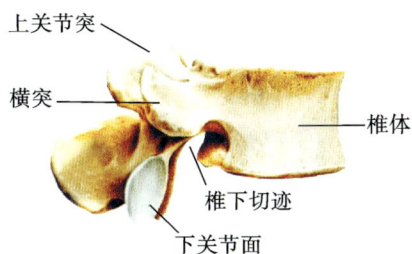

(a) 侧面观

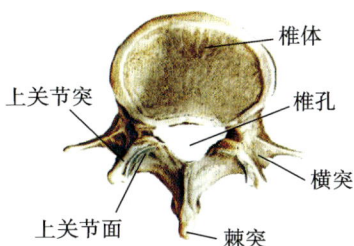

(b) 上面观

图 3-8 腰椎

④骶骨:由 5 块骶椎融合而成,呈倒三角形,底朝上(图 3-9);上缘中部向前突起,称岬,尖朝下,与尾骨相连。骶骨前面光滑凹陷,有 4 对骶前孔,后面粗糙隆突,沿正中线的隆起是棘突融合的骶正中嵴,两侧有 4 对骶后孔。骶骨两侧上面有耳状面,骶骨内纵行的骶管,上接椎管,向下开口于骶管裂孔,两侧有突起的骶角,可在体表触及,骶管麻醉时常作为确定进针部位的标志。

⑤尾骨:由 3~4 块退化的尾椎融合而成,上接骶骨,下端游离为尾骨尖。

2. 椎骨间的连结 各椎骨之间借椎间盘、韧带和关节相连。包括椎体间的连结和椎弓间的连结两部分(图 3-10)。

(1)椎体间的连结:

①椎间盘:连结相邻两个椎体的纤维软骨盘,其外部称纤维环,由多层纤维软骨环呈同心圆排列构成,中央部称髓核,是柔软而富有弹性的胶状物质。椎间盘连结椎体,

NOTE

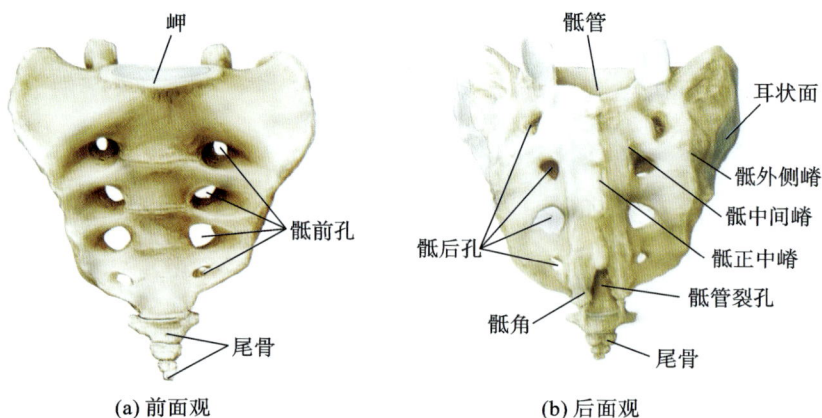

(a) 前面观　　　　　　　　　　　(b) 后面观

图 3-9　骶骨

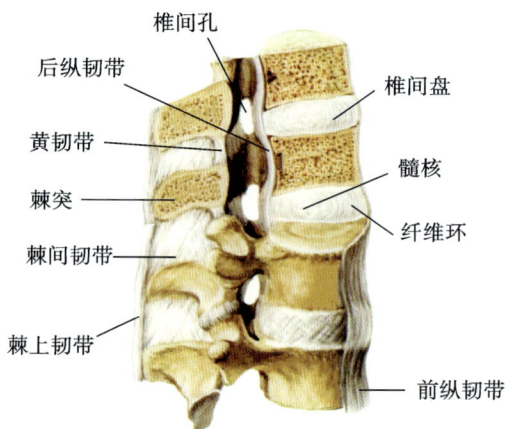

图 3-10　椎骨间的连结

可承受压力,具有缓冲振荡、保护脑和脊髓的作用。

知识拓展

由于腰部椎间盘承受的压力大,活动也较多,做剧烈活动或突然弯腰时容易损伤纤维环,致使髓核向后外侧脱出,突入椎管或椎间孔,压迫脊髓或脊神经,引起腰、腿痛等,临床上称为椎间盘脱出症。

②前纵韧带:起自枕骨大孔前缘,沿椎体前面向下至第 1~2 骶椎,与椎体及椎间盘牢固连结。前纵韧带有限制脊柱过度后伸和防止椎间盘向前脱出的作用。

③后纵韧带:位于椎体和椎间盘的后面,起自第 2 颈椎体,紧贴各椎体与椎间盘后面下降,终于骶管前壁。后纵韧带有限制脊柱过度前屈和防止椎间盘向后脱出的作用。

(2)椎弓间的连结:

①棘上韧带:连于各棘突末端,有限制脊柱过度前屈的作用。

②黄韧带:连于相邻椎弓板之间,与椎弓板共同围成椎管的后外壁,有限制脊柱过度前屈的作用。

③棘间韧带:连于相邻棘突之间。

④横突间韧带:连于相邻横突之间。

知识拓展

临床上常选择第3～4腰椎棘突间行腰椎穿刺术。腰椎穿刺术主要用于:①抽取脑脊液,对脑和脊髓病变进行诊断和治疗;②手术前麻醉,如蛛网膜下隙阻滞(简称腰麻)。穿刺时穿刺针由浅入深依次经过棘上韧带、棘间韧带和黄韧带。

关节突关节:由相邻椎骨的上、下关节突构成,属微动关节,活动幅度小。

3. 脊柱的整体观及运动

(1)前面观:脊柱的椎体自上而下逐渐增大,自骶骨耳状面以下,又逐渐缩小,这与脊柱承受重力的变化有关(图3-11)。

(2)后面观:棘突在后正中线上排成一条纵嵴。颈椎棘突短,但第7颈椎棘突长而突出。胸椎棘突斜向后下方,呈叠瓦状排列紧密。腰椎棘突宽短呈板状,水平向后伸。

(3)侧面观:脊柱有四个生理性弯曲,即颈曲、胸曲、腰曲和骶曲。胸曲和骶曲凸向后,颈曲和腰曲凸向前。胸曲和骶曲是胚胎时已形成的,颈曲和腰曲是在出生后发育过程中,随着抬头、站立和行走而逐渐形成的。这些弯曲增大了脊柱的弹性,能维持人体的重心稳定,减缓振荡,对脑、脊髓和胸、腹腔脏器具有保护作用(图3-11)。

脊柱的运动:脊柱具有运动功能,可做屈、伸、侧屈、旋转和环转等运动。相邻椎骨之间的运动幅度有限,但整个脊柱运动范围较大。

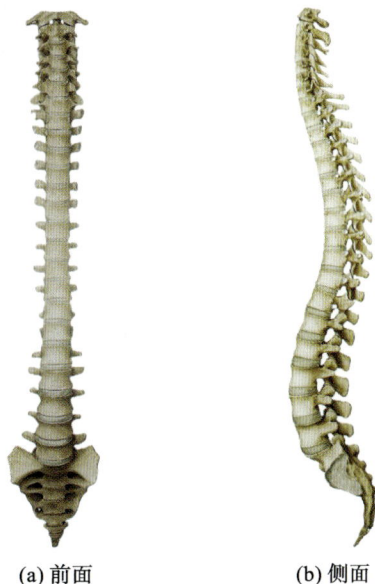

(a)前面　　(b)侧面

图3-11　脊柱整体观

(二)胸廓

胸廓由12块胸椎、12对肋、1块胸骨和它们之间的连结构成(图3-12)。

1. 肋　有12对,由肋骨(图3-13)和肋软骨组成。第1～7对肋前端借肋软骨直接与胸骨相连,称真肋。第8～10对肋不直接与胸骨相连,称假肋。第11～12对肋前端游离,称浮肋。

肋骨为扁骨,后端膨大,称肋头。肋头外侧缩细,称肋颈。颈体交界处外侧隆起,称肋结节。肋体内面近下缘处有肋沟,有肋间神经和血管走行。肋体后部急转处称肋角。

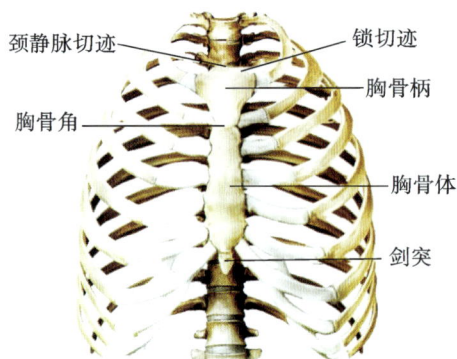

图 3-12　胸廓

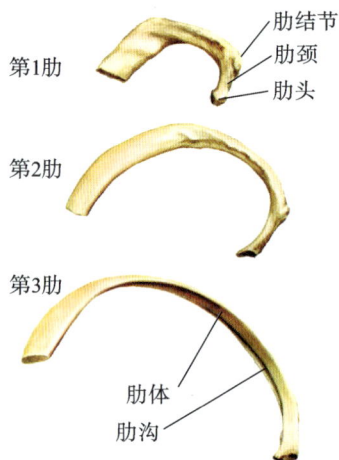

图 3-13　肋骨

2. 胸骨　位于胸前壁正中的长形扁骨,自上而下分为胸骨柄、胸骨体和剑突三部分(图 3-14)。胸骨柄上缘正中凹陷称颈静脉切迹。胸骨柄和胸骨体连结处向前突,称胸骨角,可在体表触及,两侧连结第 2 肋,是计数肋的重要标志。胸骨体外侧缘有肋切迹。剑突窄薄,下端游离。

3. 胸廓的连结　构成胸廓的主要关节有肋椎关节和胸肋关节。

(1)肋椎关节:包括肋头与椎体的连结(即肋头关节)和肋结节与横突的连结(即肋横突关节)。两者为联合关节,使肋的前部上升或下降,有助于呼吸。

(2)胸肋关节:由第 2～7 肋软骨分别与胸骨体相应的肋切迹构成。此外,第 1 肋软骨与胸骨柄相连,形成软骨结合。第 8～10 肋软骨的前端依次与上位肋软骨相连,在两侧形成肋弓。

4. 胸廓的整体观及其运动　胸廓近似圆锥形。胸廓的上口较小,向前下倾斜,下口较宽大。两侧肋弓之间的夹角称胸骨下角。相邻两肋之间称肋间隙。

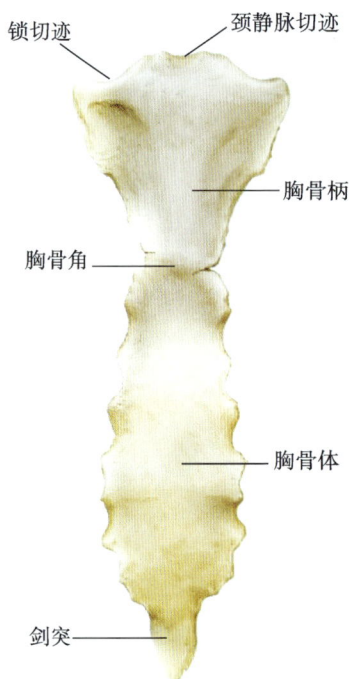

图 3-14　胸骨

胸廓主要参与呼吸运动。在呼吸肌作用下,吸气时,肋前部上抬,加大胸廓的前后径和横径,使胸腔容积增大;呼气时,胸廓做相反的运动,使胸腔容积减小。胸廓具有保护和支持胸、腹腔脏器的功能。

三、颅骨及其连结

颅(skull)由 23 块颅骨组成(不含 3 对听小骨)(图 3-15)。颅分为后上部的脑颅和前下部的面颅两部分。

NOTE

40

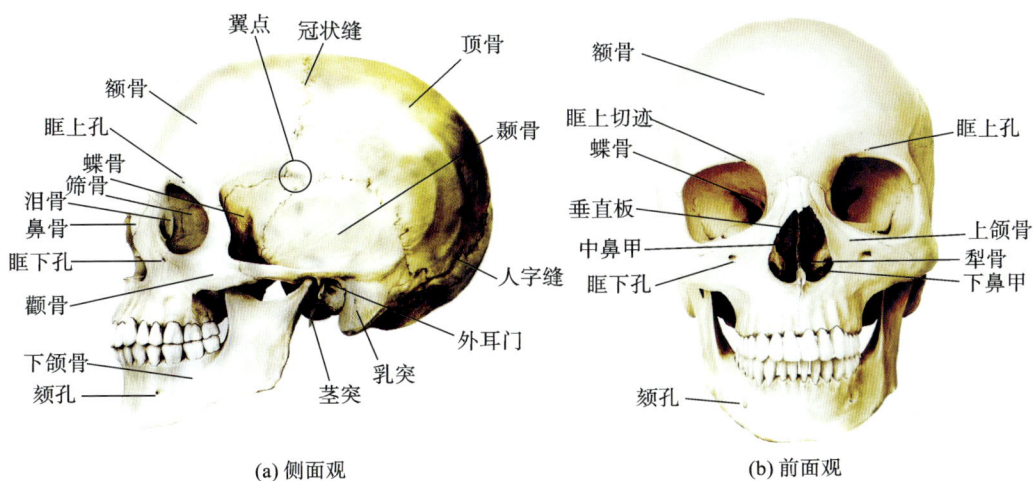

(a) 侧面观　　　　　　　　　　　　　(b) 前面观

图 3-15 颅骨

（一）脑颅

脑颅共 8 块，包括不成对的额骨、筛骨、蝶骨、枕骨，成对的顶骨和颞骨。它们共同围成颅腔，颅腔的顶部由前向后由额骨、顶骨和枕骨构成，颅腔的底由前方的额骨和筛骨、中部的蝶骨和颞骨以及后方的枕骨构成。

（二）面颅

面颅共 15 块，包括不成对的下颌骨、犁骨和舌骨，成对的鼻骨、泪骨、颧骨、上颌骨、腭骨和下鼻甲。面颅骨共同围成眶、骨性鼻腔和骨性口腔。

1. 下颌骨　呈马蹄形，分下颌体和下颌支两部分（图 3-16）。下颌体呈弓状，有上、下两缘及内、外两面。上缘为牙槽弓，有容纳下颌牙的牙槽，下缘称下颌底。下颌体的前外侧有一对颏孔。下颌支呈方形，后缘与下颌底相交处，称下颌角，可在体表触及。上端有两个突起，前方尖锐的称冠突，后方粗钝的称髁突，髁突上端膨大称下颌头，下方缩细称下颌颈。下颌支内面中央有下颌孔，向下通入下颌管，开口于颏孔。

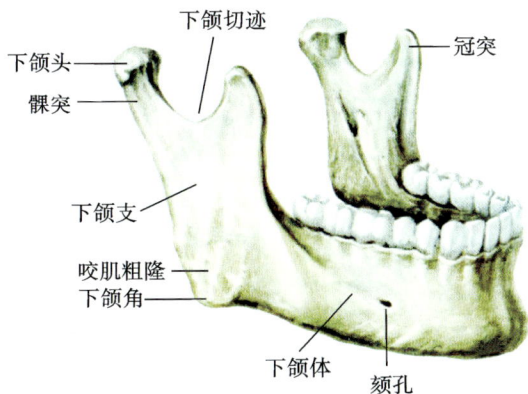

图 3-16 下颌骨

NOTE

41

2. 舌骨　位于下颌骨的下后方,呈蹄铁形。

（三）颅的整体观

1. 颅的顶面观　颅顶又称颅盖,颅顶形成 3 条缝,额骨与顶骨之间有冠状缝,两顶骨之间有矢状缝,顶骨与枕骨之间为人字缝。

2. 颅的侧面观　颅侧面中部有外耳门,向内通外耳道,其前方有弓状骨梁,称颧弓。后下方为乳突,可在体表触及。颧弓上方的凹陷称颞窝,在颞窝前下,有额骨、顶骨、颞骨、蝶骨 4 块骨邻接而形成的 H 形的缝,称翼点(图 3-15),内面有脑膜中动脉前支通过,此区骨质薄弱,骨折时易损伤该动脉,引起硬膜外血肿。

3. 颅的前面观　主要有容纳视器的眶、骨性鼻腔和骨性口腔。

（1）眶:一对四棱锥体形空腔,容纳眼球及眼附属器。分一尖、一底和四壁。尖朝向后内,有视神经管与颅中窝相通。底向前开放,称眶口,其上、下缘分别称为眶上缘和眶下缘。在眶上缘的内、中 1/3 交界处有眶上切迹(眶上孔)。眶下缘中点的下方有眶下孔。眶上壁、外侧壁交界处的后份有眶上裂,通颅中窝;眶下壁、外侧壁交界处后份有眶下裂,通翼腭窝和颞下窝。眶上壁前外侧部有泪腺窝,容纳泪腺;眶内侧壁前下部有泪囊窝,容纳泪囊,此窝向下经鼻泪管通鼻腔。

（2）骨性鼻腔:位于面颅中央,前方的开口称梨状孔,后方为成对的鼻后孔。鼻腔的正中有矢状面的垂直骨板,分隔鼻腔为左、右两半,称骨性鼻中隔,由筛骨的垂直板和犁骨构成(图 3-17)。在鼻腔外侧壁,自上而下有 3 个向下弯曲的骨片,分别称上鼻甲、中鼻甲和下鼻甲,各鼻甲下方分别有上鼻道、中鼻道和下鼻道。上鼻甲后上方和蝶骨体之间的空隙称蝶筛隐窝(图 3-18)。

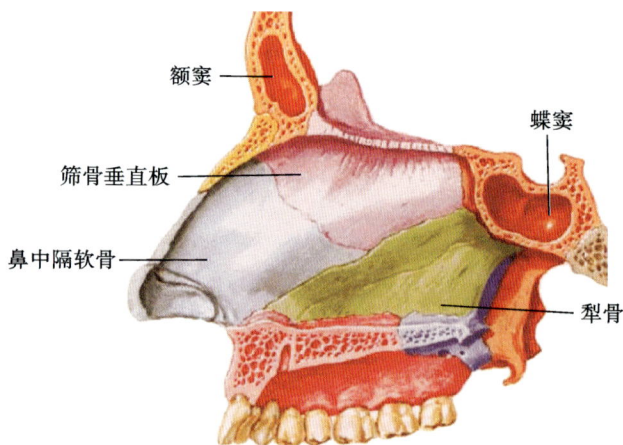

图 3-17　骨性鼻中隔

（3）鼻旁窦:位于鼻腔周围颅骨内的含气空腔,与鼻腔相通。鼻旁窦包括额窦、筛窦、蝶窦和上颌窦,它们分别位于同名的颅骨内。①额窦:在鼻腔的前上方,左、右各一,开口于中鼻道。②筛窦:在鼻腔外侧壁的上部,分为前、中、后 3 群,前、中群开口于中鼻道,后群开口于上鼻道。③蝶窦:位于蝶骨体内,在鼻腔的后上方,分为左、右两半,向前开口于蝶筛隐窝。④上颌窦:位于上颌骨体内,鼻腔的外侧,容积最大,开口于中鼻道。

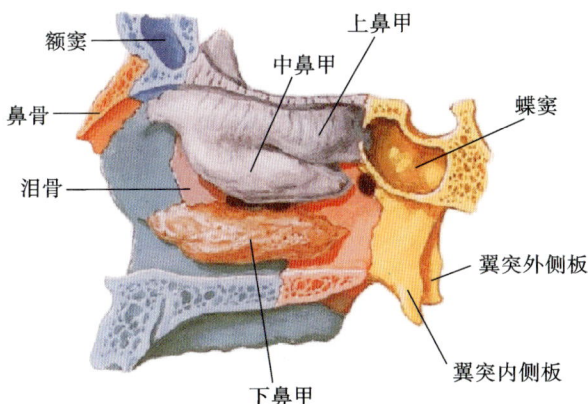

图 3-18 鼻腔外侧壁

（4）骨性口腔：由上颌骨、腭骨和下颌骨围成，向后通口咽。

4. 颅底的内面观 颅底内面（图 3-19）高低不平，由前向后形成阶梯状的颅前窝、颅中窝和颅后窝。

（1）颅前窝：正中有向上突起的鸡冠，鸡冠两侧为筛板，筛板上有筛孔，向下通鼻腔。

（2）颅中窝：由蝶骨体、蝶骨大翼和颞骨岩部等构成。中间部分是蝶鞍，蝶鞍中部的凹窝称垂体窝，窝前方有视神经管。蝶鞍后下方有不规则的破裂孔。蝶鞍两侧部低凹，由前内向后外依次有眶上裂、圆孔、卵圆孔和棘孔。

（3）颅后窝：中央部有枕骨大孔，向下通椎管。孔的前外侧缘有舌下神经管内口，前上方的平坦斜面称斜坡，后上方的隆起称枕内隆凸，孔的外侧有一形态不规则的大孔，即颈静脉孔。自颈静脉孔处向后延续为乙状窦沟和横窦沟。颞骨岩部后部中央有内耳门，通内耳道。

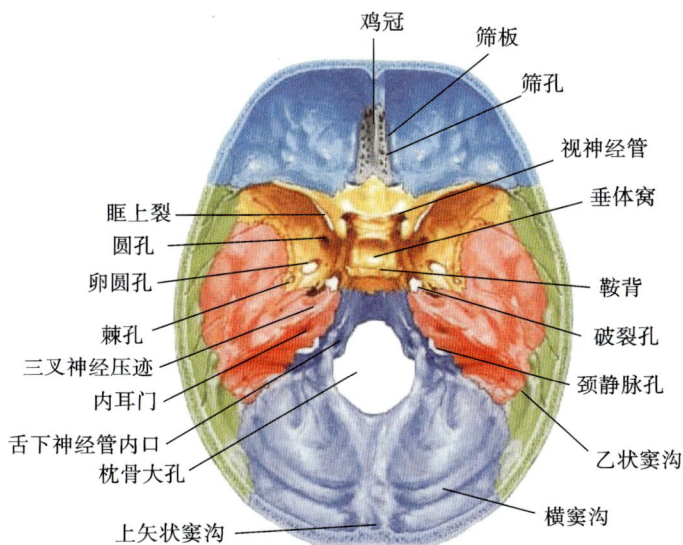

图 3-19 颅底的内面观

5. 颅底的外面观 颅底外面（图 3-20）的前部主要有上颌骨的牙槽弓之间围成的骨腭，由上颌骨的腭突和腭骨的水平板构成，正中有腭中缝，其前端有切牙孔，通入切牙管。后缘两侧有腭大孔。颅底外面后部中央有枕骨大孔，两侧关节面称枕髁。枕髁的前外侧有颈静脉孔，颈静脉孔的前方有颈动脉管外口。颈静脉孔的后外侧有细长的茎突，茎突与乳突之间有茎乳孔。颧弓根部后方有下颌窝，窝前的横行突起称关节结节。枕骨大孔后上有枕外隆凸。

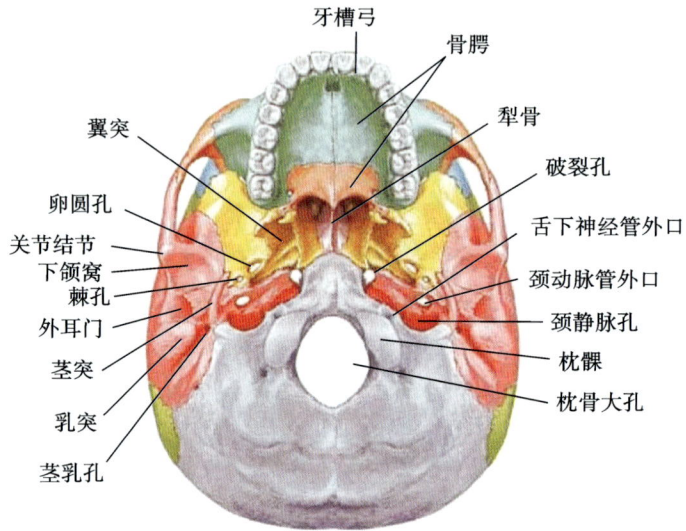

图 3-20 颅底的外面观

（四）新生儿颅骨特征及出生后变化

新生儿颅高在身长中的占比相对较大，约为 1/4，而成人颅高只占 1/8。

新生儿颅骨尚未发育完全，各骨间存在结缔组织膜，各骨交接处的间隙称颅囟。位于矢状缝与冠状缝交接处的最大囟称前囟，在一岁半左右逐渐闭合。位于矢状缝与人字缝交接处的为后囟，在出生后不久闭合（图 3-21）。

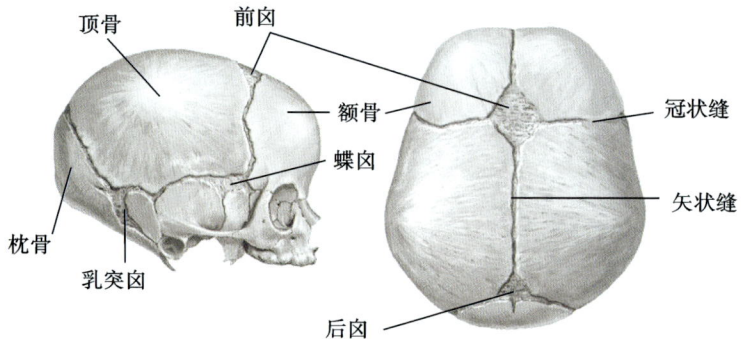

图 3-21 新生儿颅骨

（五）颅骨的连结

颅骨之间大多为缝和软骨连结。随年龄的增长，有些缝和软骨连结可转化为骨性结合,这些连结较为牢固,唯有下颌骨与颞骨之间构成颞下颌关节。

颞下颌关节,简称下颌关节,由下颌骨的下颌头与颞骨的下颌窝和关节结节共同构成。关节囊上缘附着于关节结节和下颌窝周围,向下附着于下颌颈,关节囊前部松弛薄弱,外有韧带加强。关节囊内有关节盘,将关节腔分为上、下两部分。下颌关节属于联合关节,可使下颌骨做上提、下降、前移、后退及侧方运动。由于关节囊前方松弛,当张口过大时,下颌头向前可滑到关节结节前方,从而造成下颌关节脱位。

四、四肢骨及其连结

四肢骨包括上肢骨和下肢骨。由于人类直立,上肢成为劳动器官,因而上肢骨相对较小,关节灵活,可完成精细运动;下肢骨粗大强壮,关节稳固,以利于支撑体重和行走。

(一)上肢骨及其连结

1. 上肢骨 每侧有 32 块,包括锁骨、肩胛骨、肱骨、尺骨、桡骨和手骨。

(1)锁骨:位于颈胸之间,胸廓前上方,呈"～"形,全长均可在体表触及。锁骨内侧粗大称胸骨端,与胸骨柄构成胸锁关节;外侧扁平称肩峰端,与肩胛骨的肩峰构成肩锁关节。锁骨内侧 2/3 凸向前,外侧 1/3 凸向后(图 3-22)。

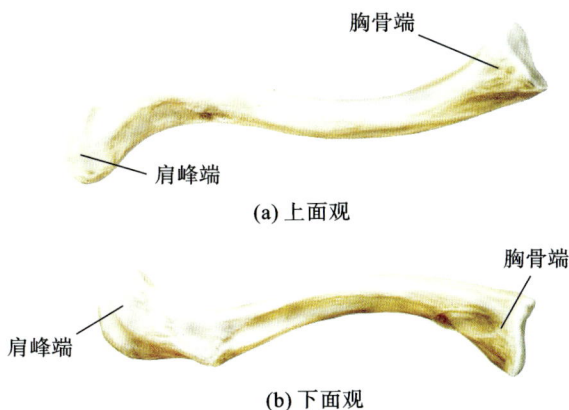

图 3-22 锁骨

(a)上面观

(b)下面观

(2)肩胛骨:位于胸廓后外侧,平对第 2～7 肋,为三角形扁骨(图 3-23),分两面、三缘和三角。前面凹陷称肩胛下窝,后面有一斜向外上的骨嵴称肩胛冈,肩胛冈把后面分成上、下方两个浅窝,分别称冈上窝和冈下窝,肩胛冈的外侧端向前外突起,称肩峰,是肩部的最高点。

外侧缘较厚,朝向腋窝;内侧缘较薄,朝向脊柱;上缘外侧有肩胛切迹,切迹外侧有凸向前的指状突起,称喙突。上角在内上方,与第 2 肋相对,下角平对第 7 肋,为临床计数肋的重要标志。外侧角粗大,有梨形浅窝,称关节盂,其上、下方隆起分别称盂上结节和盂下结节。

(3)肱骨:位于臂部,为典型的长骨(图 3-24),分为一体两端。肱骨上端有朝向上内侧的半球形关节面,即肱骨头,与关节盂形成关节。头的周缘有环状浅沟,称解剖颈。上外侧和前方各有一个隆起,分别称大结节和小结节,两结节向下延伸的骨嵴分

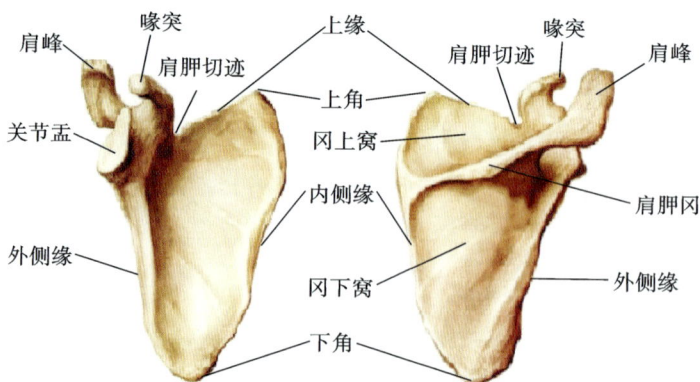

图 3-23　肩胛骨

别称为大结节嵴和小结节嵴,它们之间的纵沟称结节间沟。上端与体交界处稍细,称外科颈,此处易发生骨折。肱骨体外侧面中部有粗糙的三角肌粗隆。肱骨体后面中部从内上斜向外下的浅沟,称桡神经沟,有桡神经通过,肱骨中段骨折时易损伤此神经。在肱骨下端外侧部前面的半球状突起,称肱骨小头;内侧呈滑车状的关节面,称为肱骨滑车。肱骨下端内、外侧各有一突起,分别称内上髁和外上髁,在体表均可触及。内上髁后方的浅沟称尺神经沟,有尺神经通过,肱骨内上髁骨折时易损伤尺神经。肱骨滑车后面上方的深窝称鹰嘴窝,前上方的浅窝为冠突窝。

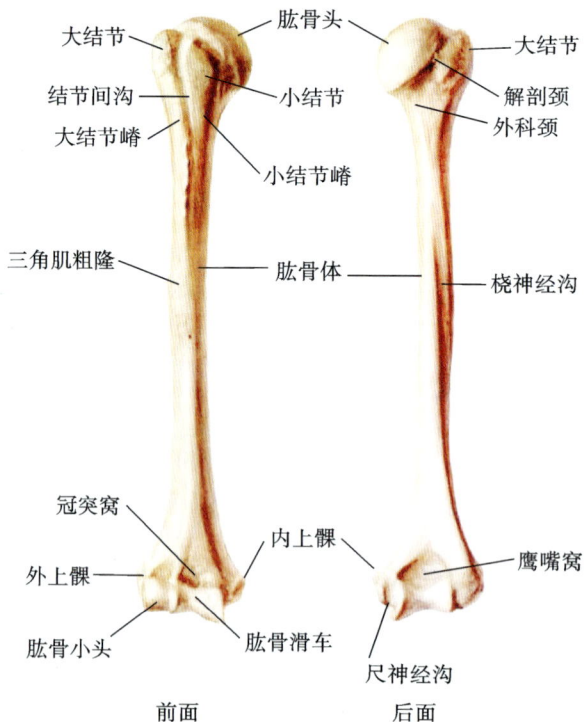

前面　　　　　后面

图 3-24　肱骨

　　(4)尺骨:位于前臂内侧,分为一体两端(图 3-25)。上端粗大,有两个朝前的突起,上方较大的称鹰嘴,下方较小的称冠突,两者之间凹陷的关节面为滑车切迹,与肱骨滑车形成关节。冠突后外侧凹面称桡切迹,与桡骨形成关节。下端称尺骨头,其内侧有向下的突起,称尺骨茎突。鹰嘴、尺骨茎突在体表均可触及。

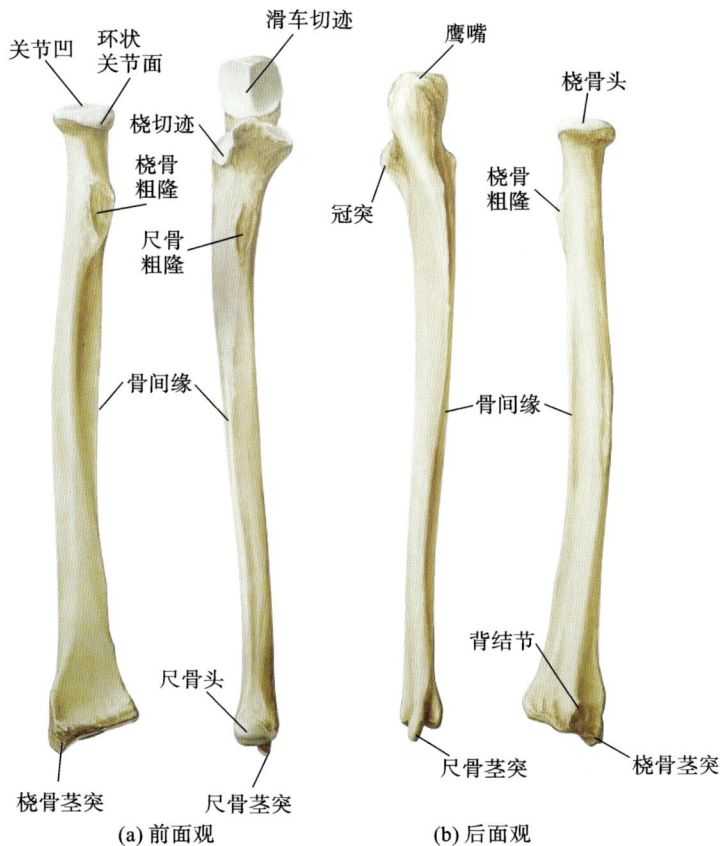

图 3-25　尺骨、桡骨

（5）桡骨:位于前臂外侧,分为一体两端(图 3-25)。上端有圆柱状的桡骨头,头上面有关节凹与肱骨小头形成关节。头周围有环状关节面,与尺骨桡切迹形成关节。桡骨头下方缩细处称为桡骨颈,其前内下方有桡骨粗隆。下端粗大,其内面有内凹的关节面,称尺切迹,与尺骨头形成关节。桡骨下方有腕关节面与近侧列腕骨形成关节,下端外侧向下的突起称桡骨茎突,可在体表触及。

（6）手骨:由腕骨、掌骨和指骨构成(图 3-26)。

①腕骨:共 8 块,属短骨,排成近、远侧两列。近侧列由外向内依次为手舟骨、月骨、三角骨和豌豆骨,远侧列由外向内依次为大多角骨、小多角骨、头状骨和钩骨。

②掌骨:共 5 块,由外向内依次为第 1～5 掌骨。

③指骨:共 14 块,除拇指为两节指骨外,其余各指均为三节,由近向远分别称近节指骨、中节指骨和远节指骨。

2. 上肢骨的连结

（1）胸锁关节:由锁骨的胸骨端与胸骨柄的锁切迹构成(图 3-27),为上肢骨与躯干骨之间唯一的关节。关节囊坚韧,周围有韧带加强,囊内有关节盘。

NOTE

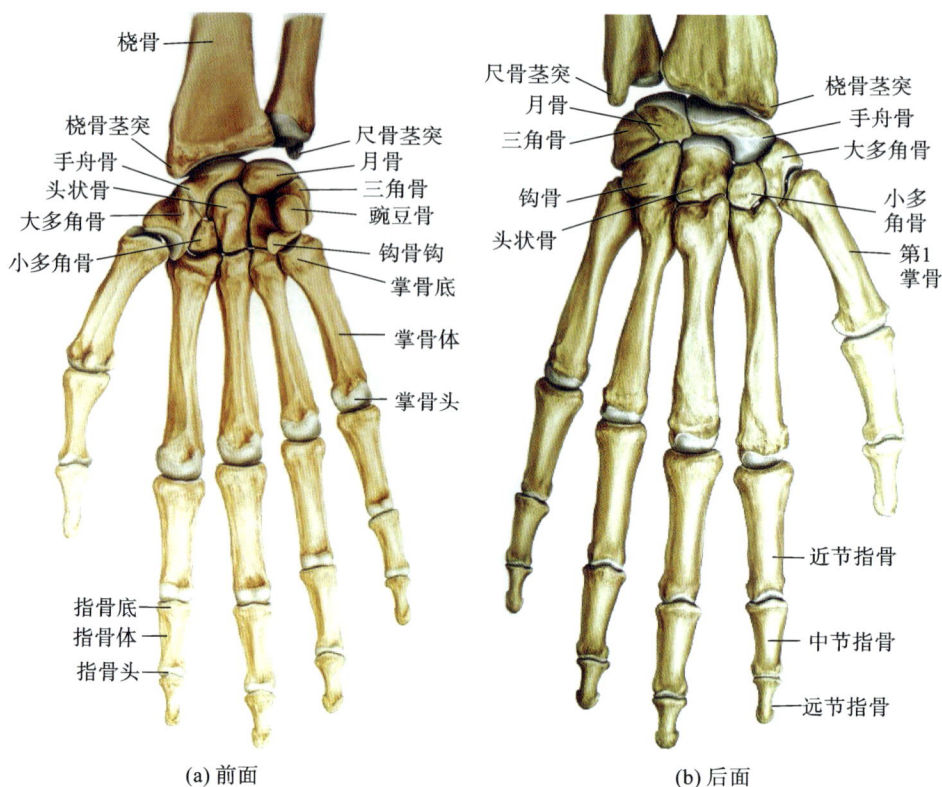

图 3-26　手骨

图中标注（a 前面）：桡骨、桡骨茎突、手舟骨、头状骨、大多角骨、小多角骨、尺骨茎突、月骨、三角骨、豌豆骨、钩骨钩、掌骨底、掌骨体、掌骨头、指骨底、指骨体、指骨头

图中标注（b 后面）：尺骨茎突、月骨、三角骨、钩骨、头状骨、桡骨茎突、手舟骨、大多角骨、小多角骨、第1掌骨、近节指骨、中节指骨、远节指骨

(a) 前面　　(b) 后面

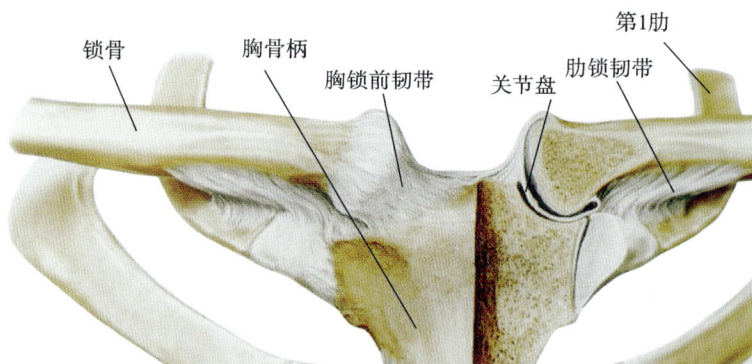

图 3-27　胸锁关节

图中标注：锁骨、胸骨柄、胸锁前韧带、关节盘、第1肋、肋锁韧带

（2）肩锁关节：由锁骨的肩峰端与肩胛骨的肩峰构成，属微动关节。

（3）肩关节：由肱骨头和肩胛骨的关节盂构成（图 3-28）。其特点是肱骨头大，关节盂浅小，周围有关节盂唇，使关节盂的面积和深度增加。关节囊薄而松弛，前、后和上部有韧带、肌及肌腱加强，下方薄弱，故肩关节脱位以前下方脱位最为常见。另外关节囊内尚有肱二头肌长头腱通过。

肩关节是全身运动最灵活的关节，可做前屈、后伸、内收、外展、旋内、旋外和环转运动。

（4）肘关节：由肱骨下端和尺骨、桡骨上端构成（图 3-29）。包括：①肱桡关节：由

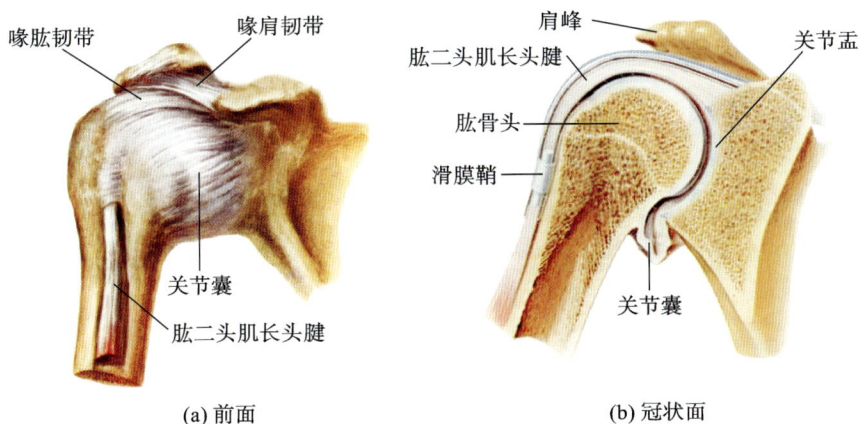

图 3-28　肩关节

肱骨小头与桡骨头关节凹构成。②肱尺关节：由肱骨滑车与尺骨的滑车切迹构成。③桡尺近侧关节：由桡骨环状关节面与尺骨桡切迹构成。

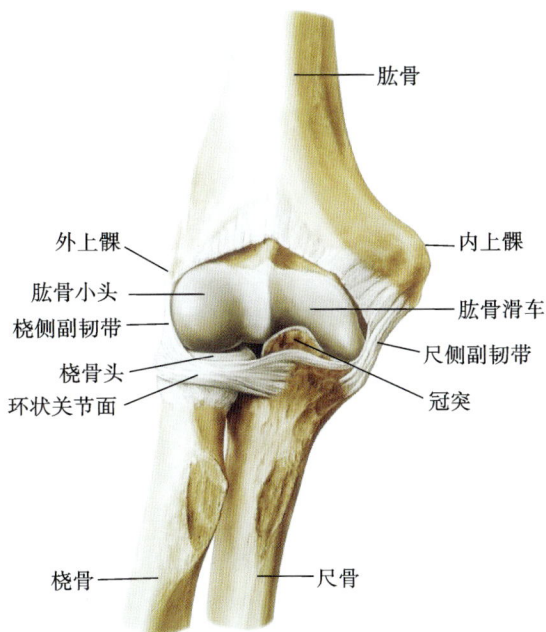

图 3-29　肘关节

　　肘关节囊的前后壁薄而松弛，内、外侧壁有韧带加强（桡侧副韧带和尺侧副韧带）。桡骨环状关节面的周围有桡骨环状韧带包绕，防止桡骨头脱出，使桡骨头固定在尺骨上做旋转运动。幼儿桡骨头发育不完全，环状韧带松弛，易发生桡骨头半脱位。

　　肘关节主要做前屈、后伸运动。肘关节伸直时，肱骨内、外上髁和尺骨鹰嘴三点位于一条直线上。当肘关节屈至 90°时，三点连线构成等腰三角形。肘关节发生脱位时，三点位置关系发生改变。

　　在结构上，桡尺近侧关节属肘关节的一部分，其与桡尺远侧关节联合运动，可使前臂做旋前和旋后运动。桡骨和尺骨之间还有由纤维结缔组织构成的前臂骨间膜。

NOTE

49

（5）手关节：包括桡腕关节、腕骨间关节、腕掌关节、掌指关节和指间关节（图3-30）。

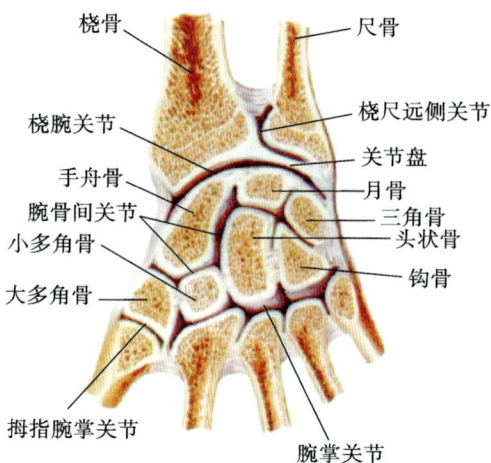

图 3-30　手关节（冠状面）

桡腕关节：简称腕关节，由桡骨下端的腕关节面和尺骨头下方的关节盘形成关节窝，手舟骨、月骨和三角骨的近侧关节面共同组成关节头。其关节囊松弛，两侧及前后均有韧带加强。腕关节可做屈、伸、内收、外展和环转运动。

（二）下肢骨及其连结

1. 下肢骨　每侧有31块，包括髋骨、股骨、髌骨、胫骨、腓骨和足骨。

（1）髋骨：由髂骨、坐骨和耻骨组成（图3-31）。16岁之前，三骨借软骨相连，16岁左右三块骨完全融合。髋骨外侧面的深窝，称髋臼，髋臼边缘缺损处称髋臼切迹。

①髂骨：构成髋骨的上部，分为髂骨体和髂骨翼两部分。髂骨翼上缘较厚，称髂嵴，髂嵴最高点平对第4腰椎棘突，是腰椎穿刺时的定位标志。髂嵴的前后端突起，分别称髂前上棘和髂后上棘。它们的下方各有一突起，分别称髂前下棘和髂后下棘。髂嵴的前、中1/3处向外侧突起，称髂结节。髂骨翼内面的光滑浅窝，称髂窝，其下界有斜行的圆钝的弓状线。髂窝后方有耳状面，与骶骨的耳状面构成骶髂关节。

②坐骨：构成髋骨的后下部，分体和支两部分。坐骨体后上有三角形突起，称坐骨棘，其上、下方有坐骨大切迹和坐骨小切迹。坐骨体下方的粗糙隆起称坐骨结节，坐骨结节向前上延伸为坐骨支。

③耻骨：构成髋骨的前下部，分体、上支、下支三部分。从耻骨体向前内伸出耻骨上支，在末端急转向后下形成耻骨下支，在移行处的内侧有耻骨联合面。耻骨上支的上缘有锐嵴，称耻骨梳，向前终于耻骨结节。耻骨结节至耻骨联合面上缘的骨嵴，称耻骨嵴。耻骨与坐骨共同围成闭孔。

（2）股骨：位于大腿，是人体最粗大的长骨，分为一体两端（图3-32）。上端有朝向内上的球状膨大，称股骨头。股骨头中央稍下方有一小凹，称股骨头凹，有股骨头韧带附着。股骨头外下方缩细处称股骨颈。颈与体交界处外上方有隆起，称大转子，后下方的隆起称小转子。大转子是下肢重要的骨性标志。股骨体后方有纵行的骨嵴，称粗线，其上端的外侧部粗糙，称臀肌粗隆。股骨下端两个凸向后的膨大，分别称内侧髁和

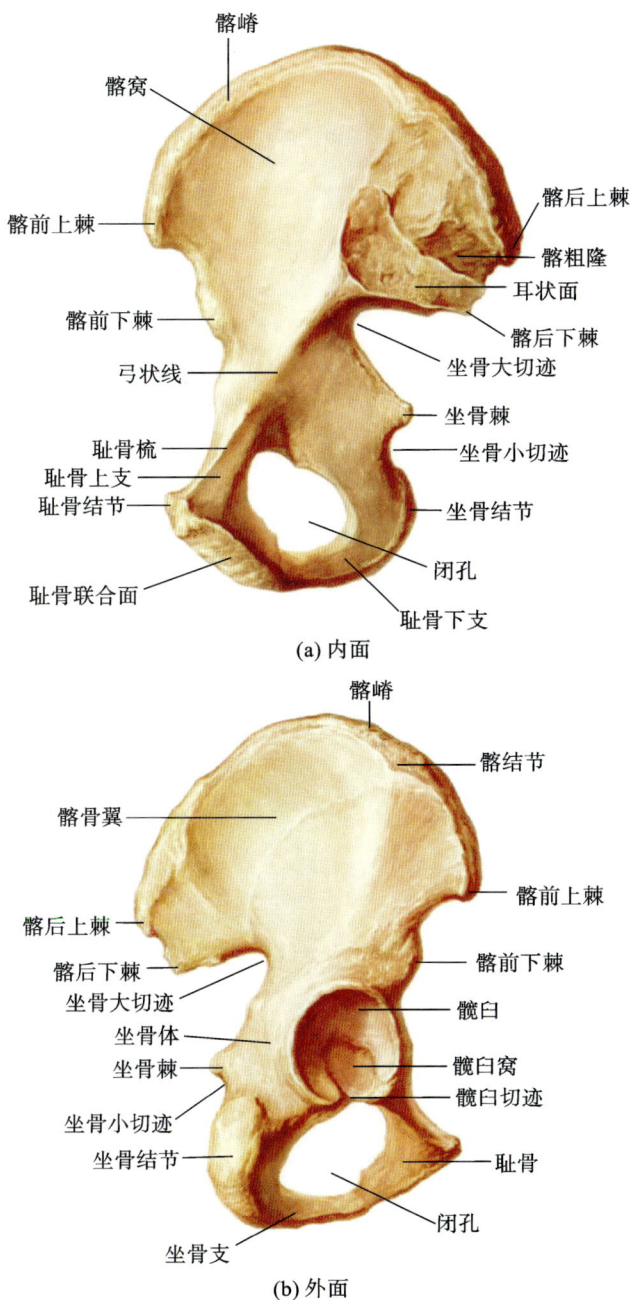

图 3-31 髋骨

外侧髁。两髁之间的深窝为髁间窝,两髁前面的关节面称髌面,与髌骨形成关节。两髁侧面上方的突起分别为内上髁和外上髁,是下肢的体表标志。

(3)髌骨:位于膝关节前方,包于股四头肌腱内,为人体最大的籽骨。

(4)胫骨:位于小腿内侧,分为一体两端(图3-33)。上端膨大,向两侧凸出,形成内侧髁和外侧髁。两髁的上面各有关节面,与股骨形成关节。两髁之间的隆起称髁间隆起。上端前面的隆起称胫骨粗隆。胫骨下端的内侧有一突起称内踝,是重要的体表

NOTE

51

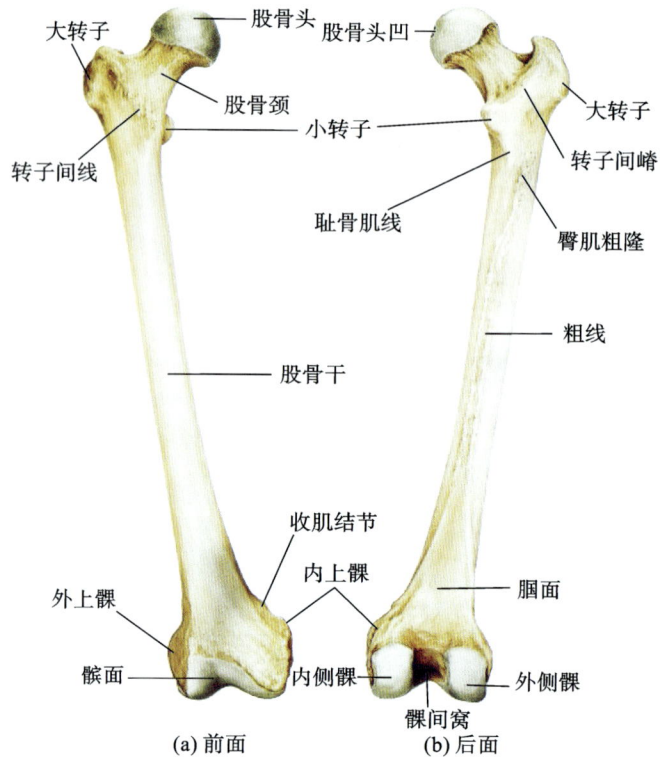

图 3-32　股骨

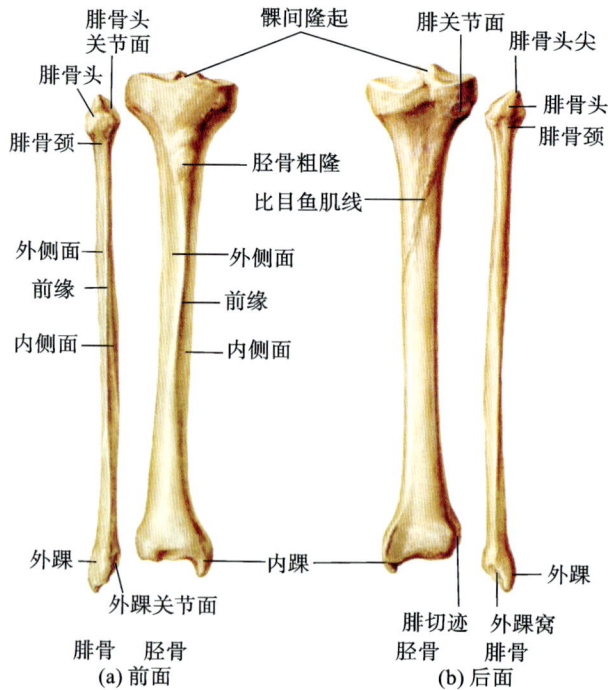

图 3-33　胫骨、腓骨

标志。下端的外侧有腓切迹，与腓骨相接。

（5）腓骨：位于小腿外侧，分为一体两端（图3-33）。上端稍膨大，称腓骨头。下端膨大，称外踝。腓骨头和外踝均可在体表触及。

（6）足骨：包括跗骨、跖骨和趾骨（图3-34）。

①跗骨：共7块，排成三列。近侧列上方为距骨，下方为跟骨。中列为足舟骨，在距骨前方。远侧列由内侧向外侧依次为内侧楔骨、中间楔骨、外侧楔骨和骰骨。

②跖骨：共5块，自内侧向外侧依次为第1～5跖骨。

③趾骨：共14块，其命名与指骨相同。

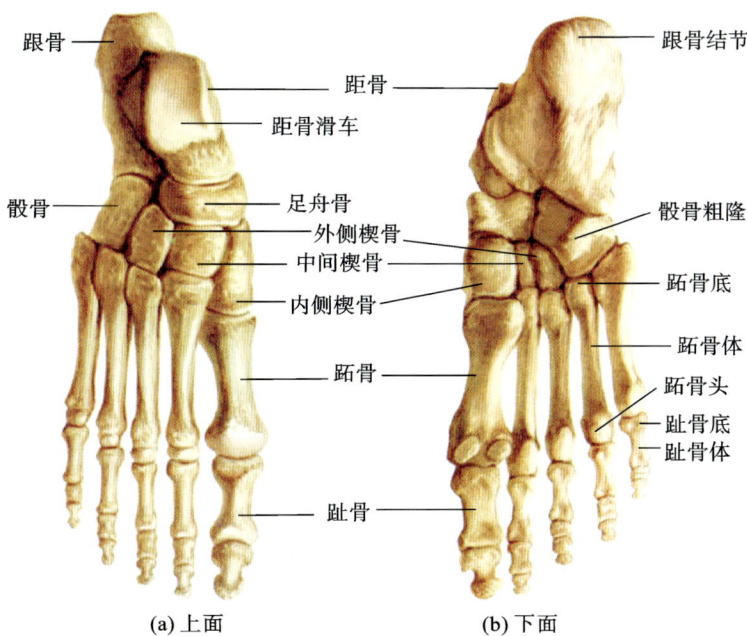

（a）上面 　　　　（b）下面

图3-34　足骨

2. 下肢骨的连结

（1）髋骨的连结：两侧髋骨借骶髂关节、韧带和耻骨联合相互连结，它们与骶骨和尾骨共同构成骨盆。

①骶髂关节：由骶骨耳状面与髂骨耳状面连结而成。关节面结合紧密，关节囊厚而紧张，周围有韧带加强，几乎不能运动。

②韧带：在骶髂关节的后下方，有两条韧带。由骶骨和尾骨侧缘连至坐骨结节，称为骶结节韧带；由骶骨和尾骨侧缘连至坐骨棘，称为骶棘韧带。两者与坐骨大、小切迹分别围成坐骨大孔和坐骨小孔，有血管和神经通过（图3-35）。

③耻骨联合：由两侧耻骨联合面借耻骨间盘连结而成。耻骨间盘由纤维软骨构成。耻骨间盘内有一矢状位缝隙。女性的耻骨间盘较厚，裂隙也较大。女性在分娩时，耻骨联合可轻度分离。

④骨盆：由骶骨、尾骨和两侧髋骨连结而成（图3-36）。骨盆由界线分为上方的大骨盆和下方的小骨盆。界线自后向前依次由骶骨岬、弓状线、耻骨梳、耻骨结节和耻骨联合上缘围成。小骨盆上口为界线，下口由尾骨尖、骶结节韧带、坐骨结节、坐骨支、耻

NOTE

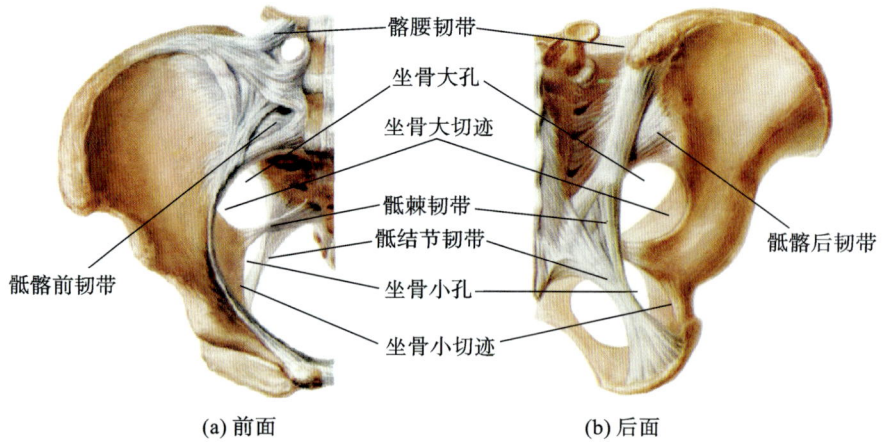

(a) 前面   (b) 后面

图 3-35 髋骨的韧带

骨下支和耻骨联合下缘围成。两侧的坐骨支、耻骨下支和耻骨联合下缘所形成的夹角称耻骨下角。小骨盆的内腔称骨盆腔。

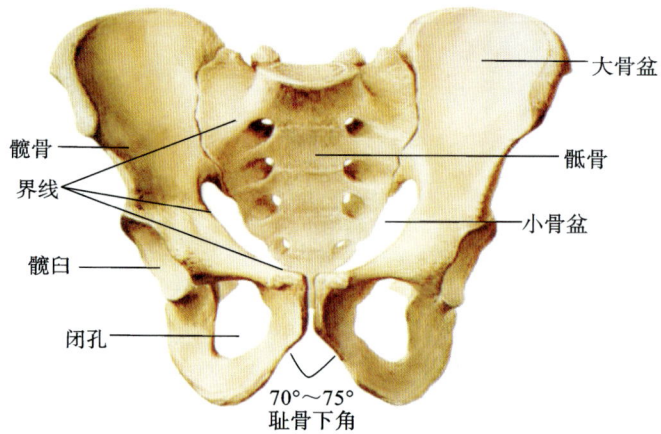

图 3-36 骨盆(男性)

从青春期开始,骨盆出现性别差异。女性骨盆的特点与妊娠和分娩有密切关系(表 3-1)。

表 3-1 男性、女性骨盆形态的主要差别

项　目	男　性	女　性
骨盆形状	窄而长	宽而短
骨盆上口	心形	椭圆形
骨盆下口	狭小	宽大
骨盆腔	漏斗形	圆桶形
耻骨下角	70°~75°	90°~100°

（2）髋关节：由髋臼和股骨头构成（图 3-37）。髋臼周缘有髋臼唇，以增加髋臼的深度，加强关节的稳固性。关节囊厚而紧张，股骨颈前面全包在关节囊内，后外侧 1/3 无关节囊包绕，因此临床上的股骨颈骨折可分为囊内骨折和囊外骨折。关节囊内有连于股骨头凹与髋臼间的股骨头韧带（图 3-38），内含有营养股骨头的血管。关节囊外有韧带加强，其中前方的髂股韧带最强韧，可限制髋关节过度后伸，对维持人体直立姿势有重要作用。关节囊后下方较薄弱，所以髋关节脱位时股骨头易从下方脱出。

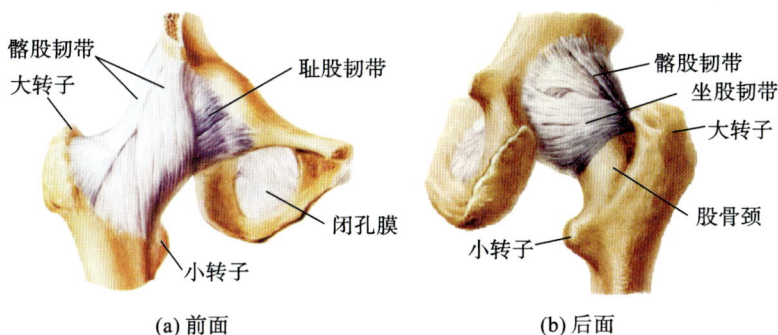

图 3-37 髋关节

（a）前面　（b）后面

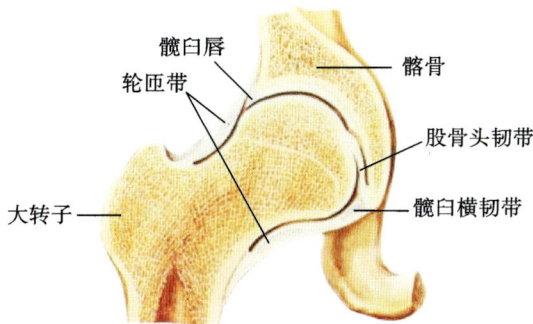

图 3-38 髋关节冠状面

髋关节可做前屈、后伸、内收、外展、旋内、旋外和环转运动，运动范围较肩关节的小，但稳固性较大，适应下肢支持体重和行走的功能。

（3）膝关节：由股骨下端、胫骨上端和髌骨构成（图 3-39），是人体最大、结构最为复杂的关节。关节囊薄而松弛，周围有韧带加强，前方有股四头肌腱延续而成的髌韧带，两侧分别有胫侧副韧带和腓侧副韧带加强。关节囊内有强韧的前、后交叉韧带，连于股骨和胫骨之间，可限制胫骨向前、后移位。关节囊内有两块纤维软骨板，称半月板（图 3-40），内侧半月板呈"C"形，外侧半月板呈"O"形，半月板周缘厚、内缘薄，下面平上面凹，可使两骨的关节面更加适应，有利于关节的稳固，还可缓冲压力，吸收震荡，增加关节的灵活性。

膝关节可做屈伸运动。在半屈位时，还可做轻度的旋内和旋外运动。

NOTE

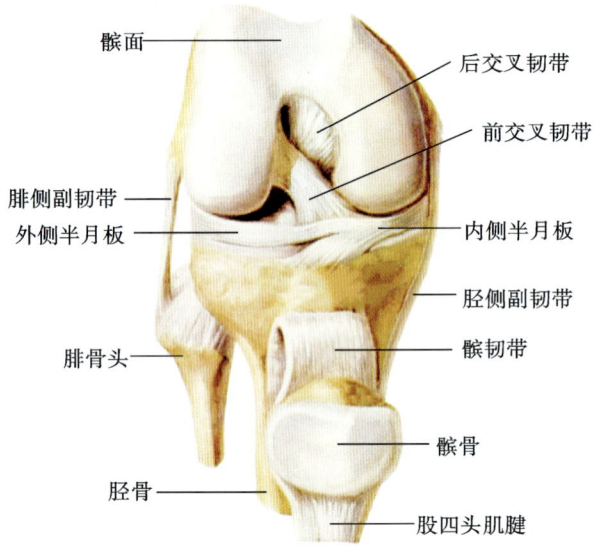

图 3-39　膝关节(前面)

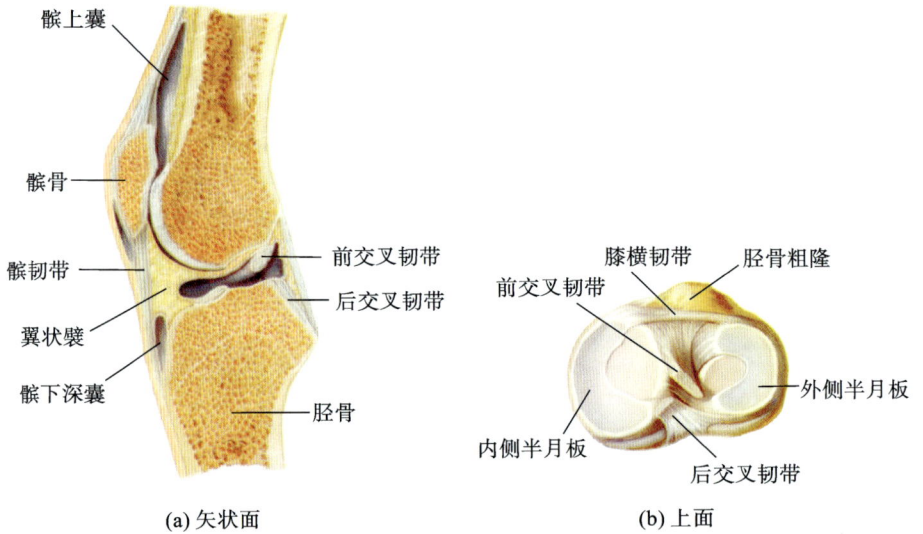

(a) 矢状面　　　　　　　　　　　(b) 上面

图 3-40　膝关节

知识拓展

半月板损伤

　　由于半月板可随膝关节运动而移位,因此在剧烈运动时可发生损伤。如踢足球时,伸出的小腿在半屈曲、外展位,此时做强力旋转,半月板受到旋转

NOTE

压力而被上、下关节面挤压,造成半月板挤伤或破裂。半月板损伤后,膝关节剧痛,不能自动伸直,关节肿胀。

(4)小腿骨的连结:上端由胫骨的腓关节面和腓骨头构成胫腓关节,两骨体之间以小腿骨间膜相连,下端有韧带相连。

(5)足关节:包括距小腿关节、跗骨间关节、跗跖关节、跖趾关节和趾骨间关节(图3-41)。

①距小腿关节:又称踝关节,由胫、腓骨下端和距骨滑车构成。关节囊前、后壁薄而松弛,两侧有韧带加强,其中内侧韧带强大,外侧韧带较薄弱,因此足过度内翻时,易引起外侧韧带损伤。踝关节可做背屈(伸)和跖屈(伸)运动。

②跗骨间关节:各跗骨之间的关节。跗骨间关节联合运动可使足内翻或外翻。足底朝向内侧称足内翻,足底朝向外侧称足外翻。

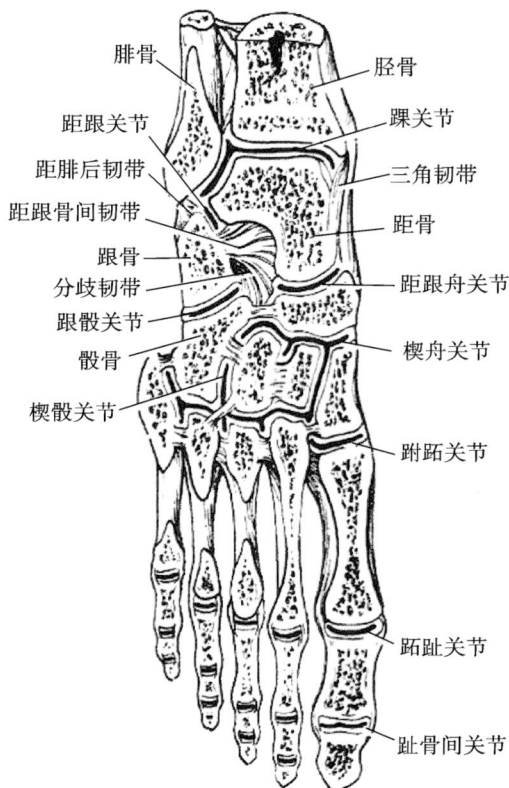

图 3-41 足关节(水平面)

足弓是由跗骨、跖骨以及足底关节和韧带组成的凸向上方的弓形结构。可分为纵弓和横弓两部分(图3-42)。足弓增加了足的弹性,可缓冲行走跳跃时的震荡,还可以保护足底血管和神经不受压迫。足弓的结构发育不良或受到损伤,可导致足弓塌陷、足底平坦,形成扁平足。

NOTE

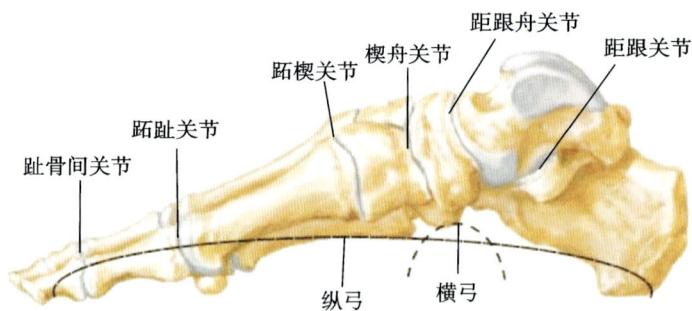

图 3-42　足弓

第二节　骨　骼　肌

一、概述

人体全身共有 600 余块骨骼肌,约占体重的 40%。每块肌都有一定的形态和结构,执行一定的功能,都含有丰富的血管,受神经支配,每块肌都是一个器官。

(一)骨骼肌形态和构造

骨骼肌按形态大致可分为长肌、短肌、扁肌和轮匝肌四种(图 3-43):①长肌呈长梭形或带状,多分布于四肢。有些长肌起端有 2 个以上的头,称为二头肌、三头肌等;有些长肌的肌腹被中间腱分成两个部分,或由腱划分成多个部分,称为多腹肌;有些长肌形如羽毛,称为羽肌、半羽肌或多羽肌。②短肌较短小,多分布于躯干深层。③扁肌呈薄片状,多分布于胸腹壁,除有运动功能外,还有保护脏器的作用。④轮匝肌呈环形,多位于孔裂周围,收缩时可关闭孔裂。

骨骼肌由肌腹和肌腱两部分构成。肌腹位于中间,主要由肌纤维构成,色红、柔软,具有收缩和舒张功能。肌腱位于两端,主要由致密结缔组织构成,坚韧而无收缩功能。长肌的肌腱多呈条索状,扁肌的肌腱宽扁,呈膜状,又称腱膜。

(二)肌的起止、配布和作用

肌通常以两端附于骨上,跨过一个或多个关节。肌收缩时,肌在相对固定骨上的附着点称起点或定点,在移动骨上的附着点称止点或动点。通常起点靠近身体正中面或四肢近侧端,止点反之。起点和止点在某些运动中可以互换。

肌多配布在关节的周围,在运动轴的两侧作用相反的肌,互称拮抗肌;在运动轴同一侧作用相同的肌,称协同肌。

(三)肌的辅助装置

肌的辅助装置主要有筋膜、滑膜囊、腱鞘等,它们具有保护和辅助肌运动的作用。

1. 筋膜　遍布全身,可分为浅筋膜和深筋膜两种类型(图 3-44)。

(1)浅筋膜:也称皮下筋膜,位于真皮之下,由疏松结缔组织构成,内含脂肪组织、血管、神经以及淋巴管等。浅筋膜有维持体温和保护深部结构的作用。

NOTE

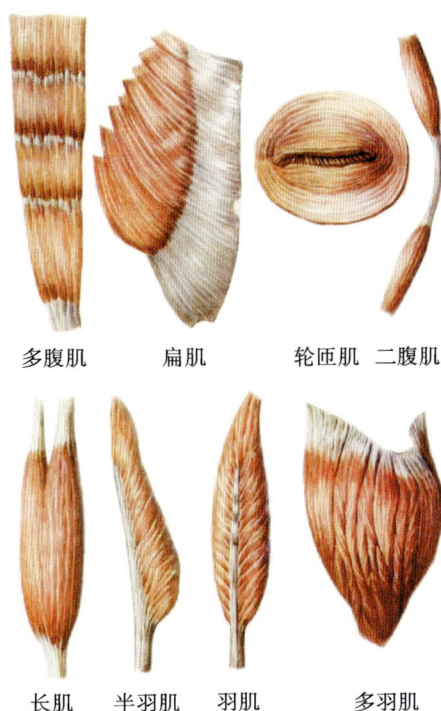

多腹肌　扁肌　轮匝肌　二腹肌

长肌　半羽肌　羽肌　多羽肌

图 3-43　骨骼肌形态

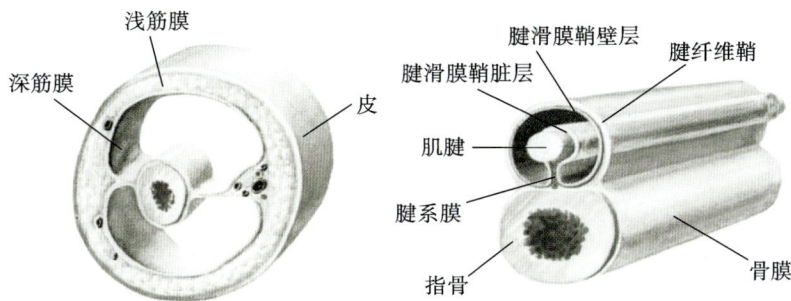

图 3-44　肌的辅助装置

（2）深筋膜：也称固有筋膜，位于浅筋膜深面，由致密结缔组织构成，包裹肌或肌群、血管和神经等。在四肢，深入肌群间的深筋膜附着于骨，形成肌间隔，包绕肌群形成筋膜鞘；深筋膜包裹血管、神经等，形成血管神经鞘。

2. 滑膜囊　滑膜囊为封闭的结缔组织小囊，壁薄，内含滑液，多位于肌腱与骨面相接触处，可减少摩擦。

3. 腱鞘　腱鞘为包绕于长肌腱表面的鞘管，多见于活动性较大的部位。腱鞘分外层的纤维层和内层的滑膜层。滑膜层又分为脏层和壁层，脏层包在肌腱表面，壁层紧贴于纤维层内面，两层相互移行，形成滑膜腔，内含少量滑液，起润滑作用，减少肌腱在腱鞘内滑动的摩擦。

NOTE

二、头颈肌

（一）头肌

头肌包括面肌和咀嚼肌两部分。

1. 面肌　面肌为扁薄的皮肌，大多起自颅骨，止于面部皮肤。主要分布于面部孔裂周围，肌纤维呈环形或辐射状，收缩时开大或闭合孔裂，同时牵动面部皮肤产生各种表情，故又称表情肌。面肌主要有枕额肌、眼轮匝肌和口周围肌等（图 3-45）。

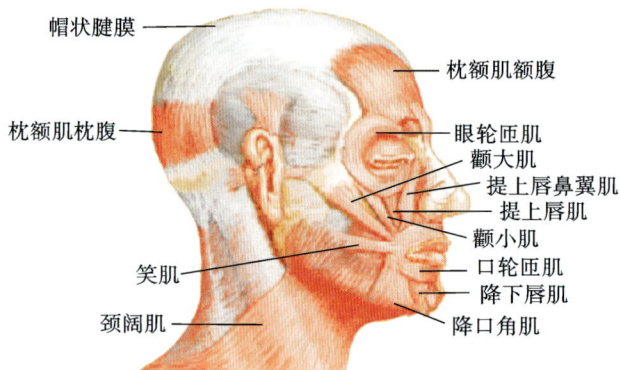

图 3-45　面肌

2. 咀嚼肌　咀嚼肌是使下颌关节运动的肌肉，参与咀嚼运动，包括咬肌、颞肌、翼内肌和翼外肌等（图 3-46）。

（1）咬肌：起自颧弓，止于下颌支和下颌角外侧面。作用是上提下颌骨。

（2）颞肌：起自颞窝，呈扇形经颧弓深面止于下颌骨冠突。作用是上提下颌骨。

（3）翼内肌：起自翼突，向下外方止于下颌角的内面。作用是上提下颌骨。

（4）翼外肌：起自翼突外侧面，向外后方止于下颌颈。翼外肌两侧同时收缩，使下颌骨前伸；单侧收缩，可使下颌骨向侧方运动。

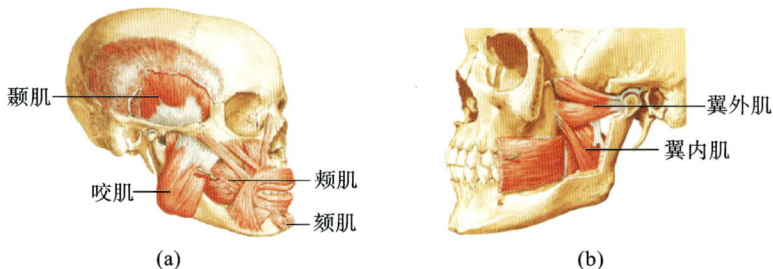

（a）　　　　　　　　　　　（b）

图 3-46　咀嚼肌

（二）颈肌

颈肌分为浅、深两群。

1. 浅群

（1）颈阔肌：位于颈部浅筋膜中，为扁阔的皮肌（图 3-47），收缩时下拉口角，使颈部皮肤紧绷。

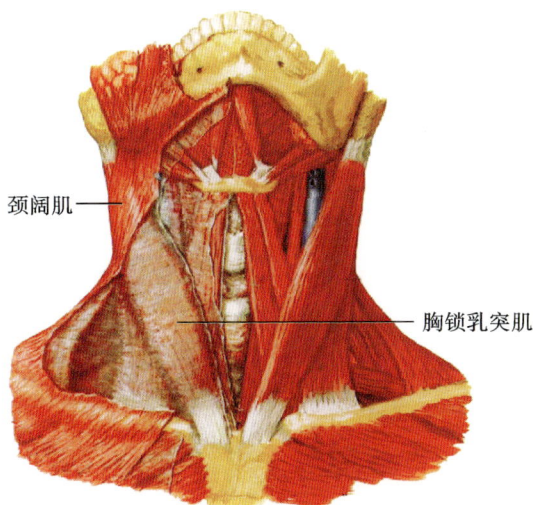

图 3-47　颈阔肌、胸锁乳突肌

（2）胸锁乳突肌：位于颈部两侧，起自胸骨柄和锁骨的内侧端，斜向后上方，止于颞骨乳突（图 3-47）。单侧收缩使头向同侧倾斜，颜面转向对侧，两侧同时收缩可使头后仰。

（3）舌骨上肌群：位于舌骨和下颌骨及颅底之间，参与构成口腔的底。由二腹肌、下颌舌骨肌、颏舌骨肌和茎突舌骨肌组成，主要作用是上提舌骨，协助吞咽。当舌骨固定时，可下降下颌骨，协助张口。

（4）舌骨下肌群：位于颈前正中线两侧、舌骨下方，喉、气管和甲状腺的前方。由胸骨舌骨肌、肩胛舌骨肌、胸骨甲状肌和甲状舌骨肌组成。作用是下降舌骨，使喉上下移动，参与吞咽运动。

2. 深群　主要有前斜角肌、中斜角肌和后斜角肌。均起自颈椎横突，前、中斜角肌止于第 1 肋，后斜角肌止于第 2 肋。前、中斜角肌与第 1 肋围成的三角形间隙称斜角肌间隙，有锁骨下动脉和臂丛神经通过。两侧斜角肌同时收缩，可上提第 1、2 肋，协助吸气；单侧斜角肌收缩，可使颈侧屈。

三、躯干肌

躯干肌包括背肌、胸肌、膈、腹肌和会阴肌。

（一）背肌

背肌位于躯干后面，分浅、深两群。浅群为斜方肌、背阔肌、肩胛提肌等，深群主要有竖脊肌（图 3-48）。

1. 斜方肌　位于项部和背上部的浅层，一侧呈三角形，两侧合起来呈斜方形。起自枕骨、项韧带、第 7 颈椎及全部胸椎的棘突，上部肌束斜向外下，中部肌束横行向外，下部肌束斜向外上，汇聚于锁骨外侧 1/3、肩峰和肩胛冈。斜方肌收缩可使肩胛骨向脊柱靠拢，上部肌束上提肩胛骨，下部肌束作用相反，当肩胛骨固定时，双侧收缩可仰头。

2. 背阔肌　位于背下部和胸壁后外侧，为全身最大的扁肌。起自下 6 位胸椎及

NOTE

61

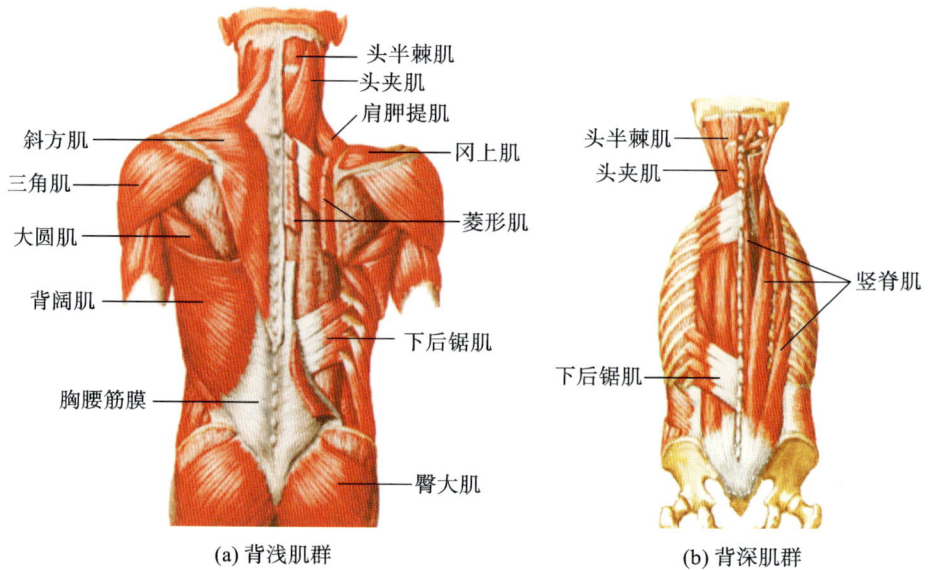

(a) 背浅肌群   (b) 背深肌群

图 3-48　背肌

全部腰椎的棘突、骶正中嵴和髂嵴后部,肌束向外上方集中,止于肱骨小结节嵴。背阔肌收缩可使肩关节内收、后伸和旋内,当上肢上举固定时,可上提躯干。

3. 竖脊肌　又称骶棘肌,位于棘突两侧的纵沟内。起自骶骨背面和髂嵴后部,向上分出多条肌束,沿途止于各椎骨、肋骨和枕骨。作用是使脊柱后伸和仰头,是维持人体直立姿势的重要肌肉。

（二）胸肌

胸肌包括胸上肢肌和胸固有肌(图 3-49)。

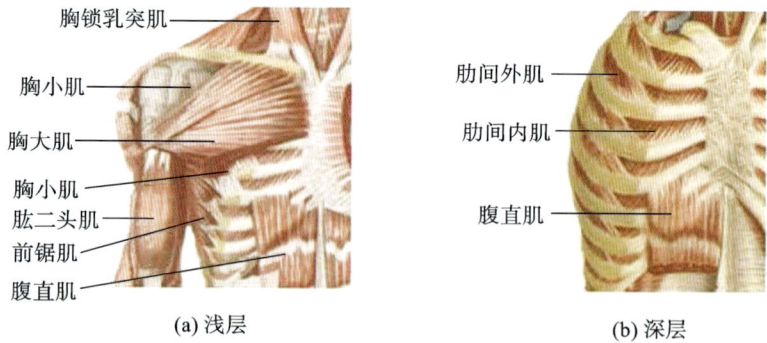

(a) 浅层   (b) 深层

图 3-49　胸肌

1. 胸上肢肌　均起自胸廓外面,止于上肢骨。

(1) 胸大肌:位于胸前壁浅层,呈扇形,起自锁骨内侧半、胸骨和第 1～6 肋软骨,肌束向外集中,止于肱骨大结节嵴。胸大肌收缩时使肩关节内收、旋内和前屈,当上肢固定时,可上提躯干,还可提肋助吸气。

(2) 胸小肌:位于胸大肌深面,起自第 3～5 肋,止于肩胛骨喙突。主要作用是拉肩胛骨向前下方。

（3）前锯肌：位于胸廓外侧壁，以数个肌齿起自第1～8肋骨的外面，肌束向后内方，经肩胛骨的前面，止于肩胛骨内侧缘和下角。前锯肌收缩时拉肩胛骨向前紧贴胸廓，下部肌束拉肩胛骨下角外旋，助臂上举，当肩胛骨固定时，可上提肋骨助吸气。

2. 胸固有肌 起、止点均在胸廓，参与构成胸壁。

（1）肋间外肌：位于肋间隙的浅层，起自上位肋骨下缘，肌束斜向前下，止于下位肋骨上缘。作用是提肋助吸气。

（2）肋间内肌：位于肋间外肌的深面，起自下位肋骨上缘，肌束斜向内上，止于上位肋骨下缘。作用是降肋助呼气。

（三）膈

膈是位于胸腔和腹腔之间的宽阔扁肌，封闭胸廓下口。膈向上膨隆，其周围为肌部，中央为腱膜，称中心腱（图3-50）。

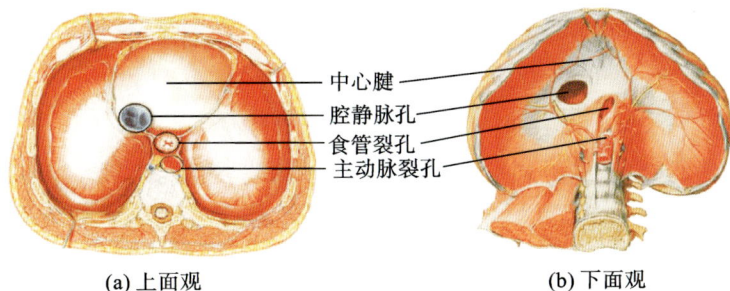

图 3-50 膈肌

膈上有三个裂孔：①主动脉裂孔：位于第12胸椎前方，有主动脉和胸导管通过。②食管裂孔：位于主动脉裂孔的左前上方，约平对第10胸椎，有食管和迷走神经通过。③腔静脉孔：位于主动脉裂孔的右前上方，约平对第8胸椎，有下腔静脉通过。

膈是主要的呼吸肌。收缩时膈穹隆下降，胸腔容积扩大，以助吸气；舒张时膈穹隆上升恢复原位，胸腔容积缩小，以助呼气。膈与腹肌同时收缩，能增加腹内压，协助排便、呕吐和分娩等活动。

（四）腹肌

腹肌位于胸廓下部与骨盆之间，参与构成腹腔的前壁、侧壁和后壁，分为前外侧群和后群。

1. 前外侧群 腹肌前外侧群（图3-51）具有保护腹腔脏器的作用。收缩时，腹内压增加，可协助排便、分娩、呕吐和咳嗽。能使脊柱前屈、侧屈和旋转，还可降肋助呼气。

（1）腹直肌：位于腹前壁正中线两侧，居于腹直肌鞘内，上宽下窄。起自耻骨联合与耻骨嵴，向上止于剑突和第5～7肋软骨。腹直肌纤维被3～4条横行的腱划分成多个肌腹。

（2）腹外斜肌：位于腹前外侧部的浅层，为宽阔的扁肌，起自下8位肋骨的外面，肌束斜向前下方，后部肌束向下止于髂嵴前部，前部肌束向内至腹前壁移行为腱膜，经腹直肌的前面，参与构成腹直肌鞘的前层，终于腹前正中的白线。腹外斜肌腱膜下缘增厚卷曲，连于髂前上棘和耻骨结节之间，构成腹股沟韧带。

63

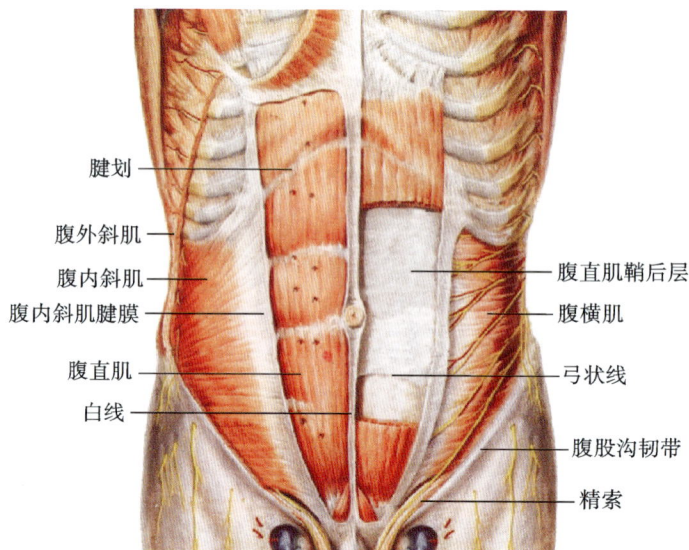

图 3-51　腹肌前外侧群

（3）腹内斜肌：位于腹外斜肌深面，起自胸腰筋膜、髂嵴和腹股沟韧带外侧半。肌束呈扇形，上部肌束向前上方与腹外斜肌的肌束交叉，肌束至腹直肌外侧移行为腱膜，分为前、后两层，包绕腹直肌，终于白线。下部肌束呈向上的弓形，跨过精索（或子宫圆韧带），延为腱膜，与腹横肌腱膜会合形成腹股沟镰或称联合腱，止于耻骨梳。男性腹内斜肌最下部发出一些肌束，向下包绕精索和睾丸，称为提睾肌。

（4）腹横肌：位于腹内斜肌深面，起自下 6 位肋骨、胸腰筋膜、髂嵴和腹股沟韧带外侧 1/3 处，肌束横行向前延为腱膜，经腹直肌后面，参与组成腹直肌鞘的后层，终于白线。腹横肌最下部肌束呈弓形跨过精索（或子宫圆韧带）与腹内斜肌会合共同构成腹股沟镰，也参与构成提睾肌。

2. 后群　有腰大肌和腰方肌。

腰方肌位于腹后壁腰椎两侧，起自髂嵴，止于第 12 肋和第 1～4 腰椎横突。单侧收缩使脊柱侧屈。

3. 腹肌形成的结构

（1）腹直肌鞘：由腹前外侧壁三层扁肌的腱膜包裹腹直肌而形成，分为前、后两层。前层由腹外斜肌腱膜和腹内斜肌腱膜的前层结合而成；后层由腹内斜肌腱膜的后层和腹横肌腱膜结合而成。在脐下 3～5 cm 处，鞘后层缺如，其下缘游离，称弓状线。弓状线以下，腹直肌后面直接与腹横筋膜相贴。

（2）白线：位于腹前壁正中线，左、右腹直肌鞘之间，由三层扁肌的腱膜交织而成。上端附于剑突，下端附于耻骨联合。白线坚韧而缺少血管，常作为腹部手术入路的切口。白线中部有脐环，是腹壁薄弱点之一，若腹腔内容物由此膨出，则形成脐疝。

（3）腹股沟管：位于腹股沟韧带内侧半的上方，为腹前壁三层扁肌之间的一条斜形裂隙，长 4～5 cm，男性的精索或女性的子宫圆韧带由此通过。腹股沟管有两口和四壁。内口称腹股沟管深环（腹环），位于腹股沟韧带中点上方约一横指处，为腹横筋膜向外突出而成；外口称腹股沟管浅环（皮下环），位于耻骨结节的外上方，是由腹外斜肌腱膜形成的近似三角形的裂孔。腹股沟管前壁为腹外斜肌腱膜和腹内斜肌;后壁为腹横筋膜和腹股沟镰;上壁为腹内斜肌和腹横肌的弓状下缘;下壁为腹股沟韧带。腹股沟管是腹壁的薄弱区,在病理情况下,腹腔内容物可经腹股沟管深环进入腹股沟管,经皮下环突出,下降入阴囊,形成腹股沟管斜疝。

(五)会阴肌

会阴肌(图 3-52)又称盆底肌,主要有肛提肌、会阴浅横肌和会阴深横肌等。肛提肌上、下面分别被覆盆膈上、下筋膜。肛提肌、尾骨肌及覆盖于两肌上、下面的筋膜共同构成盆膈,又称盆底,有肛门通过。会阴深横肌等肌的上、下面分别被覆尿生殖膈上、下筋膜,尿生殖膈在男性有尿道通过,女性则有尿道和阴道通过。

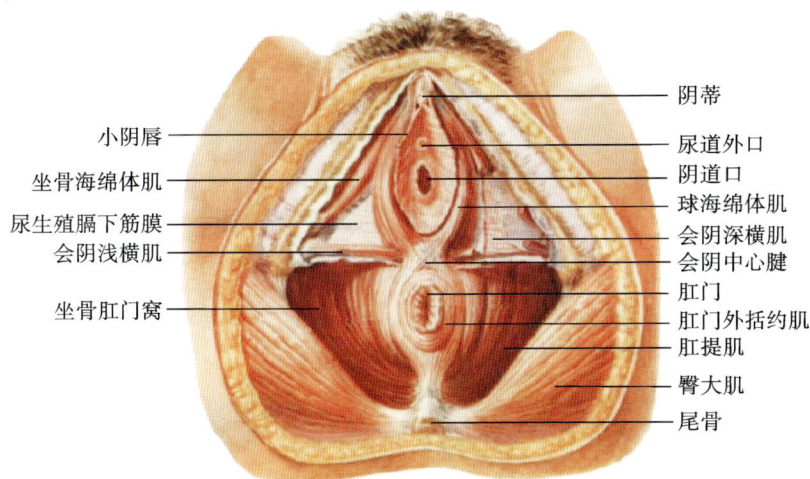

图 3-52 会阴肌

四、四肢肌

(一)上肢肌

上肢肌按部位可分为肩肌、臂肌、前臂肌和手肌。

1. 肩肌 配布于肩关节周围,能运动肩关节,增强肩关节的稳固性。主要有三角肌、冈上肌、冈下肌、小圆肌、大圆肌以及肩胛下肌(表 3-2、图 3-53)。

表 3-2 肩肌

名 称	起 点	止 点	作 用
三角肌	锁骨外侧端、肩峰、肩胛冈	肱骨三角肌粗隆	肩关节外展,前屈、旋内或后伸、旋外
冈上肌	肩胛骨冈上窝	肱骨大结节上份	肩关节外展
冈下肌	肩胛骨冈下窝	肱骨大结节中份	肩关节旋外
小圆肌	肩胛骨外侧缘	肱骨大结节下份	肩关节旋外
大圆肌	肩胛骨下角	肱骨小结节嵴	肩关节后伸、内收及旋内
肩胛下肌	肩胛下窝	肱骨小结节	肩关节内收、旋内

NOTE

65

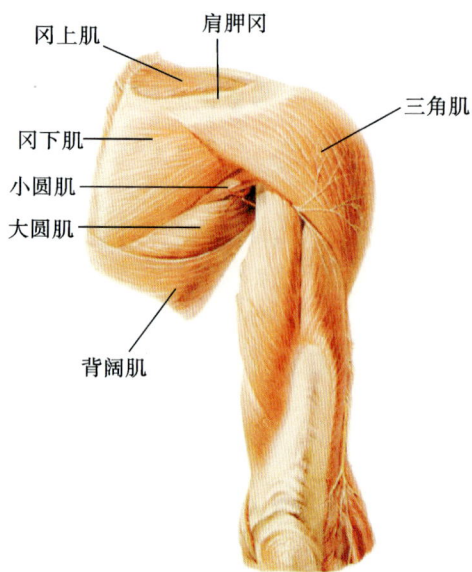

图 3-53　肩肌

　　三角肌位于肩外侧部。起自锁骨外侧份、肩峰和肩胛冈,肌束从前、后、外侧三面包围肩关节,集中止于肱骨的三角肌粗隆。收缩时,前部肌束可使肩关节前屈并旋内,后部肌束则使肩关节后伸并旋外,外侧部肌束使肩关节外展。三角肌维持肩部的圆隆外形,肩关节脱位时,圆隆消失,出现"方形肩"。

　　2. 臂肌　　配布于肱骨周围,分前、后两群(图 3-54)。前群为浅层的肱二头肌和深层的喙肱肌、肱肌。后群为肱三头肌。

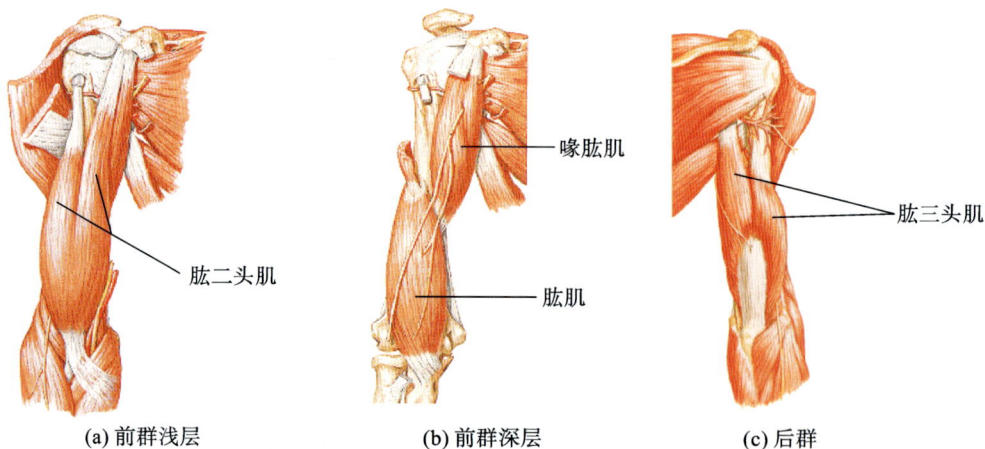

(a) 前群浅层　　　　　　(b) 前群深层　　　　　　(c) 后群

图 3-54　臂肌

　　(1) 肱二头肌:起点有长、短两头,长头起自肩胛骨的盂上结节,穿过肩关节囊,经结节间沟下降;短头起自肩胛骨喙突,两头会合成肌腹,以圆腱向下止于桡骨粗隆。作用是屈肘关节,也有屈肩关节和使前臂旋后的作用。

　　(2) 喙肱肌:位于肱二头肌短头的后内侧,起自喙突,止于肱骨中部内侧。作用是使肩关节屈和内收。

（3）肱肌：位于肱二头肌下半部的深面，起自肱骨体下半部的前面，止于尺骨粗隆。作用是屈肘关节。

（4）肱三头肌：位于肱骨后方，起点有三个头，长头起自肩胛骨的盂下结节，内、外侧头分别起自肱骨后面桡神经沟的内下方和外上方，三个头会合后以扁腱止于尺骨鹰嘴。作用是伸肘关节，长头可伸和内收上臂。

3. 前臂肌 配布于尺、桡骨的周围，分前、后两群。

（1）前群：共 9 块，分为浅、深两层（图 3-55）。

①浅层：5 块，自桡侧向尺侧依次为肱桡肌、旋前圆肌、桡侧腕屈肌、掌长肌和尺侧腕屈肌。

②深层：4 块，分别为指浅屈肌、拇长屈肌、指深屈肌和旋前方肌。

前臂肌前群按作用和位置命名，主要是屈肘、屈腕、屈指骨间关节，还可使前臂旋前。

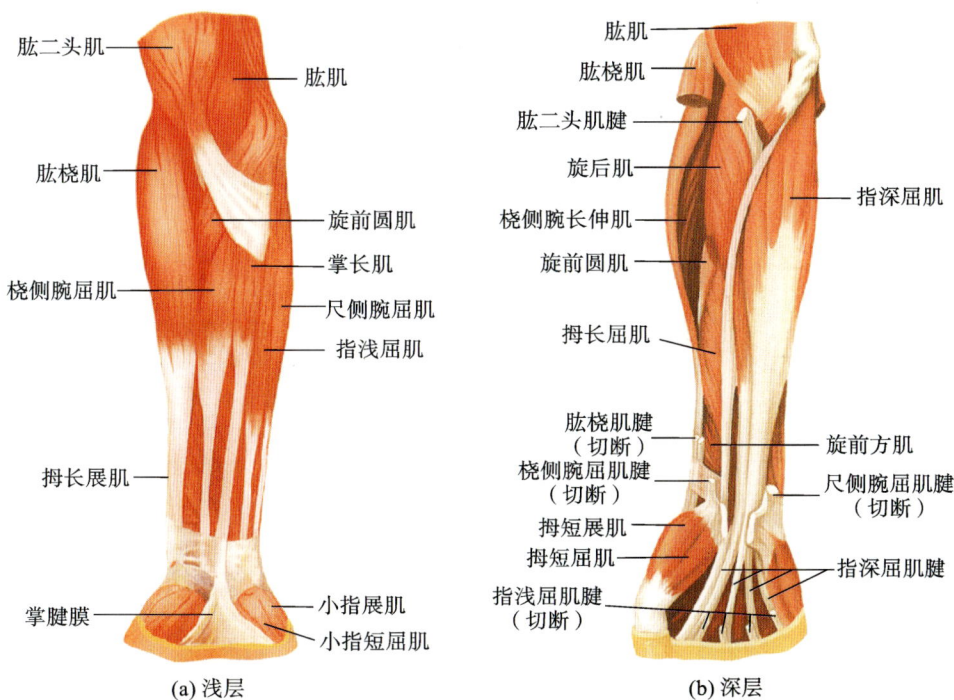

(a) 浅层　　　　(b) 深层

图 3-55　前臂肌前群

（2）后群：共 10 块，分为浅、深两层（图 3-56）。

①浅层：5 块，由桡侧向尺侧依次为桡侧腕长伸肌、桡侧腕短伸肌、指伸肌、小指伸肌和尺侧腕伸肌。

②深层：5 块，由上外向下内依次为旋后肌、拇长展肌、拇短伸肌、拇长伸肌和示指伸肌。

前臂肌后群的作用与名称一致，主要是伸肘、伸腕、伸指，还可使前臂旋后、拇指外展。

4. 手肌 集中配布于手掌面，分为外侧群、内侧群和中间群（图 3-57）。

NOTE

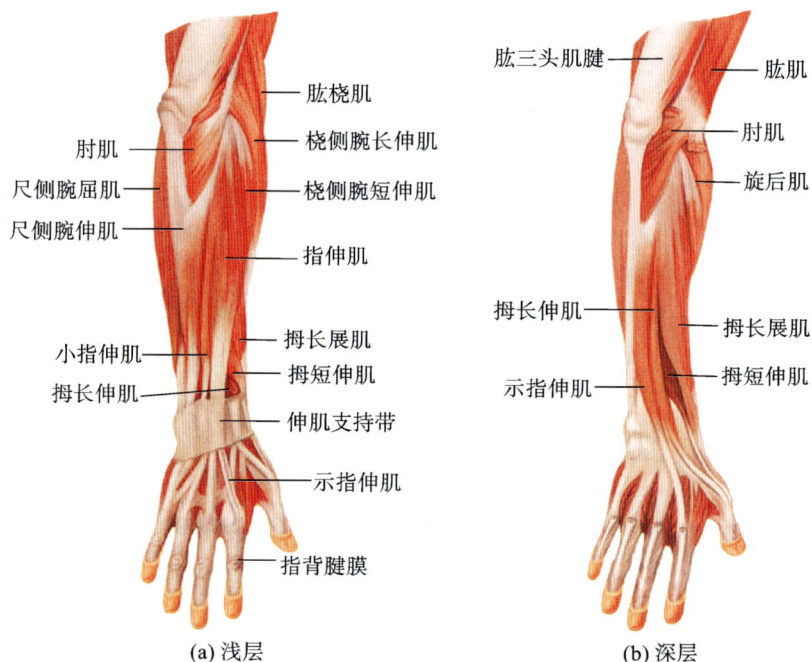

(a) 浅层 （b) 深层

图 3-56 前臂肌后群

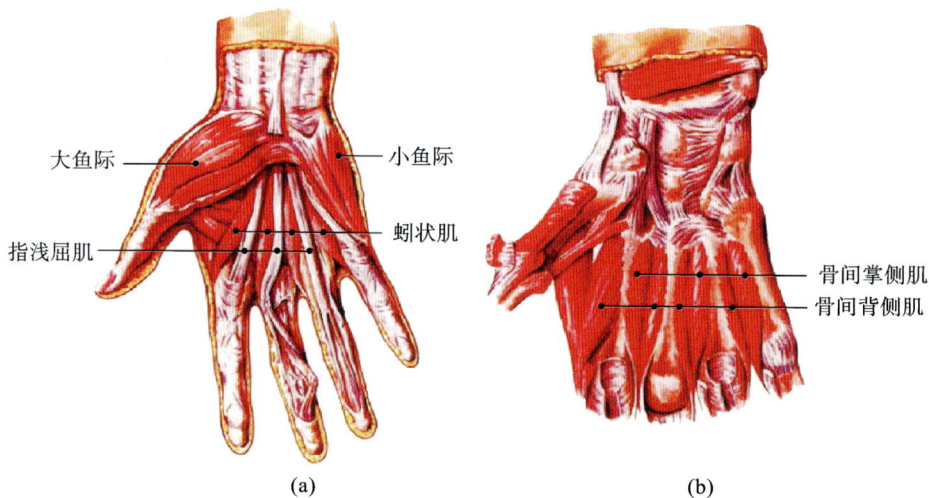

(a) （b)

图 3-57 手肌

（1）外侧群：在手掌拇指侧形成隆起，称鱼际。有 4 块肌，分别为拇短展肌、拇短屈肌、拇对掌肌、拇收肌。作用与名称一致。

（2）内侧群：在手掌小指侧，形成小鱼际。有 3 块肌，分别是小指短屈肌、小指展肌、小指对掌肌。作用与名称一致。

（3）中间群：位于掌心，共 11 块肌。4 块蚓状肌可屈掌指关节，伸指间关节；3 块骨间掌侧肌使手指内收（向中指靠拢）；4 块骨间背侧肌使手指外展（远离中指）。

5.上肢的局部结构

（1）腋窝：位于胸外侧壁与臂上部内侧之间的锥形腔隙，腋窝内有血管、神经、淋巴结等。

（2）肘窝：位于肘关节前面的三角形浅窝。外侧界为肱桡肌，内侧界为旋前圆肌，上界为肱骨内、外上髁之间的连线，窝内有血管、神经和肱二头肌腱通过。

（二）下肢肌

下肢肌按部位分为髋肌、大腿肌、小腿肌和足肌。

1.髋肌 配布于髋关节周围，分前、后两群。前群包括髂腰肌和阔筋膜张肌，后群又称臀肌，包括臀大肌、臀中肌、臀小肌和梨状肌等。

（1）髂腰肌：由髂肌和腰大肌组成（图3-58），髂肌起自髂窝，腰大肌起自腰椎体侧面和横突，两肌向下经腹股沟韧带深面，止于股骨小转子。其作用是使大腿旋外和前屈。

（2）阔筋膜张肌：位于大腿上部前外侧，起自髂前上棘，肌腹在阔筋膜两层之间，向下移行为髂胫束，止于胫骨外侧髁。收缩可紧张阔筋膜并屈髋关节。

（3）臀大肌：位于臀部浅层，与臀部浅筋膜构成臀部膨隆（图3-59）。臀大肌起自骶骨背面和髂骨外面，向外下止于股骨的臀肌粗隆和髂胫束。收缩可使髋关节后伸和旋外，下肢固定时，可防止躯干前倾。

（4）臀中肌和臀小肌：位于臀大肌深面。两肌均起自髂骨翼外面，向下止于股骨大转子。作用是使髋关节外展、旋内和旋外。

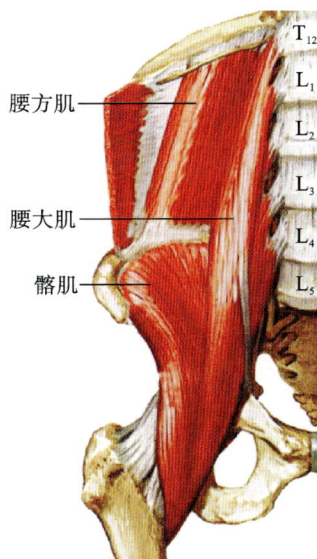

图3-58 髂腰肌

（5）梨状肌：位于臀中肌内下方，起自骶骨前面，外穿坐骨大孔止于股骨大转子。梨状肌收缩可使髋关节外展和旋外。坐骨大孔被梨状肌分隔成梨状肌上孔和梨状肌下孔，孔内有血管和神经通过。

2.大腿肌 位于股骨周围，分为前群、后群和内侧群。

（1）前群：位于大腿前面，包括缝匠肌和股四头肌（图3-60）。

①缝匠肌：全身最长的肌，呈扁带状，起自髂前上棘，斜向内下方，止于胫骨上端内侧面，缝匠肌收缩可屈髋关节和屈膝关节。

②股四头肌：全身体积最大的肌，有四个头，分别为股直肌、股内侧肌、股外侧肌和股中间肌。股直肌起自髂前下棘，其他三头均起自股骨，四头合并向下移行为股四头肌腱，包绕髌骨后向下延续为髌韧带，止于胫骨粗隆。股四头肌收缩可伸膝关节，股直肌还可屈髋关节。

（2）内侧群：位于大腿内侧上方，共5块。浅层自外向内依次为耻骨肌、长收肌和股薄肌，深层为短收肌和大收肌（图3-60）。主要作用是使大腿内收。

（3）后群：位于大腿后面，包括外侧的股二头肌和内侧的半腱肌、半膜肌。后群肌

NOTE

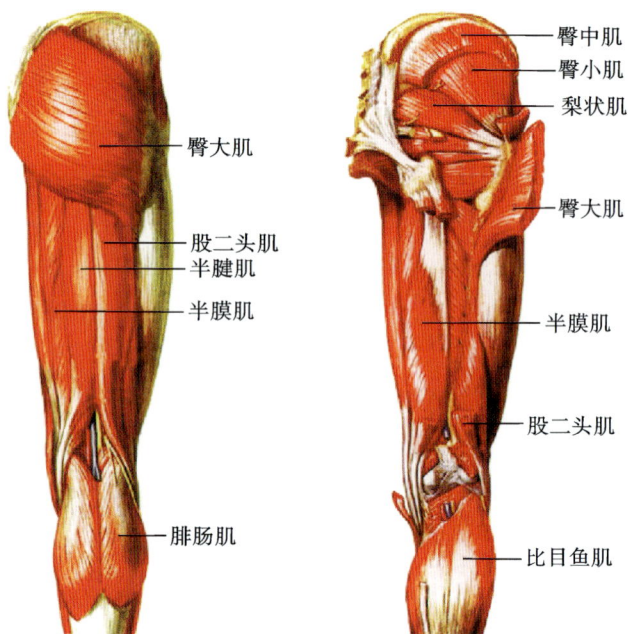

图 3-59 臀肌、大腿肌后群

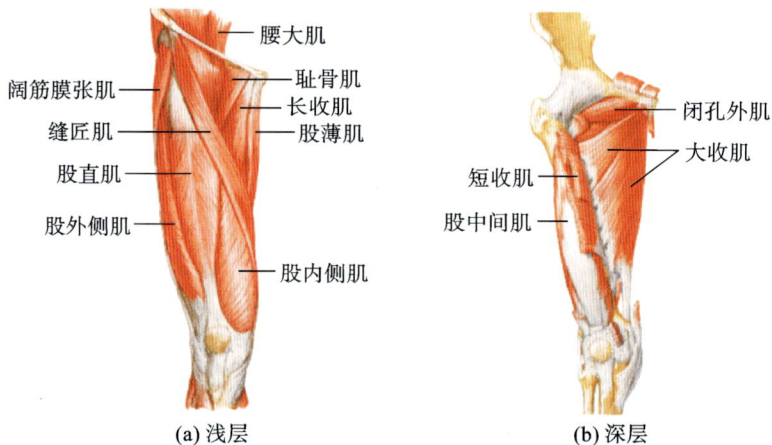

(a) 浅层

(b) 深层

图 3-60 大腿肌前群和内侧群

的主要作用是伸髋关节和屈膝关节(图 3-59)。

①股二头肌:位于股后外侧,长头起自坐骨结节,短头起自股骨粗线,两头会合,以长腱止于腓骨头。

②半腱肌:位于股后内侧,肌腱细长,几乎占肌的一半,起于坐骨结节,止于胫骨上端内侧面。

③半膜肌:在半腱肌深面,以扁腱膜起自坐骨结节,腱膜几乎占肌的一半,向下止于胫骨内侧髁后面。

3. 小腿肌 位于胫、腓骨周围,分为前群、外侧群和后群(图 3-61)。

(1)前群:位于小腿骨的前面,共 3 块,由胫侧向腓侧依次为胫骨前肌、踇长伸肌

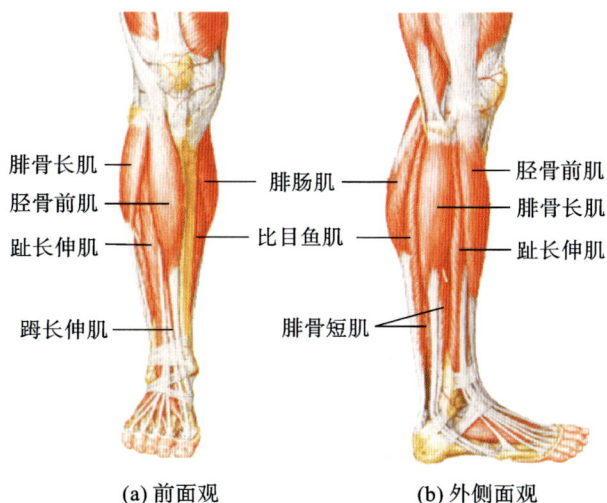

(a)前面观　　　　　(b)外侧面观

图 3-61　小腿肌

和趾长伸肌。均起自胫、腓骨上端和骨间膜,下行经踝关节前方至足背。胫骨前肌可使足背屈和内翻。蹞长伸肌和趾长伸肌的作用与名称一致,并可使足背屈。

（2）外侧群:位于腓骨的外侧面,浅层为腓骨长肌,深层为腓骨短肌。均起自腓骨外侧面,肌腱经外踝后方至足底,作用是使足跖屈和足外翻。

（3）后群:位于小腿骨的后面,分浅、深两层(图 3-62)。

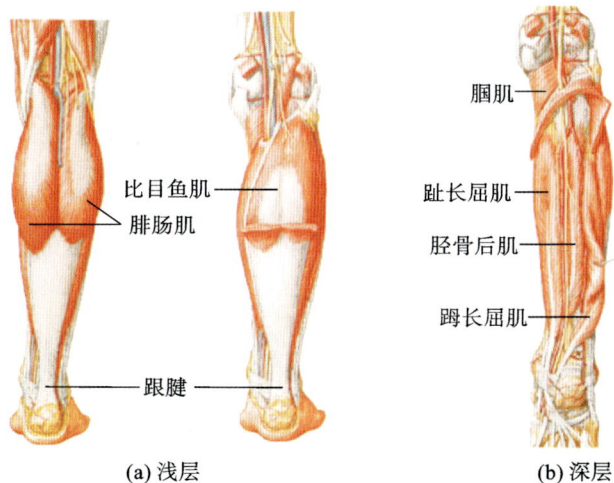

(a)浅层　　　　　(b)深层

图 3-62　小腿肌后群

①浅层:为小腿三头肌,由腓肠肌和比目鱼肌组成。腓肠肌的内、外侧头分别起自股骨内、外侧髁的后面,比目鱼肌位于腓肠肌的深面,起自胫、腓骨上端的后面,两肌会合后向下移行为粗大的跟腱,止于跟骨结节。作用是使足跖屈和屈膝关节,能固定膝关节和踝关节,维持直立姿势。

②深层:有 3 块,由胫侧向腓侧依次为趾长屈肌、胫骨后肌和蹞长屈肌。均起自胫、腓骨后面和骨间膜,肌腱经内踝后方至足底。胫骨后肌的作用是使足跖屈和内翻,

趾长屈肌和蹈长屈肌的作用是使足跖屈和屈趾。

4. 足肌　分为足底肌和足背肌。足背肌包括蹈短伸肌和趾短伸肌,分别伸蹈趾和第2~4趾。足底肌(图3-63)的配布和作用与手肌相似,也分外侧群、内侧群和中间群3群,但没有对掌肌。其主要作用是运动足趾和维持足弓。

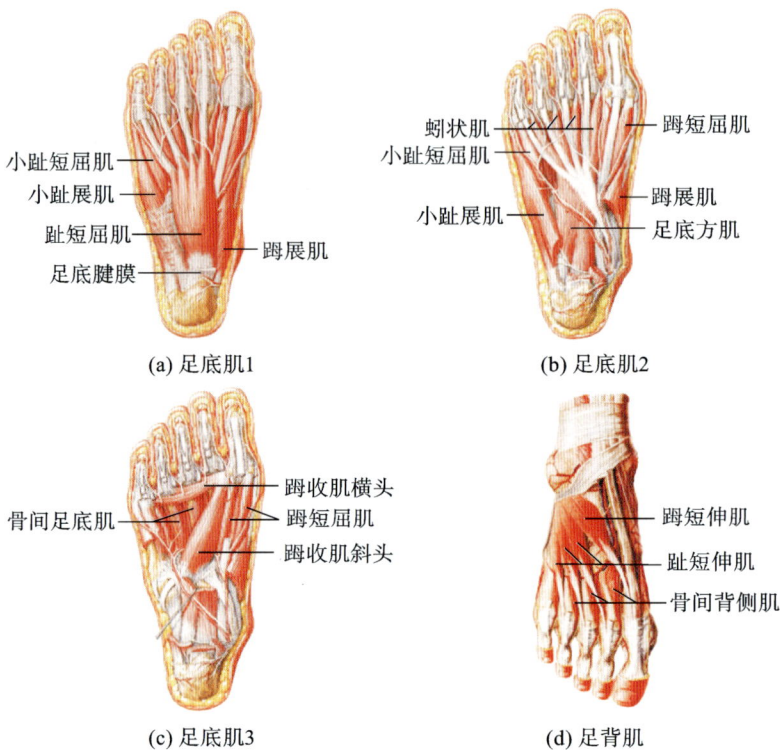

小趾短屈肌
小趾展肌
趾短屈肌
足底腱膜
蹈展肌

(a) 足底肌1

蚓状肌
小趾短屈肌
小趾展肌
蹈短屈肌
蹈展肌
足底方肌

(b) 足底肌2

骨间足底肌
蹈收肌横头
蹈短屈肌
蹈收肌斜头

(c) 足底肌3

蹈短伸肌
趾短伸肌
骨间背侧肌

(d) 足背肌

图 3-63　足底肌

5. 下肢的局部结构

(1) 股三角:位于大腿前面的上部。上界为腹股沟韧带,内侧界为长收肌的内侧缘,外侧界为缝匠肌内侧缘。股三角内有股神经、股动脉、股静脉通过。

(2) 腘窝:位于膝关节后方,呈菱形。上外侧界为股二头肌,上内侧界为半腱肌和半膜肌,下外侧界为腓肠肌外侧头,下内侧界为腓肠肌内侧头。腘窝内有腘动脉、腘静脉、胫神经、腓总神经等通过。

课后习题

一、名词解释

1. 胸骨角　2. 翼点　3. 关节　4. 界线　5. 足弓　6. 股三角

二、简答题

1. 简述骨的构造。

2. 简述椎骨的一般形态。

3. 简述脊柱、胸廓的组成和结构特点。

NOTE

4. 叙述体表骨性标志在护理工作中的意义。

5. 简述关节的基本结构及辅助结构。

三、论述题

1. 比较男、女性骨盆的差异。

2. 叙述肩关节、肘关节、髋关节和膝关节的组成、结构特点和运动功能。

3. 叙述腹股沟管的位置、构成及内容物。

第四章　内脏学概述及消化系统

掌握:口腔各壁的构成,咽峡的组成;牙的构造;口腔腺的位置、形态及导管开口部位;咽的位置和分部;食管的续接、生理性狭窄;胃的位置、形态、分部、毗邻;小肠的分部;十二指肠的位置、形态和分部;大肠的分部,盲肠和阑尾的位置、形态,麦氏点的位置;结肠带、结肠袋、肠脂垂的概念;直肠的位置和毗邻,肛管的位置,肛柱、肛瓣、齿状线的概念;直肠的弯曲;肝的形态、位置、分叶,肝门的结构;胰的位置;胆囊的位置、形态;肝外胆道的组成、胆汁排出途径;腹膜、腹膜腔的概念。

熟悉:上、下消化道的组成和功能;口腔的分部;舌的形态和舌肌的命名、作用;舌黏膜结构;食管的行程、分部和毗邻;空肠和回肠的位置、形态和黏膜结构;胰的形态、分部和功能;腹膜与腹腔脏器的关系,腹膜所形成的结构。

了解:网膜囊的周界、连通、临床意义。

内脏为大部分位于体腔内但直接或间接与体外相通的器官的总称,包括消化系统、呼吸系统、泌尿系统和生殖系统。首先介绍以下两部分的内容。

（一）胸部表浅线

1. 胸部前面

（1）前正中线:通过胸骨正中的垂直线。

（2）胸骨线:通过胸骨最宽处两侧缘的垂直线。

（3）胸骨旁线:通过胸骨线与锁骨中线之间连线中点的垂直线。

（4）锁骨中线:通过锁骨中点的垂直线(图 4-1)。

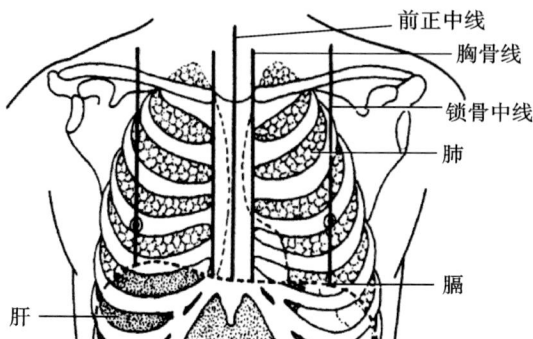

图 4-1　胸部标志线

2. 胸部背面

（1）后正中线：通过背部正中的垂直线。

（2）肩胛线：通过肩胛下角的垂直线。

3. 胸部侧面

（1）腋前线：通过腋窝前皱襞的垂直线。

（2）腋中线：通过腋前线与腋后线之间连线中点的垂直线。

（3）腋后线：通过腋窝后皱襞的垂直线。

（二）腹部的分区

1. 九分法　腹部为膈肌以下、腹股沟以上的区域。作上、下两条横线，左、右两条垂直线形成"井"字形将腹部分为九个区。

两侧肋弓最下缘连线为上横线，两侧髂结节连线为下横线。通过两侧腹股沟韧带中点的垂直线为左、右两条垂直线，如图 4-2 所示。九区分别命名为：腹上区、脐区、腹下区、左季肋区、左腹外侧区、左髂区（或左腹股沟区）、右季肋区、右腹外侧区、右髂区（或右腹股沟区）。

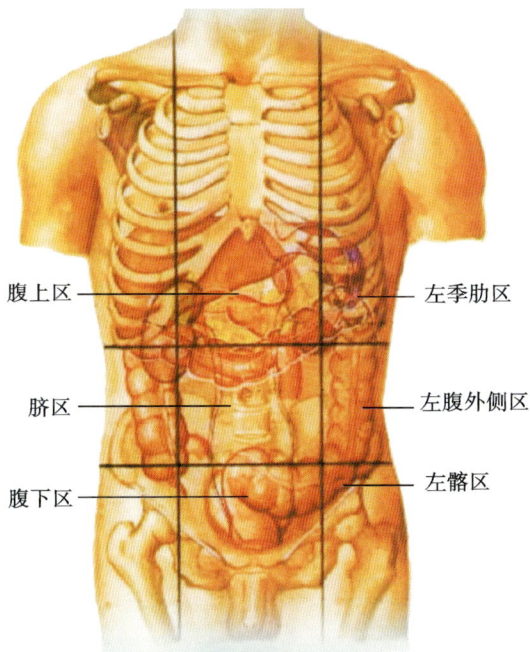

图 4-2　腹部标志线

2. 四分法　通过脐孔作水平线和垂直线，将腹部分为四个区，分别为左上腹、左下腹、右上腹、右下腹。腹部分区是判断内脏正常位置的依据。

NOTE

75

第一节　消化系统概述

一、消化系统的组成

食物由口腔进入消化系统,残渣由肛门排出体外,食物是在消化道中运行的。食物在消化管道中与各种消化液混合、搅拌,其中消化液来源于各种消化腺。消化系统包括两部分:消化道和消化腺。消化道分为口腔、咽、食管、胃、小肠(十二指肠、空肠、回肠)、大肠(盲肠、阑尾、结肠、直肠、肛管)。根据体积大小和位置不同,消化腺分为大消化腺和小消化腺。大消化腺位于消化道壁外,消化液经导管排入消化道,包括三对大唾液腺和肝脏、胰腺。小消化腺位于消化道壁内,包括唇腺、腭腺、食管腺、胃腺、肠腺(图 4-3)。

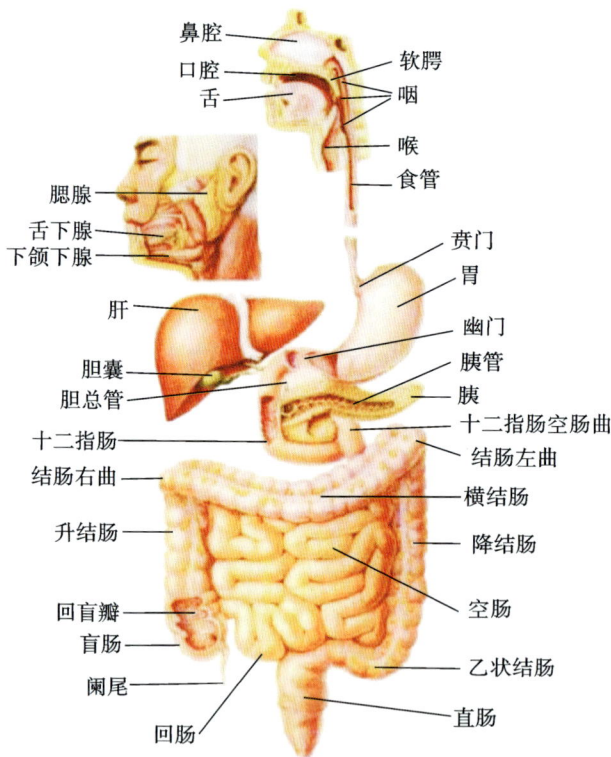

图 4-3　消化系统的组成

二、上、下消化道

由口腔至十二指肠为上消化道。由空肠至肛管为下消化道。上、下消化道疾病的临床表现和治疗方式有差别。

NOTE

第二节 消 化 道

一、口腔

案例导入

龋病

患者,男,56岁,主诉牙体 6| 冷热不适已月余。 6| 近中邻面颈部探之有粗糙感,诊断牙体 6| 邻面龋,即牙体硬组织发生破坏。建议行充填术。术前经会诊、反复仔细检查,同时摄右侧 X 线咬翼片,确认 6| 近中邻面无龋,有少量龈下牙石,当即行 6| 局部龈下牙石洁治术,此后患者未复诊。

（一）分部

1. 口腔前庭 牙嵌于上、下颌骨的牙槽内,形成上牙弓、下牙弓。上牙弓、下牙弓与唇颊之间形成的间隙称口腔前庭。当正常人鼓腮时,口腔前庭增大。

2. 固有口腔 上牙弓、下牙弓后方至咽峡的部分为固有口腔。临床上患者经常牙弓紧闭,但仍然可见第三磨牙后方的间隙,口腔前庭与固有口腔经此处相通,可在此间隙留置饲管。

3. 固有口腔的壁

（1）上壁:腭。

（2）下壁:口腔的底。主要有舌、舌骨上肌群、舌下腺、下颌下腺。

（3）两侧壁:颊。

（4）前壁:上唇和下唇。

（5）后壁:经咽峡通咽。咽峡由两侧腭舌弓、腭垂（又名悬雍垂）、舌根组成。

（二）口唇

上、下唇之间为口裂。上、下唇结合处为口角。上唇与颊交界处的一对浅沟为鼻唇沟。上唇前正中有一纵行浅沟,称人中。对于昏迷患者,可按压、针刺此处进行急救。

（三）颊

颊为脸的两侧从眼至下颌骨的部分。

（四）腭

前 2/3 较硬,为硬腭,其内为腭骨,包被黏膜。后 1/3 为软腭,其内为口腔肌,包被黏膜。软腭后部向后下方下垂的部分为腭帆,腭帆后缘游离,正中向下可见一突起,为腭垂（又名悬雍垂）。腭垂两侧各有两条黏膜皱襞,前方一对续于舌根,为腭舌弓,后方一对续于咽侧壁,为腭咽弓。两弓之间可见凹陷,为扁桃体窝,容纳腭扁桃体。上呼吸

NOTE

道感染时此处扁桃体可增大,影响呼吸、吞咽、发音。

(五) 舌

1. 形态 舌分上、下面,上面为舌背,舌背可见中线,舌背靠近后方可见一浅沟,呈向前开放的"V"形,称界沟。舌分三部分:舌根、舌体、舌尖。舌根位于舌的后方,与舌骨和下颌骨相连。舌前 2/3 为舌体,后 1/3 为舌根,界沟为两者分界。舌体前端为舌尖(图 4-4)。

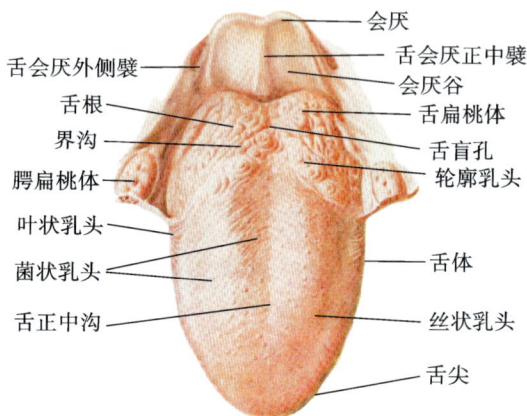

图 4-4 舌

2. 黏膜结构

(1) 舌背:舌背的黏膜呈粉红色,表面形成小突起,为乳头。乳头按形状分为 4 种。界沟前方的乳头为轮廓乳头,体积最大。舌背外侧缘可见叶状乳头,不发达。舌背、舌尖、舌侧缘的菌状乳头数量较少。丝状乳头数量最多,体积最小,分布于舌背前 2/3。其中丝状乳头具有一般躯体感觉功能,感受触压觉及痛觉。其余乳头包括轮廓乳头、叶状乳头、菌状乳头内都含有味蕾,具有特殊内脏感觉功能,感受食物的味道。界沟后方的扁桃体被命名为舌扁桃体。

(2) 舌底:舌根部与口腔底正中可见一纵行黏膜皱襞,称舌系带。舌系带过短会影响发音的清晰度,俗称"大舌头"。舌系带两侧可见两个乳头状的隆起,称为舌下阜。舌下腺和下颌下腺的腺管开口于此。舌下阜向两侧延伸,可见两条黏膜皱襞,称为舌下襞,内有舌下腺。

3. 舌肌 舌肌为骨骼肌,分舌内肌和舌外肌。使舌运动的是舌外肌。使舌改变形态的是舌内肌。

(1) 舌内肌(图 4-5):舌的矢状面上缘纵行的为上纵肌,下缘纵行的为下纵肌。

(2) 舌外肌:下颌骨与舌之间的为颏舌肌。后上方颞骨茎突与前下方舌骨大角之间的为茎突舌骨肌。舌骨与舌之间的为舌骨舌肌。颏舌肌起自下颌体后面的颏棘,肌纤维呈扇形向后上方分散,止于舌中线两侧。两侧颏舌肌同时收缩使舌伸向前下。一侧收缩使舌伸向对侧。当一侧颏舌肌瘫痪时,舌尖偏向瘫痪侧。

(六) 牙

1. 分类 人的一生中先后有两组牙,包括乳牙和恒牙(图 4-6)。在 6 个月左右乳牙萌出,3 岁左右出全,数量 20 个。恒牙在 6 岁左右萌出,14 岁左右出全,数量约 32

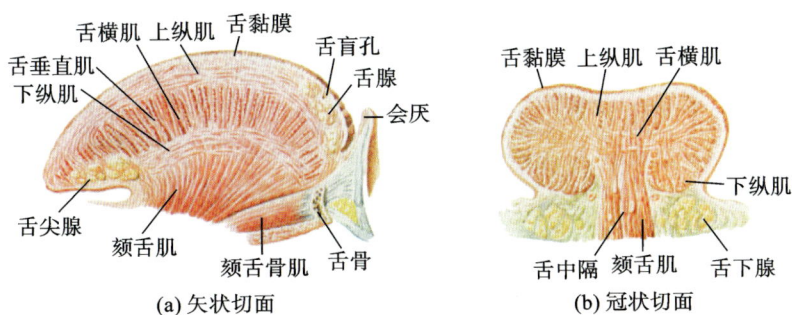

图 4-5 舌内肌

(a) 矢状切面

舌横肌 上纵肌 舌黏膜 舌盲孔 舌腺 会厌 舌垂直肌 下纵肌 舌尖腺 颏舌肌 颏舌骨肌 舌骨

(b) 冠状切面

舌黏膜 上纵肌 舌横肌 下纵肌 舌中隔 颏舌肌 舌下腺

个(部分人为 28 个)。恒牙的第一磨牙首先长出,第三磨牙最晚长出,称智齿(智牙),第三磨牙一般成年后长出或终生不长出。

图 4-6 牙的名称和排列

(a) 乳牙

第二乳磨牙 第一乳磨牙 乳侧切开 乳中切牙 乳尖牙

(b) 恒牙

下颌支 第一磨牙 第二磨牙 第三磨牙 下颌管 第二前磨牙 第一前磨牙 侧切牙 中切牙 尖牙

2. 牙的标记方式   以牙弓的前正中线和上下牙弓分界线作"十"字线,将牙分为四个象限,标记为 ⌋⌈⌊⌈ ,分别为右上颌、右下颌、左上颌、左下颌。乳牙用罗马数字标识。例如,Ⅰ⌋ 为右上颌乳中切牙。恒牙用阿拉伯数字标识。例如,⌈3 为左下颌尖牙。

3. 牙的命名

(1)乳牙:右上象限自内侧向外侧分别为乳中切牙、乳侧切牙、乳尖牙、第一乳磨牙、第二乳磨牙。

(2)恒牙:右上象限自内侧向外侧分别为中切牙、侧切牙、尖牙、第一前磨牙、第二前磨牙、第一磨牙、第二磨牙、第三磨牙(有人终生不萌出)。

4. 牙的形态

(1)牙根:牙嵌入牙槽骨的部分。

(2)牙颈:牙由牙龈包绕的部分。

(3)牙冠:牙显露出的部分。

5. 牙的结构

(1)牙釉质:牙的表面部分,也是全身最坚硬的部分。

(2)牙质:牙内部贯穿牙根、牙颈、牙冠的部分。

(3)牙骨质:牙颈、牙根包绕牙质的部分。

(4)牙腔、牙髓:牙腔为牙质内部的腔隙。牙冠腔为牙冠和牙颈内部的腔隙。牙腔下方形成根管,最下方开口于牙根尖孔。牙根管和下颌骨内的血管、神经和结缔组织等经牙根尖孔入牙腔,这些组织称为牙髓(图 4-7)。

NOTE

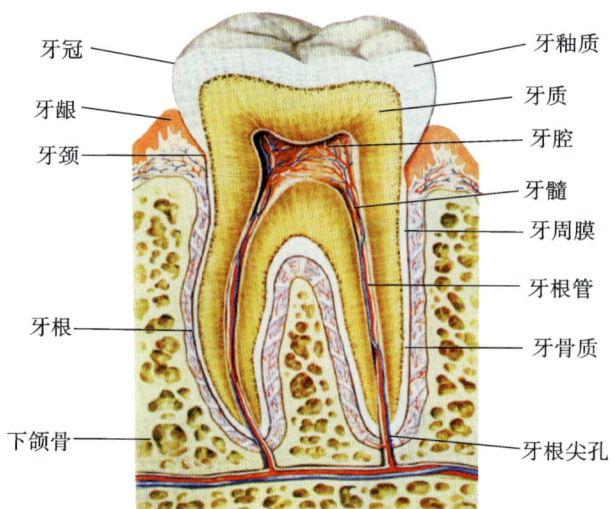

图 4-7　牙的结构

6. 牙周组织

（1）牙周膜：牙槽骨内包绕牙骨质的部分，主要起固定作用。

（2）牙龈：包绕牙颈和邻近牙槽骨的黏膜组织。

（3）牙槽骨：包绕牙周膜的骨质。

二、咽

（一）形态

咽为前后扁窄、上宽下窄的漏斗状的肌性间隙（图 4-8）。

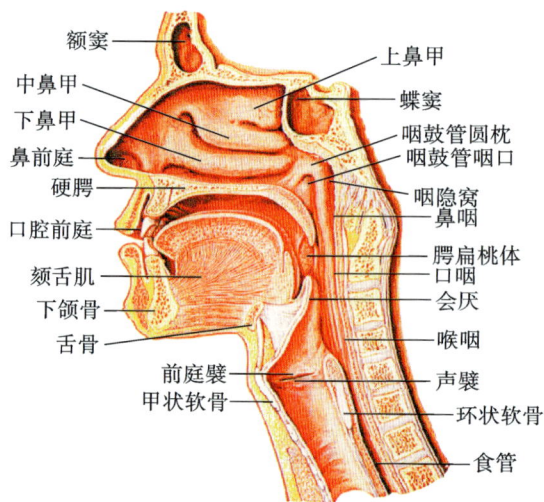

图 4-8　头颈部正中矢状切面

（二）位置与毗邻关系

1. 上壁　颅中窝颅底。

2. 下壁 在第6颈椎下缘水平接食管。

3. 前方 与鼻腔、口腔、喉腔相通。

4. 后方 在第1～6颈椎的椎体前方。

5. 侧壁 有颈部重要的血管、神经。

（三）分部

咽分为三部分。以腭垂和会厌软骨的上缘为界,咽分为鼻咽、口咽、喉咽,分别与鼻腔、口腔、喉腔相通(图4-9)。

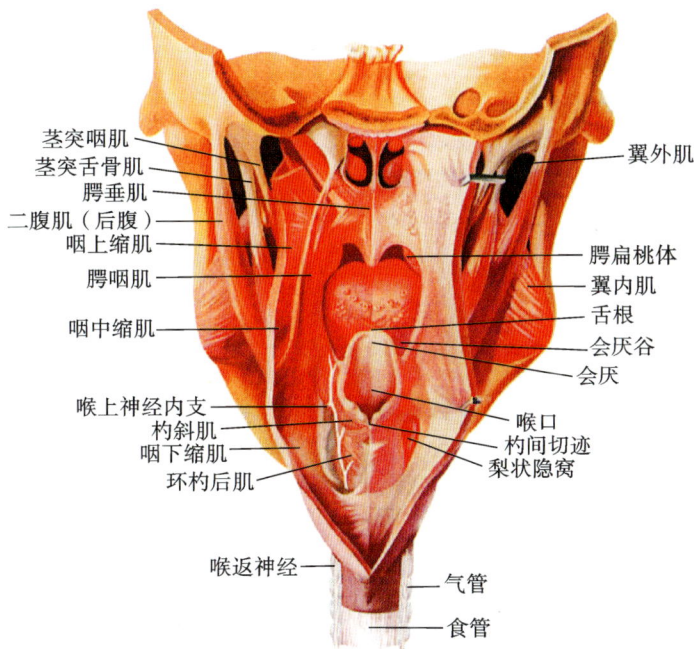

图4-9 咽腔(咽后壁切开)

（四）黏膜形成的特殊结构

1. 咽鼓管咽口 位于下鼻甲后方约1 cm处。咽腔经此口通过咽鼓管与中耳的鼓室相通。咽鼓管平时关闭,当吞咽或用力张口时,空气通过咽鼓管进入鼓室,以维持鼓膜内外气压平衡。咽部感染时,感染灶可通过咽鼓管扩散到中耳,引起中耳炎。

2. 咽鼓管圆枕 咽鼓管咽口的前、上、后方的黏膜隆起,环绕咽口。临床上咽鼓管圆枕为寻找咽鼓管咽口的标志。

3. 咽隐窝 咽鼓管圆枕与咽后壁的纵行的凹陷,是鼻咽癌的好发部位。

4. 咽扁桃体 位于鼻咽后壁上部。成人的咽扁桃体完全退化。儿童的咽扁桃体体积较大。

5. 舌会厌正中襞 舌根与会厌之间的纵行黏膜皱襞,当吞咽时咽向后牵拉,会厌向前封闭喉口,使食物向后进入咽部再进入喉。

6. 会厌谷 舌会厌正中襞两侧的凹窝。

7. 咽扁桃体 咽上缘、会厌谷两侧为扁桃体上窝,内有咽扁桃体。

8. 梨状隐窝 在会厌后下方、喉口两侧与甲状软骨内侧面之间的凹窝。

NOTE

会厌谷、扁桃体上窝、梨状隐窝均为异物易停留的部位。腭扁桃体、咽扁桃体、舌扁桃体共同构成咽淋巴环,对消化道和呼吸道的感染有防御作用。

三、食管

食管为前后扁窄的肌性管道。

案例导入

患儿,1 岁 2 个月,食管有一直径约 1.3 cm 的圆形致密影,考虑食管上段异物存留。治疗计划:尽快完善血常规、肝肾功能、电解质、胸部 X 线、心电图检查;暂禁食;急诊手术探查。胸部 X 线片诊断报告:上胸部区见直径为 1.3 cm 的高密度致密影。在全身麻醉下行食管异物取出术,术中取出金属异物一枚,见食管黏膜大片灼伤。术后拔管困难,麻醉医生建议转入 ICU 进一步治疗。患儿血氧饱和度下降至 79%,呼吸困难,心率为 175 次/分,立即在全身麻醉下行气管插管术,气管套管内吸出大量淡黄色痰,接呼吸机辅助呼吸。患儿血常规中白细胞计数较前增高,呕吐胃内容物,气道内分泌物增多,为奶状物,不排除食管瘘可能。

（一）位置

食管上端平对第 6 颈椎的下缘,与咽相接。食管下端在第 11 胸椎水平与胃相接。食管前方有气管、主支气管,食管行程略微偏左。

（二）分布

食管根据所在部位分为三部。食管颈部位于气管与颈椎体之间。食管胸部位于脊柱前方,胸主动脉右侧。食管腹部前方邻近肝左叶(图 4-10)。

1. **颈部** 长约 5 cm,自第 6 颈椎的下缘至胸骨颈静脉切迹平面。
2. **胸部** 长 19~20 cm,自胸骨颈静脉切迹平面至膈肌的食管裂孔处。
3. **腹部** 长 1~2 cm,自膈肌的食管裂孔至与胃相接处。

（三）食管的狭窄

食管有 3 个生理性狭窄(图 4-10)。

1. **第 1 个狭窄** 食管的起始端,距上颌中切牙约 15 cm。
2. **第 2 个狭窄** 位于食管与左主气管交叉处,距上颌中切牙约 25 cm。
3. **第 3 个狭窄** 位于食管穿膈肌的食管裂孔处,距上颌中切牙约 40 cm。

知识拓展

食管的 3 个狭窄是食管异物滞留的好发部位,也是炎症和肿瘤的好发部位。临床上经口腔插入胃管时,长度距上颌中切牙需超过 40 cm,针筒回抽时可见胃液,防止误入喉腔。拔管时用止血钳夹住胃管,快速拔出,防止胃液进入喉腔而引起呛咳。

NOTE

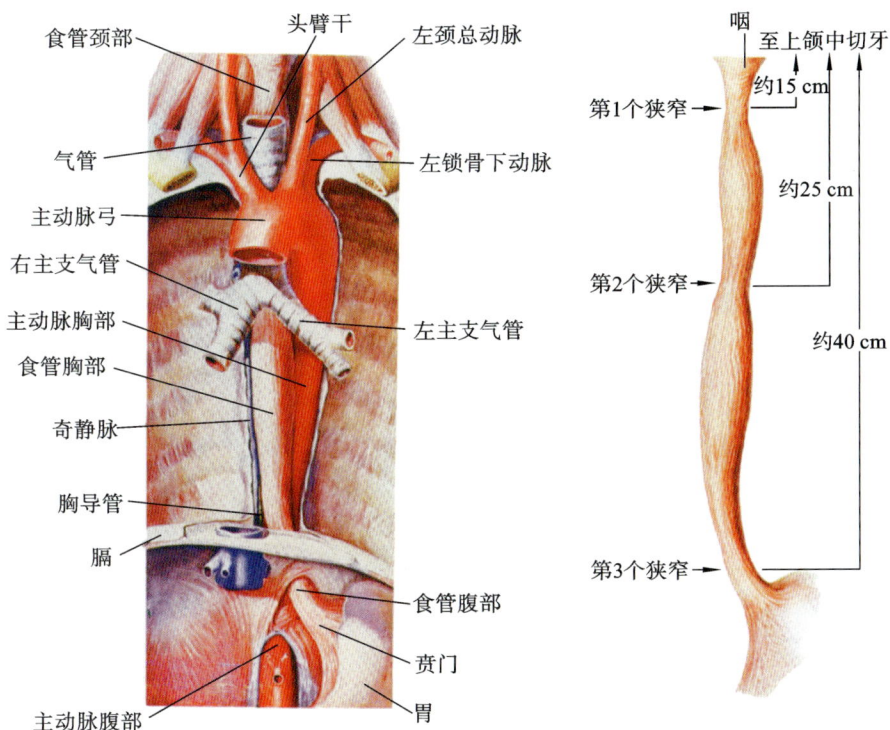

图 4-10 食管位置

四、胃

胃是消化道膨大的部分,具有容纳食物进行初步消化及杀菌、内分泌的功能。

案例导入

患者,女,57 岁,因"反酸嗳气 1 天,持续上腹痛 6 h"以"腹痛原因待查"收入院。既往有胃溃疡病史 7 年。体温 37.7 ℃,脉搏 64 次/分,呼吸 18 次/分,血压 106/70 mmHg。神清,前倾前屈位,心肺(一),腹软,中上腹有压痛、反跳痛及肌紧张,肝脾肋下未触及,双下肢不肿。血常规:白细胞(WBC) 15.7×10^9/L;中性粒细胞百分比 92.7%。立位腹部 X 线片示膈下积气。电解质正常。肌酐、尿素正常。患者于入院前 1 天无明显诱因出现反酸、胃灼热,伴上腹部不适,隐痛,间断嗳气,嗳气后上腹痛好转,频繁恶心,呕吐一次,呕出物为白色液体。于入院前 6 h 呕吐后上腹部出现持续痛,阵发性加重,伴腹胀(全腹部),停止排便排气,不能平躺。入院后予以抑酸、抗感染等治疗,并持续胃肠减压。再次体格检查:心肺(一)。腹软,上腹及下腹有压痛、反跳痛及肌紧张,肝脾肋下未触及,双下肢不肿。

(一)位置

胃中等充盈时,大部分位于左季肋区,小部分位于腹上区。

(二)胃的形态(中等充盈)

1. 两壁 前壁和后壁。

NOTE

2. 入口　贲门,接食管。

3. 出口　幽门,续于十二指肠。

4. 右侧边缘　小弯,凹向右上方。

5. 左侧边缘　大弯,凸向左下方。

6. 角切迹　小弯侧明显的折角,小弯侧的最低点。角切迹是胃小弯的标志性结构(图 4-11)。

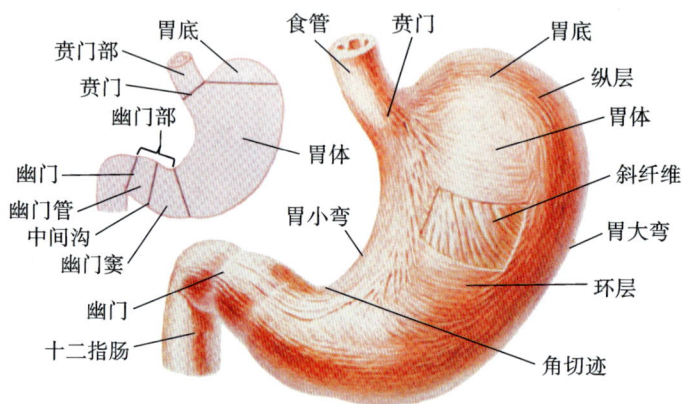

图 4-11　胃的形态

(三) 胃的分部

1. 贲门部　入口部。

2. 胃底　从贲门作一水平线,胃在此水平线以上的部分称胃底。

3. 胃体　胃底与角切迹之间的部分。

4. 幽门部　胃的出口部,角切迹与幽门之间的部分。

在角切迹与胃大弯最低点处作一连线,将剩余的胃分为上方的胃体和下方的幽门部(或称胃窦)。胃窦是胃溃疡和胃癌的好发部位。幽门部胃大弯侧表面有一浅沟(中间沟),将幽门部分为左侧的幽门窦、右侧的幽门管。

(四) 胃壁的结构

胃壁由黏膜、黏膜下层、肌层、外膜 4 层构成(图 4-12)。胃的肌层在幽门部形成向腔内突起的环形黏膜皱襞,瓣内有增厚的环形肌层,称幽门括约肌,幽门括约肌外附着的黏膜皱襞称幽门瓣。幽门瓣平时处于关闭状态,其作用为防止胃内容物过快排出。食物进入消化道与消化液混合、搅拌形成食糜,当一团食糜触碰幽门瓣时,幽门瓣打开,食糜排出胃后,幽门瓣关闭,防止食糜倒流,保证了食糜的间断排出,一般胃内容物需 4~6 h 完全排空,这样食物能分三餐摄入而人不感到饥饿。

(五) 胃的毗邻

1. 前方　右侧毗邻肝左叶,中间在剑突下方与腹前壁相贴,左侧邻膈、左肋弓(图 4-13)。

2. 后方　毗邻胰、横结肠、左肾和左侧肾上腺。

3. 左侧　毗邻脾。

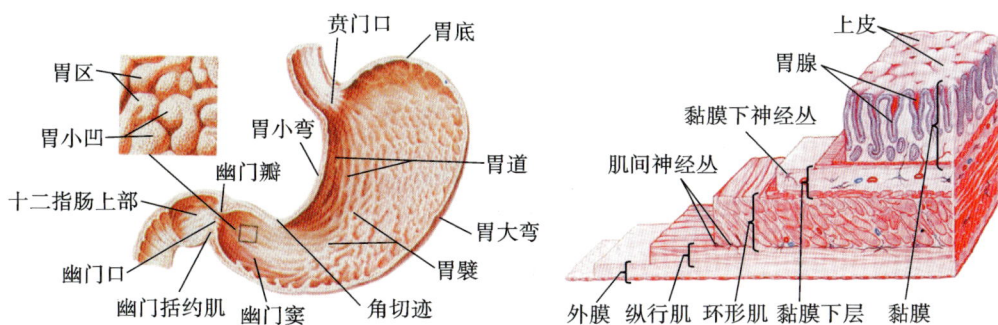

图 4-12 胃的黏膜和胃壁的微细结构

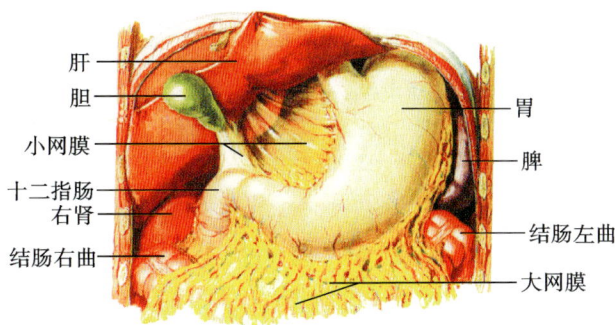

图 4-13 胃的毗邻

4. 右侧 毗邻肝右叶。

5. 上方 毗邻肝左叶和膈肌。

6. 下方 毗邻横结肠。

五、小肠

小肠是消化道最长的部位,长 5～7 m。食物的消化吸收主要在小肠进行,小肠是营养吸收的主要场所。临床上小肠切除 70% 以上,可危及生命。小肠可分为十二指肠、空肠、回肠。

(一)十二指肠

十二指肠因有十二个横指并列的长度而得名,约为 25 cm。

1. 形态 十二指肠呈"C"形环绕胰头。若"C"形左侧缘角度增大,间接提示胰头增大,临床上可作为胰头癌的参考依据(图 4-14)。

2. 分部

(1)上部(球部):相当于第 1 腰椎右侧,腔大,壁薄,壁内黏膜比较平滑,是溃疡的好发部位,容易造成穿孔。

(2)降部:相当于第 1～3 腰椎右侧,有发达的环状皱襞,在中段内后壁上可见纵行的黏膜隆起,为十二指肠纵襞,下方有圆形隆起,胆总管和主胰管汇合后穿过肠壁开口于此,称十二指肠大乳头。大乳头上方 1～2 cm 处还有小乳头,称十二指肠小乳头,

NOTE

85

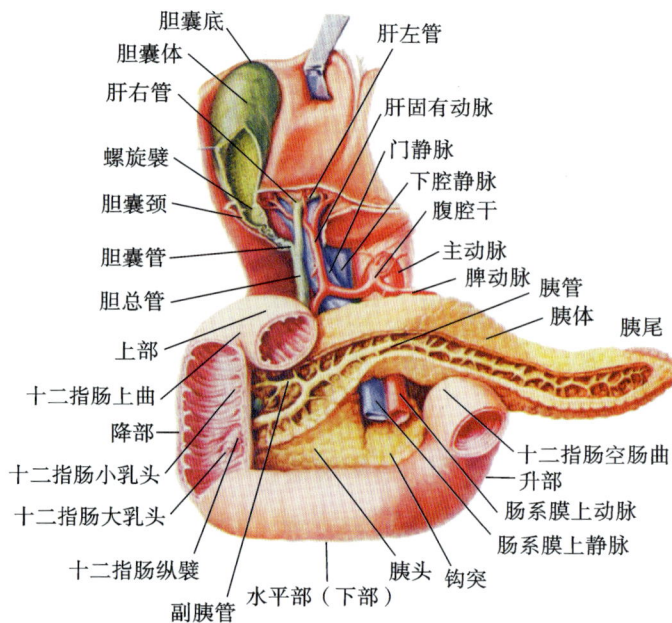

图 4-14　胆道、十二指肠和胰腺

为副胰管的开口。

（3）水平部：相当于第 3 腰椎前方。

（4）升部：相当于第 2 腰椎的左侧。十二指肠与空肠曲转折处形成的弯曲为十二指肠空肠曲，为上、下消化道的分界。其上后壁有十二指肠悬韧带，内有许多肌纤维，称十二指肠悬肌，外附腹膜皱襞。十二指肠悬韧带是判断空肠起始端的标志。

> **知识拓展**
>
> 　　临床上行胃空肠吻合术时，将胃与空肠起始端 20 cm 左右处吻合，以十二指肠悬韧带作为确定空肠起始端的标志。

（二）空肠和回肠

空肠和回肠位于腹腔内，左上方为空肠，右下方为回肠（图 4-15）。空肠占空、回肠全长的 2/5，回肠占空、回肠全长的 3/5。两者没有明显的分界。空肠与回肠的区别：空肠的管腔比较大，管壁比较厚，管壁血管较多，呈粉红色，肠系膜血管弓较少，为 1～2 个。黏膜皱襞高而密，绒毛较多，只有少量孤立淋巴滤泡。回肠的管腔小，管壁薄，管壁血管较少，呈粉灰色，肠系膜血管弓较多，为 4～5 个。黏膜皱襞少而疏，绒毛较少，含孤立淋巴滤泡和集合淋巴滤泡（图 4-16）。

六、大肠

大肠是消化道最末的一段，长度约 1.5 m，围绕空、回肠。根据位置和特点分为 5 部分：盲肠、阑尾、结肠（升结肠、横结肠、降结肠、乙状结肠）、直肠、肛管。大肠管壁纵

NOTE

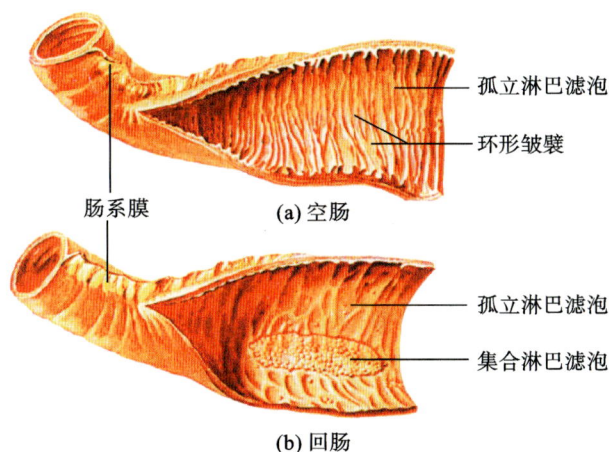

图 4-15 空肠和回肠的比较

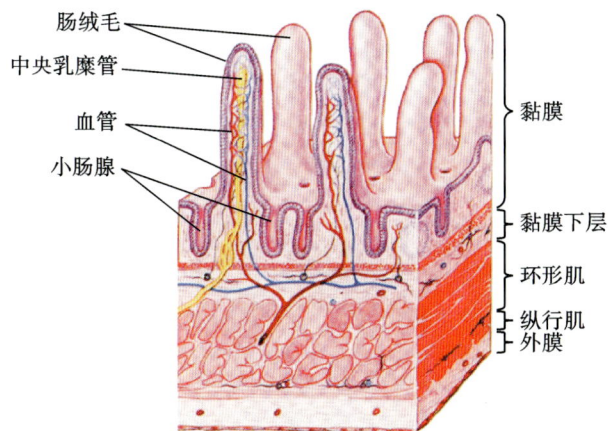

图 4-16 小肠的微细结构

行肌增厚,形成三条带状结构,称结肠带。管壁上有很多横沟,横沟之间膨出的部分,称结肠袋。三条结肠带旁有脂肪突起,称肠脂垂(图 4-17)。以上结构可区别于小肠。

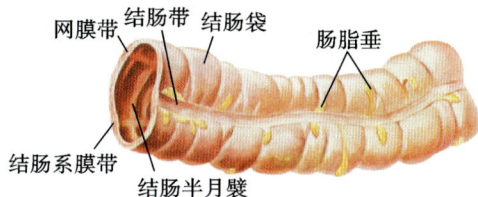

图 4-17 结肠的特征性结构

（一）盲肠

1. 形态 长度为 6～8 cm,呈囊袋状,下端为盲端,上端与结肠相接,左侧与回肠相接,内侧偏后方与阑尾相接(图 4-18)。

2. 位置 盲肠位于右髂区。

3. 黏膜结构 回盲瓣:回肠的末端突向盲肠内形成的黏膜皱襞。小肠的内容物

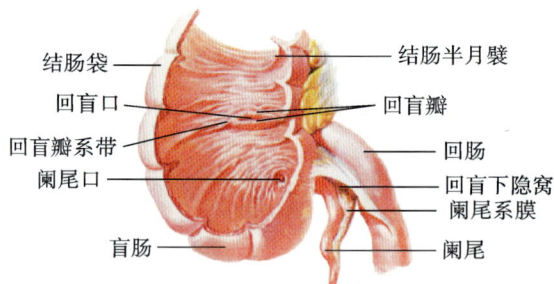

图 4-18　回盲部

通过蠕动,冲过回盲瓣进入大肠,大肠内容物逐渐堆积,产生压力使回盲瓣关闭。临床上如大肠发生梗阻,消化道不通畅,大肠内容物越积越多,堆积到一定程度,肠腔扩大,使回盲瓣开大,大肠内容物可反流到小肠。

知识拓展

　　小肠梗阻早期易发生呕吐;大肠梗阻时,由于有回盲瓣存在,患者早期不会发生呕吐,晚期才会发生呕吐,呕吐物带有粪便气味。

(二) 阑尾(或称蚓突)

案例导入

　　患者,女,26 岁,身高 160 cm,体重 46 kg。因"转移性右下腹痛 7 h"入院。患者于 7 h 前无明显诱因出现上腹部阵发性胀痛,伴恶心、呕吐,呕吐物为胃内容物,非咖啡样物。数小时后腹痛转移且固定于右下腹,呈持续性胀痛,伴发热,最高达 37.8 ℃。无血便、黑便、腹泻、便秘,无尿频、尿急、尿痛及肉眼血尿,急诊腹部彩超提示阑尾炎改变。患者自发病以来精神状态欠佳,食欲减退,睡眠欠佳,大便正常,小便正常,体重无明显变化。血常规:白细胞 21.20×10^9/L,中性粒细胞百分比为 91.20%。体格检查:腹部外形正常,腹软,上腹有压痛,右下腹有麦氏点压痛及反跳痛。

　　CT:①阑尾增粗肿大,外径>6 mm,管壁增厚超过 2 mm。②阑尾周围脂肪层内出现片絮状或条纹状密度增高影,边界不清。阑尾及盲肠周围脂肪间隙模糊,密度增高,盲肠壁局限性增厚。③阑尾腔内可见积液、积气或结石。④阑尾周围脓肿:盲肠周围或盆腔内有低密度影,部分为软组织内积液或积气,边界不清或部分包裹,增强后病灶边界强化,脓肿周围可见条片状密度增高影。

1. 形态　　阑尾呈蚯蚓状,游离端为盲管,长 5～7 cm。

2. 位置　　阑尾位于右髂区。

3. 特点

(1) 阑尾有发达的系膜,活动度较大。

(2) 阑尾根部固定不变,固定在盲肠的内后壁,末端是游离的。

（3）手术寻找阑尾难度大。盆位者占比为 30%，后位者占比为 60%。三条结肠带汇集于阑尾根部，为手术寻找阑尾的标志。

（4）阑尾根部的体表投影：脐与右髂前上棘连线中外 1/3 交界处，为麦氏点。麦氏点为临床上阑尾炎压痛、反跳痛检查区。

（三）结肠

案例导入

患者，男，68 岁，因腹泻、大便带血而就诊，接诊医生询问病史后开出了医嘱：需要做肠镜检查。检查结果发现患者结肠内存在两处病变，一处为直径约 2.0 cm 的良性腺瘤型息肉，医生给予了内镜下切除处理；而另一处病变考虑直肠息肉已癌变且浸润程度较深，只能采取手术、化疗等综合治疗模式。

结肠呈"M"形，分为升结肠、横结肠、降结肠、乙状结肠 4 部分（图 4-19）。

1. 升结肠 长度约 15 cm。腹后壁上升至肝右叶下方，转折向左，转折处的弯曲称结肠右曲（肝曲）。

2. 横结肠 长度约 50 cm，有系膜，活动度较大。向左行至脾下方，转折向下，转折处的弯曲称结肠左曲（脾曲）。

3. 降结肠 长度约 25 cm。至左髂嵴处移行为乙状结肠。

4. 乙状结肠 长度约 40 cm。有系膜，活动度最大，易发生扭曲，造成肠梗阻。清洁灌肠时的体位应为左侧卧位。

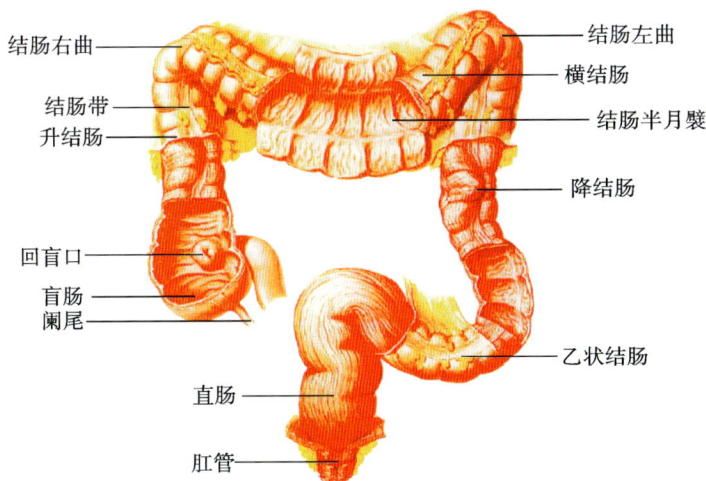

图 4-19 大肠

（四）直肠

1. 位置

（1）上端：第 3 骶椎。

（2）下端：盆底。

NOTE

89

2. 弯曲   直肠不直,矢状面上可见 2 个弯曲。

(1)骶曲:骶骨前面凸向后的弯曲。

(2)会阴曲:尾骨尖前方凸向前的弯曲。

临床上灌肠、灌药时注意需顺着直肠 2 个弯曲的方向插管,保证导管顺利插入肠道而不损伤肠壁。

3. 黏膜结构   直肠下部肠腔膨大为直肠壶腹,肠腔内有 3 个横襞,其中中间的横襞大而明显,位置较恒定,位于右前壁,距肛门 7 cm,是直肠的标志性结构,可用作直肠镜检查的定位标志。

（五）肛管

案例导入

患者,男,27 岁,患肛瘘脓肿 5 年。瘘管一个,距离肛门 3 cm 左右,在肘膝位 3 点至 4 点钟方向。脓肿位于肘膝位 2 点钟方向,距离肛门 3 cm。

1. 位置   肛管位于盆底与肛门之间,长度约 4 cm(图 4-20)。

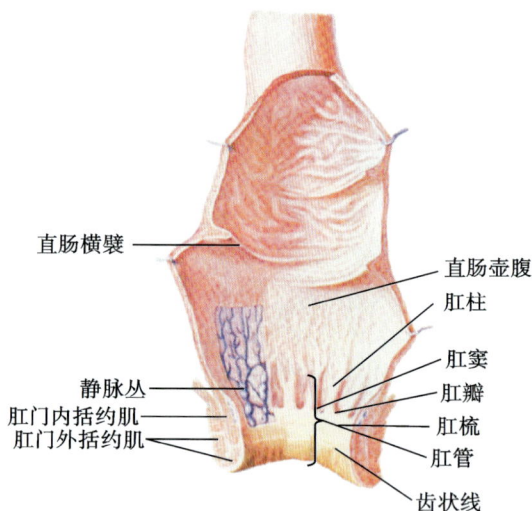

图 4-20   直肠和肛管内面观

2. 黏膜的特殊结构   肠内壁有 6～10 条纵行的黏膜隆起,称肛柱。相邻肛柱的下端可见隐窝,称肛窦。隐窝的前缘为半月形黏膜皱襞,称肛瓣。肛柱上端的连线称肛直肠线,为肛管和直肠的分界线。所有的肛瓣连成一锯齿状的线,称齿状线,也称肛皮线,为黏膜与皮肤的分界线。黏膜受内脏神经支配,皮肤受躯体神经支配。齿状线以下可见一浅沟,称白线,是肛门内、外括约肌的分界线。肛门内括约肌是靠近管壁内侧的增厚平滑肌,为不随意肌,可协助排便。肛门外括约肌是靠近管壁外侧的骨骼肌,分深、浅、皮下部,为随意肌,可控制排便,手术时受损将导致大便失禁。

肛管的黏膜下有丰富的静脉丛。如静脉丛怒张并向肛管内突出,在齿状线以上称内痔,受内脏神经支配,出血时一般不产生痛觉。在齿状线以下称外痔,受躯体神经支配,出血时可产生痛觉。内痔与外痔均存在,为混合痔。

第三节 消 化 腺

一、唾液腺

唾液腺分为两类。根据腺体的形态及位置,唾液腺分为大唾液腺及分散排列的小唾液腺。三大唾液腺包括腮腺、舌下腺、下颌下腺(图 4-21)。小唾液腺包括唇腺、颊腺、腭腺。

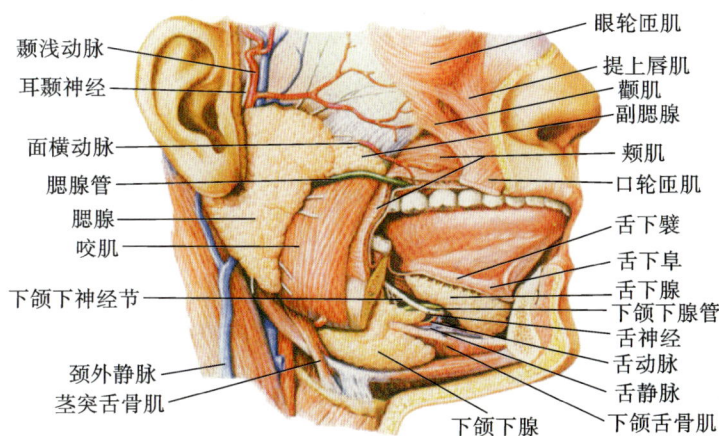

图 4-21 唾液腺

1. 腮腺

(1)位置:位于耳郭的前下方。

(2)形态:呈三角形。

(3)导管:在颧弓下方一横指处咬肌表面前行。开口于上颌第 2 磨牙所对的颊黏膜处。对于腮腺炎患者,应注意观察导管的内径,腺体内及周边的淋巴结是否肿大。

2. 舌下腺

(1)位置:位于舌下方舌下襞的深面。

(2)形态:呈扁长圆形。

(3)导管:1 条大腺管与下颌下腺管共同开口于舌下阜,10 条小腺管开口于舌下襞表面。

3. 下颌下腺

(1)位置:位于下颌三角内,位于二腹肌与下颌骨之间。

(2)形态:呈卵圆形。

(3)导管:与舌下腺管共同开口于舌下阜。

二、肝

肝是体内最大的消化腺,其不仅仅是消化腺,还是复杂的加工厂。

NOTE

91

患者,男,55岁,农民。腹胀7个月余。患者于"阑尾炎"术后20天出现腹胀,诊断为"肝硬化、腹腔积液",乙型肝炎标志物阳性。体格检查:患者入院时精神状态较差,腹胀明显、纳差、乏力,小便短少,舌质暗红、苔薄黄,脉滑数。慢性肝病面容,身体消瘦,腹部隆起,腹壁静脉曲张,移动性浊音阳性。实验室检查:乙型肝炎小三阳;肝功能:谷丙转氨酶(ALT)70 U/L,总胆红素29.3 μmol/L,白蛋白(ALB)25 g/L;B超:肝脏体积缩小,肝被膜呈锯齿状,内回声明显增粗、增强,门静脉1.6 cm,脾厚6.5 cm,大量腹腔积液。腹腔积液在腹腔内坠集于低处。仰卧位时,以盆腔和上腹腔内的肝肾隐窝最低,其次为两侧结肠旁沟。大量腹腔积液时,胀气的肠曲浮游于腹中部。

初步诊断:①肝炎(乙型)肝硬化(失代偿期);②腹腔积液;③脾功能亢进;④门静脉高压症。

(一)位置

肝大部分位于右季肋区、腹上区,小部分位于左季肋区。

(二)形态

肝呈楔形(倒三角形),右叶较厚,左叶较薄。肝上面有左右走行的冠状韧带,前后走行的镰状韧带。肝借韧带固定于膈肌下方。肝上面有裸区,没有腹膜覆盖,即冠状韧带两层分开处。肝下面凹凸不平,因与其他内脏相邻而有很多压迹,称脏面。可见一"H"形的沟(图4-22)。

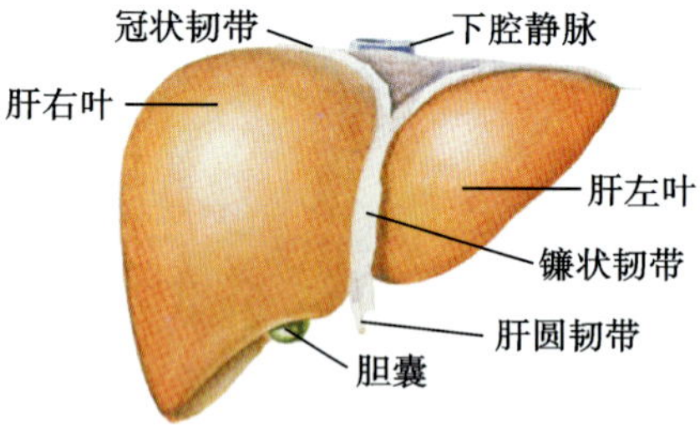

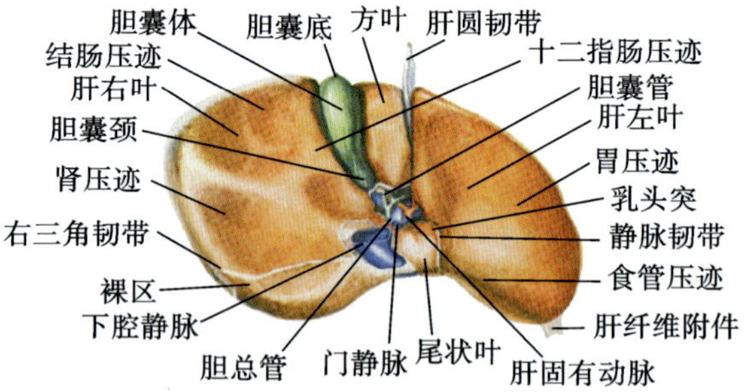

图4-22 肝的形态和分叶

1. 上面(膈面) 圆凸,借助韧带悬吊在膈肌的下方,随呼吸肌膈肌的运动而上下移动,范围为2~3 cm。临床上腹部触诊时需指导患者吸气,此时膈顶下移,肝脏也下移,可触摸肝脏的下缘,从而判断肝脏的大小及软硬度、是否有包块等。

2. 下面(脏面) 凹凸不平,中部可见"H"形沟,即右纵沟、横沟、左纵沟。

(1)右纵沟:

①前方:为胆囊窝,内容纳胆囊。

②后方:为腔静脉窝,是肝脏三条肝静脉出肝注入下腔静脉的部位(第2肝门)。

（2）左纵沟：

①前方：为肝圆韧带，是胚胎时期脐静脉闭锁以后形成的。

②后方：为静脉韧带，是胚胎时期静脉导管闭锁以后形成的。在胚胎时期母体脐静脉血一部分注入肝静脉，还有一部分通过静脉导管直接注入下腔静脉。

（3）横沟：称肝门（第 1 肝门）。出入的结构如下。

①胆管：肝管，运送胆汁。

②动脉：肝固有动脉，营养肝。

③静脉：肝门静脉，是重要的静脉系，将胃肠道的营养物质运送至肝内进行加工。

每条管道分两支进入肝左、右叶，即每条管道分左、右支。有神经和淋巴管道伴行进入肝门。

3．前缘（肝的下界） 肝的上面与下面在前方的交界，位置很低，比较薄锐。

4．后缘 比较钝圆。

5．肝的分叶 肝的脏面借"H"形沟分为 4 叶：右纵沟右侧为肝右叶，左纵沟左侧为肝左叶，在左、右纵沟之间，横沟前方为方叶，横沟后方为尾叶。

6．肝的体表投影

（1）肝的上界：在右锁骨中线与第 5 肋相交处，正中线上相当于胸骨体与剑突相交处，左锁骨中线与第 5 肋间相交处。

（2）肝的下界：右侧肝下界在肋弓以内，中部肝下界在剑突下约 3 cm 处，左侧肝下界在肋弓以内。

据此可判断肝的位置是否下移、体积是否增大。胸腔内为肺，肺与肝脏可部分重叠。叩诊时肺为清音，重叠区为浊音，肝区为实音。

（三）肝外输胆管道

案例导入

患儿，男，7 岁，于 3 天前无明显诱因出现腹部疼痛，伴寒战、高热，最高体温 38.7 ℃，于当地行退热止痛治疗后未见明显好转。患儿自发病以来，精神、睡眠差，饮食差，大便成形，偶呈陶土色，尿呈浓茶色。体温 38.5 ℃，脉搏 92 次/分，呼吸 22 次/分，血压 110/78 mmHg。发育正常，营养中等，自主体位，体格检查合作，全身皮肤及巩膜黄染，上肢皮肤可见散在皮下出血点，全身浅表未触及肿大淋巴结。两肺呼吸音粗，未闻及干、湿啰音。心率 92 次/分，律齐，未闻及病理性杂音。腹部略膨隆，肝大，表面光滑，质地坚硬，边缘圆钝，于肝区肋弓下可触及一肿物，形状规则，大小约 3 cm× 2 cm，右上腹压痛、反跳痛（＋），全腹叩诊鼓音，移动性浊音阴性，肠鸣音可闻及。肝功能：ALT 70 U/L，AST 56 U/L，总胆红素 176 μmol/L，间接胆红素 25 μmol/L，直接胆红素 151 μmol/L，碱性磷酸酶 984 U/L，谷氨酰转移酶 1065 U/L。腹部 CT：①胆总管呈巨大囊样扩张；②胆囊体积增大；③肝内胆管（中、下段胆管）远端分支扩张。

1．胆囊

（1）位置：位于胆囊窝内，前后走向。

（2）形态：呈梨形，分为 4 部分，即胆囊底、胆囊体、胆囊颈、胆囊管。

NOTE

胆囊底钝圆,露出于肝下缘,中间称胆囊体,后端称胆囊颈,弯向下移行为胆囊管。胆囊颈和胆囊管的黏膜形成螺旋状的皱襞,空腹时控制胆汁储存于胆囊中,此处较狭窄,是胆囊结石易嵌顿的部位。

胆囊底的体表投影:腹直肌外缘与右肋弓的交界处(或右锁骨中线与右肋弓交点稍下方)。临床上嘱患者吸气,胆囊底随膈肌下移,医生的手按压胆囊底的体表投影点,患者如果有胆囊炎,此处会有压痛,患者马上回缩膈肌,称墨菲征阳性。

2. 输胆管道 第 1 肝门出肝处可见肝左、右管,呈"Y"形汇合为肝总管,肝总管与胆囊管呈"Y"形汇合为胆总管。胆总管穿胰腺实质与胰管汇合,形成一膨大的腔,为肝胰壶腹,开口于十二指肠大乳头。胆汁和胰液从以下途径进入十二指肠(图 4-23)。

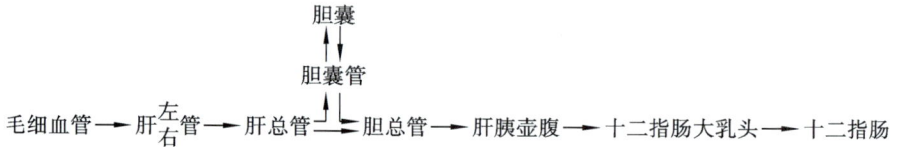

$$胆囊$$
$$\updownarrow$$
$$胆囊管$$

毛细血管 → 肝 左右 管 → 肝总管 ⊥ 胆总管 → 肝胰壶腹 → 十二指肠大乳头 → 十二指肠

图 4-23 胆汁的生成与排出途径

胆总管长 4~8 cm,内径为 0.6~0.8 cm。穿胰腺实质与胰管汇合,形成一膨大的腔,为肝胰壶腹,肝胰壶腹周围的环形平滑肌增厚,称肝胰壶腹括约肌(Oddi 括约肌),可控制胆汁和胰液的排出。空腹时,肝胰壶腹括约肌收缩,胆汁经输胆管道进入胆囊储存和浓缩;进食后,其舒张,胆囊收缩,胆汁经肝外胆道排入十二指肠。十二指肠大乳头上方小乳头为副胰管的开口,只分泌胰液,无胆汁分泌。如患者有胰头癌,或胆总管自身肿瘤,胆总管中下段受压,内径明显增宽,胆汁排泄受阻,不能进入肠腔,粪便性状发生变化,胆汁逆流入血而发生全身黄疸(图 4-24)。

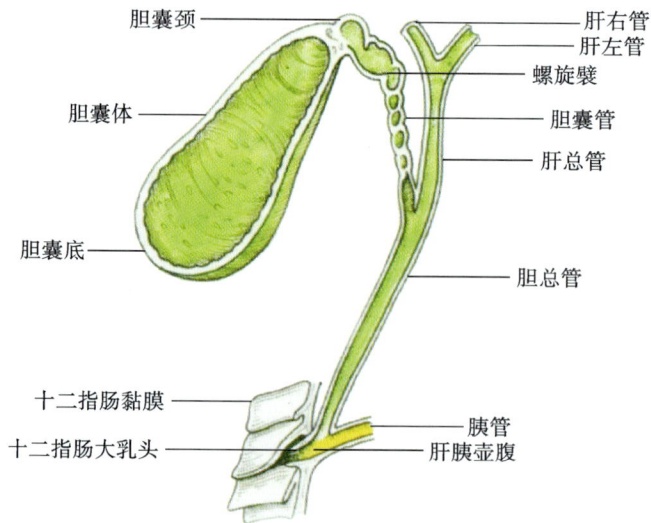

图 4-24 肝外胆道

三、胰

胰是第二大消化腺。胰包括内分泌部、外分泌部。

案例导入

患者,男,62岁,体重59 kg,身高172 cm。确诊胰头癌半年,行胆管支架治疗。半个月前无明显诱因,出现进食后左上腹痛,为阵发性绞痛,休息或弯腰可缓解。自服"硫糖铝凝胶""泮托拉唑""胃乐宁"等好转。5天前腹痛加重,与进食无关,服药后无缓解。以"胰头癌"收入院。患者自患病以来,精神状态可,体重半个月下降3.5 kg,食欲可,大便量少,性状正常,小便量少,色黄,睡眠无异常。既往史:患者平素体健,否认食物及药物过敏史。入院体格检查:腹软,左上腹部压痛,无反跳痛,左上腹肌紧张,肝脏及脾脏肋下未及。血常规:血红蛋白(143 g/L)。尿常规:尿潜血(1+),尿胆原(3+)。乙肝标志物:乙肝表面抗原(阳性),乙肝表面抗体(弱阳性),乙肝e抗原(阴性),乙肝e抗体(阳性),乙肝核心抗体(阳性)。肝功能:总胆红素(11 μmol/L),直接胆红素(6 μmol/L),间接胆红素(5 μmol/L)。肿瘤标志物:癌胚抗原(6.20 μg/L)↑,CA199(172.30 U/mL)↑。凝血功能:凝血酶原时间(15.6 s)↑,纤维蛋白原(5.75 g/L)↑。腹部B超:①胰头部实质占位,伴体尾部胰管扩张;②胆总管内金属支架留置,肝内、外胆管内积气;③胆囊壁水肿,胆囊内胆泥形成,胆汁混浊;④脾、肾声像图未见明显异常。入院后检查排除急性胆管炎等其他引起上腹痛的疾病,既往胰头癌诊断明确,认为目前腹痛系肿瘤引起,予以止痛治疗,以提高生活质量。

（一）组成

1. 内分泌部 胰岛,由胰岛细胞组成,其中B细胞分泌胰岛素,调节血糖的浓度。

2. 外分泌部 由腺细胞组成,分泌胰液,参与蛋白质、糖、脂肪的消化。

（二）位置

胰位于腹上区、左季肋区,位于第1腰椎、第2腰椎前方,横向分布。

（三）形态分部

胰呈长的三棱形,分三部分:胰头、胰体、胰尾。

（四）毗邻

1. 前方 胃的后壁。

2. 后方 肝门静脉、胆总管、腹主动脉、下腔静脉、左肾和左肾上腺。

3. 右侧 十二指肠降部。

4. 左侧 脾。

（五）投影

胰体的上界为脐上10 cm,下界为脐上5 cm。

（六）导管

主胰管于胰实质内由左至右将胰液运输至十二指肠大乳头。副胰管于主胰管上方开口于十二指肠小乳头。

NOTE

第四节 腹 膜

一、概念

(一)腹膜

腹膜是覆盖在腹腔脏器、盆腔脏器表面的一层浆膜,还包括覆盖在腹壁内面、盆壁内面的一层浆膜。脏器表面的腹膜为脏层,壁内面的腹膜为壁层。腹膜为全身面积最大、配布最复杂的浆膜。薄而光滑,呈半透明状。

(二)腹膜腔(或腹膜囊)

腹膜腔为脏、壁两层腹膜延续移行,共同围成的不规则的腔隙。男性腹膜腔为一封闭的腔隙,女性腹膜腔不封闭,经输卵管、子宫、阴道与外界相通。

二、功能

1. 吸收 吸收腹腔、盆腔内的液体(如积脓)和空气。上腹部吸收能力强,下腹部吸收能力很弱。人体平卧位时,肝肾隐窝(脾肾隐窝)、直肠膀胱陷凹(直肠子宫陷凹)位置很低。腹部手术后的患者因有积液,需采取半卧位,使积液积聚在盆腔,减少腹膜对积液的吸收,减少中毒的可能性。

2. 分泌 浆膜能分泌少量的浆液,减少腹腔、盆腔脏器之间的摩擦,保护脏器。

3. 支持、固定 腹膜形成很多系膜、韧带。这些结构对脏器有支持、固定的作用。

4. 防御 大网膜内含有大量的吞噬细胞,可吞噬细菌。

5. 修复 腹膜结构被破坏时能渗出纤维素。纤维素有很强的粘连能力。

三、腹膜与腹、盆腔脏器的关系

根据腹膜覆盖脏器范围的大小,腹、盆腔脏器可分为以下三类。

1. 腹膜内位器官 此类器官几乎全部被腹膜包裹,活动度较大,如胃、十二指肠上部、空肠、回肠等。

2. 腹膜外位器官 此类器官只有一面被腹膜覆盖,几乎不能活动,如胰、肾、十二指肠降部和水平部、直肠中下段。

3. 腹膜间位器官 此类器官三面或大部分被腹膜覆盖,活动度较小,如肝、胆囊、升结肠、降结肠等。

四、腹膜形成特殊结构

壁腹膜与脏腹膜之间,或脏腹膜之间相互折返移行形成许多腹膜结构,如网膜、系膜、韧带等。网膜是指与胃相连的腹膜结构,包括大网膜、小网膜、网膜囊、网膜孔。

(一)网膜

1. 大网膜 大网膜为胃大弯向下悬吊形成的围裙样的结构,遮挡于横结肠、空肠、回肠的前方,内含丰富的脂肪组织和血管。

(1) 位置:位于胃大弯与横结肠之间,为多层的腹膜皱襞。

(2) 结构:胃大弯前、后 2 层腹膜向下延伸至盆腔上口向后上反折至横结肠前、后 2 层形成横结肠系膜,大网膜即融合为 4 层的腹膜。4 层腹膜处称大网膜。2 层腹膜处即胃大弯与横结肠前方之间的称胃结肠韧带。婴幼儿的大网膜较短,当下腹部器官病变(如阑尾炎穿孔)时,由于大网膜不能将病灶包裹局限,易形成弥漫性腹膜炎。

2. 小网膜 小网膜为肝门与十二指肠上部、胃小弯之间的两层腹膜皱襞,分两部分,右侧称肝十二指肠韧带,左侧称肝胃韧带。其中肝十二指肠韧带较厚,内含 Glisson 系统,三者位置关系为右侧胆总管、左侧肝固有动脉、后方门静脉。肝胃韧带很薄,内含胃左血管、胃右血管。

3. 网膜囊 网膜囊是位于小网膜、胃的后方,胰前方的腹膜间隙,是腹膜腔的一部分,称小腹膜腔。

(1) 前壁:小网膜、胃后面的腹膜、大网膜的前 2 层。

(2) 后壁:覆盖于胰、左肾上腺、左肾的腹膜、大网膜的后 2 层。

(3) 上界:肝的尾状叶、膈下壁腹膜。

(4) 下界:大网膜的前 2 层与后 2 层移行处。

(5) 左界:脾、胃脾韧带、脾肾韧带。

(6) 右界:借网膜孔通向腹膜腔的其余部分。

4. 网膜孔 位于肝十二指肠韧带右侧游离缘的后方、第 12 胸椎与第 2 腰椎的前方。

(1) 上界:肝尾叶。

(2) 下界:十二指肠的上部。

(3) 前界:肝十二指肠韧带的游离缘。

(4) 后界:下腔静脉前方腹膜。

网膜囊通过网膜孔通大腹膜腔。网膜囊腔隙比较大,孔位于偏上方。当患者胃后壁穿孔时,因积聚在网膜囊内的物质不易排出,容易造成局限性脓肿,术中需认真清洗网膜囊。当肝脏破裂患者发生大出血时,医生打开患者腹腔马上止血,术中可将示指伸入网膜孔并用拇指压迫肝十二指肠韧带内的肝固有动脉,达到暂时止血的目的。

(二) 系膜

壁腹膜与脏腹膜相互延续移行,形成的双层腹膜结构为系膜,可将部分腹、盆腔脏器固定于腹、盆壁。系膜内可见出入该脏器的血管、神经、淋巴管、淋巴结。主要包括小肠、阑尾、横结肠、乙状结肠系膜。

1. 小肠系膜 将空、回肠固定于腹后壁的双层腹膜结构,附着于腹后壁的部分为肠系膜根,长 15 cm 左右,左起自第 2 腰椎左侧,斜向右下,终于右骶髂关节前方。小肠系膜肠缘长 5～7 m,远长于肠系膜根,有利于小肠活动,进行消化吸收。不利的一面为小肠过度活动易造成肠扭转、肠套叠等急腹症。

2. 阑尾系膜 将阑尾系于小肠下端,呈三角形,阑尾系膜一边附着于阑尾全长,另一边游离,游离缘内有阑尾血管、淋巴管、神经。阑尾切除时,应从游离缘进行血管结扎。

NOTE

3. 横结肠系膜 右端起自结肠右曲,向左依次横过右肾、十二指肠降部、胰头、胰体、左肾至结肠左曲。以横结肠系膜将腹膜腔分为结肠上区、结肠下区。

4. 乙状结肠系膜 位于左髂窝和骨盆的左后壁。乙状结肠系膜较长,其走行呈"Z"形,易发生系膜扭转而造成肠扭转。

（三）韧带

腹膜形成的韧带不同于关节韧带。韧带位于腹、盆腔内,连接腹、盆壁与脏器或脏器与脏器,多数为双层腹膜,少数为单层腹膜。作用是固定悬吊脏器。有的韧带内含有血管、神经,如肝十二指肠韧带。

1. 肝的韧带

（1）冠状韧带:近冠状位,膈下面连于肝上面,为2层腹膜。2层之间为肝裸区。

（2）镰状韧带:近矢状位,在膈和上腹前壁下面连于肝,为2层腹膜,偏前正中线右侧。下缘游离,连于肝下面的肝圆韧带,侧面观似镰刀。临床上腹部手术切口应偏中线左侧,避免损伤肝圆韧带及附脐静脉。

（3）肝左、右三角韧带:由冠状韧带左、右两端2层腹膜黏合增厚形成。

（4）肝胃韧带:位于肝下方左侧。

（5）肝十二指肠韧带:位于肝下方右侧。

2. 脾的韧带

（1）脾胃韧带:连于胃底、胃大弯上份与脾门之间的2层腹膜,内含胃短血管、胃网膜左血管、淋巴管、淋巴结。

（2）脾肾韧带:连于左肾前面与脾门之间的2层腹膜,内含胰尾、脾血管、淋巴管、淋巴结。

（3）膈脾韧带:连于膈下与脾上极之间。

（4）脾结肠韧带:连于脾下极与结肠左曲之间。

3. 胃的韧带

（1）胃膈韧带:连于胃贲门、食管腹段与膈下面之间。

（2）胃结肠韧带:前2层大网膜自胃大弯下降至横结肠前方并与之相连形成的韧带,内含胃网膜血管。

4. 其他韧带

（1）膈结肠韧带:连于膈与结肠左曲之间。

（2）十二指肠悬韧带（Treitz韧带）:起于右膈肌脚（起于第1~3腰椎体及椎间盘的前外侧面,会合于中心腱）,止于十二指肠空肠曲上部,有悬吊固定十二指肠空肠曲的作用。

（四）隐窝与陷凹

皱襞是腹、盆腔脏器之间或脏器与腹、盆内壁腹膜移行时腹膜的褶皱隆起。腹膜皱襞之间或腹膜皱襞与腹、盆壁之间的小凹陷称隐窝。较大且恒定的凹陷称陷凹。

1. 腹后壁的隐窝

（1）十二指肠空肠隐窝:位于十二指肠空肠曲左侧。

（2）回盲上、下隐窝:位于回肠与盲肠连接处上、下方。

（3）盲肠后隐窝：位于盲肠后方。

（4）乙状结肠间隐窝：位于乙状结肠系膜根左侧。

（5）肝肾隐窝：位于肝右叶与右肾、结肠右曲之间，为仰卧位时腹膜腔最低处。上腹部的积液（积脓）多积聚在此。

2. 盆腔的陷凹

（1）直肠膀胱陷凹：腹前壁的腹膜覆盖膀胱表面，反折到直肠而形成的凹陷。男性直肠膀胱陷凹为男性腹膜腔最低的部位。

（2）直肠子宫陷凹：由于子宫的存在，膀胱表面的腹膜反折到子宫的前壁，再贴着子宫的后壁，反折到直肠。形成的陷凹可分为前方的膀胱子宫陷凹和后方的直肠子宫陷凹。其中直肠子宫陷凹是女性腹膜腔最低的部位，称道格拉斯腔。与阴道后穹隆仅隔有阴道壁和一层腹膜。如果患者直肠子宫陷凹内含大量积液（积脓），应先将阴道扩开，然后通过阴道后穹隆穿刺抽取积液（积脓）。

3. 腹前壁下份的腹膜皱襞和窝

（1）正中：有脐正中襞，由胚胎时期脐管闭锁而形成。

（2）正中与脐外侧襞之间：有脐内侧襞，内含闭锁的脐动脉远侧段。

（3）外侧：有脐外侧襞，内含腹壁下动脉。

五、腹膜腔的分区

（1）结肠上区：横结肠及横结肠系膜以上区域，其内包括肝、胆囊、脾、胃等。

（2）结肠下区：横结肠及横结肠系膜以下区域，其内包括空肠、回肠、结肠、盆腔脏器。

六、腹膜腔的间隙

1. 肝上间隙　肝与膈肌之间，以镰状韧带为界分为右肝上间隙和左肝上间隙。以冠状韧带为界分为右肝上前间隙和右肝上后间隙、左肝上前间隙和左肝上后间隙。

2. 肝下间隙　以肝圆韧带为界分为右肝下间隙和左肝下间隙。以小网膜为界分为左肝下前间隙、左肝下后间隙（网膜囊）。

3. 结肠旁沟　分为右结肠旁（外侧）沟、左结肠旁（外侧）沟。

4. 肠系膜窦　以小肠系膜根分界将肠管分布区分为相对封闭的三角形右肠系膜窦、直接与盆腔相通的左肠系膜窦。右肠系膜窦几乎封闭，需彻底清洗。表面为回肠和结肠。

课后习题

一、名词解释

1. 咽峡　2. 咽淋巴环　3. 十二指肠大乳头　4. 十二指肠悬韧带　5. 麦氏点　6. 齿状线　7. 肝门　8. 肝胰壶腹　9. 胆囊三角　10. 腹膜腔

二、填空题

1. 口腔分为_____和_____两部分，两者可经_____相通。

在线答题

NOTE

99

2. 牙由_____、_____、_____和_____构成,其形态可分为_____、_____、_____三部分。

3. 食管全长有三处生理性狭窄,第一处位于_____,距上颌中切牙_____;第二处位于_____,距上颌中切牙_____;第三处位于_____,距上颌中切牙_____。

4. 盲肠和结肠的三个形态特征为_____、_____和_____。

5. 胆囊位于_____,具有_____功能。

6. 男性直肠前面与_____、_____、_____相邻,女性直肠前面与_____、_____相邻。在直肠有两个弯曲,凸向前的是_____,凸向后的是_____。

7. 大网膜是连于_____与_____之间的 4 层腹膜结构,具有_____功能。

三、判断题

(   )1. 上消化道包括口腔、咽、食管、胃和小肠。

(   )2. 胆总管和胰管共同开口于十二指肠大乳头。

(   )3. 胃分为胃底、胃体、贲门部和幽门部四部分。

(   )4. 人体最大的消化腺是肝。

(   )5. 腹膜炎患者多采用平卧位,以减少毒素的吸收。

(   )6. 腹膜腔是由脏腹膜、壁腹膜围成的一个完全封闭的腔隙。

(   )7. 直肠子宫陷凹是女性腹腔最低处。

四、问答题

1. 试述胃的位置和分部,胃溃疡的好发部位。

2. 肝位于何处?在体表如何确定肝的位置?

3. 胆汁由什么产生?经过哪些结构排入十二指肠?(可用箭头表示)

4. 什么是腹膜腔?男、女性腹膜腔各有什么特点?腹膜腔的最低部位在何处?

第五章　呼吸系统

学习目标

掌握:呼吸系统的组成;鼻旁窦的组成和开口位置;喉的位置和喉腔的分部;肺的位置、形态、分叶和体表投影;胸膜、胸膜腔和肋膈隐窝的概念,胸膜的体表投影。

熟悉:鼻腔的分部、形态,鼻腔黏膜的特点和功能;喉的构造及其连结;气管和主支气管的形态特点。

了解:外鼻;肺的分段;纵隔的概念、分区和内容物。通过本章学习理解呼吸器官对人体的重要意义,开展健康知识宣讲,在学习和实践中树立实事求是的科学态度和关爱患者的职业道德。

案例导入

患者,男,55 岁,以"咳嗽、咳痰 23 天,加重伴胸闷气促 3 天"入院。入院可见:胸闷气促,活动后加重,咳嗽、咳痰,咳少量黏痰,伴发热胸痛。体格检查:呼吸 23 次/分,双下肺叩诊浊音,右侧呼吸音减弱,左肺可闻及散在湿啰音。既往有结核病病史。辅助检查:胸部 X 线片示右侧中等量胸腔积液,伴右下肺压迫性肺不张,左侧少量胸腔积液。痰液结核菌素检查阳性。

呼吸系统(respiratory system)由呼吸道和肺两部分组成(图 5-1)。呼吸道包括

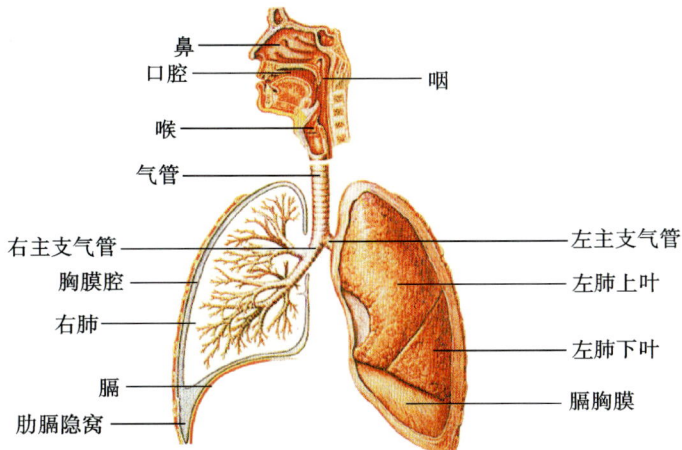

图 5-1　呼吸系统全貌

鼻、咽、喉、气管以及各级支气管,其功能是输送气体至肺,肺为气体交换的场所。临床上把鼻、咽、喉称上呼吸道,把气管及各级支气管称下呼吸道。

第一节 呼 吸 道

一、鼻

鼻(nose)既是呼吸道的起始部,也是嗅觉器官。分为外鼻、鼻腔和鼻旁窦三部分。

(一)外鼻

外鼻(external nose)位于面部中央,以鼻骨和鼻软骨为支架,外覆皮肤、内衬黏膜。位于两眼中间的部位,称鼻根,向下延伸称鼻背,下端为鼻尖。鼻尖两侧呈弧状隆起,称鼻翼,呼吸困难时,见鼻翼扇动。鼻翼和鼻尖处皮肤较厚且富含皮脂腺和汗腺,是痤疮、酒渣鼻和疖肿的好发部位。鼻翼向外下至口角的浅沟,称鼻唇沟,面瘫的患者瘫痪侧可见鼻唇沟变浅或消失。在鼻翼外缘中点旁开 0.5 寸(约 1.67 cm)的鼻唇沟中,有一针灸穴位——迎香穴,常按揉此穴位能改善鼻塞症状。

(二)鼻腔

鼻腔(nasal cavity)是由鼻骨和鼻软骨围成的腔,内面衬以黏膜和皮肤。鼻中隔将鼻腔分为左、右两腔。每侧鼻腔向前经鼻孔与外界相通,向后经鼻后孔通鼻咽。每侧鼻腔借鼻阈分为前部的鼻前庭和后部的固有鼻腔。鼻阈是鼻前庭上方的弧形隆起,是皮肤和黏膜的交界处(图 5-2)。鼻前庭由鼻翼围成,被覆皮肤,其中鼻毛过滤空气中尘埃。鼻前庭缺少皮下组织,有炎症或疖肿时,疼痛较为剧烈。

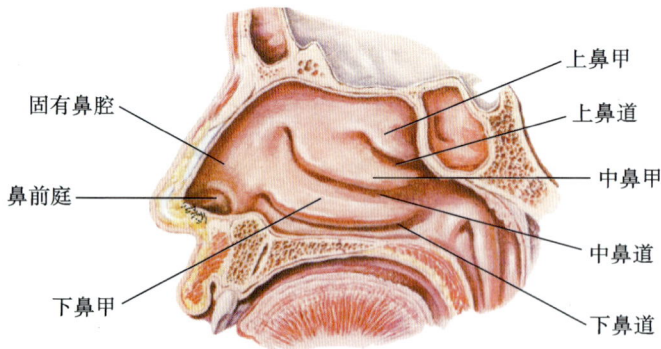

图 5-2 鼻腔外侧壁(右侧)

固有鼻腔是鼻腔的主要部分,临床上所指鼻腔常指该部。每侧鼻腔分为鼻腔顶、底、外侧壁、内侧壁。鼻腔顶壁为颅前窝的底。底壁为腭,鼻腔外侧壁自上而下分别有被覆黏膜的上、中、下鼻甲及各鼻甲下方的上、中、下鼻道。鼻腔内侧壁是鼻中隔,鼻中隔(nasal septum)由筛骨垂直板、犁骨、鼻中隔软骨,表面覆以黏膜而形成。鼻中隔前下部黏膜内含有丰富的毛细血管,外伤或干燥刺激均易引起出血,称为易出血区

（Little 区）。

鼻黏膜按生理功能分为嗅区和呼吸区。嗅区位于上鼻甲和鼻中隔上部,活体略呈棕黄色,由嗅上皮和固有层组成,嗅上皮内含有嗅细胞、支持细胞、基细胞,有嗅觉功能。呼吸区位于上鼻甲和鼻中隔上部以外的部位,呈淡红色,上皮为假复层纤毛柱状上皮,固有层内含有丰富的血管和腺体,对吸入空气起加温、湿润的作用。

（三）鼻旁窦

鼻旁窦(paranasal sinus)又称副鼻窦,是鼻腔周围含气颅骨的腔,内衬黏膜,既对吸入的空气起加温、加湿的作用,又对发音起共鸣作用。鼻旁窦包括额窦、上颌窦、筛窦和蝶窦,分别位于其同名颅骨内,并开口于鼻腔。筛窦又分前、中、后 3 组。额窦、上颌窦和前筛窦、中筛窦开口于中鼻道;后筛窦开口于上鼻道;蝶窦开口于蝶筛隐窝(图5-3、表 5-1)。上颌窦是鼻旁窦中最大的一对,上颌窦的开口位置高于窦底,分泌物不易排出,易致积脓。

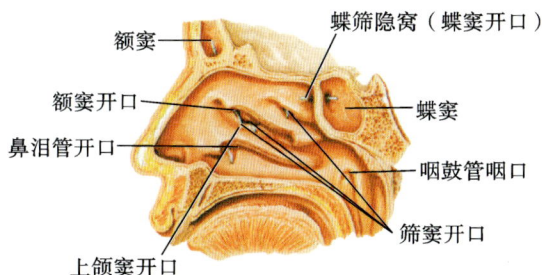

图 5-3 鼻旁窦开口(切除部分鼻甲)

表 5-1 鼻旁窦的位置及开口

名 称	位 置	开 口
额窦	眉弓深面	中鼻道
筛窦	筛骨迷路	前群 中鼻道 中群 中鼻道 后群 上鼻道
蝶窦	蝶骨体	蝶筛隐窝
上颌窦	上颌骨体	中鼻道

二、喉

喉(larynx)位于颈前中部,舌骨的下方。成人喉通常平对第 3～6 颈椎体,女性略高于男性,小儿比成人高,老年人的则较低。喉的活动性较大,可随吞咽或发音上下移动。喉上界是会厌上缘,下界是环状软骨下缘。喉的前面被舌骨下肌群、颈筋膜和皮肤覆盖,后面为喉咽部,两侧为甲状腺侧叶、颈部大血管和神经。喉既是呼吸道,又是发音器官,借喉软骨、喉肌等连结而成。

（一）喉软骨

喉的支架主要由甲状软骨、环状软骨、会厌软骨和杓状软骨构成（图 5-4）。

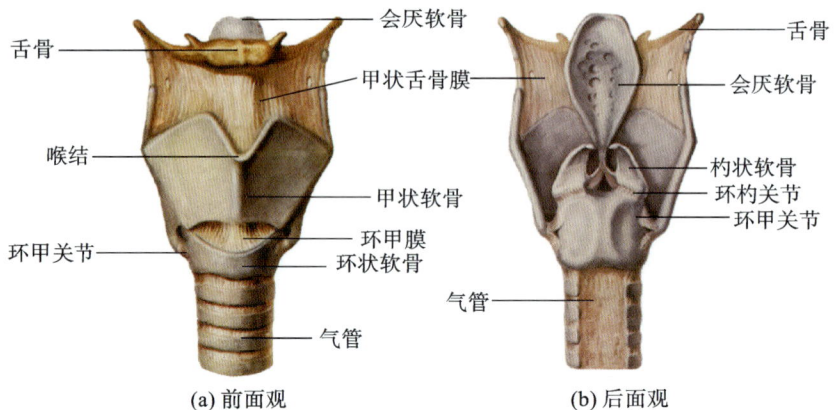

(a) 前面观　　　　　　　　　　(b) 后面观

图 5-4　喉的软骨及喉的连结

1. 甲状软骨（thyroid cartilage） 最大，位于舌骨下方，由左、右两块方形软骨板构成，构成喉的前外侧壁。左、右软骨板的融合处称前角，前角上端向前突出，称喉结，成年男性显著，体表明显可见。

2. 环状软骨（cricoid cartilage） 位于甲状软骨下方，形似指环，前较窄，为环状软骨弓，后较宽，为环状软骨板。环状软骨构成喉的底座。环状软骨是呼吸道中唯一完整的软骨环，对维持呼吸道的通畅有重要作用，损伤后可产生喉狭窄。

3. 会厌软骨（epiglottic cartilage） 位于舌根和舌骨体后方，形似树叶，上端宽阔而游离，下端借甲状会厌韧带连于甲状软骨前角内面的上部。会厌软骨表面覆以黏膜，称会厌。吞咽时，喉上提，使会厌盖住喉口，防止食物误入喉腔。

4. 杓状软骨（arytenoid cartilage） 成对，位于环状软骨板的上方，形似三棱锥体，尖朝上，底向下与环状软骨板上缘构成环杓关节。底有两个突起，向前的称声带突，有声韧带附着；向外侧的称肌突，有喉肌附着。

（二）喉的连结

喉的连结包括关节和膜性连结两种。关节有环甲关节和环杓关节；膜性连结主要有弹性圆锥和甲状舌骨膜。

1. 环甲关节（cricothyroid joint） 由甲状软骨下角与环状软骨板连结而成，使甲状软骨沿冠状轴做前倾和复位运动。前倾时，将增加甲状软骨前角与杓状软骨间距，紧张并拉长声带。复位时，两者间距缩小且声带松弛。

2. 环杓关节（cricoarytenoid joint） 由杓状软骨底与环状软骨板连结而成，使杓状软骨沿该关节垂直轴做旋内、旋外运动。旋内时，使声带突互相靠近，缩小声门；旋外则开大声门。

3. 弹性圆锥（conus elasticus） 又称环甲膜，由弹性纤维组成的薄膜，起于甲状软骨前角内面，呈扇形向后、向下止于杓状软骨声带突和环状软骨上缘，呈上窄下宽、外侧面略凹的圆锥状。紧绷于甲状软骨前角后面和杓状软骨声带突之间的弹性圆锥上缘游离增厚的韧带为声韧带。声带由声韧带、声带肌及覆盖于其表面的喉黏膜构成。弹性圆锥前面中部纤维增厚,称环甲正中韧带。此韧带位置表浅,易于在体表触到,临床中急性喉阻塞而不能进行气管切开时,可在此进行穿刺或切开,暂时建立气道,抢救生命。

4. 甲状舌骨膜（thyrohyoid membrane） 连于甲状软骨上缘与舌骨之间的结缔组织膜。其中部增厚,称甲状舌骨正中韧带。

（三）喉肌

喉肌（laryngeal muscle）为横纹肌,喉肌运动可控制发音的强弱和调节音调的高低。一群作用于环甲关节,另一群作用于环杓关节。

1. 环甲肌（cricothyroid muscle） 起自环状软骨弓前外侧面,止于甲状软骨下缘,环甲肌收缩将增加甲状软骨前角与杓状软骨间距,紧张并拉长声带。

2. 环杓后肌（posterior cricoarytenoid muscle） 起自环状软骨板后面,斜向外上方,止于同侧杓状软骨的肌突。环杓后肌收缩可使环杓关节在垂直轴上旋转,拉肌突转向后内下,使声带突转向外上,开大声门裂,紧张声带。

（四）喉腔

喉腔（laryngeal cavity）是由喉软骨、韧带、纤维膜、喉肌和喉黏膜共同围成的管腔,为喉的内腔,上经喉口与喉咽相通,下通气管。喉腔黏膜与咽和气管的黏膜相连续。

喉腔的上口称喉口,由会厌上缘、杓状会厌襞和杓间切迹围成。喉腔中部的两侧壁上有上、下两对黏膜皱襞,呈前后走向,上方的一对称前庭襞,下方的一对称声襞（图5-5）。前庭襞呈粉红色,声襞颜色较白,比前庭襞更突向喉腔。两侧前庭襞间的裂隙称前庭裂;两侧声襞间的裂隙称声门裂,是喉腔最狭窄的部位。声带由声韧带、声带肌及覆盖于其表面的喉黏膜构成,与声门裂合称声门。

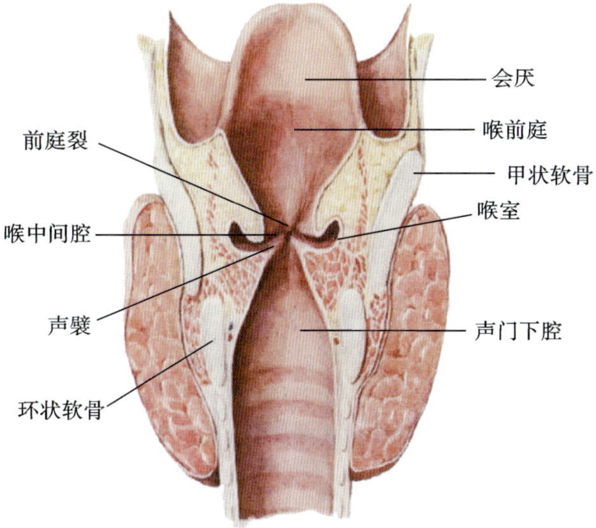

图 5-5 喉腔冠状面（后面观）

喉腔借前庭襞和声襞平面分为三部分,即喉前庭、喉中间腔、声门下腔。从喉口至前庭襞之间的部分,称喉前庭;前庭襞和声襞之间的部分,称喉中间腔;喉中间腔向两侧突出的腔隙,称喉室;声襞以下至环状软骨下缘之间的部分,称声门下腔,此区黏膜下组织较疏松,当发生急性炎症时,易出现水肿。由于婴幼儿的喉腔较小,当喉黏膜水肿时,易引起喉阻塞而导致呼吸困难。

知识拓展

异物吸入及急救:异物吸入多发生于儿童,儿童喜欢将小物置于口中,稍有不慎即可吸入呼吸道。异物入喉时,患者立即发生剧烈咳嗽、气急、反射性喉痉挛,进而出现吸气性呼吸困难及喘鸣,稍大异物若阻塞于声门可引起呼吸困难,甚至窒息而死亡。对于气道完全阻塞患者,必须马上采取急救措施去除气道异物,此时可采用腹部冲击法(Heimlich法),患者取站立位或坐位,救助者站在患者身后,双臂环抱患者腰部。救助者一手握拳,放于患者剑突与脐间的腹中线位置,以拇指侧紧顶住患者上腹部,另一手握紧拳头,快速向内、向上冲击腹部,反复冲击直到把异物排出。此法适用于一岁以上的儿童及清醒的成年人。

三、气管与主支气管

气管(trachea)和主支气管(principal bronchus)是连接喉与肺之间的管道。

(一)气管

气管居食管前方,上接环状软骨,在颈部正中、下行入胸腔,在胸骨角平面(第4胸椎体下缘)分为左、右主支气管。分叉处称气管杈,内面形成向上凸的半月状嵴,称气管隆嵴,略偏左侧,是支气管镜检查判断气管分叉的定位标志。

气管为一后壁略扁的圆筒状管道。由黏膜、气管软骨、平滑肌和结缔组织构成。气管软骨由14~17个呈"C"形,缺口向后的透明软骨环构成,其后壁缺口由气管的膜壁封闭。

气管以胸廓上口为界分为颈、胸两部。颈部短而表浅,沿颈前正中线下行,在颈静脉切迹处可触及。当发生肺和胸膜疾病时,气管颈部可发生偏位。临床上遇急性喉阻塞时,常在第3~5气管软骨环处做气管切开术。

(二)支气管

支气管(bronchi)是气管分出的各级分支,其中一级分支是左、右主支气管(图5-6)。左主支气管细长,长4~5 cm,斜行,经左肺门入肺。右主支气管短粗,长2~3 cm,走行较陡直,经右肺门入肺。临床上气管异物易坠入右主支气管或右肺内。

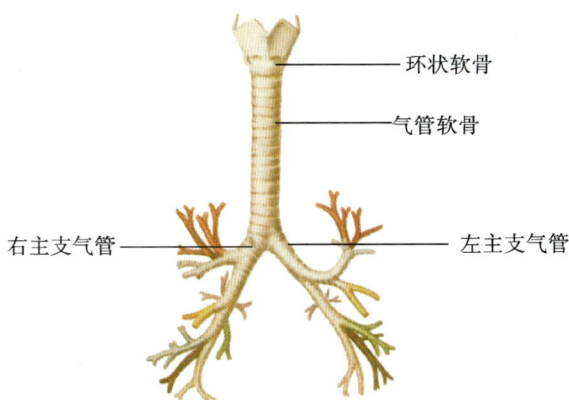

环状软骨

气管软骨

右主支气管

左主支气管

图 5-6 气管与主支气管

知识拓展

支气管哮喘简称哮喘,是一种以慢性气道炎症和气道高反应性为特征的异质性疾病。临床表现为夜间反复发作的喘息、气急、胸闷或咳嗽等,患者可自行缓解或治疗后缓解。哮喘的患者对变应原(如尘螨、花粉、油漆、虾、抗生素等)和非变应原(如大气污染、吸烟、运动等)具有高度敏感性,且具有家族集聚现象,亲缘关系越近则患病率越高。哮喘发作时,表现为细支气管平滑肌不同程度收缩(可完全关闭通气道)、支气管和细支气管的黏膜水肿和黏液栓阻塞,引起呼气性呼吸困难并伴有哮鸣音。此时,呼气较吸气困难,因为吸气时细支气管开放。由于肺组织的弹性回缩,呼气时细支气管开放状态受到影响,进而影响空气的快速流动。

第二节 肺

一、肺的位置和形态

肺(lung)位于胸腔内,膈的上方,纵隔的两侧,左、右各一(图 5-7)。

正常肺呈浅红色,质柔软,呈海绵状,富有弹性。肺呈圆锥形,右肺较宽短,左肺较狭长。可分为一尖、一底、两面、三缘(图 5-8)。一尖指肺尖,为肺的上端,钝圆,经胸廓上口向上突入颈根部,高出锁骨内侧 1/3 上方 2～3 cm。一底为肺底,即肺的下面,与膈相邻,向上凹陷。两面为肺的纵隔面和肋面,纵隔面即内侧面,与纵隔相邻,其中央有椭圆形凹陷,称肺门,是主支气管、肺动脉、肺静脉、淋巴管和神经等结构出入肺的部位,出入肺的结构被结缔组织包绕在一起,称为肺根,两肺根内的结构排列自前向后依次为肺静脉、肺动脉、主支气管(图 5-9)。左肺根内的结构自上而下是左肺动脉、左

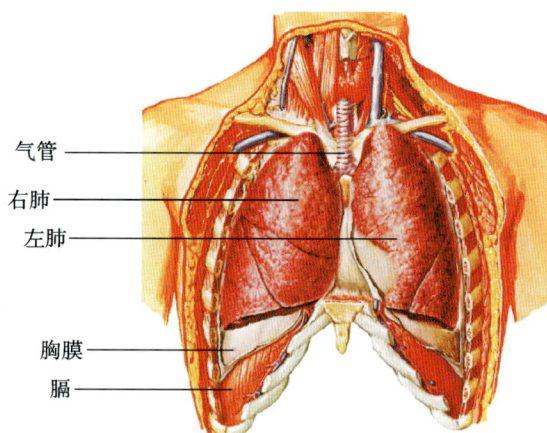

图 5-7　肺的位置（前面观）

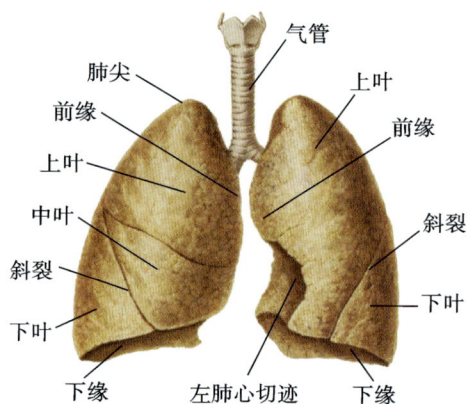

图 5-8　肺的形态（前面观）

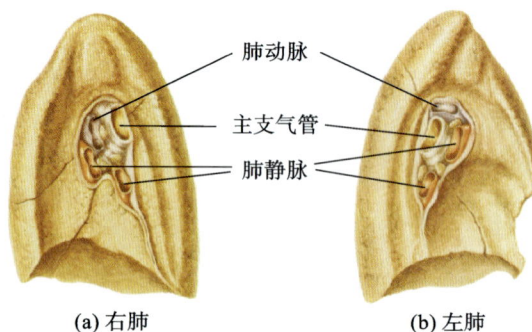

(a) 右肺　　　　　　　　　(b) 左肺

图 5-9　肺的内侧面

主支气管、左肺下静脉；右肺根内的结构自上而下是右肺上叶支气管、右肺动脉、右肺下静脉。肋面即外侧面，与胸廓的侧壁和前、后壁相邻。三缘即肺的前缘、后缘、下缘，肋面与纵隔面分别在前方、后方的移行处构成肺的前缘和后缘，其中前缘锐利，左肺前缘下部有心切迹，切迹下方有一突起称左肺小舌。后缘厚而圆钝、贴于脊柱两侧。下缘较锐薄,位于膈肌上,是肋面与膈面和膈面与纵隔面的移行处。肺借叶间裂分叶,右肺被叶间裂斜裂和水平裂分为上、中、下三叶,左肺被叶间裂斜裂分为上、下两叶。

二、胎儿肺与成人肺的区别

幼儿新鲜肺呈淡红色,随年龄增长,由于吸入的灰尘沉积,颜色逐渐变灰暗,甚至变为蓝黑色,并出现许多蓝黑色斑点,吸烟者尤甚。胎儿和未呼吸过的新生儿,肺内不含空气,质实而重,入水则沉,法医常用此特点判断新生儿是否宫内死亡。

三、支气管树

左、右主支气管为1级支气管,在肺门处分出2级支气管,进入肺叶,称为肺叶支气管(lobar bronchi)。左肺有上叶和下叶支气管;右肺有上叶、中叶和下叶支气管。肺叶支气管进入肺叶后,再分出3级支气管,称为肺段支气管。全部各级支气管在肺叶内反复发出分支直达肺泡管,共分23~25级,形状如树,称为支气管树(bronchial tree)。

四、支气管肺段及肺小叶

每一肺段支气管及其分布区域的肺组织称为支气管肺段(bronchopulmonary segment),简称肺段,是结构和功能上的一个独立单位。支气管肺段呈圆锥形,尖朝向肺门,底朝向肺的表面。一般左、右肺各有10个支气管肺段(图5-10)。有时左肺出现共干肺段支气管,例如后段与尖段、前底段与内侧底段支气管形成共干,此时左肺只有8个支气管肺段。每个支气管肺段有一个肺段支气管分布,相邻支气管肺段间隔以肺静脉属支及疏松结缔组织。因为支气管肺段具有结构和功能上的相对独立性,故临床中可进行支气管肺段为单位的定位诊断或手术切除。

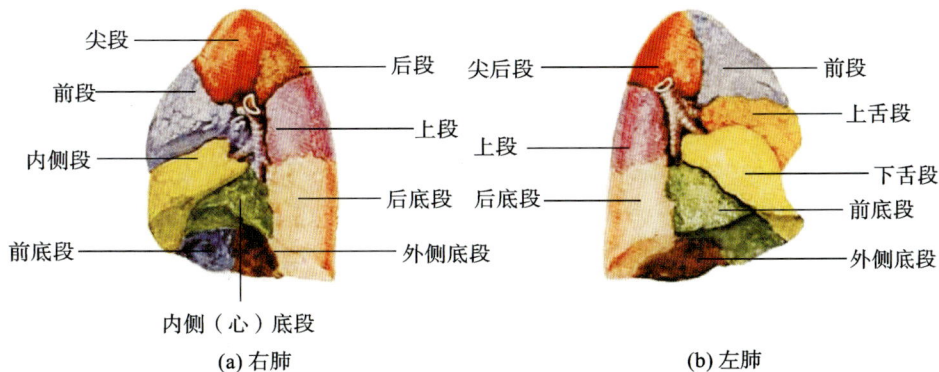

图 5-10 支气管肺段

肺段支气管再逐级分支,成为细支气管。每一细支气管连同它的分支和肺泡,组成一个呈锥形、尖朝向肺门、底朝向肺表面的结构,称肺小叶。每叶肺有50~80个肺小叶,直径为1~2.5 cm,它们是肺的结构单位,也是临床上小叶性肺炎常累及的部位。

知识拓展

大叶性肺炎主要由肺炎链球菌感染引起,致病菌侵入肺泡,通过肺泡间孔或呼吸性细支气管向邻近肺组织蔓延,致使部分肺段或整个肺段、肺叶发生炎症。常发生于单侧的肺下叶。本病多见于青壮年,主要症状为寒战、高热、咳嗽、胸痛、呼吸困难和咳铁锈色痰等。胸部 X 线片显示肺叶或肺段的实变阴影。

小叶性肺炎主要由化脓性细菌引起,是以细支气管为中心的肺组织急性化脓性炎症,故又称支气管肺炎。主要发生于儿童、体弱老年人及久病卧床者。小叶性肺炎常是其他疾病(如支气管炎、支气管扩张、上呼吸道病毒感染等)的并发症,其临床症状常被原发疾病所掩盖,但发热、咳嗽和咳痰(脓性痰)仍是较常见的症状。胸部 X 线片则可见肺内散在斑点状模糊阴影。

五、肺的血液供应

肺的血管包括肺的功能性血管和肺的营养性血管。

肺的功能性血管包括肺动脉、肺静脉,具有气体交换的作用。肺动脉由右心室发出,在主动脉弓下方分为左、右肺动脉,至肺门入肺。在肺内的分支多与支气管的分支伴行,直至分支进入肺泡隔,包绕肺泡壁形成肺泡毛细血管网。毛细血管内血液与肺泡进行气体交换后,经左上、下肺静脉和右上、下肺静脉注入左心房。

肺的营养性血管包括支气管动脉、支气管静脉,供给氧气和营养物质。支气管动脉发自胸主动脉或肋间后动脉,与支气管的分支伴行入肺,沿途在导气部各段管壁内发出分支形成毛细血管网,营养管壁组织。肺中的静脉一部分汇集成支气管静脉,出肺门,左侧注入半奇静脉,右侧注入奇静脉或上腔静脉。另一部分则汇入肺静脉的属支。

肺动脉和支气管动脉的终末支之间存在吻合,共同分布于肺泡壁,使体循环和肺循环互相交通。肺动脉狭窄或栓塞时,吻合支可扩大,支气管动脉会代偿肺动脉,参与气体交换。在慢性肺疾病患者中,压力较高的支气管动脉血液流至肺动脉,可加重肺动脉高压。

第三节 胸膜与纵隔

一、胸膜

胸膜(pleura)是覆盖于肺表面和衬贴于胸廓的内面、膈上面、纵隔两侧的一层薄而光滑的浆膜,根据衬覆部位不同,分为互相移行的脏胸膜(visceral pleura)和壁胸膜(parietal pleura)两部分。

NOTE

（一）脏胸膜

脏胸膜又称肺胸膜，覆盖于肺表面，并伸入叶间裂内，与肺实质连接紧密。

（二）壁胸膜

1. 肋胸膜（costal pleura） 衬覆于肋骨、胸骨、肋间肌、胸横肌及胸内筋膜等结构的内面。前缘位于胸骨后方，后缘达脊柱两侧，上部移行为胸膜顶，下缘以锐角移行为膈胸膜。

2. 膈胸膜（diaphragmatic pleura） 覆盖于膈的上面，与膈紧密相贴、不易剥离。

3. 纵隔胸膜（mediastinal pleura） 衬覆于纵隔的两侧面，其中部包裹肺根并移行为脏胸膜。纵隔胸膜向上移行为胸膜顶，下缘与膈胸膜相移行，前、后缘连接肋胸膜。

4. 胸膜顶（cupula of pleura） 胸膜顶是肋胸膜和纵隔胸膜向上的延续，突至胸廓上口平面以上，与肺尖表面的脏胸膜相邻。在胸锁关节与锁骨中、内 1/3 交界处之间，胸膜顶高出锁骨上方约 2.5 cm。

（三）胸膜腔

胸膜腔（pleural cavity）指脏、壁胸膜在肺根处相互移行，二者之间围成的一个封闭的、潜在的腔隙（图 5-11），左、右各一，呈负压，互不相通。胸膜腔内仅有少量浆液，可减少呼吸时的摩擦。

学习提示：

注意区分胸膜腔与胸腔的概念，两者不可混淆。

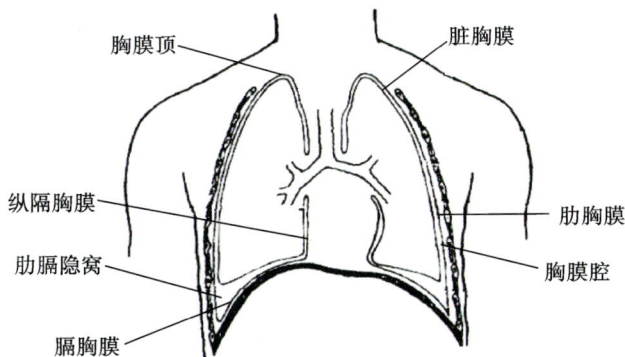

图 5-11 胸膜腔示意图

知识拓展

气胸指胸膜腔内积气。其形成多为下呼吸道、肺、食管受损，或胸壁伤口穿破胸膜，空气进入胸膜腔所致。此时患者突感一侧胸痛，出现进行性呼吸困难，不能平卧或被迫健侧卧，患侧朝上。胸部 X 线检查示气胸区无肺纹理。

血胸指胸膜腔积血，若与气胸同时存在则称为血气胸。血胸多为胸腔内的组织和器官、胸壁等出血所致。以成人为例，出血量＜500 mL 为少量血胸，500～1000 mL 为中等量血胸，＞1000 mL 为大量血胸。此时患者表现为面色苍白、脉搏细速、血压下降、呼吸急促等。胸部 X 线检查表现为胸腔积液征象。胸膜腔穿刺抽出血液可明确诊断。

（四）胸膜隐窝

胸膜隐窝（pleural recess）是不同部分的壁胸膜反折并相互移行处的胸膜腔，即使在深吸气时，肺缘也达不到其内。胸膜隐窝包括肋膈隐窝、肋纵隔隐窝和膈纵隔隐窝等。肋膈隐窝是肋胸膜与膈胸膜反折形成的一个半环形间隙，左、右各一，是各胸膜隐窝中位置最低、容量最大的部位，其深度可达两个肋间隙。胸腔积液常先积存于肋膈隐窝。肋纵隔隐窝是覆盖在心包表面的纵隔胸膜与肋胸膜相互移行之处，因左肺前缘有心切迹，故左侧肋纵隔隐窝较大。膈纵隔隐窝位于膈胸膜与纵隔胸膜之间，因该隐窝是心尖向左侧突出而形成的，故膈纵隔隐窝仅存在于左侧胸膜腔。

（五）胸膜与肺的体表投影

各部壁胸膜相互移行反折之处称胸膜反折线。肋胸膜与纵隔胸膜前缘的反折线是胸膜前界；肋胸膜与纵隔胸膜后缘的反折线是胸膜后界；肋胸膜与膈胸膜的反折线则是胸膜下界。

1. 胸膜前界体表投影　胸膜前界上端起于锁骨中、内 1/3 交界处上方约 2.5 cm 的胸膜顶，向内下斜行，在第 2 胸肋关节水平，两侧互相靠拢，在正中线附近垂直下行。右侧于第 6 胸肋关节处越过剑肋角与胸膜下界相移行。左侧在第 4 胸肋关节处转向外下方，沿胸骨的左侧缘 2～2.5 cm 的距离向下行，在第 6 肋软骨后方与胸膜下界相移行。因此左、右胸膜前界的上、下份彼此分开，中间部分彼此靠近。在第 2 胸肋关节平面以上，两侧胸膜前反折线之间呈倒三角形区，称为胸腺区。儿童胸腺区较宽，容纳胸腺；成人胸腺区较窄，内有胸腺遗迹和结缔组织。在第 4 胸肋关节平面以下，两侧胸膜反折线互相分开，形成位于胸骨体下部和左侧第 4、5 肋软骨后方的三角形区，称为心包区。此区心包前方无胸膜遮盖，因此，左剑肋角处是临床上进行心包穿刺的安全区。

2. 胸膜下界与肺下界体表投影　右侧的胸膜下界前内侧端起自第 6 胸肋关节的后方，左侧的胸膜下界内侧端起自第 6 肋软骨后方。两侧胸膜下界起始后分别行向外下方，在锁骨中线与第 8 肋相交，在腋中线与第 10 肋相交，在肩胛线与第 11 肋相交，最终止于第 12 胸椎高度。

两肺下缘的体表投影相同，在同一部位肺下界一般较胸膜下界高出两个肋的距离。即在锁骨中线处肺下缘与第 6 肋相交，在腋中线处与第 8 肋相交，在肩胛线处与第 10 肋相交，再向内于第 10 胸椎棘突外侧 2 cm 左右向上与肺后缘相移行（表 5-2、图 5-12）。

表 5-2　胸膜下界与肺下界体表投影

下界	锁骨中线	腋中线	肩胛线	后正中线
肺（脏胸膜）下界	第 6 肋	第 8 肋	第 10 肋	第 10 胸椎棘突
胸膜（壁胸膜）下界	第 8 肋	第 10 肋	第 11 肋	第 12 胸椎棘突

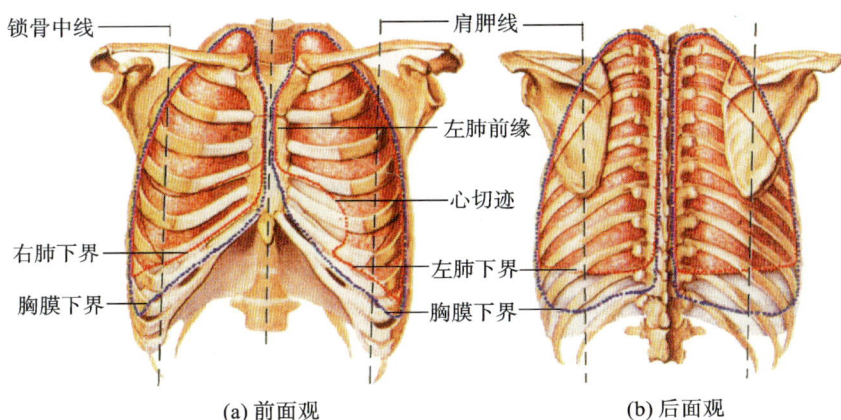

图 5-12 胸膜与肺的体表投影

(a) 前面观   (b) 后面观

锁骨中线　肩胛线　左肺前缘　心切迹　右肺下界　左肺下界　胸膜下界　胸膜下界

二、纵隔

纵隔（mediastinum）是两侧纵隔胸膜间全部器官、结缔组织等的总称。纵隔稍偏左，上窄下宽、前短后长，呈矢状位。纵隔的前界是胸骨，后界是脊柱胸段，两侧是纵隔胸膜，上界是胸廓上口，下界是膈。纵隔分区方法较多，解剖学常用四分法。该方法是在胸骨角水平面将纵隔分为上纵隔和下纵隔。下纵隔以心包为界，分为前、中、后纵隔（图 5-13）。

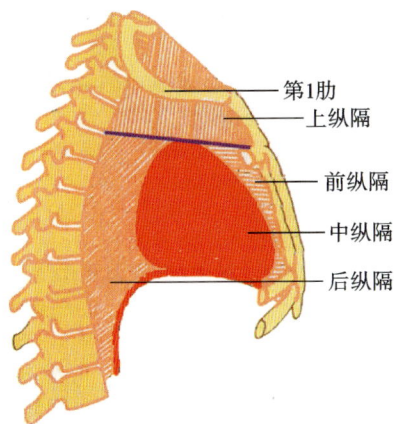

图 5-13 纵隔分区

第1肋　上纵隔　前纵隔　中纵隔　后纵隔

（一）上纵隔

上纵隔（superior mediastinum）指胸骨角平面以上的纵隔部分。上纵隔上界是胸廓上口，下界是胸骨角至第 4 胸椎体下缘的平面，前方是胸骨柄，后方是第 1～4 胸椎体。上纵隔内自前向后有胸腺、左头臂静脉、右头臂静脉、上腔静脉、膈神经、迷走神经、喉返神经、主动脉弓及其 3 大分支，以及后方的气管、食管、胸导管等。

（二）下纵隔

下纵隔（inferior mediastinum）指胸骨角平面以下的纵隔部分。上界是上纵隔的

NOTE

113

下界,下界是膈,两侧是纵隔胸膜。下纵隔分3部分,心包前方与胸骨体之间的是前纵隔,心包连同其包裹的心脏所在的部位是中纵隔,心包后方与脊柱胸段之间的是后纵隔。

1. 前纵隔(anterior mediastinum) 位于胸骨体与心包之间,容纳胸腺或胸腺遗迹、纵隔前淋巴结、胸廓内动脉纵隔支、疏松结缔组织和胸骨心包韧带等。前纵隔是胸腺瘤、皮样囊肿和淋巴瘤的好发部位。

2. 中纵隔(middle mediastinum) 位于前、后纵隔之间,容纳心及出入心的大血管,如升主动脉、肺动脉干、上腔静脉根部、左肺动脉、右肺动脉、左肺静脉、右肺静脉、奇静脉末端、心包、心包膈动脉、膈神经和淋巴结等。中纵隔是心包囊肿的好发部位。

3. 后纵隔(posterior mediastinum) 位于心包与脊柱胸部之间,容纳气管杈、左主支气管、右主支气管、食管、胸主动脉、奇静脉、半奇静脉、胸导管、交感干胸段和淋巴结等(图 5-14)。后纵隔是支气管囊肿、神经瘤、主动脉瘤及膈疝的好发部位。

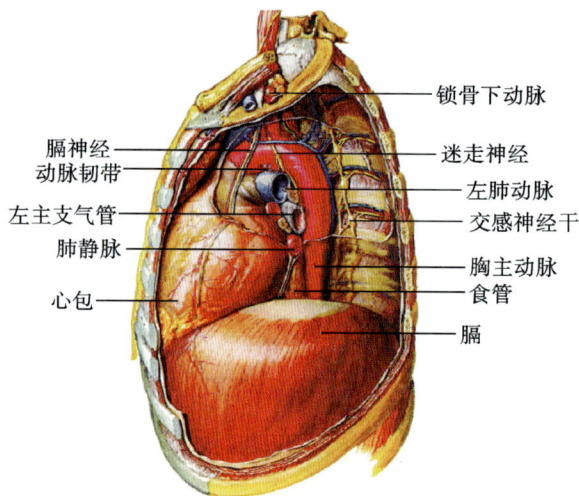

图 5-14　纵隔(左侧面观)

课后习题

一、名词解释

1. 鼻旁窦　2. 肺门　3. 肋膈隐窝(肋膈窦)

二、简答题

1. 请简述气管异物易坠入右主支气管或右肺内的解剖学依据。

2. 请简述左、右肺的形态差异。

在线答题

NOTE

第六章 泌尿系统

本章 PPT

学习目标

> **掌握**：泌尿系统的组成；肾的位置、形态和结构；膀胱的形态、位置，膀胱三角的位置和黏膜特点。
> **熟悉**：肾单位的组成；输尿管的形态、分部、狭窄。
> **了解**：肾的被膜及肾蒂的结构；女性尿道的特点。

泌尿系统（urinary system）由肾、输尿管、膀胱和尿道组成（图 6-1）。泌尿系统的功能是排出机体在新陈代谢过程中所产生的代谢废物和多余水分等，对维持机体水、电解质和酸碱平衡及内环境的稳定具有重要作用。肾产生的尿液，经输尿管进入膀胱内储存，达到一定量时再经尿道排至体外。肾也具有一定的内分泌功能（如产生肾素、促红细胞生成素等）。

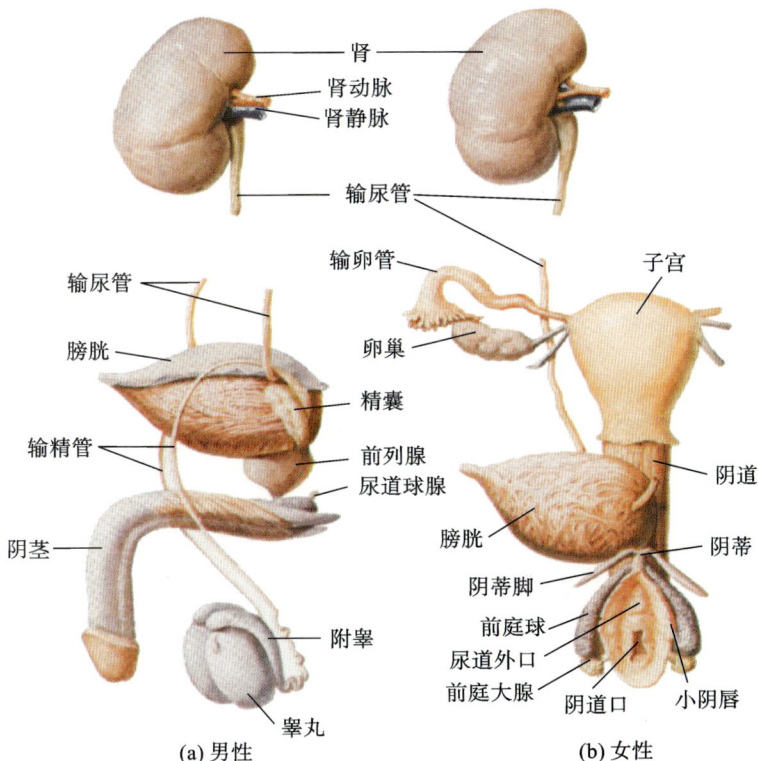

图 6-1　泌尿生殖系统概观

NOTE

第一节　肾

一、肾的形态

肾（kidney）是成对的实质性器官，外观呈红褐色，形似蚕豆，质软而光滑。肾分为上、下两端，前、后两面，内、外侧两缘。上端宽、薄，下端窄、厚。前面隆凸朝向前外侧，后面平坦，紧贴膈及腹后壁。外侧缘隆凸；内侧缘中部凹陷形成肾门（renal hilum），是肾动脉、肾静脉、神经、淋巴管和肾盂出入肾的部位。这些结构被结缔组织包裹，合称肾蒂（renal pedicle），右侧肾蒂较左侧肾蒂略短。肾门向肾实质内凹陷形成的腔隙称肾窦（renal sinus），包含肾血管、肾大盏、肾小盏、肾盂、神经、淋巴管和脂肪等。

二、肾的位置

肾位于腹膜后间隙内、脊柱的两侧，紧贴腹后壁的上部，属于腹膜外位器官（图6-2）。左肾上端平对第 11 胸椎体下缘，下端平对第 2 腰椎体下缘，左侧第 12 肋斜过其后面的中部；右肾受肝的影响，较左肾低半个椎体（1～2 cm）的高度，上端平对第 12 胸椎体上缘，下端平对第 3 腰椎体上缘，右侧第 12 肋斜过其后面上部。肾门约平对第 1 腰椎体高度（图 6-3），其体表投影位于竖脊肌外侧缘与第 12 肋下缘所形成的夹角处，临床上称肾区（renal region）（肋脊角）。某些肾病患者，叩击或触压该区常可出现疼痛。

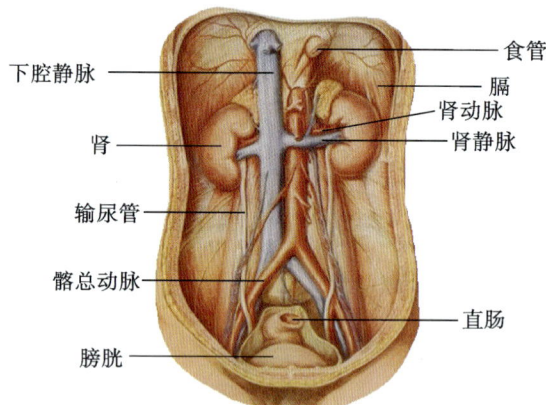

图 6-2　肾和输尿管的位置（前面观）

知识拓展

肾的毗邻：两肾上端紧邻肾上腺。肾后上 1/3 与膈相邻，肾后下 2/3 由内向外依次与腰大肌、腰方肌和腹横肌相邻。左肾前上部与胃相邻，中间与胰、脾相邻，下部与空肠和结肠左曲相邻；右肾前上部与肝相邻，下部与结肠右曲相邻，内侧缘与十二指肠相邻。

NOTE

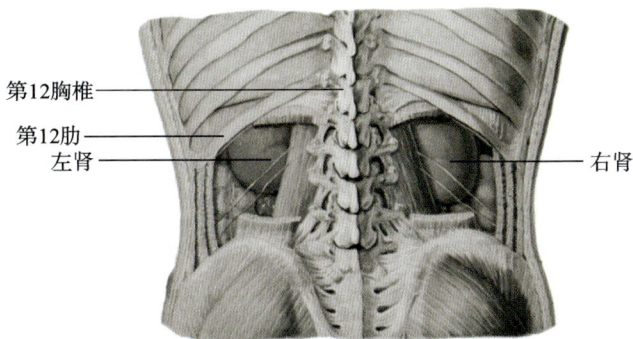

图 6-3　肾的位置(后面观)

三、肾的被膜

肾的表面有 3 层被膜,由内向外依次为纤维囊、脂肪囊和肾筋膜(图 6-4、图 6-5)。

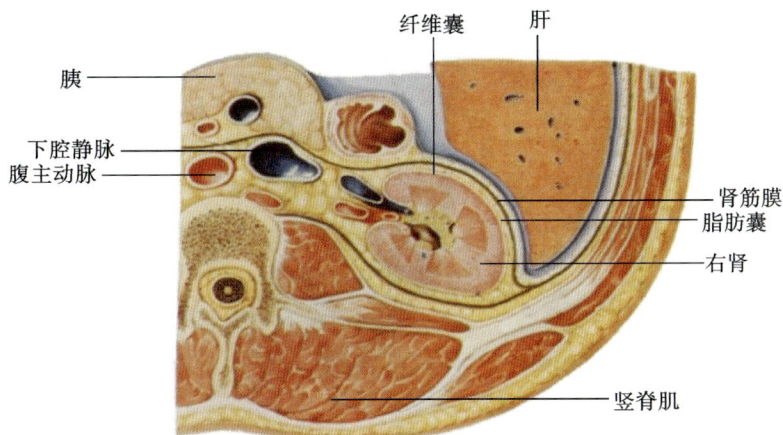

图 6-4　肾的被膜(横断面,第 2 腰椎高度)

(一)纤维囊

纤维囊(fibrous capsule)为包覆于肾实质表面的结缔组织薄膜,致密坚韧。纤维囊与肾实质连接疏松,易于剥离;病理情况下,纤维囊可与肾实质粘连,剥离困难。

(二)脂肪囊

脂肪囊是位于纤维囊外周的脂肪层,经肾门深入肾窦,填充于各结构之间。脂肪囊包裹、保护肾脏,起弹性垫样作用。临床上进行肾囊封闭时,就是将药物注入此囊内。

(三)肾筋膜

肾筋膜(renal fascia)位于脂肪囊外层,包

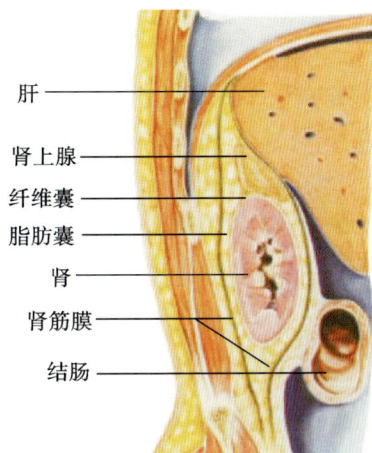

图 6-5　肾的被膜(矢状面,右肾)

NOTE

117

裹肾和肾上腺。肾筋膜分前、后两层,在肾上腺的上方和肾的外侧缘处,两层相互融合;在肾的下方两层分开,其间有输尿管通过;在肾的内侧,两侧前层于腹主动脉和下腔静脉的前面相互移行,后层与腰大肌筋膜相融合。肾筋膜向内发出许多结缔组织小束,穿过脂肪囊连于纤维囊,具有固定肾的作用。

肾的固定主要依赖肾被膜,同时腹壁肌、肾血管、腹膜、腹内压及邻近器官也对肾有固定作用。当固定装置薄弱时,可引起肾位移,形成肾下垂或游走肾。

四、肾的大体结构

在肾的冠状面上,肾实质可分为肾皮质和肾髓质两部分(图 6-6)。

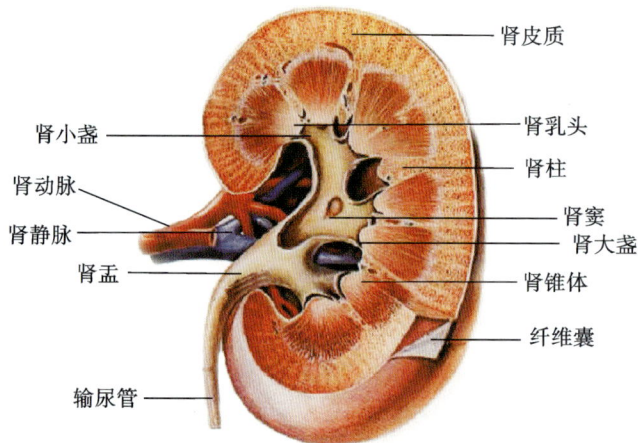

图 6-6　肾的形态

(一)肾皮质

肾皮质(renal cortex)主要位于肾实质的浅部,富含血管。在新鲜标本上,肾皮质呈红褐色,可见红色颗粒状肾小体。肾皮质主要由肾小体和肾小管组成。肾皮质深入肾髓质的部分称肾柱(renal column)。

(二)肾髓质

肾髓质(renal medulla)位于肾实质的深部,血管较少,呈淡红色。肾髓质主要由15～20个肾锥体(renal pyramid)构成。肾锥体基底部朝向皮质,尖端圆钝、朝向肾窦,称肾乳头(renal papilla),突入肾小盏内。肾乳头上有许多乳头孔(papillary foramen),肾生成的尿液经乳头孔流入肾小盏(minor renal calice)内。每肾有7～8个肾小盏,呈漏斗状包绕肾乳头。2～3个肾小盏合成一个肾大盏(major renal calice)。2～3个肾大盏再汇合成一个呈漏斗状的肾盂(renal pelvis)。肾盂出肾门后向下,逐渐变细移行为输尿管。

五、肾的组织结构

肾组织包括实质和间质两部分。肾间质是肾内的结缔组织,内含血管和神经。肾实质由肾单位和集合管组成,其中肾单位由肾小体和肾小管(图 6-7)组成,是尿液形成的部位,集合管是浓缩尿液的部位,汇合成乳头管,开口于肾小盏。肾小管和集合管合称泌尿小管。肾实质(图 6-8)又分为周边部的皮质和中央部的髓质,肾小体分布于皮质,泌尿小管的各段有规律地分布于皮质或髓质。

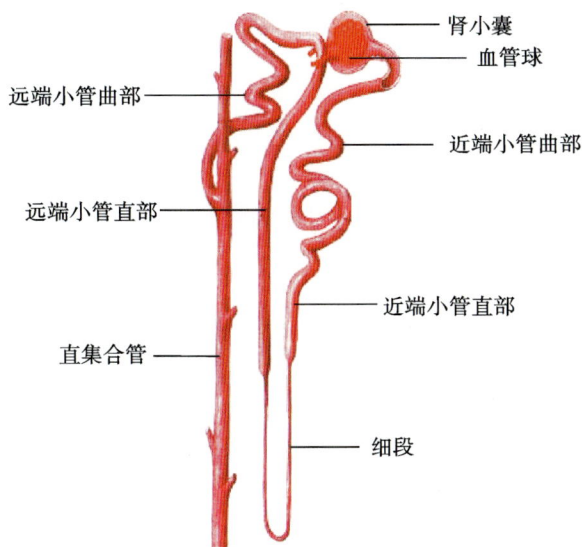

图 6-7 肾小管的结构

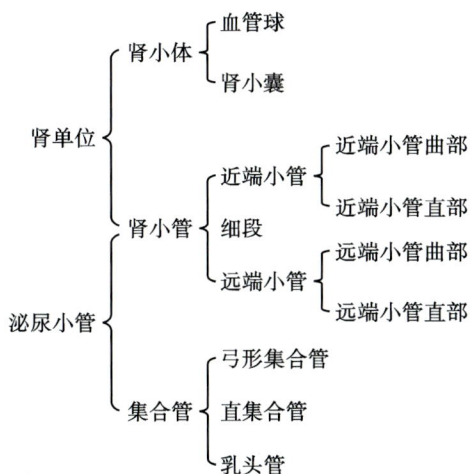

图 6-8 肾实质的构成

(一)肾单位

肾单位(nephron)是肾结构与功能的基本单位,每侧肾有 100 万～150 万个肾单位。肾单位由肾小体和肾小管构成(图 6-8)。根据肾小体在皮质中的位置不同,肾单位可分为浅表肾单位和髓旁肾单位。浅表肾单位主要分布于皮质浅部,占肾单位总数的 85%,在尿液形成中起主要作用;髓旁肾单位分布于皮质深部,占肾单位总数的 15%,主要参与尿液的浓缩。

1. 肾小体(renal corpuscle) 呈球状,又称肾小球,由血管球(glomerulus)和肾小囊(renal capsule)组成。肾小体有两条微血管出入的一端称血管极,两条微血管中短而粗的称入球微动脉,另一条为细而长的出球微动脉;肾小体与近端小管相连的一端称尿极(图 6-9)。

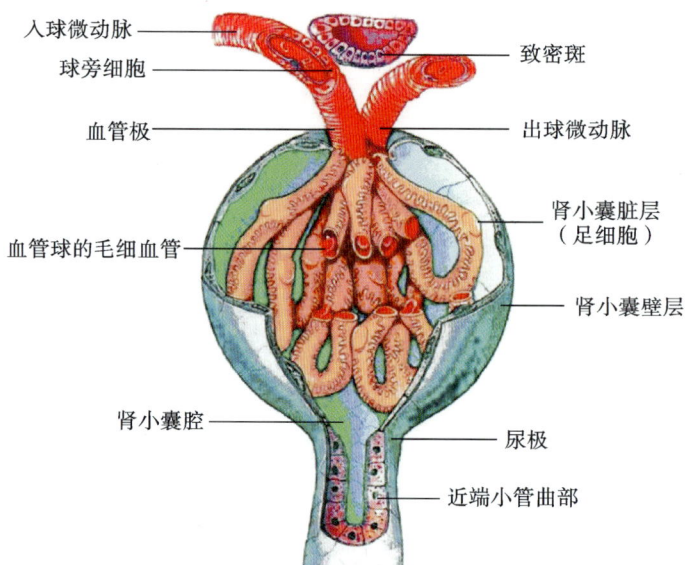

图 6-9 肾小体结构模式图

（1）血管球:盘曲成球状的毛细血管团,连接于入球微动脉和出球微动脉之间。入球微动脉管径大于出球微动脉,有利于血浆滤过。电镜下,毛细血管壁由内皮和基膜构成,内皮细胞为多窗孔结构,窗孔上无隔膜覆盖,故通透性较大,有利于血浆中的小分子物质滤出(图 6-10)。

（2）肾小囊:肾小管起始部膨大凹陷而形成的杯状双层囊,分为脏层和壁层,两层之间的腔隙称肾小囊腔。壁层由单层扁平上皮构成,与近端小管曲部上皮相续;脏层由多突起的足细胞(podocyte)构成。足细胞体积较大,由胞体伸出数个大的初级突起,继而发出许多指状的次级突起,相邻的次级突起间相互嵌合形成栅栏状结构,紧贴于毛细血管基膜外(图 6-10)。次级突起间有宽约 25 nm 的裂隙,称裂孔(slit pore),裂孔上覆以薄膜,称裂孔膜(slit membrane)。

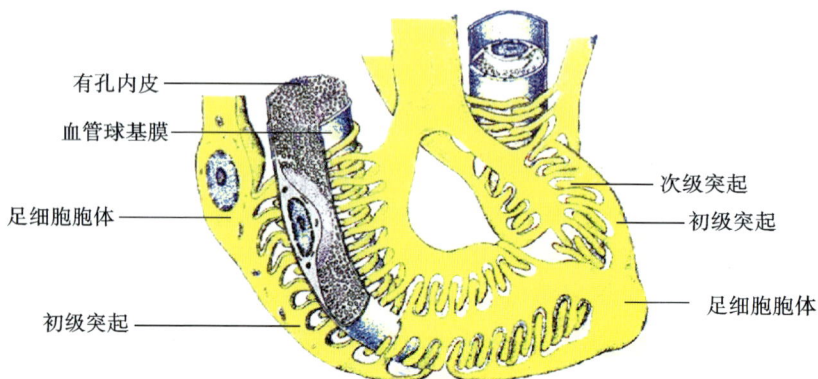

图 6-10 肾血管球基膜和足细胞结构模式图

（3）滤过屏障（filtration barrier）：有孔的毛细血管内皮细胞、基膜和裂孔膜，这三层结构合称为滤过膜（filtration membrane），亦称滤过屏障。当血液流经血管球的毛细血管时，血浆内的水、电解质等小分子物质均能通过滤过屏障进入肾小囊腔，而血细胞及大分子蛋白质等物质则不能通过。滤入肾小囊腔的滤液称原尿。在成人，每 24 h 两肾约可产生 180 L 原尿。若滤过屏障受损，则大分子物质如蛋白质，甚至红细胞亦可滤出，形成蛋白尿或血尿。

2. 肾小管（renal tubule） 根据形态结构、位置和功能的不同，肾小管可分为近端小管、细段和远端小管。近端小管与肾小囊相连，远端小管与集合小管相续（图 6-7）。

（1）近端小管（proximal tubule）：肾小管中最长、最粗的一段，可分为曲部和直部两段。

近端小管曲部（又称近曲小管）位于皮质内，起于肾小体尿极，盘曲走行于肾小体周围。管壁上皮细胞为单层立方形或锥形，细胞分界不清。细胞基底部有纵纹，游离面有刷状缘。电镜下，纵纹为质膜内褶和线粒体；刷状缘即微绒毛，它扩大了上皮游离面的表面积，有利于近端小管曲部的重吸收。

近端小管直部近侧端与曲部相续，然后直行入髓质，管腔变细，移行为细段。近端小管直部的结构与曲部相似，但上皮细胞较矮，微绒毛和质膜内褶不如曲部发达。

近端小管的主要功能是重吸收，几乎全部的葡萄糖、氨基酸和蛋白质及大部分的水、离子和尿素等在此重吸收。

（2）细段（thin segment）：位于髓放线和肾锥体内，连接于近端小管直部与远端小管直部之间，管径细、管壁薄，由单层扁平上皮构成，有利于水和电解质透过。

（3）远端小管（distal tubule）：分为直部和曲部两部分。

远端小管直部（又称远直小管）是髓质内直行的部分。近端小管直部、细段和远端小管直部共同构成的"U"形结构称髓袢（medullary loop）。管壁上皮细胞为单层立方形，细胞分界清晰。基底纵纹较明显，游离面无刷状缘。

远端小管曲部（又称远曲小管）是远端小管直部进入皮质后，盘曲走行于肾小体周围的部分，末端汇入集合管。远端小管曲部的结构与直部相似，但基底纵纹不如直部发达。

远端小管的功能是重吸收水和 Na^+，并向管腔中分泌 K^+、H^+ 和 NH_3，这对维持体液的酸碱平衡有重要作用。肾上腺皮质分泌的醛固酮能促进此段重吸收 Na^+，排出 K^+；垂体后叶分泌的抗利尿激素能促进此段对水的重吸收，使尿液浓缩，尿量减少。

（二）集合管

集合管（collecting tubule）包括弓形集合管、直集合管和乳头管。弓形集合管连续于远端小管曲部，数个弓形集合管汇合成直集合管，经髓质行至肾乳头，改称乳头管，开口于乳头孔。集合管由细变粗，管壁上皮由单层立方上皮逐渐变为单层柱状上皮。

集合管在醛固酮和抗利尿激素的调节作用下，进一步重吸收水、Na^+，排出 K^+。

NOTE

肾小体过滤形成的原尿,流经肾小管和集合管,原尿中约 99％ 的水分、营养物质和无机盐等被重新吸收,同时将体内一些代谢产物排入管腔中,浓缩后经乳头管排入肾小盏形成终尿。终尿量仅为原尿量的 1％,成人每天终尿量为 1～2 L。

(三)球旁复合体

球旁复合体(juxtaglomerular complex)又称肾小球旁器(juxtaglomerular apparatus),主要由球旁细胞、致密斑、球外系膜细胞等组成(图 6-9)。

1. 球旁细胞 球旁细胞(juxtaglomerular cell)是入球微动脉在近肾小体血管极处,管壁中膜的平滑肌细胞特化而成的上皮样细胞。细胞呈立方形,核大而圆,内含分泌颗粒,颗粒中含有肾素。肾素为一种蛋白水解酶,有收缩血管、升高血压等作用。

2. 致密斑 致密斑(macula densa)是由远端小管曲部近肾小体血管极一侧的管壁上皮细胞特化而成的椭圆形结构。致密斑细胞呈高柱状,核呈椭圆形。致密斑是离子感受器,能感受远端小管滤液内 Na^+ 浓度的变化。当 Na^+ 浓度降低时,它将信号传递给球旁细胞,促进其分泌肾素,从而促进 Na^+ 的重吸收。

3. 球外系膜细胞 球外系膜细胞(extraglomerular mesangial cell)又称极垫细胞,位于入球微动脉、出球微动脉和致密斑之间的三角形区域内。其可能在球旁复合体的功能活动中起传递信息的作用。

第二节　输　尿　管

一、输尿管的位置和分段

输尿管(ureter)是一对细长的肌性管道,位于腹膜后方。上连肾盂,下续膀胱,全长 25～30 cm,管径为 0.5～1.0 cm。输尿管按行程可分为以下三段(图 6-2)。

1. 腹段 在腹后壁沿腰大肌前面下降,行至小骨盆入口处,左输尿管跨过左髂总动脉末端的前方,右输尿管跨过右髂外动脉起始部的前方,进入盆腔移行为盆段。

2. 盆段 自小骨盆入口处,沿盆腔侧壁行向后下,在坐骨棘水平转向前内至膀胱底,斜穿膀胱壁,移行为壁内段。男性输尿管在膀胱底与输精管交叉;女性输尿管在子宫颈外侧约 2.5 cm 处绕子宫动脉后下方前行。

3. 壁内段 斜穿膀胱壁的部分,开口于膀胱内面。当膀胱充盈时,膀胱内压力增高,压迫壁内段,使管腔闭合,以防止尿液反流向输尿管。

二、输尿管的狭窄

输尿管全长有以下三处生理性狭窄:第一处狭窄位于肾盂与输尿管移行处;第二处狭窄位于小骨盆上口与髂血管交叉处;第三处狭窄即壁内段。

这三处生理性狭窄是输尿管结石易滞留的部位。当结石在狭窄处滞留或嵌顿而阻塞输尿管时,可引起剧烈疼痛。

NOTE

第三节 膀 胱

膀胱(urinary bladder)为储存尿液的囊状肌性器官。膀胱的大小、形态、位置以及壁的厚度随尿液的充盈程度而异。正常成人膀胱的容量为300~500 mL,最大容量可达800 mL。新生儿膀胱的容量约为成人的1/10,老年人由于膀胱肌张力降低,容量增大;女性膀胱容量较男性小。

一、膀胱的形态

膀胱空虚时呈三棱锥体形,充盈时呈卵圆形,可分为膀胱尖、膀胱底、膀胱体、膀胱颈四部分(图6-11)。膀胱尖细小,朝向前上方;膀胱底近似三角形,朝向后下方;膀胱尖与膀胱底之间的部分为膀胱体;膀胱的最下部称膀胱颈,以尿道内口(internal urethral orifice)与尿道相接。

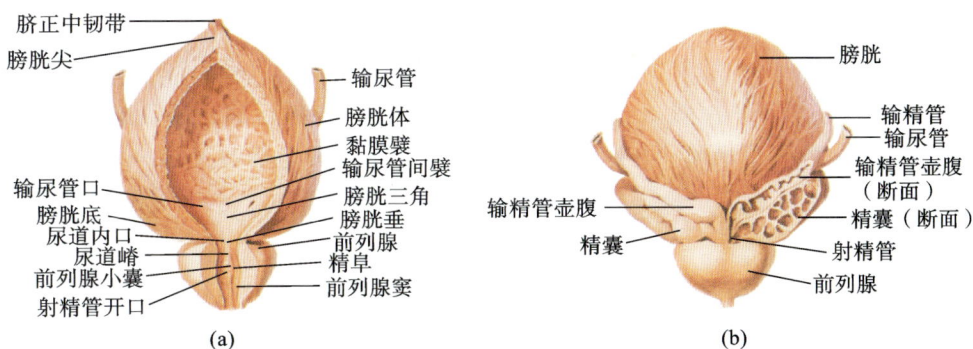

图 6-11 膀胱的外形

二、膀胱的位置和毗邻

成人的膀胱位于盆腔的前部、耻骨联合的后方。男性膀胱后邻精囊、输精管壶腹和直肠,女性膀胱后邻子宫和阴道。

膀胱空虚时,膀胱尖一般不超过耻骨联合上缘;膀胱充盈时,膀胱尖高出耻骨联合上缘,其腹膜转折部也随之上移,使膀胱前下壁直接与腹前壁相贴,此时若在耻骨联合上方行膀胱穿刺术,不伤及腹膜。

新生儿的膀胱大部分位于腹腔内,随年龄的增长和骨盆的发育,逐渐降入盆腔,至青春期达成人的位置。老年人因盆底肌松弛,膀胱的位置更低。

知识拓展

膀胱穿刺术:适用于急性尿潴留导尿失败,也适用于经穿刺抽取膀胱内尿液做检验或进行细菌培养。穿刺部位选择在耻骨联合上缘正中部。穿经的结构依次为皮肤、浅筋膜、腹白线、腹横筋膜、膀胱前壁。穿刺时需注意在

NOTE

耻骨联合上缘垂直进针,针尖勿向后下方穿刺,以免刺伤耻骨联合后方的静脉丛;也勿向后上方穿刺,以免损伤腹膜。

三、膀胱壁的组织结构

膀胱壁分三层,由内向外依次为黏膜、肌层和外膜。

(一)黏膜

膀胱壁内黏膜由上皮和固有层构成。上皮为变移上皮结构,固有层含较多胶原纤维和弹性纤维。当膀胱空虚时,黏膜形成许多皱襞,充盈时则消失。在膀胱底的内面,两侧输尿管口与尿道内口之间的三角形区域,称膀胱三角(trigone of bladder),此区缺少固有层,黏膜上皮直接与肌层紧密相连,无论膀胱是处于空虚状态还是处于充盈状态,黏膜均平滑无皱襞。膀胱三角是肿瘤和结核病的好发部位。两侧输尿管口之间的横行皱襞,称输尿管间襞(interureteric fold),呈苍白色,在进行膀胱镜检查时,此处可作为寻找输尿管口的标志。

(二)肌层

膀胱的肌层属于平滑肌,分为内纵行肌、中环形肌、外纵行肌三层,三层肌束相互交错,共同构成膀胱逼尿肌。在尿道内口处,环形肌层增厚形成膀胱括约肌(或尿道内括约肌)。

(三)外膜

除膀胱上面覆以浆膜(腹膜)外,其余部分均为纤维膜。

第四节　尿　道

尿道(urethra)是膀胱与体外相通的管道。男、女性尿道的结构和功能有很大差异,女性尿道仅有排尿功能;男性尿道除有排尿功能外,还兼有排精作用(参见男性生殖系统)。

女性尿道(female urethra)起于膀胱的尿道内口,经阴道的前方行向前下,穿过尿生殖膈,以尿道外口开口于阴道前庭。女性尿道长 3~5 cm,直径约 0.6 cm,较男性尿道宽、短、直,且尿道外口距阴道口和肛门较近,故易引起逆行性泌尿系统感染。

课后习题

一、名词解释

1. 肾门　2. 肾蒂　3. 肾区　4. 膀胱三角

二、简答题

1. 简述肾的外形、位置和被膜的层次。

NOTE

2. 简述输尿管的分段和三处生理性狭窄的部位。

3. 简述膀胱的形态、位置和毗邻。

三、论述题

试述尿液的产生及排出途径。

NOTE

第七章　生殖系统

本章 PPT

学习目标

掌握：男性和女性生殖系统的组成；精子形成的过程；男性尿道的分部、三个"狭窄"和两个"弯曲"的位置和临床意义；卵泡发育及排卵的过程；输卵管的形态、位置及分部；子宫的形态、位置、毗邻及固定装置。

熟悉：睾丸和卵巢的位置、形态；精索的位置和组成；前列腺的形态、位置、毗邻及临床意义；子宫壁的组织结构；子宫内膜的周期性变化及其与卵巢周期性变化的关系。

了解：附睾、精囊和尿道球腺的位置和形态；阴囊的层次；阴道的位置、毗邻和形态；乳房的位置、形态和结构；会阴的结构。

案例导入

痛经是指妇女在经期前后出现的周期性小腹部疼痛，严重的可出现痉挛性疼痛或刺痛，有的伴有呕吐、手足冰冷、头痛和昏厥，严重影响患者的正常工作和生活。

据统计，我国妇女中痛经发生率为 33.1%，严重者占 13.55%。其中年轻女性发病率更高。

我国有临床研究显示，以 1140 名女大学生作为研究对象发现原发性痛经的发生率超过 80.0%。

生殖系统（reproductive system）包括男性生殖系统和女性生殖系统。男、女性生殖系统都可分为内生殖器和外生殖器两部分。内生殖器多位于盆腔内，由生殖腺、输送管道和附属腺体所组成；外生殖器则露于体表，为两性交接器官。

生殖系统的功能是产生生殖细胞、分泌性激素、维持第二性征及繁殖后代。

第一节　男性生殖系统

男性内生殖器由生殖腺（睾丸）、输精管道（附睾、输精管、射精管和男性尿道）和附属腺体（精囊、前列腺和尿道球腺）等组成（图7-1）。

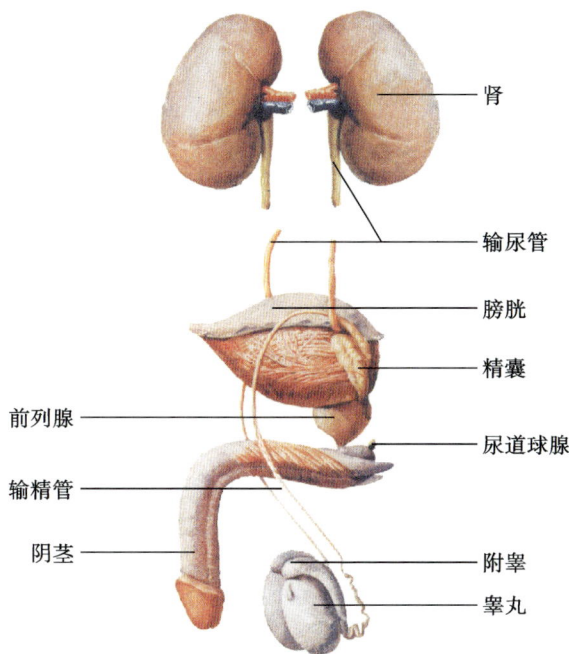

图 7-1 男性生殖系统

肾

输尿管

膀胱

精囊

前列腺

尿道球腺

输精管

阴茎

附睾

睾丸

一、男性内生殖器

（一）睾丸

1. 睾丸的位置和形态　睾丸（testis）位于阴囊内，左、右各一。睾丸呈扁椭圆形，表面光滑，分内、外两面，前、后两缘和上、下两端。前缘游离；后缘有血管、神经和淋巴管出入，并与附睾和输精管睾丸部相连。内侧面较平坦而毗邻阴囊隔；外侧面较隆凸，与阴囊壁相贴。上端覆盖附睾头，下端游离。睾丸随着性成熟迅速生长，老年人的睾丸由于性功能衰退而萎缩变小。睾丸和附睾的外面包有浆膜即睾丸鞘膜，由壁腹膜突出而成。睾丸鞘膜分壁层和脏层，两层于睾丸后缘处相互移行，其间的间隙称鞘膜腔，内有少量浆液。鞘膜的精索部分于出生前闭锁，形成鞘韧带。

2. 睾丸的组织结构　睾丸表面包有一层坚韧的纤维膜，称白膜。白膜在睾丸后缘增厚并伸入睾丸内形成睾丸纵隔。从纵隔发出许多结缔组织小隔，将睾丸实质分成100～200 个锥形的睾丸小叶。每个睾丸小叶内含有1～4 条细长弯曲的生精小管，其上皮能产生精子。生精小管之间的结缔组织为睾丸间质，生精小管汇合成精直小管，进入睾丸纵隔内交织成睾丸网。从睾丸网发出 12～15 条睾丸输出小管，出睾丸后缘的上部进入附睾（图 7-2）。

知识拓展

隐睾与睾丸鞘膜积液

胚胎早期，睾丸形成后位于腹后壁，受睾丸韧带的牵引逐渐经盆腔、腹股沟管，至胚胎 7～8 个月时降入阴囊内。若在出生后 1～2 年，睾丸仍未降入阴囊内，或位于盆腔，或位于腹股沟管内，则称为隐睾。隐睾患者无生育能力。

睾丸在下降过程中，携带部分壁腹膜进入阴囊而形成睾丸鞘膜及鞘膜腔。鞘膜腔开始与腹膜腔是相通的，出生前睾丸鞘膜的精索部应闭合形成鞘韧带。如未闭合则导致睾丸鞘膜积液。

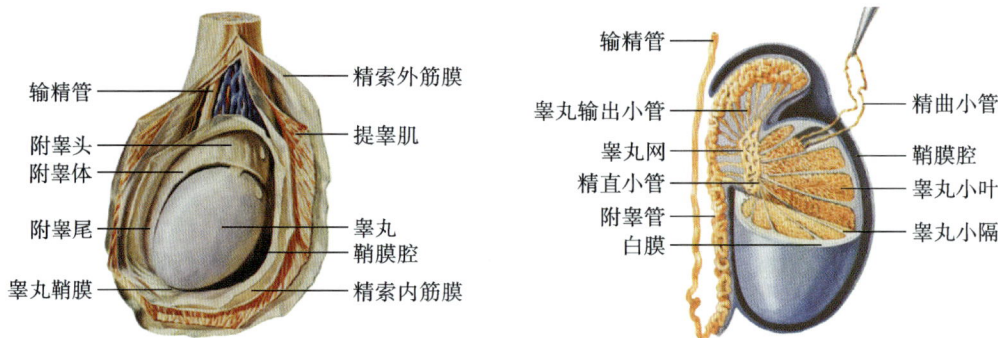

图 7-2 睾丸的形态与结构

（二）附睾

附睾（epididymis）呈新月形，紧贴睾丸的上端和后缘。上端膨大为附睾头，中部为附睾体，下端为附睾尾。附睾尾向内上弯曲移行为输精管。睾丸输出小管进入附睾后，弯曲盘绕形成膨大的附睾头，汇合成一条附睾管。附睾管盘曲成附睾体和附睾尾。附睾管的末端续于输精管（图 7-2）。

附睾除暂时储存精子外，其分泌的液体还能营养精子并促进精子进一步成熟。

（三）输精管和射精管

输精管（ductus deferens）为附睾管的直接延续，长度平均为 31～32 cm，管壁较厚，呈较硬的圆索状结构。输精管行程较长，可分为四部：①睾丸部位于睾丸后缘，沿附睾内侧上行至附睾头；②精索部介于睾丸上端与腹股沟管浅环（皮下环）之间，此部位置表浅，在体表易于触及，输精管结扎术常在此部进行；③腹股沟部位于腹股沟管内；④盆部为最长的一段，自腹股沟管深环（腹环）起，沿盆侧壁行向后下，经输尿管末端前方至膀胱底的后面，在此两侧逐渐接近并扩大成输精管壶腹。壶腹末端变细，与精囊的排泄管汇合成射精管（图 7-2）。

射精管（ejaculatory duct）长约 2 cm，穿前列腺实质，开口于尿道的前列腺部。

精索（spermatic cord）是一对柔韧的圆索状结构，由腹股沟管深环，经腹股沟管，延至睾丸上端。精索的主要结构是输精管、睾丸动脉和蔓状静脉丛，此外还有输精管动脉、输精管静脉、神经丛、淋巴管和鞘韧带等。自浅环以下，精索表面包有三层被膜，从内向外为精索内筋膜、提睾肌和精索外筋膜。

（四）附属腺体

1. 精囊（seminal vesicle） 又称精囊腺，为一对长椭圆形的囊状器官，位于膀胱底的后方,输精管壶腹的外侧,其排泄管与输精管末端合成射精管(图 7-3)。精囊分泌的液体组成精液的一部分。

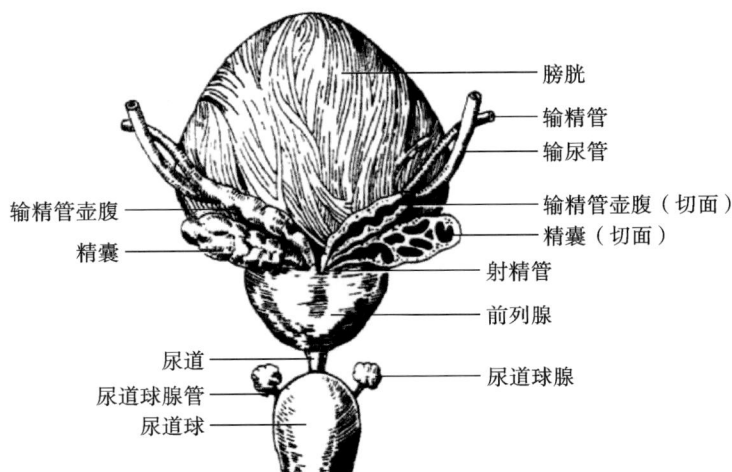

图 7-3 前列腺、精囊及尿道球后面观

2. 前列腺(prostate) 不成对的实质性器官,由腺组织和平滑肌组织构成。前列腺表面包有筋膜鞘,称前列腺囊。前列腺的分泌物是精液的主要成分。

(1)位置与形态:前列腺位于膀胱颈与尿生殖膈之间,形似栗子,质硬而呈灰红色。上端宽大,称前列腺底,邻接膀胱颈;下端尖细,称前列腺尖,与尿生殖膈相接;底与尖之间的部分称前列腺体。前列腺后面较平坦,在正中线上有一纵行浅沟,称前列腺沟,活体直肠指诊时可扪及此沟。尿道于前列腺底穿入,由前列腺尖穿出。近前列腺底的后缘处,有一对射精管穿入,开口于尿道前列腺部的后壁上。

(2)分叶:前列腺可分五个叶,即前叶、中叶、后叶和左、右两侧叶。前叶很小,位于尿道前方;中叶呈楔形,位于尿道与射精管之间;两侧叶紧贴尿道的侧壁;后叶位于两侧叶的后方(图 7-4)。

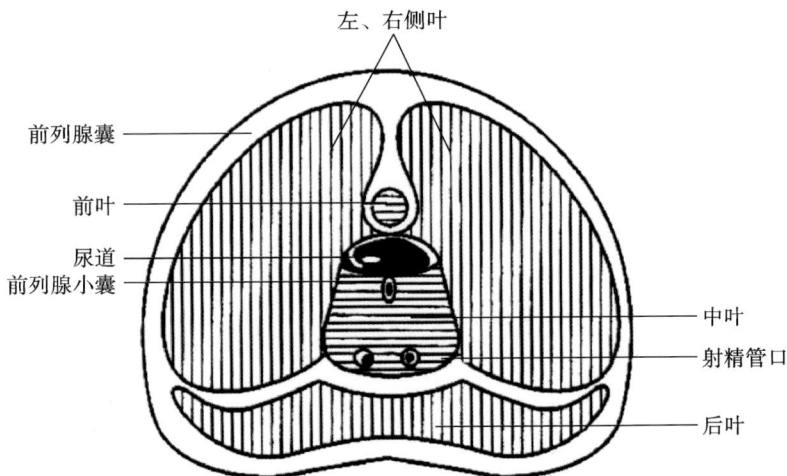

图 7-4 前列腺的分叶

3. 尿道球腺（bulbourethral gland） 一对豌豆大小的球状腺体，位于会阴深横肌内。尿道球腺的排泄管细长，开口于尿道球部（图 7-3）。

精液由输精管道及附属腺体，特别是前列腺和精囊的分泌物组成，内含大量精子，呈乳白色，弱嗜碱性，适于精子生存和活动，成人一次射精 2～5 mL，含精子 2 亿～5 亿个。

二、男性外生殖器

（一）阴囊

阴囊（scrotum）为一皮肤囊袋，位于阴茎的后下方。阴囊皮肤薄而柔软，有少量阴毛，色素沉着明显。阴囊壁由皮肤和肉膜组成。肉膜（dartos coat）是阴囊的浅筋膜，含有平滑肌。平滑肌可随外界温度变化呈反射性舒缩，以调节阴囊内的温度，有利于精子的发育。肉膜在正中线向深部发出阴囊中隔，将阴囊腔分为左、右两部，分别容纳两侧的睾丸和附睾（图 7-5）。

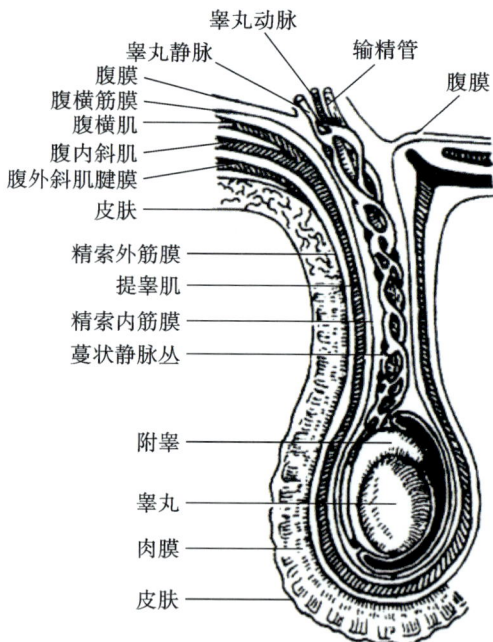

图 7-5 阴囊结构及其内容模式图

（二）阴茎

阴茎（penis）可分为头、体和根三部分（图 7-6）。后端为阴茎根，附于耻骨下支和坐骨支。中部为阴茎体，呈圆柱形。阴茎前端的膨大部分为阴茎头，头的尖端有呈矢状位的尿道外口，头后缩细的部分为阴茎颈。

阴茎由两个阴茎海绵体和一个尿道海绵体组成（图 7-7），外面包以筋膜和皮肤。尿道海绵体（cavernous body of urethra）位于阴茎海绵体的腹侧，尿道贯穿其全长。中部呈圆柱形，前端膨大为阴茎头，后端膨大称尿道球（bulb of urethra），位于两阴茎脚之间，固定在尿生殖膈的下面。阴茎海绵体（cavernous body of penis）为两端细的圆柱体,左、右各一,位于阴茎的背侧。左、右阴茎海绵体紧密结合,向前延伸,尖端变细,嵌入阴茎头后面的凹陷内。阴茎海绵体的后端左、右分离,称阴茎脚,分别附于两侧的耻骨下支和坐骨支。尿道海绵体和阴茎海绵体外面共同包有阴茎深、浅筋膜和皮肤。阴茎皮肤自颈部向前反折游离,形成包绕阴茎头的双层环形皮肤皱襞,称阴茎包皮。阴茎头腹侧中线于尿道外口下端与包皮之间的皮肤皱襞,称包皮系带(frenulum of prepuce)。

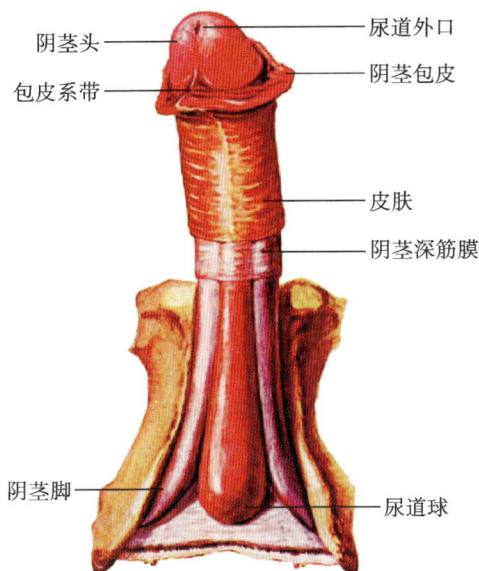

图 7-6 阴茎

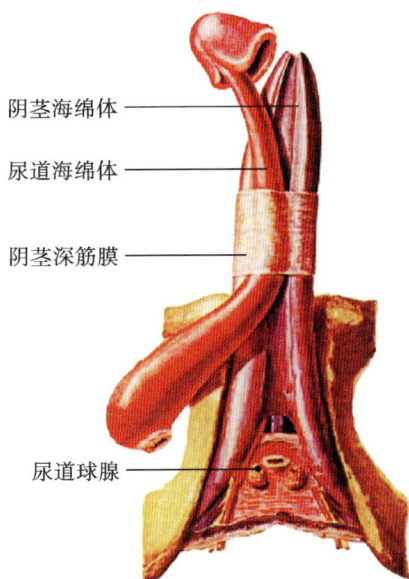

图 7-7 阴茎海绵体

知识拓展

正常成年男性包皮只包被阴茎颈和少部分阴茎头,大部分阴茎头显露于外。包皮盖住整个阴茎头和尿道外口,且能够上翻显露尿道外口和阴茎头,称包皮过长。包皮口过小,不能上翻显露阴茎头则称为包茎。包皮过长和包茎都应在儿童时期尽早手术,以切除过长的包皮,以免诱发炎症甚至肿瘤。

三、男性尿道

男性尿道(male urethra)起自膀胱的尿道内口,止于尿道外口,长 16~22 cm,管径平均为 0.5~0.7 cm,全长分为前列腺部、膜部和海绵体部(图 7-8)。前列腺部是从尿道内口开始,穿经前列腺实质的部分,此部有射精管和前列腺排泄管的开口。膜部是穿经尿生殖膈的部分,此部短而狭窄。海绵体部是通过尿道海绵体的部分,此部长而弯曲,粗细不等。临床上将前列腺部和膜部合称后尿道,将海绵体部称为前尿道。

尿道在行程中粗细不一,有三个"狭窄"、三个"扩大"和两个"弯曲"。三个狭窄分别是尿道内口、膜部和尿道外口。三个扩大是前列腺部、尿道球部和舟状窝。两个弯

NOTE

131

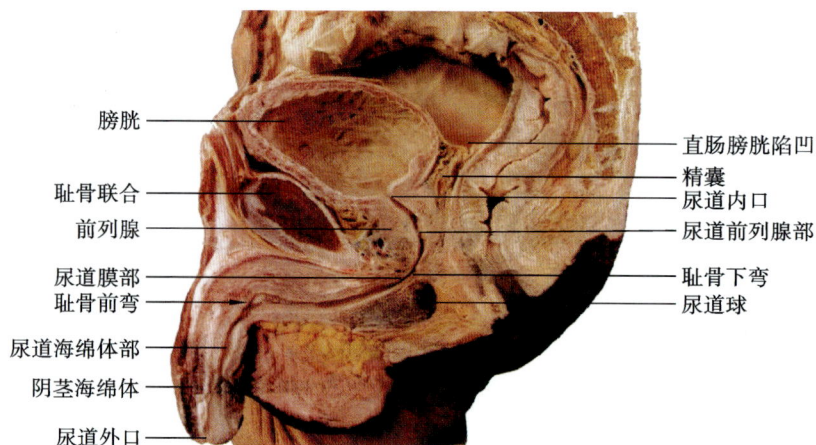

图 7-8　男性盆腔正中矢状切面

膀胱

直肠膀胱陷凹
精囊
尿道内口
尿道前列腺部
耻骨下弯
尿道球

耻骨联合
前列腺
尿道膜部
耻骨前弯
尿道海绵体部
阴茎海绵体
尿道外口

曲分别为耻骨下弯和耻骨前弯。耻骨下弯在耻骨联合下方,凹向前,位于尿道前列腺部、膜部和海绵体部的起始部,此弯曲恒定无变化;耻骨前弯在耻骨联合的前下方,凹向后下,位于阴茎根和体之间,如将阴茎向上提起,此弯曲可以消失,便于向尿道插入导尿管或检查器械。

知识拓展

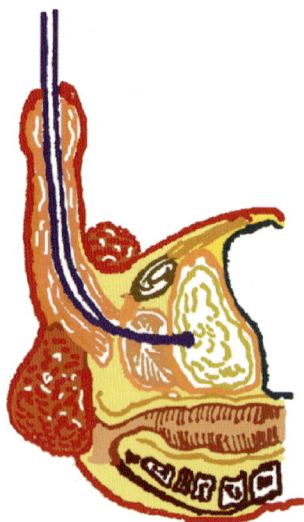

图 7-9　经男性尿道插导尿管模式图

经男性尿道插导尿管(图 7-9)时,先把导尿包和消毒用的物品等准备好。经尿道插导尿管要在无菌状态下进行。患者取平卧位,操作者提起阴茎,使阴茎与身体成 90°或接近 90°,消除尿道弯曲。导尿管表面涂润滑剂,尿道内也可挤入麻醉剂,如奥布卡因凝胶、利多卡因乳膏等,麻醉尿道黏膜,减轻疼痛不适,使插管更顺利。导尿管一般选择 16F 或 18F 的,硅胶管更好。尿道外口插入导尿管 15～17 cm,见有尿液流出,再往里送一段(5 cm 左右),气囊内注入生理盐水 10～20 mL,再稍向外牵拉一下导尿管,使气囊位于膀胱颈口处,接尿袋,完成操作。

NOTE

┃ 第二节 女性生殖系统 ┃

女性内生殖器由生殖腺（卵巢）、输卵管道（输卵管、子宫、阴道）和附属腺（前庭大腺）组成。外生殖器即女阴（图 7-10）。

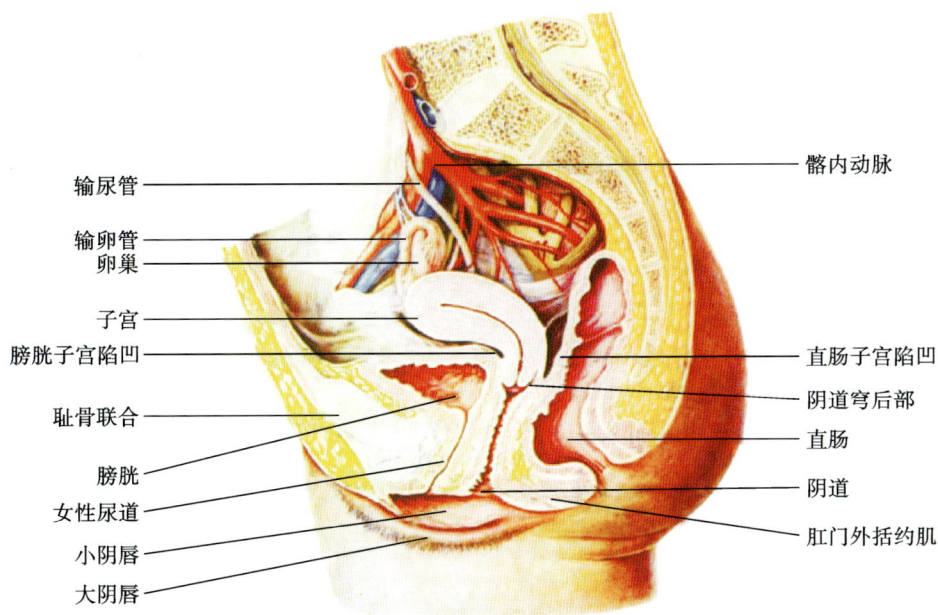

图 7-10 女性盆腔正中矢状切面

（图中标注）
输尿管
输卵管
卵巢
子宫
膀胱子宫陷凹
耻骨联合
膀胱
女性尿道
小阴唇
大阴唇
髂内动脉
直肠子宫陷凹
阴道穹后部
直肠
阴道
肛门外括约肌

一、女性内生殖器

（一）卵巢

卵巢（ovary）是女性的生殖腺，具有排卵和分泌女性激素的功能。

1. 卵巢的位置和形态 卵巢（ovary）位于盆侧壁的卵巢窝（图 7-11）内，即髂内、外动脉起始部间的夹角处，为扁卵圆形的实质性器官，左、右各一。卵巢分内、外侧两面，上、下两端及前、后两缘。内侧面朝向盆腔，外侧面贴于盆腔侧壁。上端邻接输卵管伞，下端指向子宫。后缘游离，前缘有卵巢系膜连于子宫阔韧带。卵巢借上端的卵巢悬韧带连于盆腔侧壁，该韧带内也有神经和血管；下端借卵巢固有韧带连于子宫底。

卵巢的大小和形态随年龄的增长而变化，幼儿的卵巢较小，表面光滑。成年后卵巢增大，由于每次排卵均在卵巢表面留有瘢痕而显得凹凸不平。更年期后卵巢萎缩变小。

NOTE

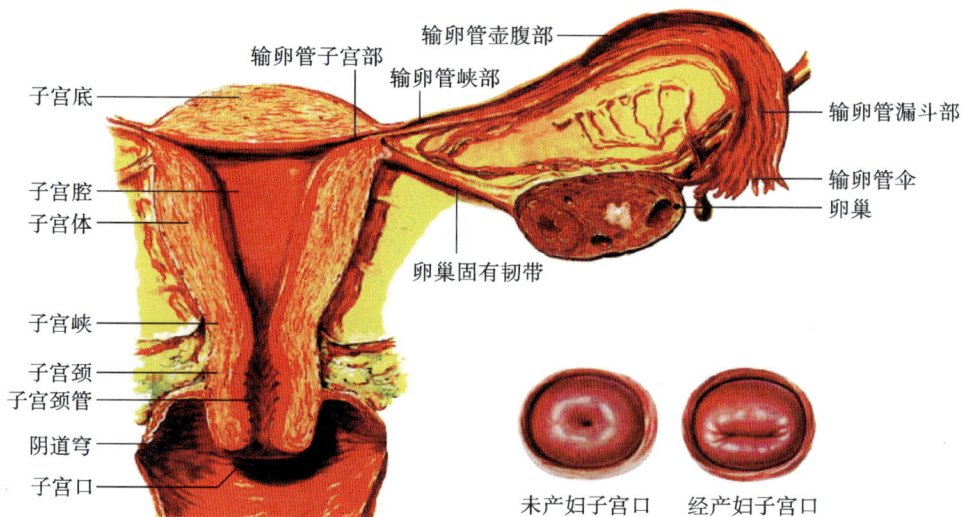

图 7-11　女性内生殖器

知识拓展

黄体破裂是妇科常见的急腹症之一，好发于 14～30 岁的年轻女性。

黄体是女性体内在排卵后生成的富有血管的腺体样结构，若卵子未受精成功，则黄体会自行萎缩直至消失。

一般女性黄体破裂发生在女性两次月经中间或月经前期，多数在性交后发生。一旦发生黄体破裂，女性腹部会出现突然的剧痛，严重者会有内出血而导致出现休克和直肠刺激症状。

2. 卵巢的组织结构　卵巢表面覆盖一层单层扁平上皮或单层立方上皮，上皮深面为一薄层致密结缔组织，即白膜。卵巢外周部分为皮质，中央为髓质。皮质较厚，含有不同发育阶段的卵泡、黄体和退变的闭锁卵泡；髓质为疏松结缔组织，含有丰富的血管和淋巴管。

（二）输卵管

输卵管（uterine tube）为一对细长弯曲的肌性管道，长 10～12 cm，连于子宫底两侧，大部分包在子宫阔韧带上缘内。输卵管全长由外侧向内侧可分为四部分（图7-11）。

（1）输卵管漏斗部：输卵管的外侧端，形似漏斗，漏斗中央有输卵管腹腔口，与腹膜腔相通。口的周缘有许多指状突起，称输卵管伞，是手术时识别输卵管的重要标志。

（2）输卵管壶腹部：位于漏斗部的内侧，管径粗而弯曲，呈壶腹状，约占输卵管全长的 2/3，一般在此部位受精。

（3）输卵管峡部：贴近子宫壁，短、细而直，管腔狭窄，输卵管结扎术多在此处进行。

NOTE

（4）输卵管子宫部：位于子宫壁内的部分，以输卵管子宫口通子宫腔。

知识拓展

女性节育手术是由女性采取避孕和绝育措施而达到节制生育目的的方法。应用宫内节育器是中国使用广泛的一种避孕措施，应用皮下埋植剂是另一种可逆的长效女用避孕方法。

由于女性生理上的特性和受传统观念的影响，在国内外，女性仍是节育措施的主要承担者。据统计，中国已婚育龄夫妇中已采取避孕方法者占70％以上，其中，使用宫内节育器者占40％左右，女性中实施绝育术的占36％，使用甾体避孕药的占6％，采取女用避孕方法的占80％以上。中国可提供的女用避孕方法和避孕产品的种类、质量均达到或接近国际先进水平。

（三）子宫

1. 子宫的形态和分部 成人子宫（uterus）呈前后略扁的倒置梨形，可分为底、体、颈三部分。子宫底为两侧输卵管子宫口以上的部分，下部变细呈圆柱状，称子宫颈，底和颈之间的部分称子宫体（uterine body）。子宫颈又分突入阴道内的子宫颈阴道部和其上方的子宫颈阴道上部两部分。子宫体与子宫颈阴道上部之间的稍细部分，称子宫峡，长约1 cm。在非妊娠期此部不明显，在妊娠期子宫峡逐渐扩张伸长至7～11 cm，形成子宫下段，产科常在此部进行剖宫取胎（图7-11）。

子宫内腔狭窄，分为上、下两部。上部位于子宫体内，称子宫腔；下部在子宫颈内，称子宫颈管。子宫腔的冠状切面呈三角形，底在上，其两侧角有输卵管子宫口；尖在下，通向子宫颈管。子宫颈管上口通子宫腔；下口称子宫口，通向阴道。

2. 子宫的位置 子宫位于盆腔中部，在膀胱与直肠之间。成年女性的子宫，呈轻度前倾前屈位。前倾指子宫向前倾倒，子宫长轴与阴道之间形成向前开放的钝角；前屈指子宫颈与子宫体之间形成一个向前开放的夹角（图7-12）。子宫上端位于骨盆上口平面以下，子宫下端不低于坐骨棘平面。

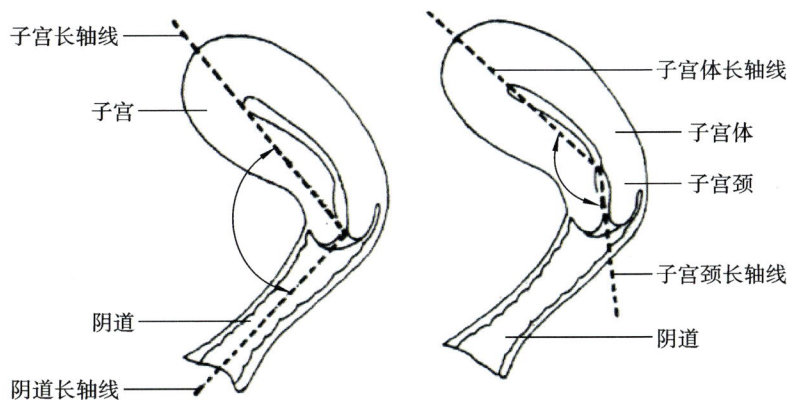

图7-12 子宫前倾前屈位示意图

3. 子宫的固定装置 维持子宫正常位置的韧带（图 7-13）如下。

（1）子宫阔韧带：子宫前、后面的脏腹膜在子宫外侧缘移行为双层腹膜皱襞，向外延伸到骨盆侧壁为子宫阔韧带。其内包裹卵巢、输卵管、子宫圆韧带、血管、神经和淋巴管等。子宫阔韧带的作用是防止子宫向两侧移位。

（2）子宫圆韧带：一对长条形的圆索，由平滑肌和结缔组织构成。起自子宫侧缘输卵管子宫口的前下方，沿子宫阔韧带两层之间，穿经腹股沟管，止于阴阜和大阴唇皮下，其作用是维持子宫前倾位。

（3）子宫主韧带：由结缔组织和平滑肌构成，位于子宫阔韧带下部，自子宫颈两侧连至骨盆侧壁，其主要作用是固定子宫颈，防止子宫脱垂。

（4）子宫骶韧带：由结缔组织和平滑肌构成，起自子宫颈后面，向后绕过直肠，附着于骶骨前面。此韧带牵引子宫颈向后上，有维持子宫前屈的作用。

除上述韧带外，盆底肌和子宫周围的结缔组织对子宫的固定也起很大作用。

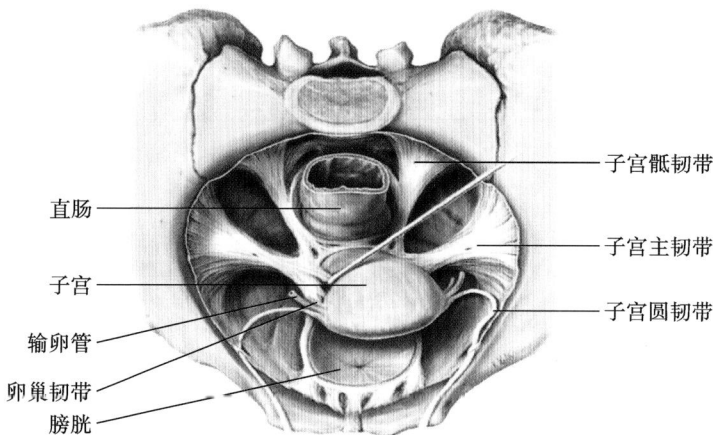

直肠
子宫
输卵管
卵巢韧带
膀胱
子宫骶韧带
子宫主韧带
子宫圆韧带

图 7-13　女性盆底结构内面观

4. 子宫壁的组织结构 子宫为肌性器官，由外向内分为外膜、肌层和内膜三层（图 7-14）。

（1）子宫外膜：子宫外膜在底部和体部为浆膜，其余部分为纤维膜。

（2）子宫肌层：子宫肌层甚厚，由成束的平滑肌纤维组成，各层间肌纤维互相交织。妊娠时肌纤维增生肥大，分娩后平滑肌纤维可逐渐变小，进而恢复原状。

（3）子宫内膜：子宫内膜由上皮和固有层组成。子宫内膜可分为功能层和基底层。功能层位于浅层，自青春期起在卵巢激素的作用下发生周期性剥脱和出血；基底层位于深层，较薄，不参与月经形成，能增生修复功能层。

5. 子宫内膜的周期性变化 子宫内膜的周期性变化及其与卵巢周期性变化的关系如图 7-15 所示。

从青春期开始，子宫内膜功能层在卵巢所分泌的激素的影响下，出现周期性变化，每 28 天左右发生一次内膜剥脱、出血、修复和增生，称为月经周期，每个月经周期一般是从月经第一天起至下次月经来潮前一天止。子宫内膜的周期性变化一般分为三期，

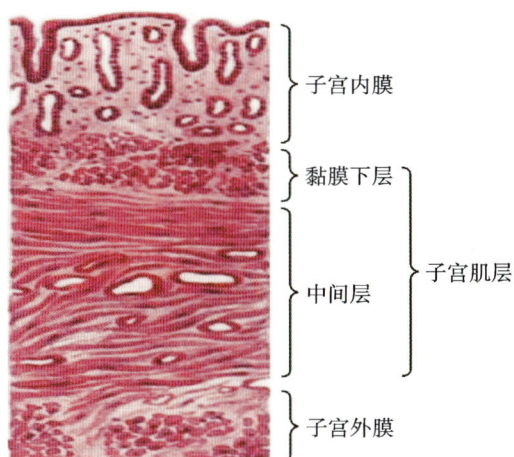

图 7-14　子宫壁

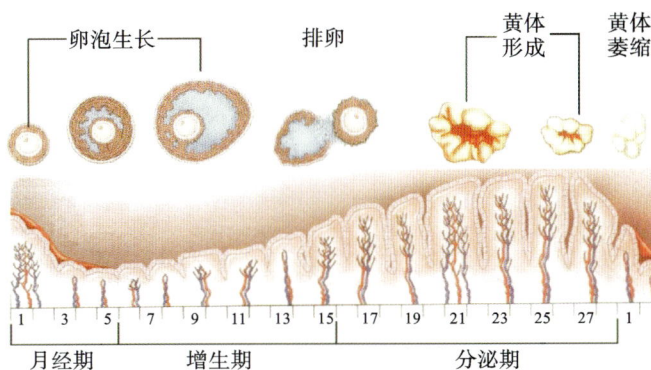

图 7-15　子宫内膜的周期性变化及其与卵巢周期性变化的关系

即月经期、增生期和分泌期。

（1）月经期：月经周期的第 1～5 天为月经期。此时卵巢的黄体退化，体内孕激素和雌激素含量骤然下降，螺旋动脉持续痉挛，使子宫内膜功能层缺血、缺氧，引起组织坏死；继而由于坏死组织的刺激作用，螺旋动脉突然扩张，导致毛细血管破裂出血。血液与坏死的内膜组织等一起剥落并经阴道排出，即为月经，故此期称月经期。

（2）增生期：月经周期的第 6～15 天为增生期。此期的卵巢有若干卵泡生长，在卵泡分泌的雌激素作用下，子宫内膜发生增生性变化，子宫内膜逐渐增厚，螺旋动脉伸长并盘曲成螺旋状，子宫腺增长并弯曲。

（3）分泌期：月经周期的第 16～28 天为分泌期。此期卵巢已经排卵，黄体形成。在黄体分泌的孕激素和雌激素作用下，子宫内膜继续增厚，故又称黄体期。若未受精，黄体退化，孕激素和雌激素水平下降，内膜脱落转入月经期。

（四）阴道

阴道（vagina）为前、后略扁的肌性管道，连接子宫和外生殖器，是女性的性交器

NOTE

官。阴道上端围绕子宫颈阴道部,形成一个环形间隙,称阴道穹。阴道穹分为前部、后部和两个侧部,其中后部最深。阴道后穹与直肠子宫陷凹相邻,仅隔一层腹膜和阴道壁,临床上可经阴道穹后部,向直肠子宫陷凹穿刺抽取其内的积液做诊断。阴道的下端开口于阴道前庭,称阴道口,处女的阴道口周缘有环形或半月形的处女膜。阴道前方邻接膀胱底和尿道,后方邻接直肠。阴道具有较大的伸展性,分娩时高度扩张,是胎儿娩出的通道。

(五)前庭大腺

前庭大腺(greater vestibular gland)相当于男性的尿道球腺,形如豌豆,位于阴道口的两侧,前庭球后端的后方,导管开口于阴道前庭。

二、女性外生殖器

女性外生殖器又称女阴,包括如下结构(图7-16)。

(1)阴阜:耻骨联合前方的皮肤隆起,皮下脂肪丰富,皮肤生有阴毛。

(2)大阴唇:位于阴道口和尿道口两侧的两对纵长皮肤皱襞。

(3)小阴唇:小阴唇位于大阴唇内侧,较大阴唇薄、小而光滑。

(4)阴道前庭:位于两侧小阴唇之间,在此区内,前有尿道外口,后有阴道口。

(5)阴蒂:阴蒂为海绵状结构,位于尿道外口的前面,表面覆以阴蒂包皮。

(6)前庭球:相当于男性的尿道海绵体,呈蹄铁形,可分为中间部和两个外侧部;外侧部较大,位于大阴唇皮下;中间部细小,位于尿道外口与阴蒂体之间的皮下。

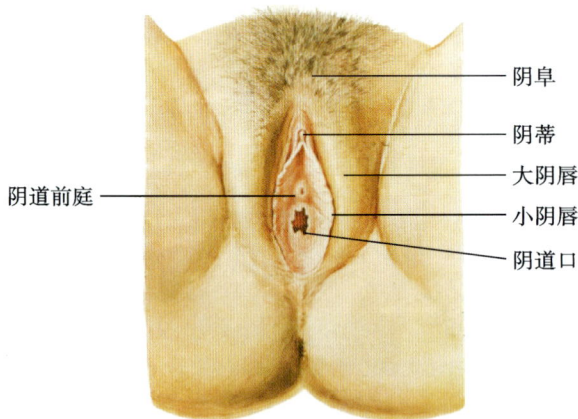

图7-16 女阴

| 第三节 乳 房 |

乳房(breast)为哺乳动物特有的结构。人的乳房为成对器官,男性的不发育,女性乳房于青春期后开始生长发育,妊娠和哺乳期的乳房有分泌活动。

一、乳房的位置

乳房位于胸前部，在胸大肌及其筋膜的表面，上起自第2、3肋，下至第6、7肋，内侧至胸骨旁线，外侧可达腋中线。未授乳女性的乳头约平第4肋间隙或第5肋。

二、乳房的形态

成年未产妇的乳房呈半球状，紧张而富有弹性，乳房的中央有乳头，其顶端有输乳管的开口。乳头周围有颜色较深的环形区域称乳晕，其深面有乳晕腺，可分泌脂性物质润滑乳头（图7-17）。

妊娠晚期和哺乳期乳腺增生，乳房明显增大。停止哺乳以后，乳腺萎缩变小。老年女性乳房萎缩更加明显。

乳房由皮肤、乳腺、脂肪组织和纤维组织构成。脂肪组织主要位于皮下，纤维组织包绕乳腺，并有纤维隔伸入乳腺之间，将乳腺分为15～20个乳腺叶。每一乳腺叶有一排泄管称输乳管。输乳管在近乳头处膨大称输乳管窦，其末端变细开口于乳头。由于乳腺叶和输乳管围绕乳头呈放射状排列，乳房手术时应尽量做放射状切口，以减少对乳腺叶和输乳管的损伤。乳房皮肤与乳腺深面的胸筋膜之间，连有许多纤维组织小束，称乳房悬韧带，又称为库珀韧带（Cooper ligament），对乳房起固定作用（图7-18）。

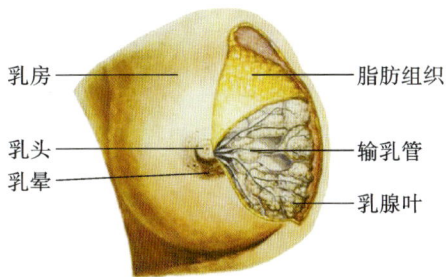

图 7-17 乳房

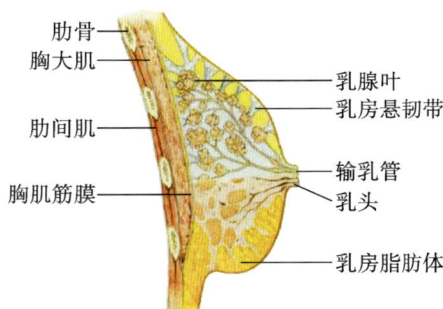

图 7-18 女性乳房正中矢状面

第四节 会 阴

会阴有狭义和广义之分。临床上常将肛门与外生殖器之间的区域称为会阴，这是狭义的会阴，又称产科会阴，妇女分娩时应注意保护此区，以免造成会阴撕裂。广义的会阴是指盆底以下封闭骨盆下口的全部软组织。其境界呈菱形，与骨盆下口位置一致，前方为耻骨联合下缘，后方为尾骨尖，两侧界为耻骨下支、坐骨支、坐骨结节和骶结节韧带。两侧坐骨结节前缘的连线将会阴分为前部的尿生殖三角（尿生殖区）和后部的肛门三角（肛区）两个区。男性尿生殖区有尿道通过，女性尿生殖区则有尿道和阴道通过；肛区有肛管通过（图7-19）。

NOTE

139

图 7-19　会阴

知识拓展

生殖健康指在生命每个阶段中个体的生殖系统、生殖过程和生殖功能处于完好状态,包括与生殖相关的身体健康和心理健康。

生殖健康意味着个体有生殖能力,个体可以自由决定性行为的时间、频率和方式等。常见的生殖健康问题涵盖生殖系统疾病、青少年早孕、避孕、孕产妇抑郁、性传播疾病防治、辅助生殖等。

我国生殖健康服务的基本内容包括知情选择、宣传教育、技术服务、科学管理和综合服务几个部分。目前,全国所有的县级地区和95％的乡、镇级地区都有生殖健康服务中心。青少年是生殖健康服务的高需求群体,也是我国生殖健康政策的重要关注对象,但是目前针对青少年的生殖健康服务总体十分缺乏。

生殖健康教育与每个人都有关,儿童及青少年也有必要接受生殖健康教育。生殖健康是全面性教育中的重要内容,《中华人民共和国未成年人保护法》(2020年修订)明确指出,学校、幼儿园应当对未成年人开展适合其年龄的性教育。了解生殖健康的相关知识,有利于学生维持自身生殖健康,并减少青少年妊娠的发生。

影响生殖健康的因素较为广泛,涉及社会、经济、文化、教育、医疗和自然环境等方面。

特殊人群的生殖健康需求长期得不到重视,但事实上,不管是心理、身体方面还是情感方面有障碍的年轻人都是性的主体,同样有权利享受性,有权在没有胁迫和暴力的情况下获得愉悦且安全的性体验,并获得高质量的全面性教育和性与生殖健康服务。

课后习题

一、名词解释

1. 前尿道 2. 阴道穹 3. 子宫峡 4. 乳房悬韧带 5. 阴囊

二、简答题

1. 输精管分哪几个部分？临床上常在何处进行结扎？

2. 简述男性尿道的分部、狭窄、扩大及弯曲。

三、论述题

子宫分为几个部分？固定子宫的装置有哪些？

在线答题

护考、医考提示

（1）尿频是前列腺增生患者最初出现的症状，进行性排尿困难是前列腺增生患者的典型表现。

（2）前列腺增生患者术前护理：每日询问患者的排尿情况，嘱患者食用粗纤维、易消化食物，以防便秘；忌饮酒及摄入辛辣食物；鼓励患者多饮水，严禁憋尿，以免诱发急性尿潴留。如出现严重的排尿困难和急性尿潴留，应实行导尿或留置导尿管，必要时也可施行耻骨上膀胱造瘘术。

（3）外阴阴道假丝酵母菌病患者白带呈豆渣样，黏膜有白色膜状物。治疗首选2％～4％碳酸氢钠溶液坐浴或冲洗阴道，并联用阴道用制霉菌素片。

（4）正常女性阴道菌群中，乳酸杆菌为优势菌，月经前后雌激素水平降低，阴道上皮内糖原减少，导致阴道 pH 增大，有利于厌氧菌的生长。

（5）盆腔炎的临床表现为下腹坠痛、腰骶部酸痛，月经量增多，可伴有不孕。急性盆腔炎患者应卧床休息、取半坐卧位，以利于脓液积聚于直肠子宫陷凹。患者应摄入高热量、高蛋白、高维生素流食，高热者行物理降温。多为厌氧菌感染引起，抗生素常选用甲硝唑。

（6）宫颈炎的主要临床表现是白带增多。液基薄层细胞学检查（TCT）对子宫颈癌细胞的检出率为100％，TCT 技术是应用于妇女子宫颈癌筛查最先进的技术。

（7）子宫内膜异位症的主要症状是继发性痛经且呈进行性加重。

（8）急性乳腺炎是乳腺的急性化脓性感染，好发于产后3～4周。乳汁淤积是最常见的原因。脓肿未形成前以抗生素治疗为主，脓肿形成后应及时切开引流。

NOTE

第八章　脉　管　系　统

学习目标

掌握：脉管系统的组成；血液循环的路径；心的位置、心腔的构造；全身动脉的主干及其主要分支；全身静脉的主干及其主要属支；临床常用的动脉触摸点和静脉穿刺部位。淋巴系统的组成及功能；胸导管的起止及行程特点；脾的位置、形态结构及功能；人体主要局部淋巴结的位置及分布。

熟悉：心传导系统的概念、组成和功能，心的供血动脉，心包的分部和心包腔；体循环的主要动脉及其分支分布，头颈及四肢动脉的浅表部位及意义，体循环主要的深静脉；右淋巴导管的起止特点，淋巴结的形态结构特点及功能，腋淋巴结、腹股沟淋巴结的位置、组成及临床意义。

了解：心的体表投影，心壁的组织结构，心的静脉；肺循环的血管，动脉和静脉的结构。人体的主要淋巴干及人体各部淋巴结的分布特点。

案例导入

患者，男，70 岁，因"心悸、胸闷 1 年余，加重 1 天"入院，患者于 18 个月前因劳累出现心慌，伴胸闷，无胸痛、头痛、头晕等，未经治疗，休息 2～3 h 缓解，之后心慌多次于劳累、情绪激动后发作，持续时间为 0.5～1 h，休息后缓解。患者有高血压病史 11 年余，血压最高 190/115 mmHg，平时服用硝苯地平、美托洛尔，血压控制在 130/70 mmHg，1 天前因情绪激动后出现心慌、胸闷，心前区心跳杂乱感，无胸痛、头痛、头晕等。体格检查：血压 145/80 mmHg，心率 90 次/分。心电图检查：心房颤动。临床诊断为高血压 3 级、冠心病（稳定型心绞痛、心律失常）。

1. 根据本章知识分析患者发生心悸、胸闷的原因。

2. 心房颤动对血液循环有什么影响？

3. 冠心病的护理要点有哪些？

脉管系统（vascular system）是人体内封闭的管道系统，它包括心血管系统和淋巴系统两部分。心血管系统由心、动脉、静脉和毛细血管组成，内有血液流动。淋巴系统包括淋巴管道、淋巴器官和淋巴组织。淋巴沿淋巴管道向心流动，最后汇入静脉。

NOTE

┃ 第一节 心血管系统 ┃

心血管系统（cardiovascular system）是人体内封闭的管道系统，其内有血液循环流动（图 8-1）。

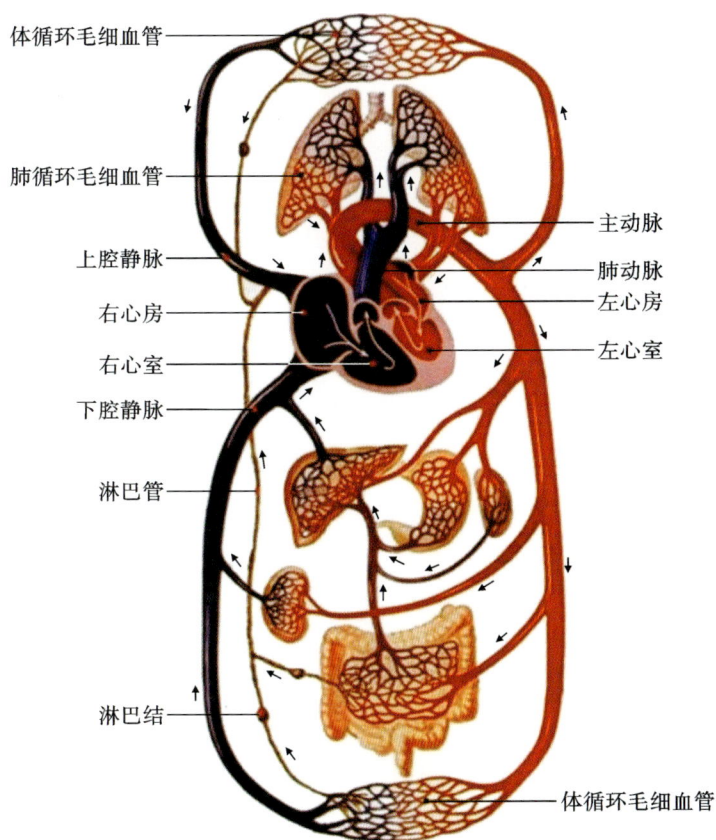

图 8-1 血液和淋巴循环示意图

一、概述

心血管系统由心、动脉、静脉和毛细血管组成，其主要功能是完成营养素、代谢产物、激素等在人体内的运输（图 8-2）。

（一）心

心（heart）是一个中空的肌性器官，有四个腔室，即左、右心房和左、右心室。心能够有节律地收缩和舒张而搏动，是推动血液循环的动力器官。

（二）动脉

动脉（artery）发自心室，是引导血液离开心室的管道，在其行程中反复发出分支，越分越细，最后移行为毛细血管。动脉管壁较厚，管腔较小，压力高，血流速度快，具有弹

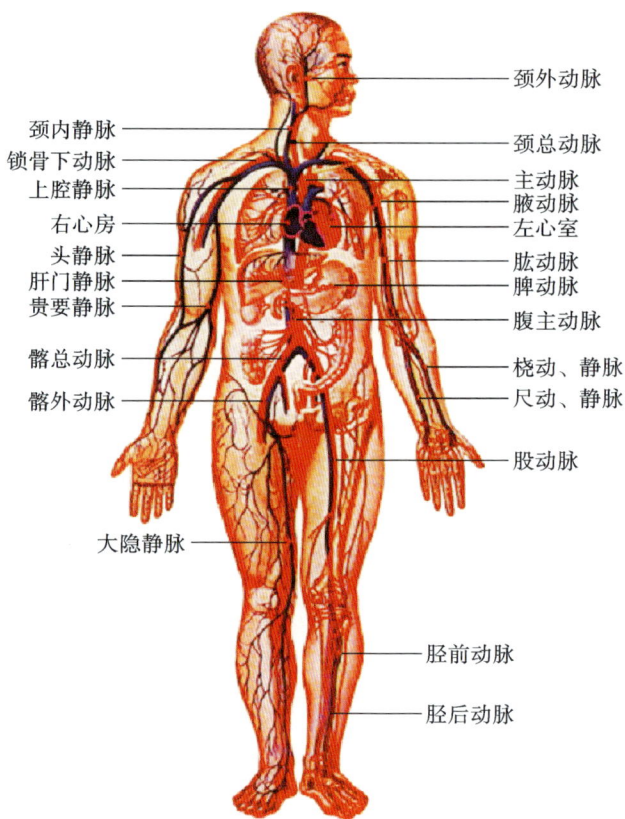

颈外动脉
颈内静脉
锁骨下动脉
颈总动脉
上腔静脉
主动脉
右心房
腋动脉
左心室
头静脉
肱动脉
肝门静脉
脾动脉
贵要静脉
腹主动脉
髂总动脉
桡动、静脉
髂外动脉
尺动、静脉
股动脉
大隐静脉
胫前动脉
胫后动脉

图 8-2　心血管系统

性,随心的舒缩明显搏动。动脉破裂可出现喷射性出血。动脉之间常有丰富的吻合。

(三)静脉

静脉(vein)是引导血液回流心房的管道。静脉始于毛细血管,在回心途中不断接受属支,越来越粗,最终注入心房。静脉管壁较薄,管腔较大,血容量大,压力低,血流速度慢。静脉之间也有着丰富的吻合。

(四)毛细血管

毛细血管(capillary)是连于微动脉和微静脉之间的微细血管,互相吻合丰富,常形成毛细血管网。其分布广泛,几乎遍布全身。毛细血管管壁薄,通透性大,压力低,血流速度缓慢,是组织细胞进行物质交换的场所。

(五)血液循环

血液由心室射出,流经动脉、毛细血管、静脉,再返回心房,这种周而复始的流动称血液循环。血液循环可分为体循环和肺循环,两个循环互相连续,同时进行(图 8-1)。

体循环(systemic circulation):左心室→主动脉→主动脉各级分支→全身各器官、组织的毛细血管→各级静脉→上、下腔静脉及冠状窦→右心房。

体循环完成血液与组织、细胞在毛细血管处进行的物质交换,O_2 和营养物质等透过毛细血管壁进入组织间隙,供组织和细胞利用,同时组织和细胞的代谢产物和 CO_2

NOTE

等进入血液,动脉血换成静脉血。体循环的特点是路径长,流经范围广,压力高。

肺循环(pulmonary circulation):右心室→肺动脉→肺动脉各级分支→肺泡周围的毛细血管网→肺内各级静脉→左、右肺静脉→左心房。

肺泡内的气体与毛细血管内的血液进行气体交换,CO_2 进入肺泡,O_2 进入毛细血管,静脉血换成动脉血。肺循环的特点是路径短,只经过肺,压力低。

二、心

(一)心的位置和毗邻

心位于胸腔中纵隔内,约 2/3 位于正中线左侧,1/3 位于右侧。心的前面大部分被胸膜和肺所遮盖,只有前下方小部分与胸骨体和左侧第 4、5 肋软骨相贴,称心包裸区。因此,可在胸骨左缘第 4 肋间隙进行心内注射,不伤及肺和胸膜。心后方平对第 5~8 胸椎,与食管和胸主动脉相邻;两侧与胸膜和肺相邻;下方与膈相贴;上方与出入心的大血管相连(图 8-3、图 8-4)。

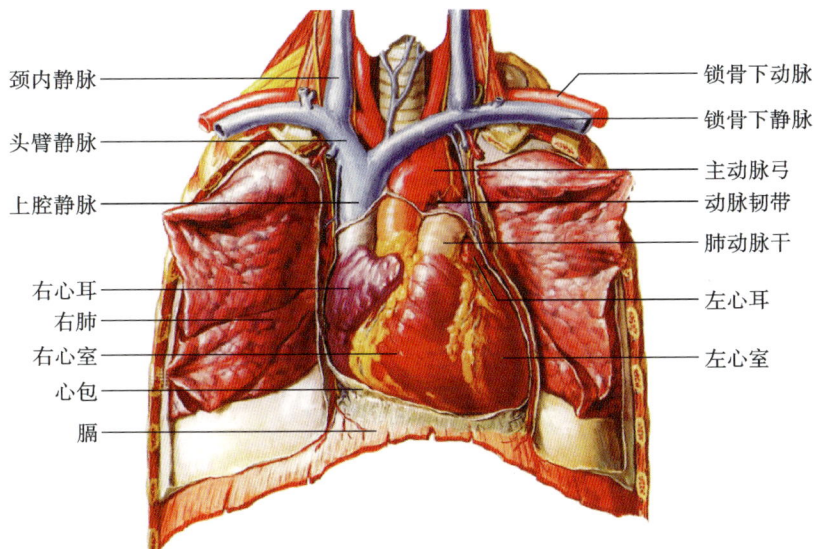

图 8-3 心的位置

(二)心的体表投影

了解心的体表投影,对心脏疾病的诊断有重要的临床意义(表 8-1、图 8-5)。

表 8-1 心的体表投影

投 影 点	具 体 位 置
左上点	左侧第 2 肋软骨下缘、胸骨旁约 1.2 cm
右上点	右侧第 3 肋软骨上缘、胸骨旁约 1.0 cm
左下点	左侧第 5 肋间隙、锁骨中线内侧 1~2 cm
右下点	右侧第 6 胸肋关节处

NOTE

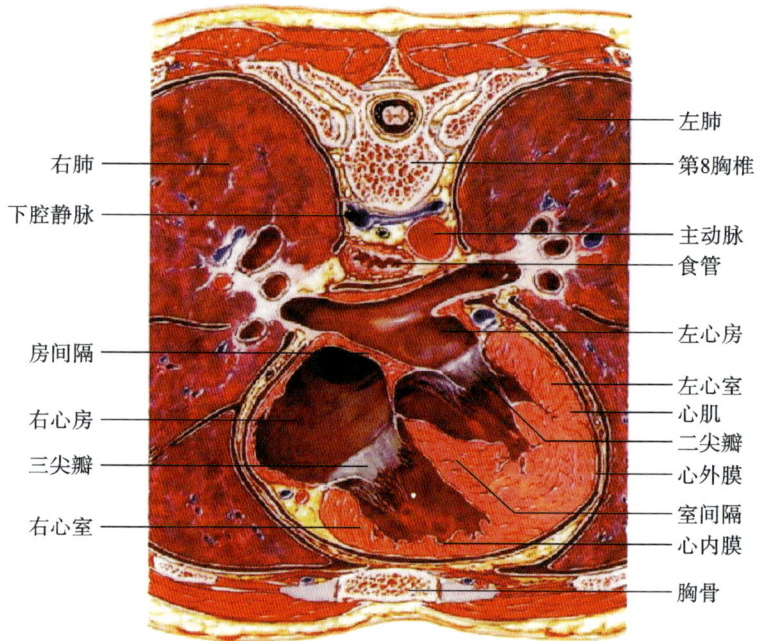

图 8-4　心的横断面

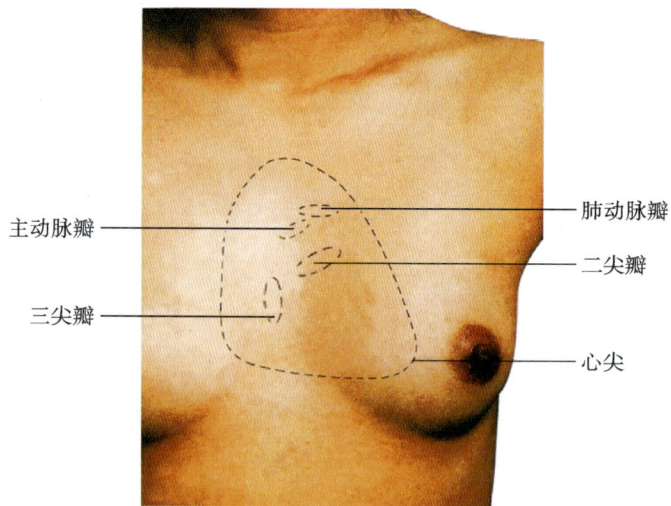

图 8-5　心的体表投影

（三）心的外形

心是一个中空的肌性纤维性器官,形似倒置的前后略扁的圆锥体,大小相当于本人的拳头,可分为一尖、一底、两面、三缘,表面还有 3 条沟(图 8-6)。

心底朝向右后上方,与出入心的大血管相连。心尖朝向左前下方,其体表投影在左侧第 5 肋间隙、锁骨中线内侧 1～2 cm 处,此处可以摸到心尖搏动。心的前面与胸骨体和肋软骨相邻,又称胸肋面。心的下面较平,与膈相对,又称膈面。心右缘主要由右心房构成;心左缘由左心室和左心耳构成;心下缘主要由右心室和心尖构成。

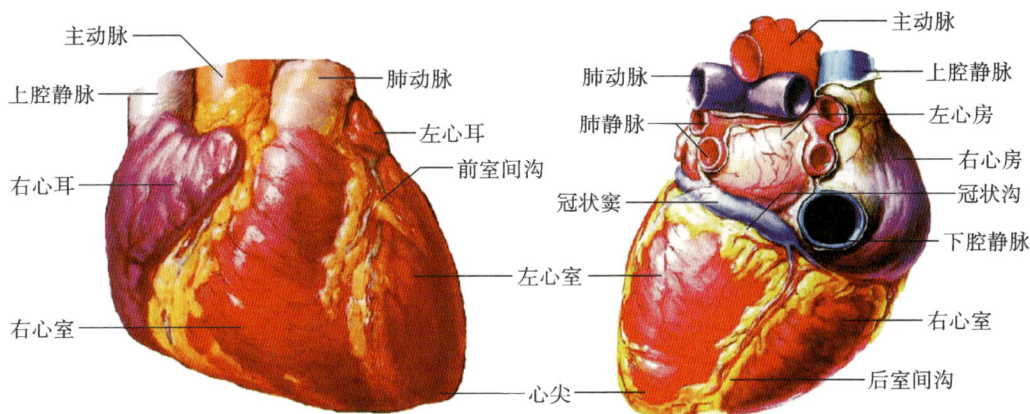

图 8-6 心的外形

在近心底处有一条不完整的环形沟,称冠状沟,是心房和心室在心表面的分界标志。在胸肋面和膈面各有一条自冠状沟至心尖稍右侧的纵行沟,分别称前室间沟和后室间沟,是左、右心室在心表面的分界标志。三条沟内均有血管和脂肪充填。

(四)心腔

1. 右心房(right atrium) 最靠右侧的心腔。右心房的入口有上腔静脉口、下腔静脉口和冠状窦口;出口即右房室口,通右心室。

右心房突向左前方的部分称右心耳,内面有平行排列的梳状肌。在房间隔右心房侧下部有一卵圆形浅窝称卵圆窝,为胚胎时期卵圆孔闭锁后的遗迹,此处薄弱,是房间隔缺损的好发部位(图 8-7)。

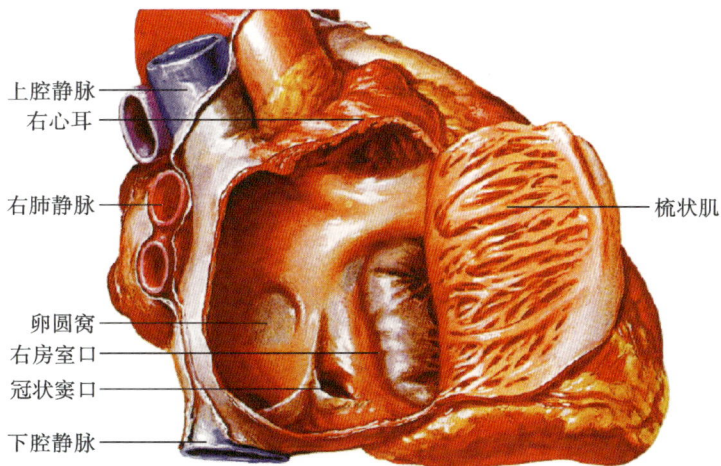

图 8-7 右心房

2. 右心室(right ventricle) 位于右心房左前下方,构成胸肋面的大部分。室腔呈尖端向前下的锥体形,其底部有位于后上方的右房室口(入口)和位于左上方的肺动脉口(出口)。

右房室口周缘有由致密结缔组织构成的纤维环,纤维环上附有 3 片三角形的瓣膜,称三尖瓣,瓣膜伸入右心室,其游离缘借腱索与乳头肌相连。三尖瓣、乳头肌、腱索

NOTE

147

和纤维环,在功能上是一个整体,称三尖瓣复合体。当右心室舒张时,三尖瓣开放,右心房的血液经房室口流入右心室;当右心室收缩时,三尖瓣关闭,可防止血液反流回右心房,由于有乳头肌收缩牵拉腱索,瓣膜恰好关闭,不至于翻向心房,保证了血液在心内的单向流动。

肺动脉口周缘的纤维环上附有 3 片半月形袋状瓣膜,称肺动脉瓣,开口朝向肺动脉干方向。当右心室收缩时肺动脉瓣开放,血液由右心室射入肺动脉干;当右心室舒张时肺动脉瓣关闭,防止血液反流至右心室(图 8-8)。

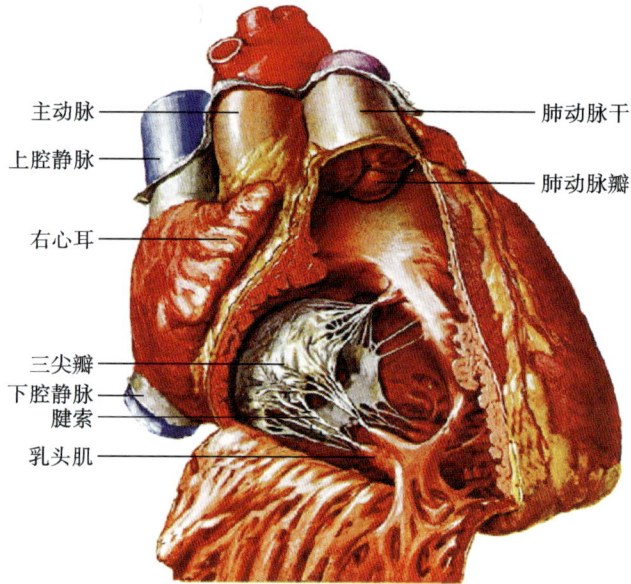

图 8-8　右心室

3. 左心房(left atrium)　构成心底的大部分。左心房向右前方的突出部分称左心耳,内面亦有梳状肌。左心房后部腔较大,其后壁的两侧各有两个肺静脉口,即左心房的 4 个入口。出口为左房室口,通向左心室(图 8-9)。

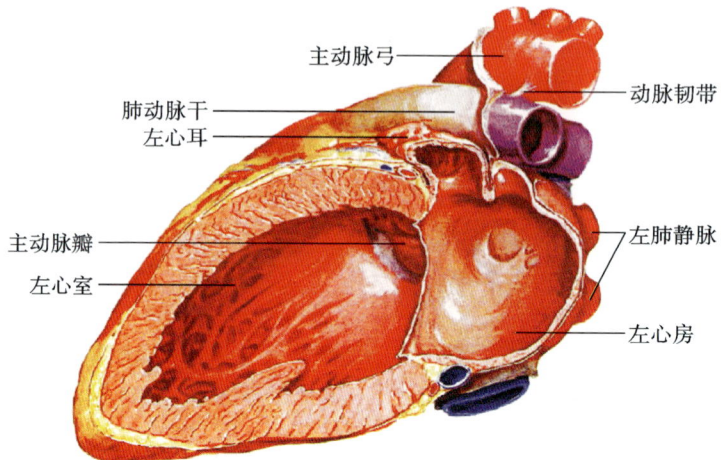

图 8-9　左心房和左心室

4. 左心室(left ventricle) 位于右心室的左后方,构成心尖及心的左缘。入口即左房室口,口周缘的纤维环上附有 2 片三角形的瓣膜,称二尖瓣,瓣膜的游离缘也借腱索和乳头肌相连,功能与三尖瓣相同。出口为主动脉口,口周缘的纤维环上附有 3 片半月形的袋状瓣膜,称主动脉瓣,开口朝向主动脉方向,其形态和功能同肺动脉瓣(图8-10)。

两侧房室的舒缩是同步的,当心室收缩时,三尖瓣和二尖瓣关闭、肺动脉瓣和主动脉瓣开放,血液射入动脉;当心室舒张时,肺动脉瓣和主动脉瓣闭合、三尖瓣和二尖瓣开放,血液由心房流入心室。

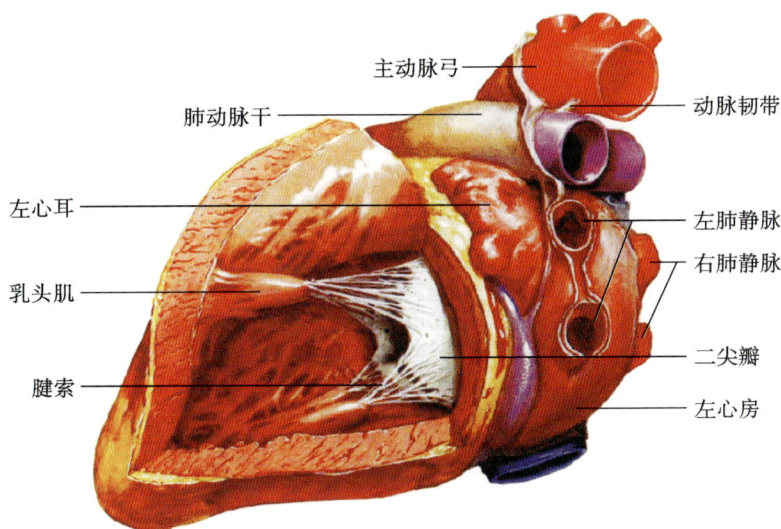

图 8-10 左心室

(五)心壁的组织结构和心间隔的构造

1. 心壁的组织结构 心壁从内向外依次由心内膜、心肌层和心外膜构成(图8-4)。

(1)心内膜(endocardium):衬于心腔内表面的一层光滑的薄膜,包括内皮、内皮下层和心内膜下层 3 层结构。心内膜在房室口和动脉口向心腔折叠形成心的瓣膜,心的瓣膜和心内膜都是风湿性疾病的易发部位。

(2)心肌层:构成心壁的主体,由心肌纤维构成。心肌纤维包括心房肌和心室肌。心房肌较薄,心室肌较厚,心肌纤维之间有丰富的毛细血管和结缔组织。左心室肌最厚处约为右心室肌的三倍。

(3)心外膜(epicardium):浆膜性心包的脏层,贴在心肌层的表面,与大血管根部的外膜相续。

2. 心间隔 包括房间隔和室间隔。

(1)房间隔(interatrial septum):位于左、右心房之间,由心内膜、心房肌和结缔组织构成(图8-4)。

(2)室间隔(interventricular septum):位于左、右心室之间,分为肌部和膜部。室间隔缺损多发于膜部(图8-11)。

NOTE

149

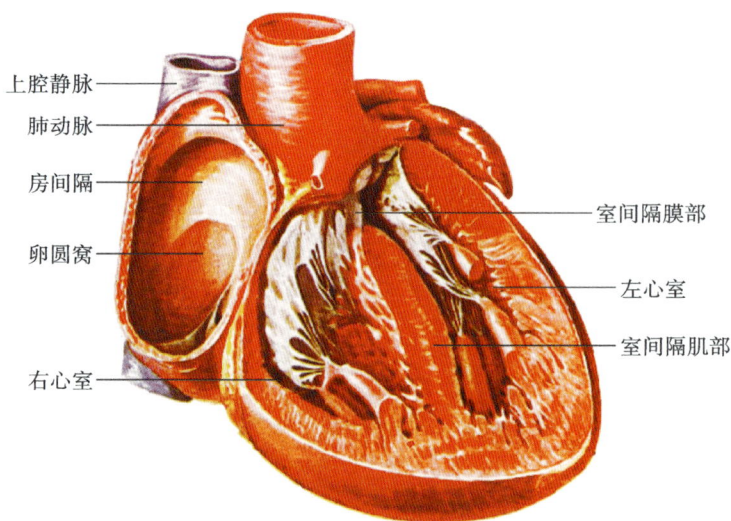

图 8-11　房间隔和室间隔

（六）心的传导系统

心的传导系统由特殊分化的心肌纤维构成。其主要功能是产生和传导兴奋，维持心的正常节律性搏动，包括窦房结、房室结、房室束及其分支（图 8-12）。

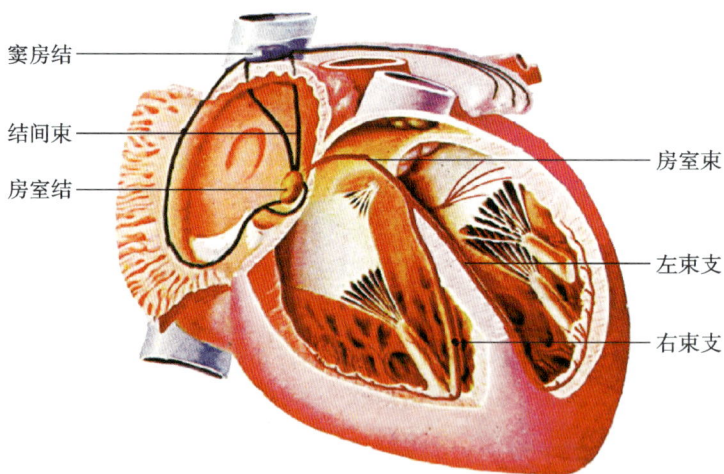

图 8-12　心传导系统

1. 窦房结　窦房结（sinuatrial node）呈长椭圆形，位于上腔静脉与右心房交界处心外膜的深面，能自动发生节律性兴奋，是心的正常起搏点。

2. 房室结　房室结（atrioventricular node）呈扁椭圆形，位于右心房侧冠状窦口前上方的心内膜深面。

3. 房室束　房室束（atrioventricular bundle）又称希氏（His）束，由房室结前端发出，向下行经室间隔膜部，至室间隔肌部上缘分为左、右束支。

4. 左、右束支　左、右束支分别沿室间隔肌部两侧的心内膜深面下行至乳头肌根部，分散成细小的浦肯野纤维网与心室肌纤维相连。

窦房结发出的冲动,先传导到心房肌,引起心房肌兴奋和收缩,同时经房室结、房室束,左、右束支、浦肯野纤维传到心室肌纤维,引起心室肌兴奋和收缩。

(七)心的血管

1. 动脉 营养心的动脉有左、右冠状动脉(图 8-13)。

(1)右冠状动脉(right coronary artery):起于主动脉根部右壁,经右心耳与肺动脉干之间进入冠状沟,沿冠状沟绕心右缘至膈面,分为后室间支和右旋支。右冠状动脉主要分布于右心房、右心室、室间隔后下 1/3 和左心室后壁一部分。

(2)左冠状动脉(left coronary artery):起于主动脉根部左壁,在左心耳与肺动脉干之间进入冠状沟左行,立即分为旋支和前室间支。左冠状动脉主要分布于左心房、左心室、右心室前壁和室间隔前上 2/3。

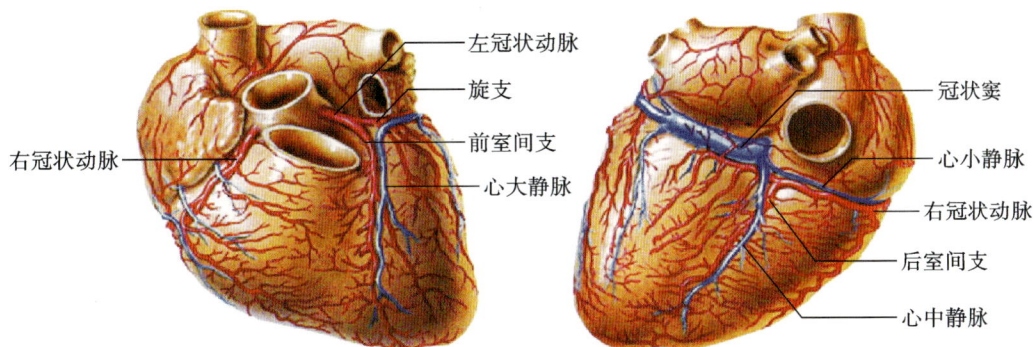

图 8-13 心的血管

2. 静脉 心的静脉大多汇入冠状窦(coronary sinus),再注入右心房。冠状窦位于冠状沟后部,借冠状窦口开口于右心房,其主要属支有心大静脉、心中静脉和心小静脉(图 8-13)。

(八)心包

心包(pericardium)是包在心及出入心的大血管根部的纤维浆膜囊,分外层的纤维心包和内层的浆膜心包(图 8-14)。

1. 纤维心包 纤维心包(fibrous pericardium)为坚韧的结缔组织囊,向上与出入心的大血管外膜相续,向下与膈的中心腱相愈着。

2. 浆膜心包 浆膜心包(serous pericardium)分壁、脏两层,壁层衬于纤维心包内面,脏层即心外膜,覆于心肌层表面。壁、脏两层在出入心的大血管根部互相移行,围成的潜在性腔隙称心包腔。内有少量浆液,可减少心搏动时的摩擦。

3. 心包窦 在心包腔内,浆膜心包壁、脏两层反折处形成的较大间隙,称心包窦。主要有:位于升主动脉、肺动脉干后方与上腔静脉、左心房前壁之间的心包横窦;位于左心房后壁与后部心包壁层之间的心包斜窦,其两侧界为左肺静脉、右肺静脉和下腔静脉(图 8-14)。

NOTE

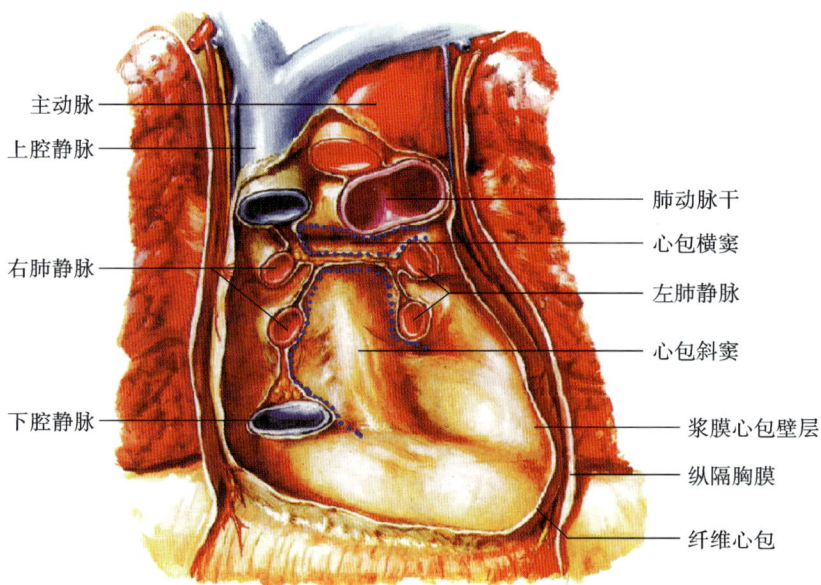

主动脉

上腔静脉

右肺静脉

下腔静脉

肺动脉干

心包横窦

左肺静脉

心包斜窦

浆膜心包壁层

纵隔胸膜

纤维心包

图 8-14　心包

知识拓展

常见的先天性心脏病

1. 房间隔缺损　最常见的是卵圆孔未闭,卵圆孔一般在出生后 1 岁左右完全闭合。

2. 室间隔缺损　分室间隔膜部缺损和肌部缺损,以膜部缺损常见。

3. 动脉导管未闭　最常见的血管畸形,女性发病率是男性的 2～3 倍。

4. 法洛四联症　包括肺动脉狭窄、室间隔缺损、主动脉骑跨和右心室肥大。

三、动脉

动脉分为大动脉、中动脉、小动脉和微动脉 4 级,其间没有明显的分界限。大动脉是指接近心的动脉,管径最粗,管壁含弹性纤维,具有很好的弹性,故又称弹性动脉,如主动脉和肺动脉等;管径在 1 mm 以下的属小动脉;接近毛细血管的小动脉称微动脉;除大动脉外,凡管径在 1 mm 以上的均属中动脉,如肱动脉和尺动脉等。中动脉和小动脉的管壁含平滑肌,又称肌性动脉。

(一)肺循环的动脉

肺动脉干(pulmonary trunk)起于右心室,向左后上方斜行至主动脉弓的下方,分为左、右肺动脉,经左、右肺门入肺,在肺实质内逐渐发出分支,与支气管的分支伴行,

NOTE

最后达肺泡壁,形成毛细血管网。

在肺动脉干分叉处稍左侧与主动脉弓下缘之间有一短的结缔组织索称动脉韧带,是胚胎时动脉导管闭锁后的遗迹(图8-9)。若出生后6个月动脉导管仍不闭锁,称动脉导管未闭,是常见的先天性心脏病之一。

(二)体循环的动脉

体循环的动脉分布有以下规律:①大多数动脉左、右侧对称分布。②动脉常与静脉、神经伴行,并被结缔组织包裹,形成血管神经束。③动脉总是以最短距离到达所分布的器官。④多数动脉干走行在身体屈侧或隐蔽安全的部位。⑤动脉的管径和数目与所分布器官新陈代谢的旺盛程度相关,而不取决于器官的大小。

体循环的动脉包括主动脉及其各级分支,是输送动脉血至全身各组织器官的血管。

1. 主动脉 主动脉(aorta)是体循环的动脉主干,据其行程可分为升主动脉、主动脉弓和降主动脉(图8-15)。

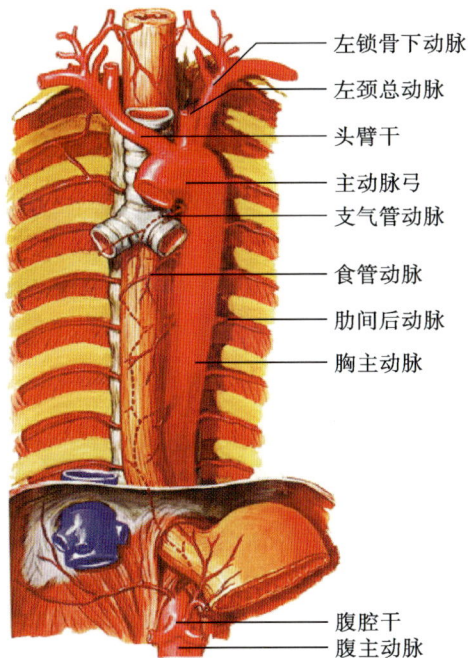

图8-15 主动脉

（1）升主动脉(ascending aorta):起自左心室,斜向右上至第2胸肋关节处移行为主动脉弓。升主动脉根部发出左、右冠状动脉。

（2）主动脉弓(arch of aorta):呈弓形弯向左后,至第4胸椎下缘移行为降主动脉。主动脉弓上缘自右向左依次发出头臂干、左颈总动脉和左锁骨下动脉。头臂干上行至右侧胸锁关节后方分为右颈总动脉和右锁骨下动脉。

主动脉弓壁内有能感受血压变化的压力感受器。主动脉弓下方有2～3个粟粒状小体,称主动脉小球,属化学感受器,能感受血液中CO_2浓度的变化。

（3）降主动脉(descending aorta):沿脊柱左前方下行,至第12胸椎体前方穿膈的

NOTE

153

主动脉裂孔进入腹腔,于第 4 腰椎体下缘处分为左、右髂总动脉。降主动脉以膈为界分为胸主动脉和腹主动脉。

2. 头颈部的动脉

1)颈总动脉(common carotid artery) 头颈部的动脉主干。左颈总动脉直接起自主动脉弓,右颈总动脉起自头臂干,两者均经胸锁关节后方,沿气管、喉和食管的两侧上行,至甲状软骨上缘平面分为颈内动脉和颈外动脉(图 8-16)。颈总动脉、颈内动脉、颈内静脉后方有迷走神经,三者共同被颈部深筋膜包绕,称颈动脉鞘。

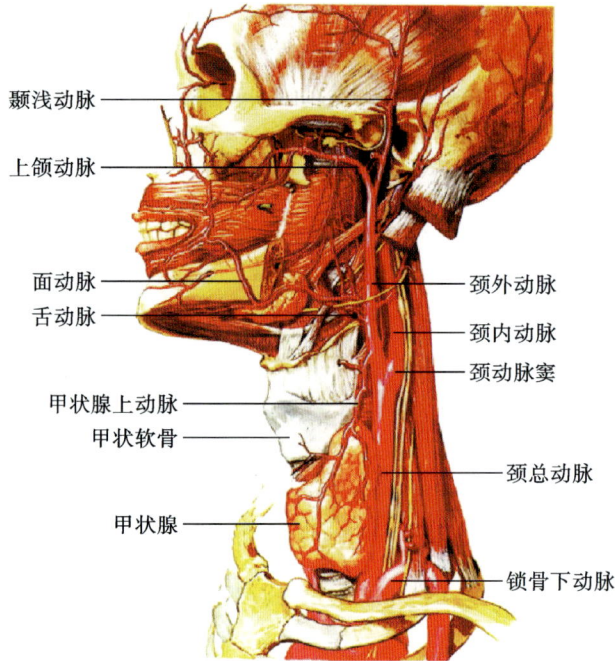

图 8-16 颈总动脉和颈外动脉

在颈总动脉末端和颈内动脉起始处管径稍膨大,称颈动脉窦(carotid sinus),壁内有压力感受器,当血压升高时,可反射性地引起心跳减慢,外周血管扩张,使血压下降。在颈总动脉分叉处后方有一扁椭圆形小体,称颈动脉小球(carotid glomus),属化学感受器,可感受血液中 CO_2 浓度的变化,反射性地调节呼吸运动。

在胸锁乳突肌前缘中部表浅位置可触及颈总动脉的搏动。当头面部大出血时,可在胸锁乳肌前缘,平环状软骨高度,向后内将颈总动脉压向第 6 颈椎,进行急救止血(图 8-17)。

(1)颈外动脉(external carotid artery):由颈总动脉发出后,上行穿腮腺实质,至下颌颈内侧分为颞浅动脉和上颌动脉两个终支。主要分支如下。

①甲状腺上动脉(superior thyroid artery):由颈外动脉起始处发出,行向前下,分布于甲状腺上部和喉。

②面动脉(facial artery):于下颌角平面发自颈外动脉,经下颌下腺深面,在咬肌前缘越过下颌骨下缘至面部,沿口角和鼻翼外侧上行至眼内眦,改名为内眦动脉。面动脉分布于面部、下颌下腺和腭扁桃体。

当面部软组织出血时,可在咬肌前缘与下颌骨下缘交界处,将面动脉压向下颌骨进行止血(图 8-18)。

③颞浅动脉(superficial temporal artery):在腮腺内上行,经耳屏前方、颧弓根部至颞区,分布于腮腺和额、顶、颞部软组织。

在外耳门前方 1 cm 处,颞浅动脉位置表浅,可触及其搏动,当颞部和头顶软组织出血时,将颞浅动脉压向颧弓根部进行止血(图 8-19)。

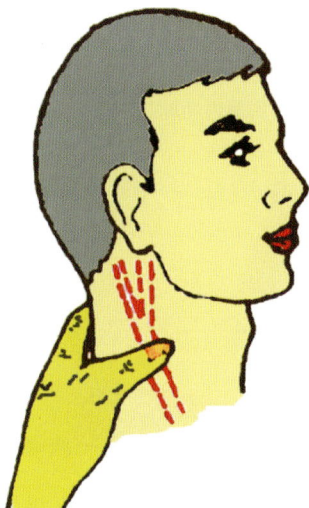

图 8-17 颈总动脉压迫 止血点

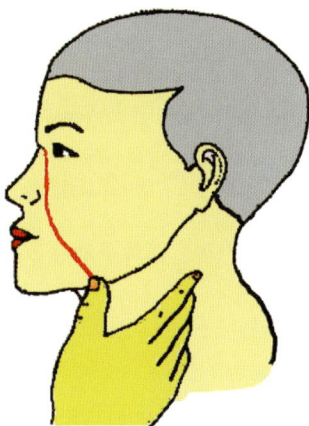

图 8-18 面动脉压迫 止血点

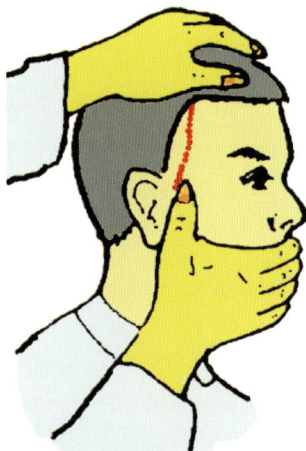

图 8-19 颞浅动脉压迫 止血点

④上颌动脉(maxillary artery):经下颌颈深面行向前内,沿途发出分支分布于口腔、鼻腔、咀嚼肌、硬脑膜等处。其主要分支为脑膜中动脉,向上穿棘孔入颅腔,分前、后两支,分布于硬脑膜和颅骨。前支较粗大,行于翼点内面,翼点骨折时易伤及此动脉,形成硬膜外血肿。

(2)颈内动脉(internal carotid artery):由颈总动脉分出后垂直上行,穿颅底颈动脉管入颅腔,分布于脑和眼。颈内动脉在颈部无分支。

2)锁骨下动脉(subclavian artery) 左锁骨下动脉直接起自主动脉弓,右锁骨下动脉起自头臂干,两者经胸锁关节后方弓形向外,至第 1 肋外侧缘移行为腋动脉。主要分支有椎动脉(vertebral artery),分布于脑和脊髓;胸廓内动脉(internal thoracic artery),分布于胸壁和腹壁;甲状颈干(thyrocervical trunk),分布于背部和颈部(图 8-20)。

上肢动脉出血时,可在锁骨中点上方的锁骨上窝处,向后下将锁骨下动脉压向第 1 肋进行止血(图 8-21)。

3. 上肢的动脉

(1)腋动脉(axillary artery):续于锁骨下动脉,经腋窝行向外下,至背阔肌下缘移行为肱动脉。腋动脉分支分布于肩部、胸前外侧壁和乳房等处(图 8-22)。

(2)肱动脉(brachial artery):续于腋动脉,沿肱二头肌内侧缘下行至肘窝,分为桡动脉和尺动脉。肱动脉分支分布于臂部和肘关节。

NOTE

155

图 8-20　锁骨下动脉

标注：椎动脉、甲状腺下动脉、颈总动脉、甲状颈干、锁骨下动脉、胸廓内动脉、腋动脉

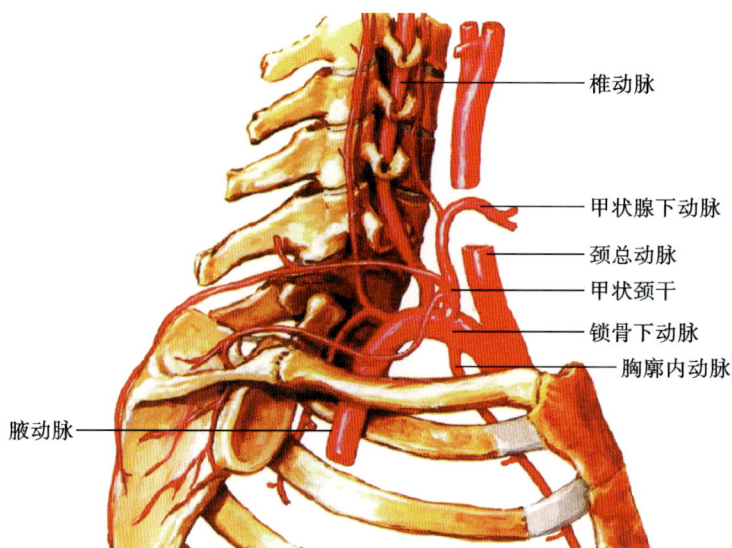

图 8-21　锁骨下动脉压迫止血点

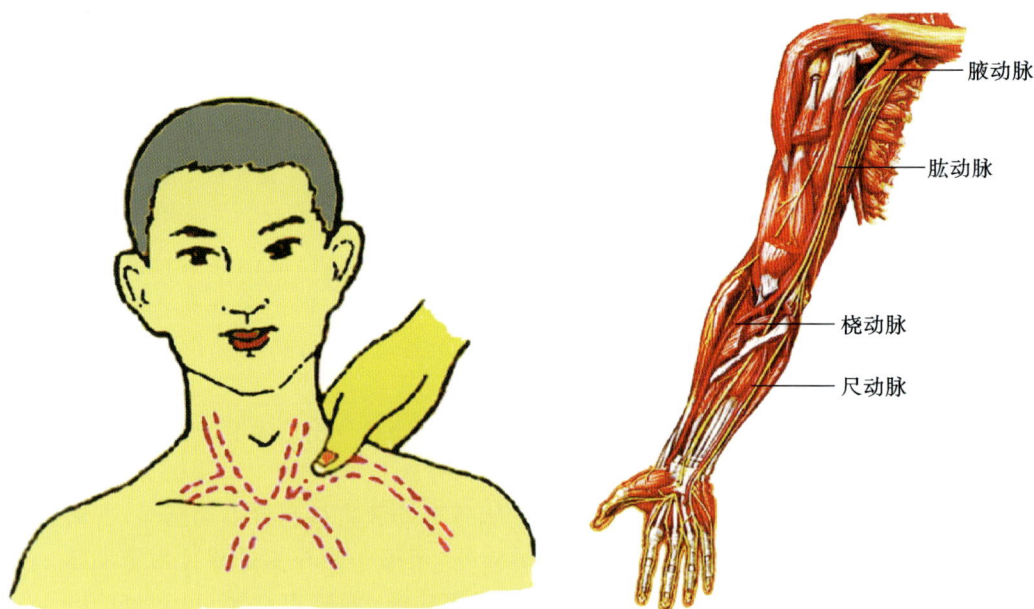

图 8-22　上肢动脉

标注：腋动脉、肱动脉、桡动脉、尺动脉

　　在肘窝稍上方、肱二头肌腱内侧可摸到肱动脉的搏动,是测量血压的听诊部位。当前臂和手部外伤出血时,可在臂中部、肱二头肌内侧将肱动脉压向肱骨进行止血(图8-23)。

　　(3)桡动脉(radial artery):在肘窝处发自肱动脉,沿前臂前面桡侧下行至手掌。桡动脉分支分布于前臂桡侧诸肌、肘关节和腕关节(图8-22)。

　　桡动脉在桡骨茎突内侧位置表浅,可触及搏动,是中医"切脉"和计数脉搏常选部位,也是腕式测血压计测血压之处。当手部出血时,可在桡腕关节上方的两侧,同时压

迫桡动脉和尺动脉止血。

（4）尺动脉（ulnar artery）：在肘窝处由肱动脉分出，在前臂前面尺侧下行至手掌。尺动脉分支分布于前臂尺侧（图 8-22）。

（5）掌浅弓（superficial palmar arch）和掌深弓（deep palmar arch）：桡动脉和尺动脉的终支在手掌互相吻合，形成掌浅弓（图 8-24）和掌深弓。掌浅弓和掌深弓发出分支营养手掌和手指。营养手指的分支沿手指掌面的两侧行向远端到指尖。

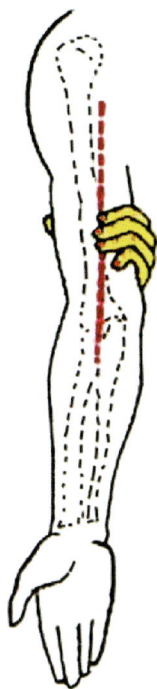

图 8-23　肱动脉压迫止血点

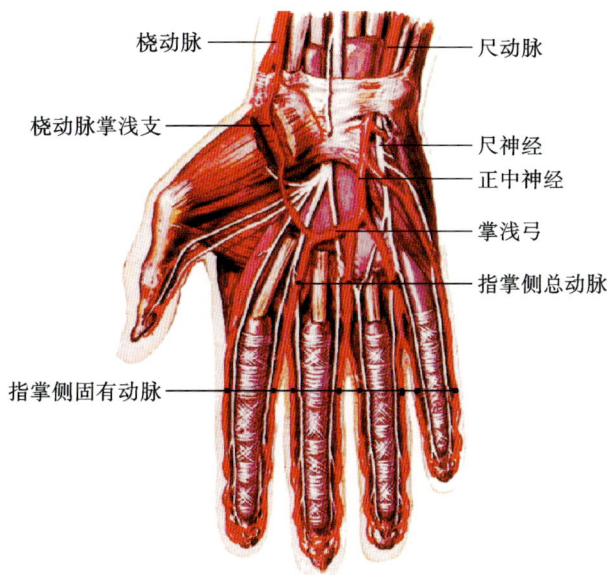

图 8-24　手的动脉

手指出血时，可在手指掌侧根部的两侧同时压迫止血。

4. 胸部的动脉　胸部的动脉主干是胸主动脉（thoracic aorta），其分支有脏支和壁支。

（1）脏支：细小，包括支气管支、食管支和心包支，分布于同名器官。

（2）壁支：较粗大。①9 对肋间后动脉，行于第 3～11 肋下缘的肋沟内。②1 对肋下动脉，行于第 12 肋的下缘。胸腔穿刺时应避免损伤。壁支主要分布于胸壁、腹壁上部、背部和脊髓等处（图 8-25）。

5. 腹部的动脉　腹部的动脉主干是腹主动脉（abdominal aorta），其分支有壁支和脏支（图 8-26）。

1）壁支　细小，主要有 4 对腰动脉，起自腹主动脉后壁，分布于腹后壁、背肌和脊髓等处。

2）脏支　分为不成对脏支和成对脏支。

（1）成对脏支：主要有肾动脉（renal artery）、肾上腺中动脉（middle suprarenal artery）和睾丸（卵巢）动脉（testicular（ovarian）artery），分别营养肾、肾上腺和睾丸（卵巢）。

NOTE

157

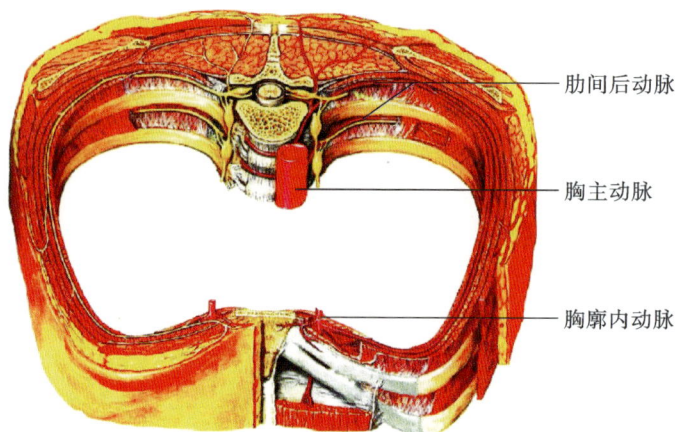

图 8-25　肋间动脉

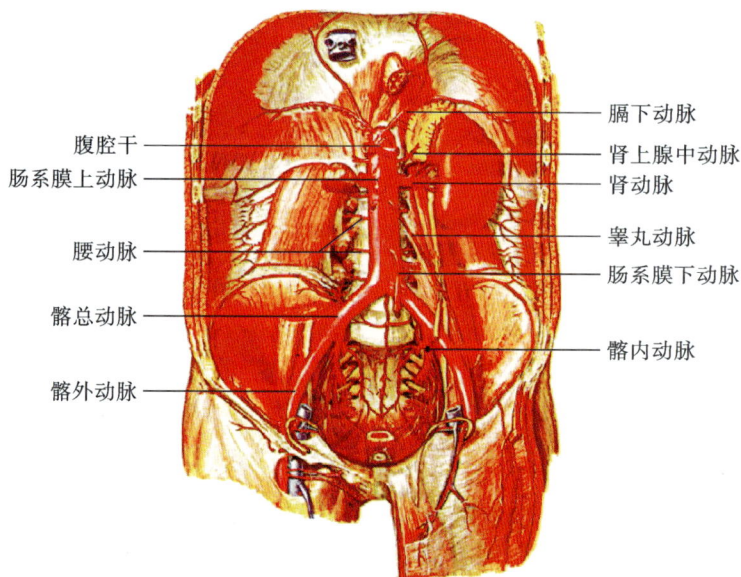

图 8-26　腹主动脉

（2）不成对脏支：有腹腔干、肠系膜上动脉和肠系膜下动脉，分布于腹腔不成对器官。

①腹腔干（celiac trunk）：短而粗，在主动脉裂孔稍下方由腹主动脉发出，随即分为胃左动脉、肝总动脉和脾动脉（图 8-27）。

a. 胃左动脉（left gastric artery）：沿胃小弯与胃右动脉吻合，分布于食管下段、贲门和胃小弯。

b. 肝总动脉（common hepatic artery）：分为肝固有动脉和胃十二指肠动脉。肝固有动脉至肝门附近分左、右支入肝；肝固有动脉在其起始段还发出胃右动脉，分布于胃小弯。胃十二指肠动脉分为胃网膜右动脉和胰十二指肠上动脉，分布于胃大弯、大网膜、十二指肠和胰。

c. 脾动脉（splenic artery）：发出数条胰支和 3～4 条胃短动脉和胃网膜左动脉，分

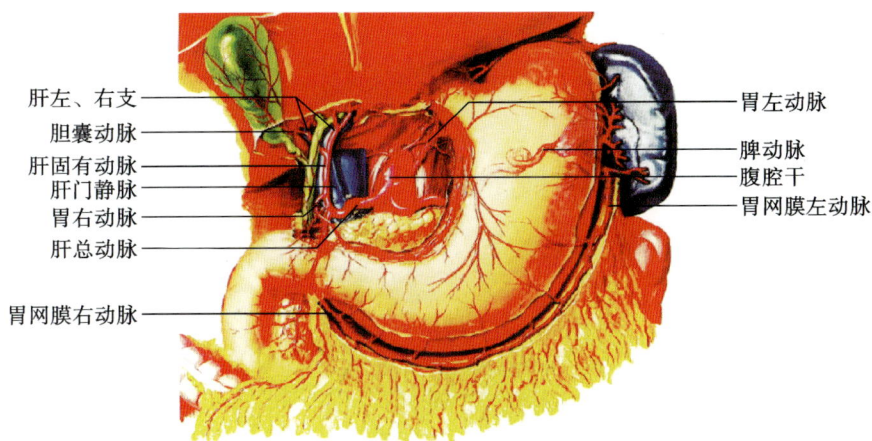

图 8-27　腹腔干

布于胃底、胃大弯和胰。

②肠系膜上动脉(superior mesenteric artery)：在腹腔干起始处稍下方起自腹主动脉，沿肠系膜根向右下至右髂窝，分布于十二指肠、空肠、回肠、盲肠、升结肠和横结肠。主要分支有空肠动脉和回肠动脉、回结肠动脉、右结肠动脉和中结肠动脉等(图8-28)。

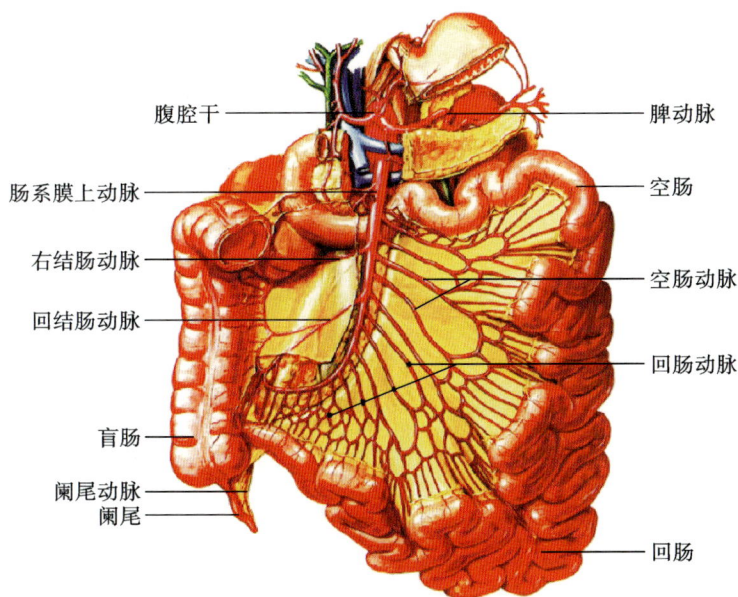

图 8-28　肠系膜上动脉

③肠系膜下动脉(inferior mesenteric artery)：约在第 3 腰椎高度起自腹主动脉，在腹膜后方行向左下，分布于降结肠、乙状结肠和直肠上部。其主要分支有左结肠动脉、乙状结肠动脉和直肠上动脉(图8-29)。

6. 盆部和会阴的动脉　髂总动脉(common iliac artery)从腹主动脉发出，左、右各一，沿腰大肌内侧行向外下，至骶髂关节前方分为髂内动脉和髂外动脉。

NOTE

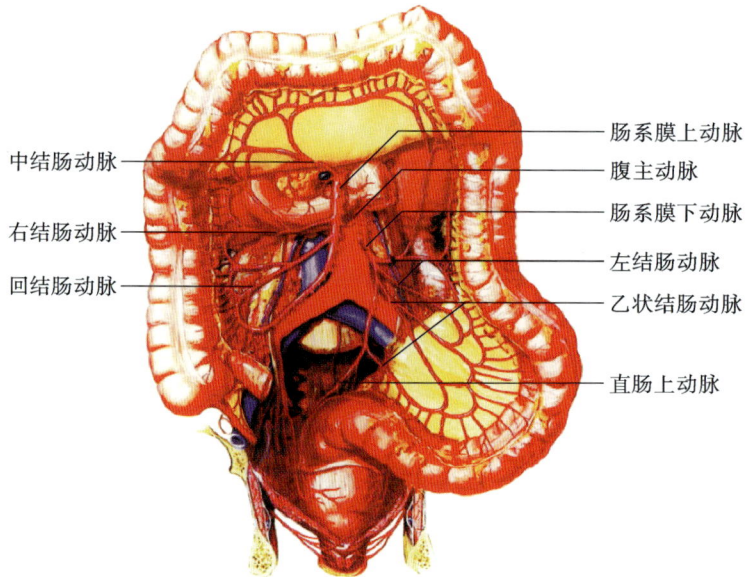

图 8-29　肠系膜下动脉

（1）髂内动脉（internal iliac artery）：为一短干，沿盆腔侧壁下行，发出的分支如下。①闭孔动脉，分布于盆壁；②臀上动脉和臀下动脉，分别从梨状肌上、下孔出盆腔，分布于臀部，臀肌注射时应注意避免损伤臀上动脉和臀下动脉；③膀胱上、下动脉，直肠下动脉、子宫动脉，分布于膀胱、直肠、子宫等盆腔脏器；④阴部内动脉，分布于会阴部（图 8-30）。

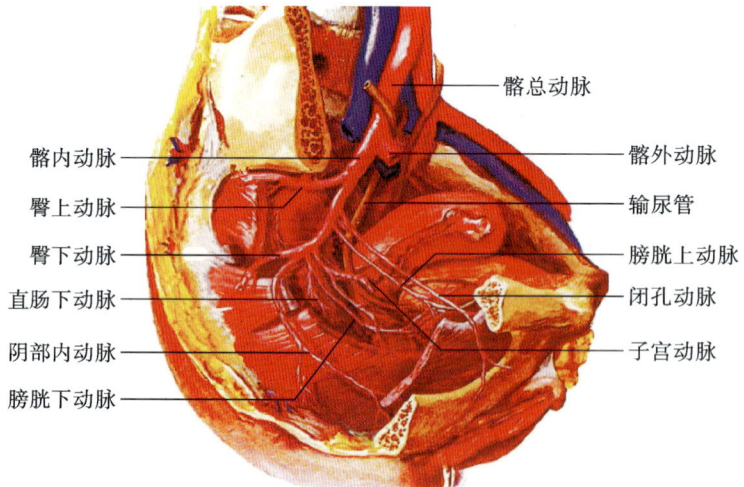

图 8-30　髂内动脉

（2）髂外动脉（external iliac artery）：沿腰大肌内侧缘下行，经腹股沟韧带中点深面入股三角，移行为股动脉。

7. 下肢的动脉

（1）股动脉（femoral artery）：续于髂外动脉，在股三角内下行至大腿深部，渐转至大腿后面进入腘窝,移行为腘动脉。股动脉分支分布于大腿(图8-31)。

股动脉在腹股沟韧带中点稍内侧的下方位置表浅,可触及其搏动。当下肢出血时,可向后内将股动脉压向耻骨下支进行止血(图8-32)。此处也是动脉穿刺和插管最便捷的部位。

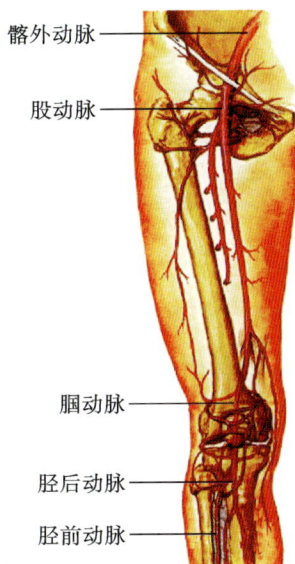

图8-31 股动脉

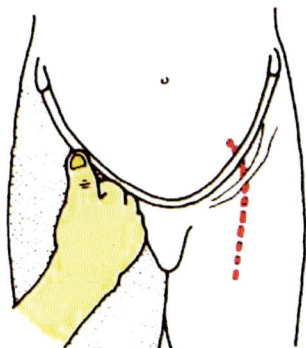

图8-32 股动脉压迫止血点

(2)腘动脉(popliteal artery):续于股动脉,经腘窝深部下行,分为胫前动脉、胫后动脉。腘动脉分支分布于膝关节及其附近的肌肉。

(3)胫前动脉(anterior tibial artery):沿小腿前群肌之间下行,至踝关节前方移行为足背动脉。胫前动脉分支分布于小腿前群肌、足背和足趾(图8-33)。

在踝关节前方,内、外踝连线的中点处可摸到足背动脉搏动,足部出血时可于此处压迫止血(图8-34)。

(4)胫后动脉(posterior tibial artery):在小腿后群肌浅、深两层之间下行,经内踝后方的踝管进入足底,分为足底内侧动脉和足底外侧动脉。胫后动脉分支分布于小腿后群肌、外侧群肌及足底(图8-35、图8-36)。

知识拓展

血压测量和脉搏计数

血压、脉搏是临床观察患者病情变化的重要指标,常选择肱动脉测量血压,坐位时心、肱动脉、血压计应在同一水平面上。在肘窝稍上方肱二头肌腱的内侧,肱动脉位置表浅,可触及其搏动,是测量血压的听诊部位。桡动脉在桡腕关节的上方行于肱桡肌腱与桡侧腕屈肌腱之间,位置表浅,可触及其搏动,是切脉和计数脉搏的常用部位。

NOTE

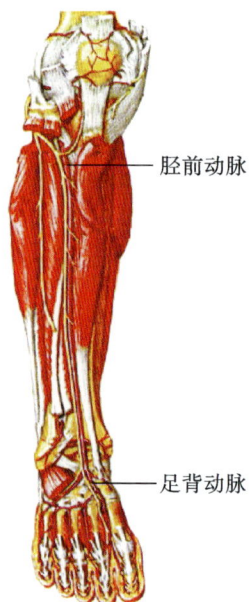

图 8-33　胫前动脉

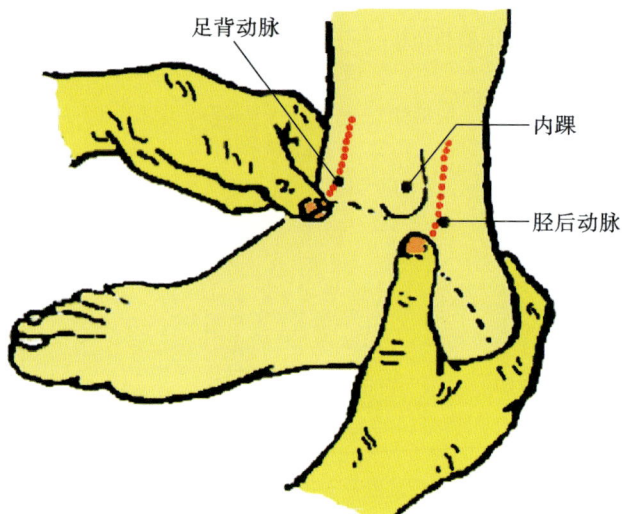

图 8-34　足背动脉压迫止血点

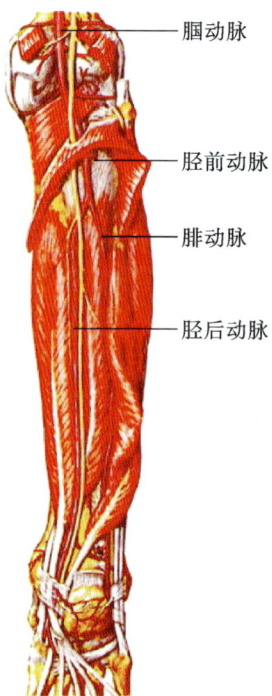

图 8-35　胫后动脉

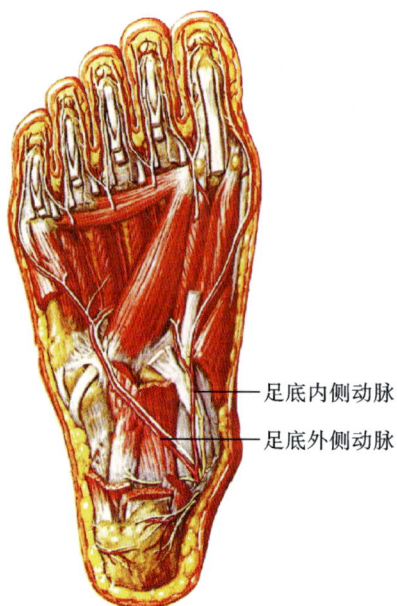

图 8-36　足底动脉

体循环的动脉分支见图 8-37。

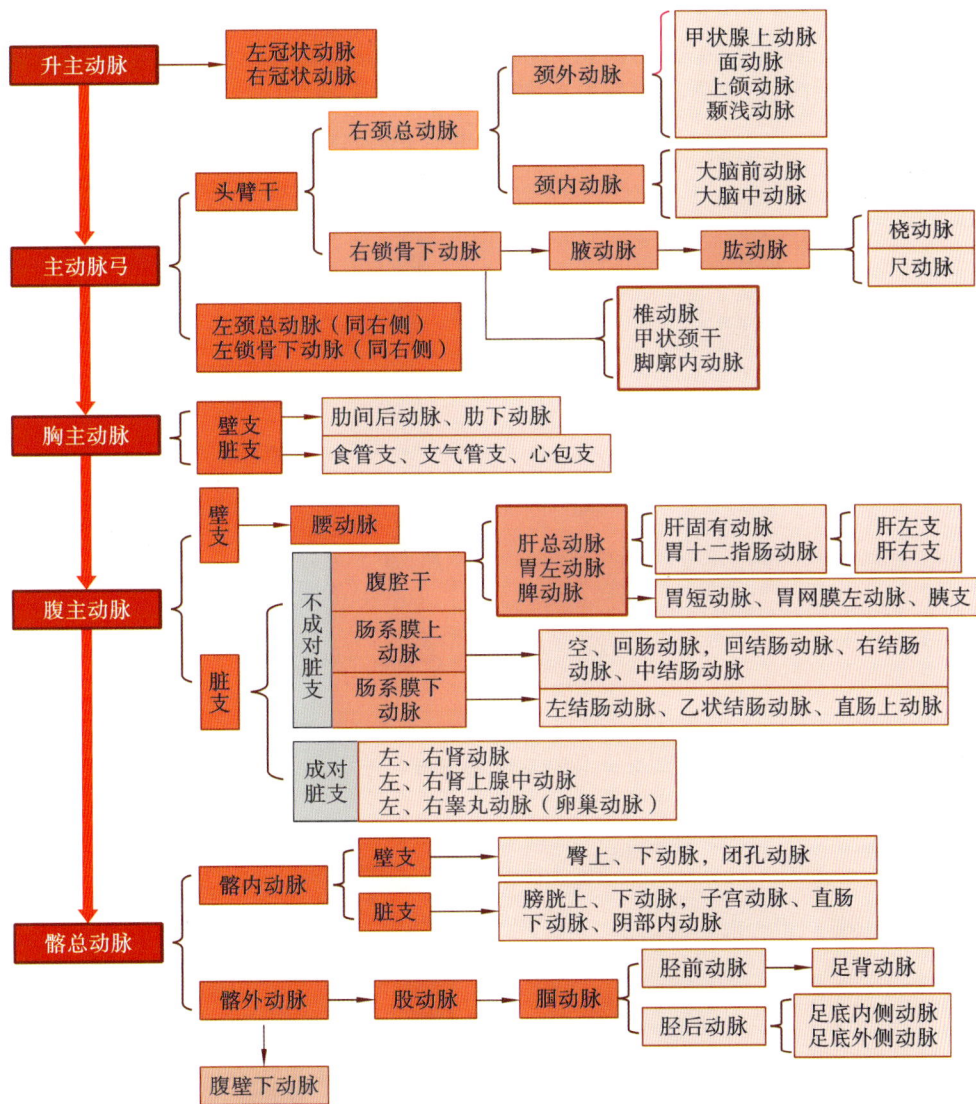

图 8-37　体循环的动脉分支

四、静脉

（一）静脉的配布特点和组织结构

与伴行的动脉比较,虽然在结构和配布上有许多相同之处,但由于两者功能不同,静脉又具有以下特点:①静脉管径大,管壁薄、数量多,容量超过动脉 1 倍以上。②静脉分浅、深两类。浅静脉位于皮下浅筋膜内,又称皮下静脉,不与动脉伴行,透过皮肤多能看到,是静脉注射、输液和采血的常用部位,浅静脉最终注入深静脉。深静脉多与同名动脉伴行,收集同名动脉分布区的静脉血。③静脉管壁的内面有成对的、向心开放的半月形静脉瓣,是防止血液逆流的结构。四肢静脉瓣较多,大静脉及头部的静脉

NOTE

一般无静脉瓣(图 8-38)。④静脉之间的吻合比较丰富,体表的浅静脉多吻合成静脉网,深静脉在某些器官周围或壁内吻合成静脉丛。⑤特殊结构的静脉:硬脑膜窦为颅内硬脑膜两层之间形成的腔隙,窦壁无肌层,管壁破裂出血时不易止血。板障静脉位于颅顶诸骨板障内,借导静脉与硬脑膜窦和头皮静脉连通(图 8-39)。

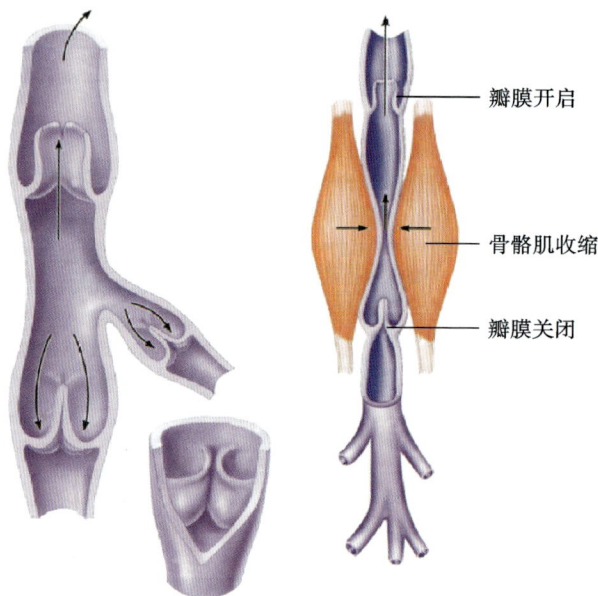

瓣膜开启

骨骼肌收缩

瓣膜关闭

图 8-38　静脉瓣

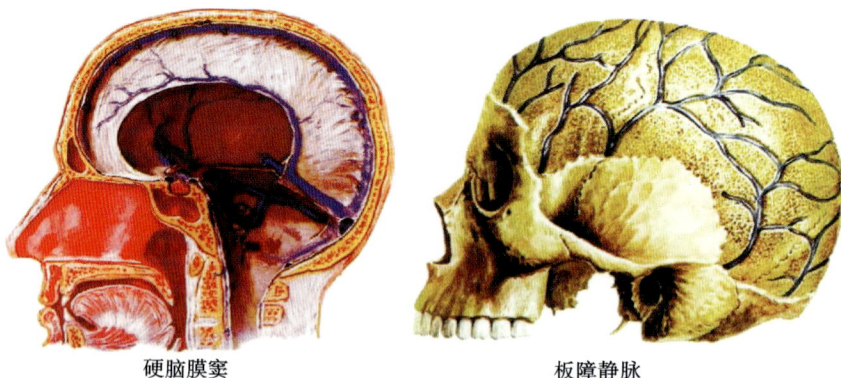

硬脑膜窦　　　　　　　　板障静脉

图 8-39　特殊静脉

(二)肺循环的静脉

肺静脉(pulmonary vein)起自肺泡周围的毛细血管网,逐级汇合,形成左上肺静脉、左下肺静脉、右上肺静脉和右下肺静脉 4 条肺静脉,出肺门注入左心房。

(三)体循环的静脉

体循环的静脉分为上腔静脉系、下腔静脉系和心静脉系(见心的血管)。

1. 上腔静脉系　上腔静脉系由上腔静脉及其属支组成,收集头颈、胸部(心除外)和上肢的静脉血。

上腔静脉（superior vena cava）由左头臂静脉、右头臂静脉在右侧第 1 胸肋结合处后方汇合而成，沿升主动脉右侧垂直下降，注入右心房。上腔静脉入心房前有奇静脉注入（图 8-40）。

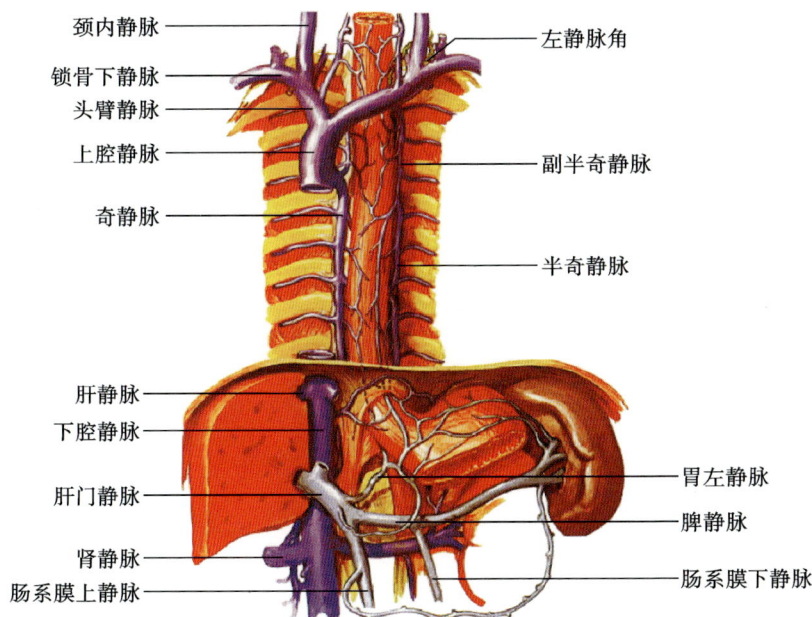

图 8-40　上、下腔静脉

头臂静脉（brachiocephalic vein）左、右各一，由同侧的颈内静脉和锁骨下静脉在颈根部汇合而成，汇合处所形成的夹角称静脉角。

1）头颈部的静脉

（1）颈内静脉（internal jugular vein）：于颈静脉孔处续于颅内乙状窦，伴颈内动脉和颈总动脉下行，在颈根部与锁骨下静脉汇合成头臂静脉（图 8-41）。

颈内静脉收集脑、眼、面部、颈部和甲状腺等处的静脉血。颈内静脉的主要属支有面静脉等。

面静脉（facial vein）起于内眦静脉，伴面动脉至下颌角下方，与下颌后静脉前支汇合后注入颈内静脉。面静脉收集面部软组织的静脉血。面静脉通过内眦静脉、眼静脉与颅内海绵窦相交通，由于面静脉在口角平面以上一般无静脉瓣，故面部，尤其是鼻根至两侧口角间的三角区内发生感染时，若处理不当，病原菌可经上述途径侵入颅内，导致颅内感染，故称此区为"危险三角"。头皮静脉注射可选用额静脉和眶上静脉（图 8-42）。

（2）颈外静脉（external jugular vein）：颈部最大的浅静脉，由下颌后静脉后支、枕静脉和耳后静脉汇合而成，沿胸锁乳突肌浅面下行，注入锁骨下静脉（图 8-41）。

颈外静脉位置表浅且恒定，小儿可在此做静脉穿刺。右心衰竭或输液过快、过多的患者，可呈现静脉充盈轮廓，称颈外静脉怒张，这是由右心房和上腔静脉压力升高导致。

（3）锁骨下静脉（subclavian vein）：在第 1 肋外侧缘续于腋静脉，弓形向内至胸锁关节后方与颈内静脉合成头臂静脉。

NOTE

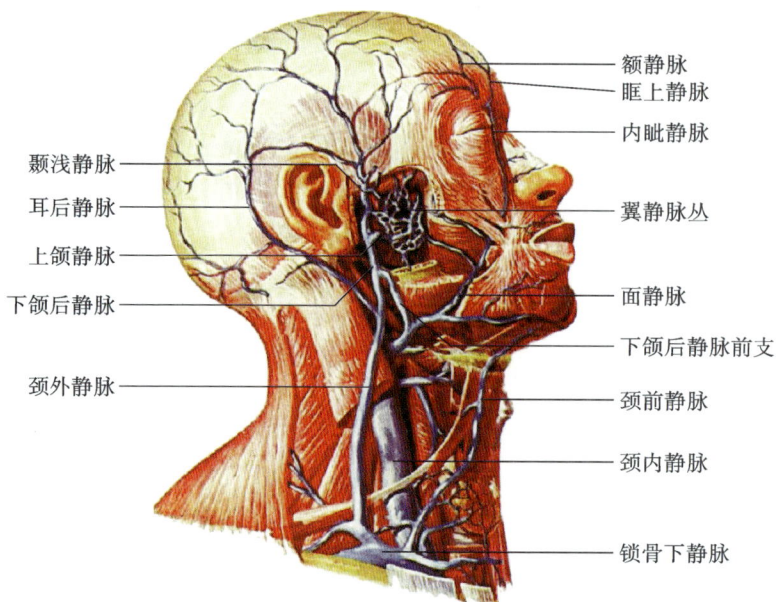

图 8-41 头颈部的静脉

额静脉
眶上静脉
内眦静脉
翼静脉丛
面静脉
下颌后静脉前支
颈前静脉
颈内静脉
锁骨下静脉

颞浅静脉
耳后静脉
上颌静脉
下颌后静脉
颈外静脉

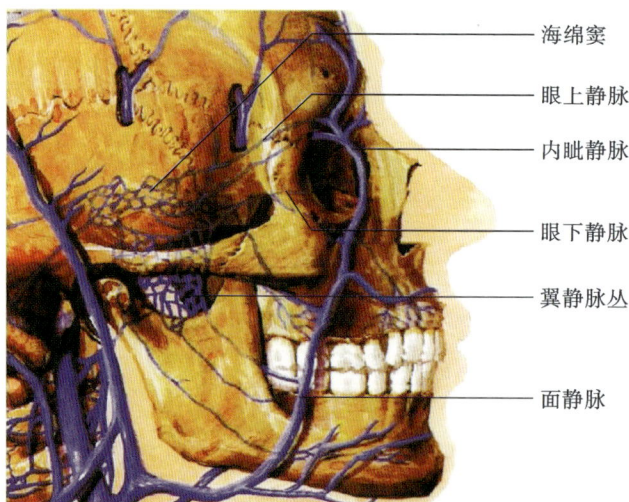

图 8-42 面静脉的交通

海绵窦
眼上静脉
内眦静脉
眼下静脉
翼静脉丛
面静脉

2）上肢的静脉 上肢的深静脉与同名动脉伴行,最后经腋静脉续于锁骨下静脉。上肢的浅静脉主要有头静脉、贵要静脉和肘正中静脉（图 8-43）。

（1）头静脉（cephalic vein）：起自手背静脉网的桡侧,向上转至前臂前面桡侧,沿肘窝前面、肱二头肌外侧沟上升,经三角肌胸大肌间沟,穿深筋膜注入腋静脉或锁骨下静脉。

（2）贵要静脉（basilic vein）：起自手背静脉网的尺侧,沿前臂尺侧上行,在肘窝处接受肘正中静脉后,沿肱二头肌内侧上升至臂中部,穿深筋膜注入肱静脉或腋静脉。

（3）肘正中静脉（median cubital vein）：该静脉变异较多,于肘窝皮下连接头静脉和贵要静脉。临床上常选择肘正中静脉进行静脉注射和采血。

3）胸部的静脉　主干是奇静脉（azygos vein）。奇静脉起自右腰升静脉，穿膈入胸腔，沿脊柱右侧上行，至第4胸椎高度向前绕右肺根上方注入上腔静脉。奇静脉主要收集右侧肋间后静脉、支气管静脉、食管静脉和半奇静脉的血液。

半奇静脉收集左侧下部肋间后静脉、食管静脉和副半奇静脉的血液，注入奇静脉。

2. 下腔静脉系　下腔静脉系由下腔静脉及其属支构成，收集下肢和腹、盆部的静脉血。

下腔静脉（inferior vena cava）是全身最大的静脉干（图8-44）。在第5腰椎体右前方，由左、右髂总静脉汇合而成，沿腹主动脉的右侧上行，经肝的后方，穿膈的腔静脉孔入胸腔，注入右心房。

1）下肢的静脉　下肢的深静脉与同名动脉伴行，最后经股静脉续于髂外静脉。浅静脉主要有大隐静脉和小隐静脉。

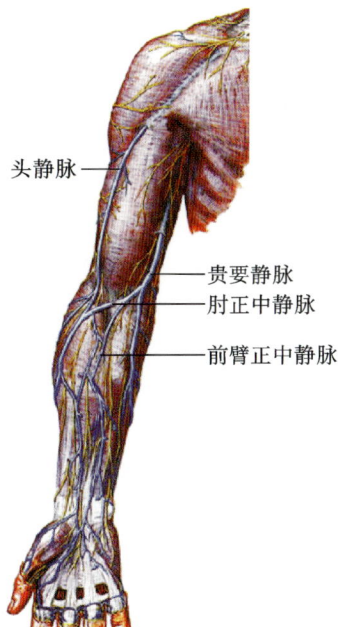

图 8-43　上肢的浅静脉

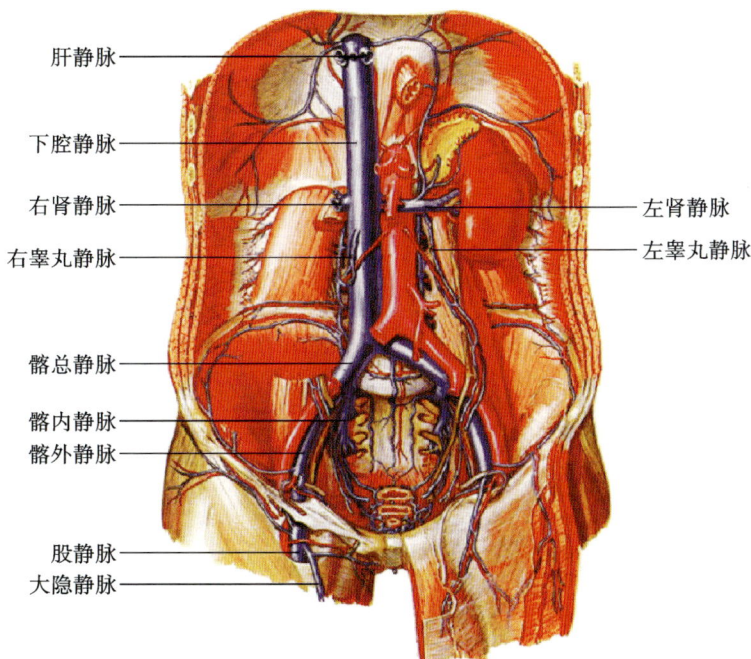

图 8-44　下腔静脉

（1）大隐静脉（great saphenous vein）：全身最长的浅静脉，起自足背静脉弓内侧，经内踝前方，沿小腿内侧和大腿前内侧上行，在腹股沟韧带下方注入股静脉（图8-45）。在内踝前方，大隐静脉位置表浅且恒定，是临床输液、注射和静脉切开的常用部位。大隐静脉也是下肢静脉曲张的好发部位。

（2）小隐静脉（small saphenous vein）：起自足背静脉弓外侧，经外踝后方，沿小腿

NOTE

167

后面上升,至腘窝处穿深筋膜注入腘静脉(图 8-46)。

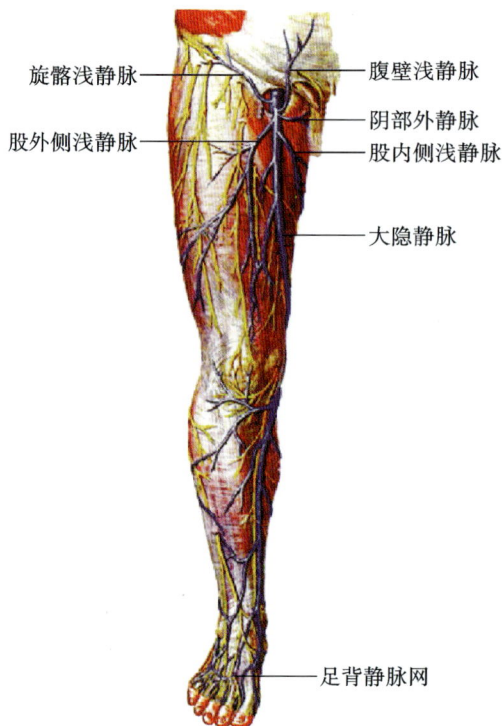

图 8-45　大隐静脉

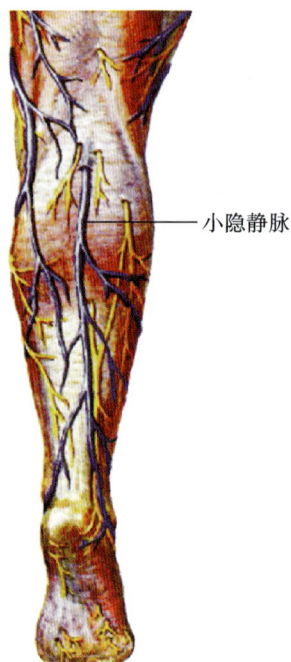

图 8-46　小隐静脉

2) 盆部的静脉

(1) 髂外静脉(external iliac vein):股静脉的直接延续,伴同名动脉上行。收集下肢和腹前壁下部的静脉血(图 8-44)。

(2) 髂内静脉(internal iliac vein):与髂内动脉伴行,其属支为同名动脉的伴行静脉,收纳范围与同名动脉分布范围相同。常在盆腔脏器壁内及周围形成丰富的静脉丛,如直肠静脉丛、子宫静脉丛等。

(3) 髂总静脉(common iliac vein):在骶髂关节前方,由同侧髂内、外静脉汇合而成。两侧髂总静脉斜向内上至第 5 腰椎右侧,汇合成下腔静脉。

3) 腹部的静脉　腹部的静脉直接或间接注入下腔静脉;包括 4 对腰静脉、睾丸(卵巢)静脉、肾静脉、肝静脉和肝门静脉系(图 8-44、图 8-47)。

(1) 肾静脉(renal vein):横行向内侧注入下腔静脉。

(2) 睾丸静脉(testicular vein):起自睾丸和附睾,右侧直接注入下腔静脉,左侧以直角注入左肾静脉,因此睾丸静脉曲张多发生于左侧。此静脉在女性为卵巢静脉。

(3) 肝静脉(hepatic vein):有 2～3 支,收集肝血窦回流的血液,在腔静脉沟处出肝注入下腔静脉。

(4) 肝门静脉系:由肝门静脉及其属支组成,收集除肝以外腹腔不成对器官的静脉血。

肝门静脉(hepatic portal vein)是一条短而粗的静脉干,由肠系膜上静脉(superior mesenteric vein)和脾静脉(splenic vein)在胰头后方汇合而成(图 8-47),进入肝内反复发

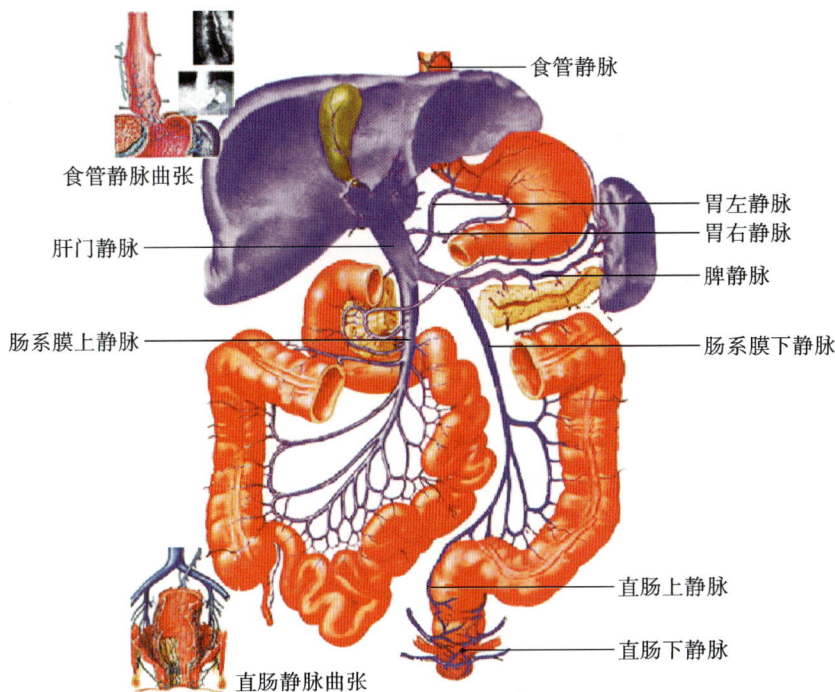

图 8-47 肝门静脉系

出分支最后注入肝血窦。肠系膜下静脉（inferior mesenteric vein）通常注入脾静脉。

肝门静脉的属支：主要包括肠系膜上静脉、脾静脉、肠系膜下静脉、胃左静脉、胃右静脉和附脐静脉等，多与同名动脉伴行，收集同名动脉分布区的静脉血液回流。

肝门静脉的属支与上、下腔静脉的属支之间有丰富的吻合（图 8-48）：①通过食管静脉丛与上腔静脉相交通；②通过直肠静脉丛与下腔静脉相交通；③通过脐周静脉网分别与上、下腔静脉相交通。

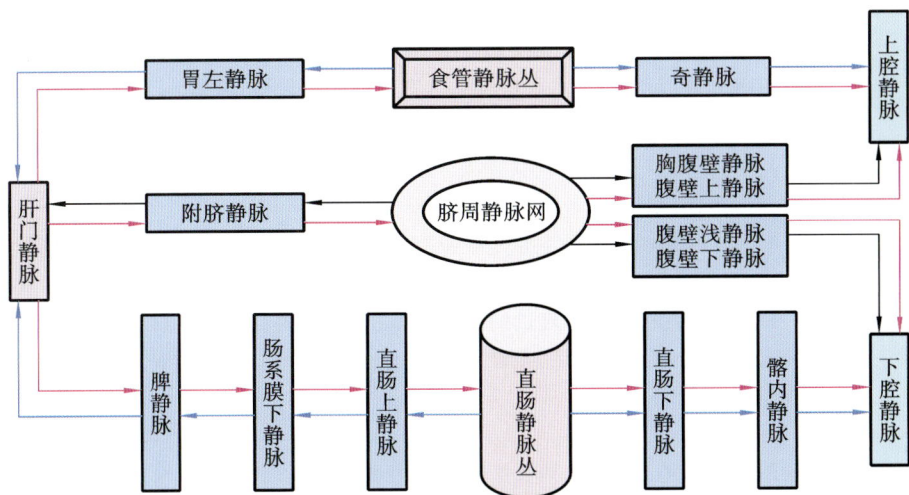

蓝色箭头：正常途径
红色箭头：异常途径

图 8-48 肝门静脉与腔静脉吻合途径

在正常情况下,肝门静脉系与上、下腔静脉系之间的吻合支细小,血流量少,血液按正常方向回流。当某些肝脏疾病或胰头肿瘤压迫或阻塞肝门静脉,致使肝门静脉回流受阻时,肝门静脉的血液就可通过上述吻合流入上、下腔静脉系,使吻合部位小静脉的血流量剧增,造成吻合部位静脉曲张甚至破裂出血,如食管静脉丛曲张破裂引起呕血,直肠静脉丛曲张破裂引起便血,脐周静脉网曲张出现腹壁静脉曲张(图 8-48)。

护理穿刺常用静脉见表 8-2。体循环的静脉属支见图 8-49。

表 8-2 护理穿刺常用静脉

静脉名称	穿刺静脉部位及其特点
头皮静脉	头皮静脉分布于颅外软组织中,在额部和颞区呈网状分布,表浅易见,静脉管壁被浅筋膜内的纤维隔固定,故不易滑动,多用于婴幼儿静脉输液。头皮静脉无静脉瓣,向心或离心方向进针均不影响血液回流。头皮静脉主要有滑车上静脉、眶上静脉和颞浅静脉,均有同名动脉伴行。头皮静脉被固定在皮下组织的纤维隔内,管壁回缩能力差,穿刺完毕后要压迫局部,以免出血而形成皮下血肿
颈外静脉	颈外静脉位置表浅,常作为小儿穿刺采血的部位,通常不作为穿刺输液的血管,但较多用作留置硅胶导管进行输液的血管。穿刺时在下颌角与锁骨中点上缘连线上 1/3 处,颈外静脉外侧缘进针,依次经皮肤、浅筋膜和颈阔肌进入血管。颈外静脉与颈深筋膜结合紧密,当静脉壁受损破裂时,不能及时塌陷,可致气体栓塞
颈内静脉	一般选择右侧颈内静脉中段穿刺。依次经过皮肤、浅筋膜、胸锁乳突肌、颈动脉鞘进入颈内静脉。颈内静脉离心较近,当右心房舒张时管腔内压力较低,且颈内静脉管壁与颈动脉鞘愈着而不易塌陷,穿刺时要防止空气进入形成气体栓塞。穿刺时穿刺针进入方向不可过于偏外以免损伤淋巴导管,亦不可刺入过深以免伤及胸膜顶而造成气胸
锁骨下静脉	多选右侧锁骨下静脉穿刺,在胸锁乳突肌锁骨头外侧缘与锁骨上缘形成的夹角顶点处或该角平分线从顶点外移 0.5 cm 处进针,穿经皮肤、浅筋膜、静脉壁进入静脉。锁骨下静脉离心较近,当右心房舒张时管腔内压力较低,且锁骨下静脉管壁与周围组织愈着,管腔不易回缩,操作时要防止发生空气栓塞。穿刺方向应始终指向胸锁关节,不可偏向后下方以免损伤胸膜及肺
上肢浅静脉	上肢用于穿刺的浅静脉主要是手背静脉网、头静脉、贵要静脉和肘正中静脉。可根据患者情况和治疗需要,选择不同部位的静脉,穿刺方向应与血液向心回流的方向一致。各处的静脉穿刺经过的层次基本相同,即皮肤、皮下组织和静脉壁。上肢浅静脉有瓣膜,扎止血带后,在静脉各段见到的结节状隆起即为静脉瓣所在的部位,穿刺时应避开
股静脉	股静脉穿刺术适用于外周浅静脉穿刺困难,但需采血或静脉输液的患者,也适用于心导管检查术。穿刺点一般选择在腹股沟韧带中点下方 2~3 cm,股动脉搏动点的内侧 0.5~1.0 cm 处

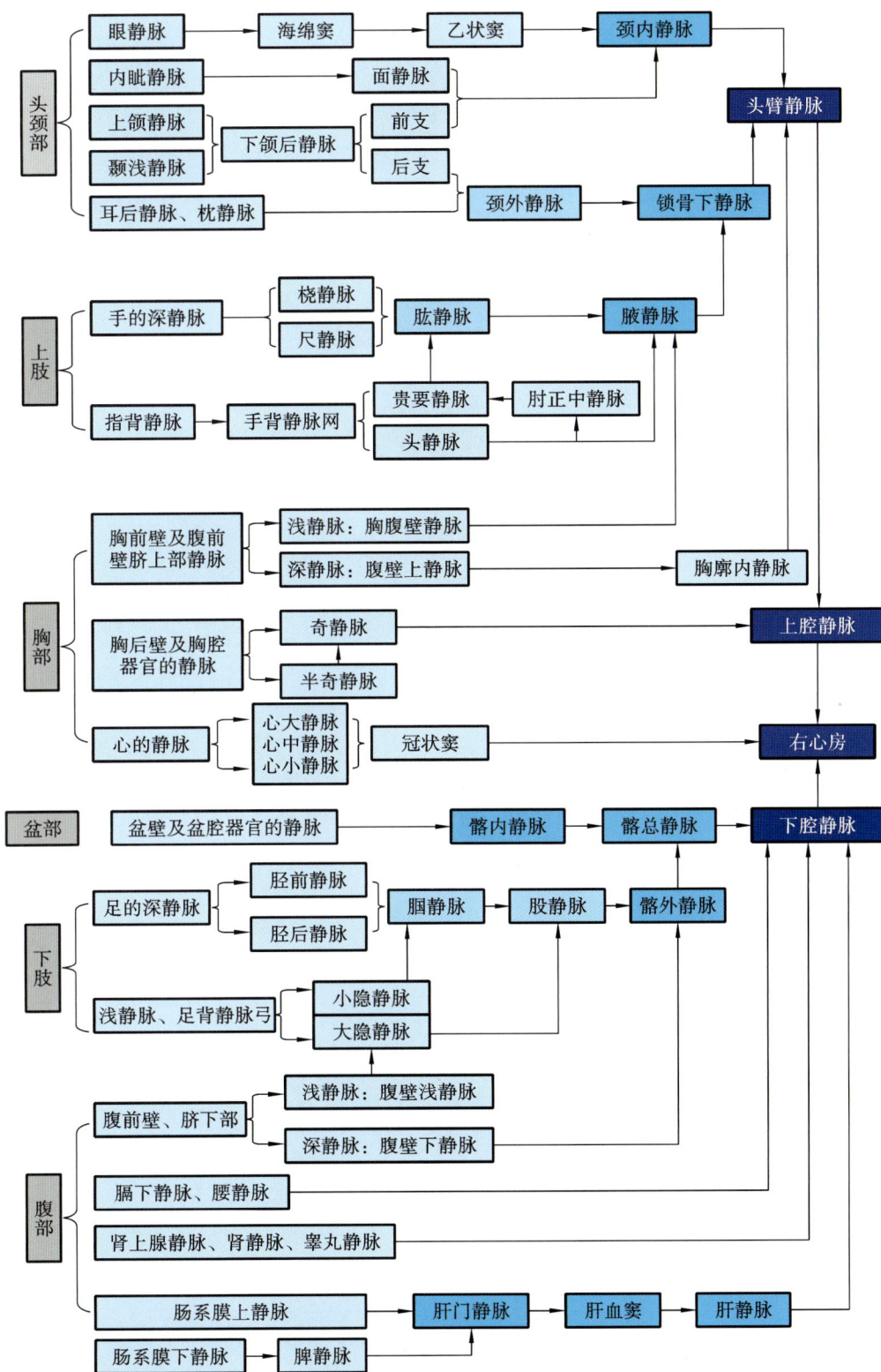

图 8-49　体循环的静脉属支

第二节 淋巴系统

淋巴系统(lymphatic system)由淋巴管道、淋巴器官和淋巴组织组成。

当血液运行到毛细血管的动脉端时,水及营养物质通过毛细血管壁滤出,进入组织间隙形成组织液。组织液与细胞进行物质交换后,大部分经毛细血管静脉端被吸收入静脉,小部分则进入毛细淋巴管成为淋巴(图 8-50)。淋巴为无色透明的液体,在淋巴管道内向心流动,途经淋巴组织或淋巴器官,最后汇入静脉。

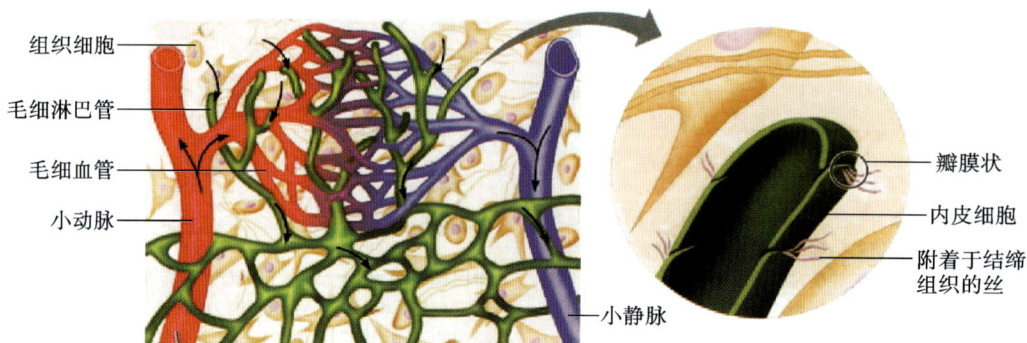

组织细胞
毛细淋巴管
毛细血管
小动脉
小静脉
瓣膜状
内皮细胞
附着于结缔组织的丝

图 8-50 毛细淋巴管

淋巴管道可分为毛细淋巴管、淋巴管、淋巴干和淋巴导管。淋巴管道是静脉的辅助管道,有协助静脉导引体液回流入心的功能。淋巴器官包括淋巴结、脾、胸腺和腭扁桃体等。淋巴组织是含有大量淋巴细胞的网状组织,主要分布于消化道和呼吸道的黏膜下。淋巴器官和淋巴组织具有产生淋巴细胞、过滤异物、参与机体的免疫等功能(图 8-51)。

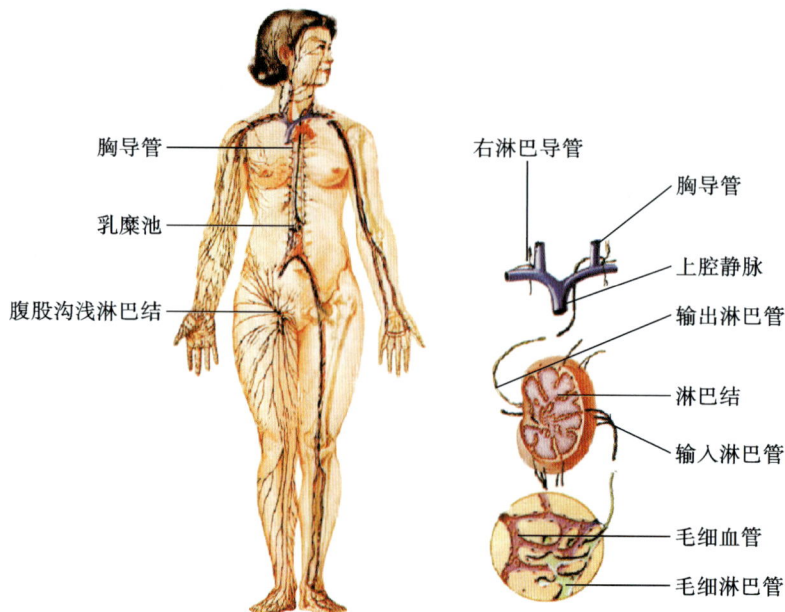

胸导管
乳糜池
腹股沟浅淋巴结
右淋巴导管
胸导管
上腔静脉
输出淋巴管
淋巴结
输入淋巴管
毛细血管
毛细淋巴管

图 8-51 淋巴系统模式图

一、淋巴管道

(一)毛细淋巴管

毛细淋巴管(lymphatic capillary)是淋巴管道的起始部分,它以膨大的盲端起始于组织间隙。毛细淋巴管管壁很薄,仅由单层内皮细胞构成,内皮细胞之间有较大间隙,基底膜很薄或不存在,所以毛细淋巴管的管壁通透性大于毛细血管。一些大分子物质,如蛋白质、细菌、癌细胞等较易进入毛细淋巴管。除脑、脊髓、上皮、软骨、牙釉质、角膜、晶状体等处外,毛细淋巴管广泛分布于身体各处。

(二)淋巴管

淋巴管(lymphatic vessel)由毛细淋巴管汇合而成。其结构与静脉相似,也有丰富的瓣膜,但管径较细,管壁较薄。淋巴管根据所在的位置,以深筋膜为界,可分为浅淋巴管和深淋巴管两种。浅淋巴管行于皮下,多与浅静脉伴行;深淋巴管与深部的血管伴行。浅、深淋巴管之间有交通支。淋巴管在向心的行程中,一般经过一个或多个淋巴结。

(三)淋巴干

全身的浅、深淋巴管经过一系列淋巴结群后,逐渐汇合,最后汇集成9条较大的淋巴干(lymphatic trunk)。左颈干、右颈干,主要收集头颈部左、右半侧的淋巴;左锁骨下干、右锁骨下干,主要收集左、侧上肢和脐以上胸、腹壁浅层的浅淋巴;左支气管纵隔干、右支气管纵隔干,主要收集胸腔器官及脐以上胸、腹壁深层的淋巴;左腰干、右腰干,主要收集下肢、盆部、腹后壁和腹腔内成对器官的淋巴;肠干,主要收集腹腔内不成对脏器的淋巴。

(四)淋巴管道

全身9条淋巴干汇集成两条大的淋巴导管(lymphatic duct),即胸导管和右淋巴导管(图 8-52)。

1. 胸导管(thoracic duct) 全身最大的淋巴管道,长 30～40 cm。胸导管下端起于乳糜池。乳糜池位于第 1 腰椎体前面,是胸导管起始部的膨大处,由左、右腰干和 1 条肠干汇合而成。胸导管自乳糜池起始后,向上行经膈的主动脉裂孔入胸腔,在食管的后方,沿脊柱的右前方上行,至第 5 胸椎高度向左侧斜行,出胸廓上口到左颈根部,呈弓形向前下弯曲注入左静脉角。胸导管在注入左静脉角前,还接受左颈干、左锁骨下干和左支气管纵隔干。胸导管收集左半头颈部、左上肢、左半胸部、腹部、盆部和两下肢的淋巴(图 8-52)。

2. 右淋巴导管(right lymphatic duct) 一短干,长约 1.5 cm,由右颈干、右锁骨下干和右支气管纵隔干汇合而成,注入右静脉角(图 8-52)。右淋巴导管收集右半头颈部、右上肢和右半胸部的淋巴。

二、淋巴器官

淋巴器官主要由淋巴组织构成,包括淋巴结(lymph node)、脾(spleen)和胸腺(thymus)。

NOTE

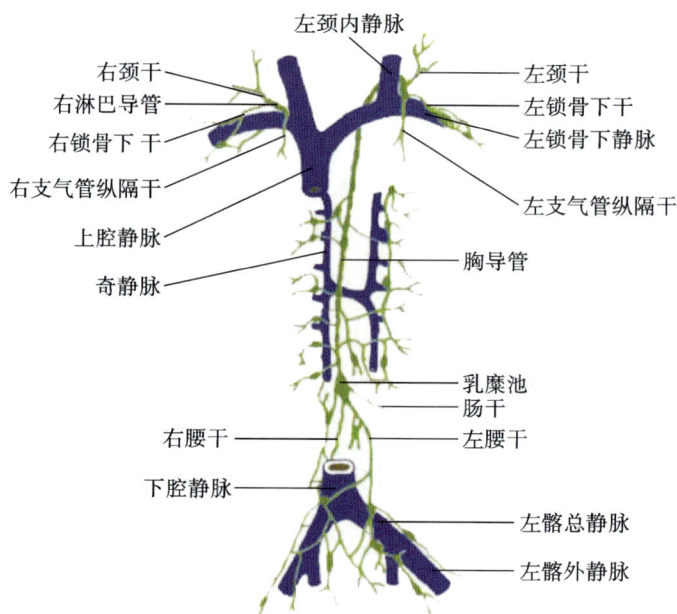

图 8-52 淋巴干和淋巴导管

（一）淋巴结

1. 淋巴结的形态 淋巴结为灰红色圆形或椭圆小体，质软。淋巴结的一侧隆凸，另一侧向内稍凹陷为淋巴结门。从凸侧有数条输入淋巴管进入，从淋巴结门有 1～2 条输出淋巴管和血管、神经出入。

2. 淋巴结的微细结构 淋巴结的表面有结缔组织构成的被膜。被膜的结缔组织向实质伸入许多小隔，称小梁。小梁在淋巴结内分支并互相连接成网，构成淋巴结的支架。支架的网眼内充满淋巴组织。淋巴结的实质分为两部分，位于浅层的称皮质，位于深层的称髓质，皮质和髓质内部有淋巴窦通过（图 8-53）。

1）皮质 位于被膜下方，一般可以区分为浅层皮质、副皮质区及皮质淋巴窦三部分。

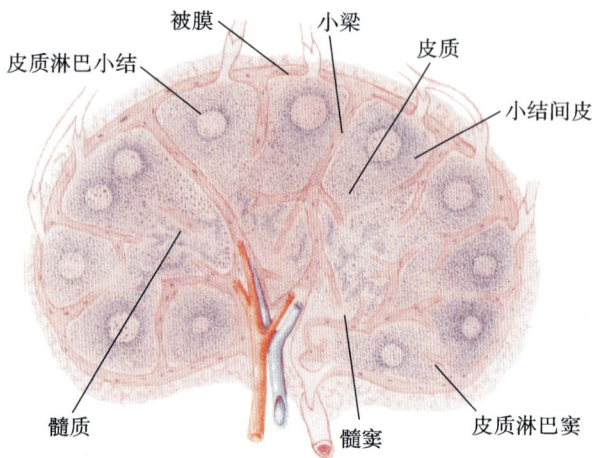

图 8-53 淋巴结的微细结构

（1）浅层皮质：位于皮质浅层，淋巴细胞密集成团，形成许多淋巴小结。淋巴小结主要由 B 淋巴细胞构成，为直径 1～2 mm 的球状小体，其间有少量 T 淋巴细胞和巨噬细胞。在细菌、病毒等抗原的刺激下，淋巴小结中央部的 B 淋巴细胞能分裂、分化，形成生发中心，产生新的 B 淋巴细胞。

（2）副皮质区：位于皮质深层，是一片弥散的淋巴组织。副皮质区依赖胸腺而存在，故又称胸腺依赖区。副皮质区主要由 T 淋巴细胞构成，经抗原刺激后，也可发生免疫应答（免疫反应）。

（3）皮质淋巴窦：淋巴窦是淋巴结内淋巴流经的管道，窦壁由内皮细胞构成，窦内有许多巨噬细胞和网状细胞等。淋巴在淋巴窦内流动缓慢，有利于巨噬细胞对异物的清除。

2）髓质　由髓索及其间的髓质淋巴窦构成。

（1）髓索：淋巴组织构成的条索，彼此互相连接成网。髓索主要由 B 淋巴细胞、浆细胞和巨噬细胞等构成。

（2）髓质淋巴窦：也称髓窦，互相连接成网，其结构与皮质淋巴窦相似，但较宽大，腔内的巨噬细胞较多，淋巴在淋巴窦内流动缓慢，有利于巨噬细胞对异物的清除，故有较强的滤过功能。

3. 淋巴结的功能

（1）产生淋巴细胞：淋巴结内的淋巴细胞，可以分裂繁殖产生新的淋巴细胞。

（2）过滤淋巴：当淋巴流经淋巴结时，淋巴窦内的巨噬细胞可以将细菌等异物及时吞噬清除，起到过滤淋巴的作用。淋巴结对细菌的清除率可达 99.5％，但对病毒和癌细胞的清除率则较低。

（3）参与免疫：淋巴结是人体重要的免疫器官。遇到抗原刺激后，淋巴小结和髓索内的 B 淋巴细胞能转化为浆细胞，产生抗体。淋巴结内的 T 淋巴细胞可转变为具有杀伤异体细胞能力的细胞。

（二）脾

1. 脾的位置　脾位于左季肋区，胃底和膈之间，与第 9～11 肋相对，脾的长轴与第 10 肋一致。正常时在左肋弓下不能触及（图 8-54）。

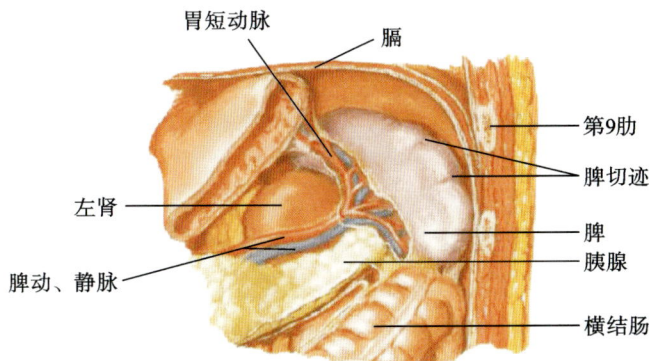

图 8-54　脾的位置和形态

2. 脾的形态　脾为人体最大的淋巴器官，为扁椭圆形实质器官，色暗红，质软而脆,在遭受暴力打击时容易发生破裂出血。脾可分为膈、脏两面,前、后两端,上、下两缘。脾的膈面平滑隆凸,与膈相贴;脏面凹陷,与腹腔内脏器相邻,脏面近中央处为脾门(hilum of splenic),是血液出入脾之处。脾的前端较宽阔,朝向前外下方;后端钝圆,朝向后内方;脾的下缘较钝;脾的上缘锐利,有 2～3 个小切迹,称脾切迹(splenic notch)。在脾大时,此是触诊脾的标志。

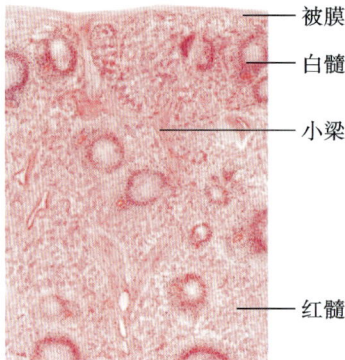

图 8-55 脾的微细结构

（被膜　白髓　小梁　红髓）

3. 脾的微细结构　脾的表面有一层间皮,间皮深面为一层较厚的致密结缔组织构成的被膜。被膜的结缔组织和平滑肌纤维深入脾内,形成许多小梁,小梁及其分支相互连接成网,构成脾的支架。脾的实质主要由淋巴组织构成,主要分为白髓和红髓两部分。在脾的切面上观察,脾的实质大部分呈暗红色,称红髓;红髓中散在有直径 1～2 mm 的灰白色小点,称为白髓(图 8-55)。

1) 红髓　由脾索和脾窦构成。

（1）脾索:呈索状,互相连接成网,脾索内有许多 B 淋巴细胞、网状细胞、巨噬细胞、浆细胞和红细胞等。

（2）脾窦:位于脾索之间的形状和大小不规则的腔隙,在窦壁附近有较多巨噬细胞。

2) 白髓　淋巴细胞排列密集,包括动脉周围淋巴鞘和淋巴小结两部分。

动脉周围淋巴鞘是位于中央动脉周围的弥散淋巴组织,主要是大量 T 淋巴细胞和少量巨噬细胞。脾动脉从脾门入脾后发出分支进入小梁,称为小梁动脉,小梁动脉分支离开小梁进入周围淋巴鞘内,成为中央动脉。

淋巴小结呈球状,位于动脉周围淋巴鞘的一侧,其形态与淋巴结的相似,主要由 B 淋巴细胞构成。

4. 脾的功能

（1）过滤血液:血液流经脾时,脾内的巨噬细胞能吞噬进入血液内的细菌等异物以及体内衰老的红细胞和血小板。当脾功能亢进时,可因其吞噬过度而引起红细胞和血小板减少,引起贫血。而脾切除后,血液内衰老红细胞将大量增多。

（2）造血功能:在胚胎时期,脾能生成各种血细胞。出生后,脾产生淋巴细胞,但在严重贫血或某些病理状态下,脾也有产生多种血细胞的能力。

（3）储存血细胞:红髓是储存红细胞和血小板的部位,当机体需要时,可将储存的血细胞释放入血液循环。脾内丰富的血窦可储存大约 40 mL 的血液。

（4）参与免疫反应:脾内的淋巴细胞和巨噬细胞都参与机体的免疫反应。当细菌等抗原物质侵入人体时,可引起脾内 T、B 淋巴细胞的免疫应答。

（三）胸腺

1. 胸腺的位置　胸腺位于上纵隔前部、胸骨柄的后方,分为大小不对称的左、右两叶。

2. 胸腺的形态　胸腺有明显的年龄变化,新生儿和幼儿的胸腺相对较大,至青春期以后,则逐渐萎缩退化,绝大部分被脂肪组织所代替(图 8-56)。

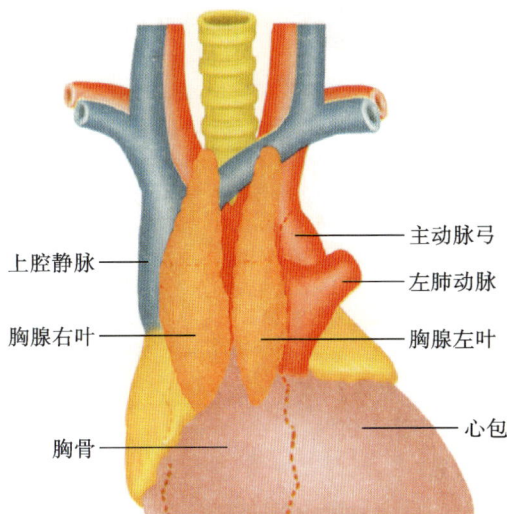

图 8-56 胸腺

3. 胸腺的微细结构 胸腺表面有薄层结缔组织被膜,伸入胸腺实质内,将胸腺分成不完整的小叶。小叶的浅部称皮质,深部称髓质。在胸腺皮质内,胸腺细胞排列密集,而在胸腺髓质内含有大量胸腺上皮细胞,且排列稀疏。胸腺细胞是 T 淋巴细胞的前体,对抗原无反应能力。

4. 胸腺的功能

(1) 产生、培育 T 淋巴细胞,并向周围淋巴器官输送 T 淋巴细胞。

(2) 产生胸腺素、胸腺生成素等,构成 T 淋巴细胞增殖、分化的微环境。

三、全身主要部位的淋巴结

人体的淋巴结多沿血管成群分布于人体的一定部位,并接受一定器官或一定部位回流的淋巴。因此,当局部有感染时,细菌、毒素、寄生虫等可沿淋巴管侵入相应的局部淋巴结,引起有关淋巴结群的肿大和疼痛;癌细胞也常沿淋巴管转移,并停留在淋巴结内繁殖增生,致使淋巴结逐渐肿大。当某一群淋巴结肿大时,可在其引流的范围内检查病变部位。故熟悉淋巴结群的位置及收纳范围,对诊断和治疗某些疾病有重要意义。

(一) 头颈部的淋巴结

头颈部的淋巴结较多,主要分布于头颈交界处和颈内静脉、颈外静脉的周围。

1. 下颌下淋巴结 位于下颌下腺附近。下颌下淋巴结收纳面部和口腔的淋巴,其输出管注入颈外侧深淋巴结(图 8-57、图 8-58)。面部和口腔有炎症或肿瘤时,常引起该淋巴结肿大。

2. 颈外侧浅淋巴结 位于胸锁乳突肌的浅面,沿颈外静脉排列。颈外侧浅淋巴结收纳耳后和腮腺下部等处的淋巴,其输出管注入颈外侧深淋巴结。

3. 颈外侧深淋巴结 沿颈内静脉排列,数目达 10～15 个(图 8-58)。颈外侧深淋

NOTE

177

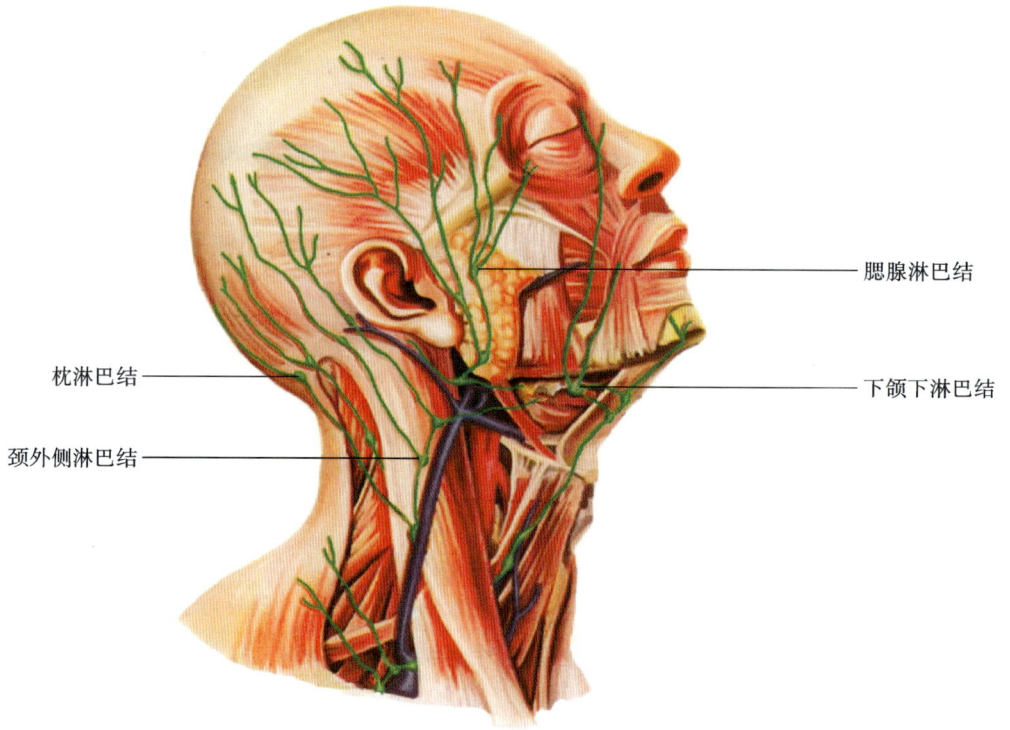

图 8-57　头颈部浅淋巴管和淋巴结

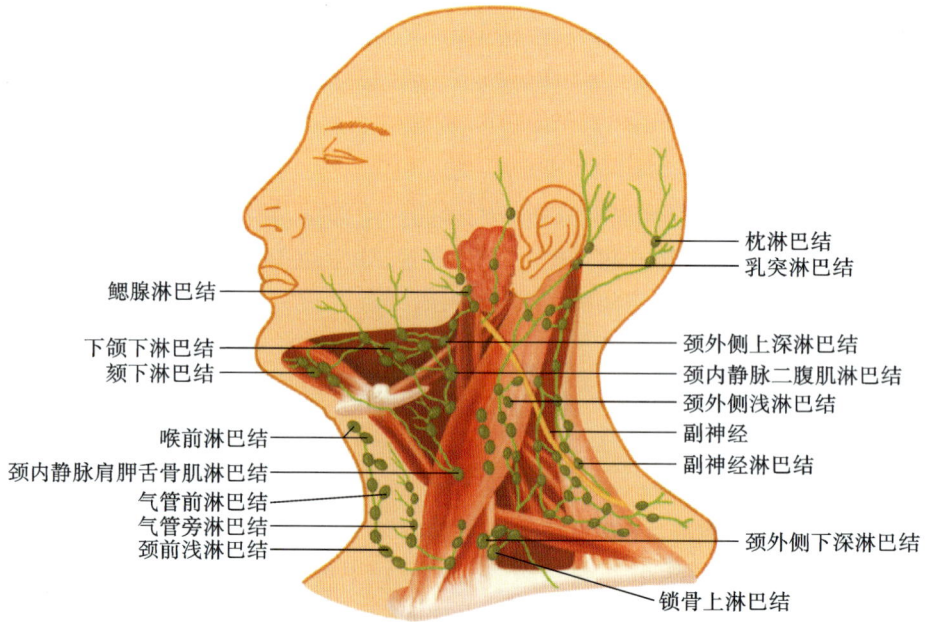

图 8-58　头颈部深层的淋巴管和淋巴结

巴结直接或间接地收集头颈部诸淋巴结的输出管,其输出管汇成颈干,左侧的注入胸导管,右侧的注入右淋巴导管(图 8-52)。

NOTE

颈外侧深淋巴结上部的淋巴结位于鼻咽部和舌根后方,称咽后淋巴结,患鼻咽癌和舌根癌时,癌细胞首先转移到该淋巴结。颈外侧深淋巴结下部的淋巴结除位于颈内静脉下段周围外,还延伸到锁骨上方,沿锁骨下动脉和臂丛排列,这部分淋巴结又称锁骨上淋巴结(图 8-56)。因颈干注入胸导管,常无瓣膜,故胃癌或食管癌患者的癌细胞可经胸导管经左颈干逆流转移到左锁骨上淋巴结,引起该淋巴结肿大。

(二)腋窝的淋巴结

腋窝的淋巴结主要有腋淋巴结。

腋淋巴结位于腋窝内,数目较多,有 15~20 个。它们收纳上肢、胸前外侧壁、乳房和肩部等处的浅、深淋巴,其输出管汇成锁骨下干,左侧的锁骨下干注入胸导管,右侧的注入右淋巴导管。当上肢感染或乳腺癌转移时,常引起腋淋巴结肿大(图 8-59)。

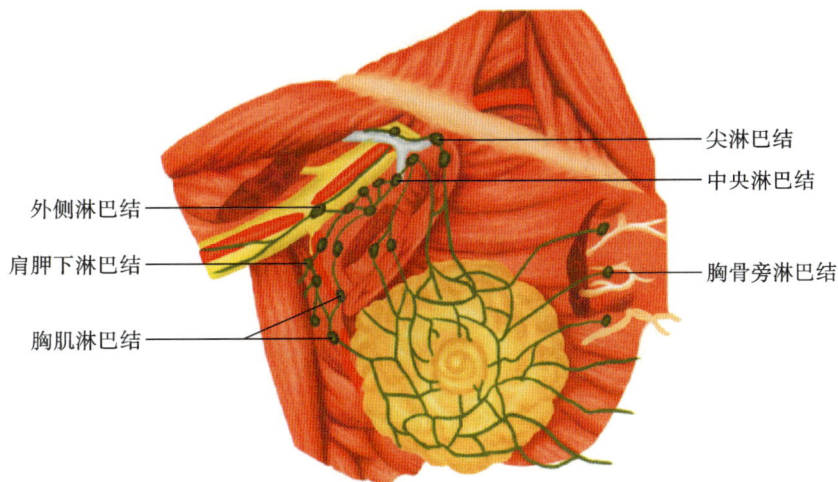

图 8-59 腋淋巴结和乳房的淋巴管

(三)胸部的淋巴结

胸部的淋巴结主要分布于纵隔内器官周围和肋的两端附近,重要的有胸骨旁淋巴结和支气管肺门淋巴结。

1. 胸骨旁淋巴结 沿胸廓内动脉排列。胸骨旁淋巴结收纳胸前壁、腹前壁上部和乳房内侧部等处的淋巴,其输出管注入支气管纵隔干。

2. 支气管肺门淋巴结 位于肺门处,又称肺门淋巴结。支气管肺门淋巴结收纳肺的淋巴,其输出管汇入气管杈周围的气管支气管淋巴结,后者的输出管注入气管旁淋巴结。气管旁淋巴结的输出管与位于纵隔前部淋巴结的输出管组成支气管纵隔干。左侧的支气管纵隔干注入胸导管,右侧的注入右淋巴导管(图 8-60)。肺部病变(如肺癌、肺结核等)时,常引起支气管肺门淋巴结肿大。

(四)腹部的淋巴结

1. 腰淋巴结 位于腹主动脉和下腔静脉的周围。腰淋巴结收纳腹后壁淋巴结的输出管和腹腔成对脏器的淋巴,以及髂总淋巴结的输出管。其输出管汇成左、右腰干,注入乳糜池(图 8-61)。

NOTE

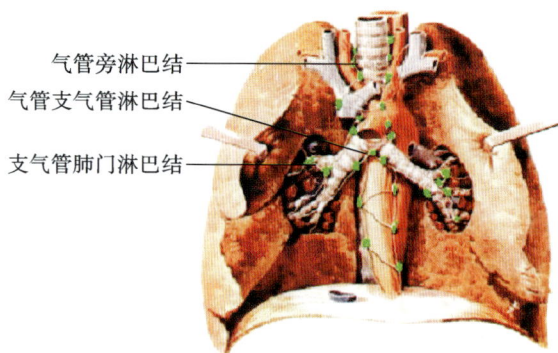

图 8-60　胸部的淋巴结

2. 腹腔淋巴结　位于腹腔干周围。腹腔淋巴结收纳腹腔干分布区的淋巴，其输出管参与组成肠干（图 8-61）。

3. 肠系膜上淋巴结和肠系膜下淋巴结　均位于同名动脉根部的周围。它们分别收纳同名动脉分布区的淋巴，其输出管参与组成肠干（图 8-61）。

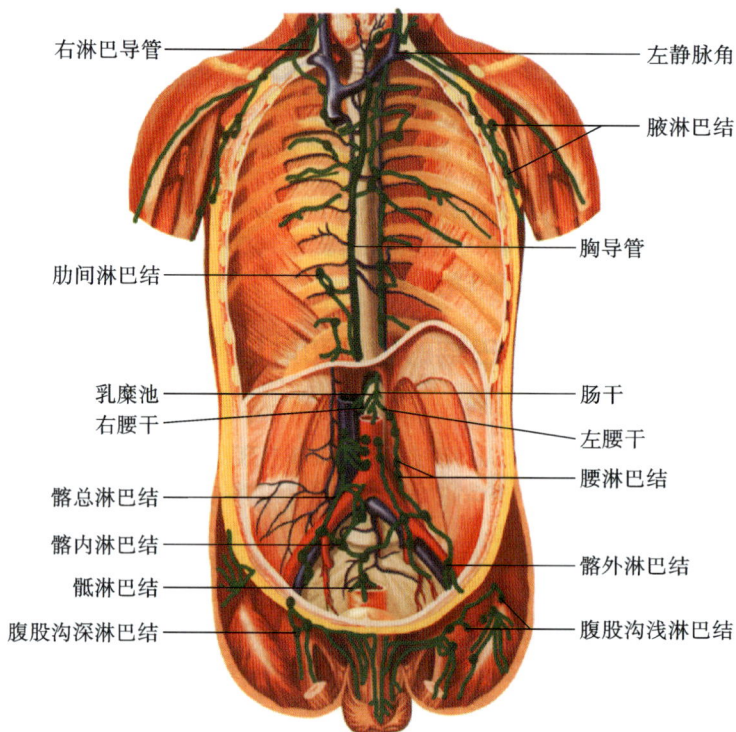

图 8-61　胸导管及腹、盆部的淋巴结

肠系膜淋巴结位于肠系膜内，有 100～150 个。在空回肠结核或恶性肿瘤时，有时可在腹前壁摸到肿大的淋巴结。腹腔淋巴结和肠系膜上、下淋巴结的输出管，互相汇合成肠干，注入乳糜池。

（五）盆部的淋巴结

沿髂内、外血管和髂总血管排列，分别称髂内淋巴结、髂外淋巴结和髂总淋巴结。它们分别收纳同名动脉分布区的淋巴管，最后经髂总淋巴结的输出管注入腰淋巴结。

1. 髂内淋巴结 沿髂内动脉排列，收纳盆腔器官、会阴和臀部等处的淋巴（图8-62），其输出管注入髂总淋巴结。

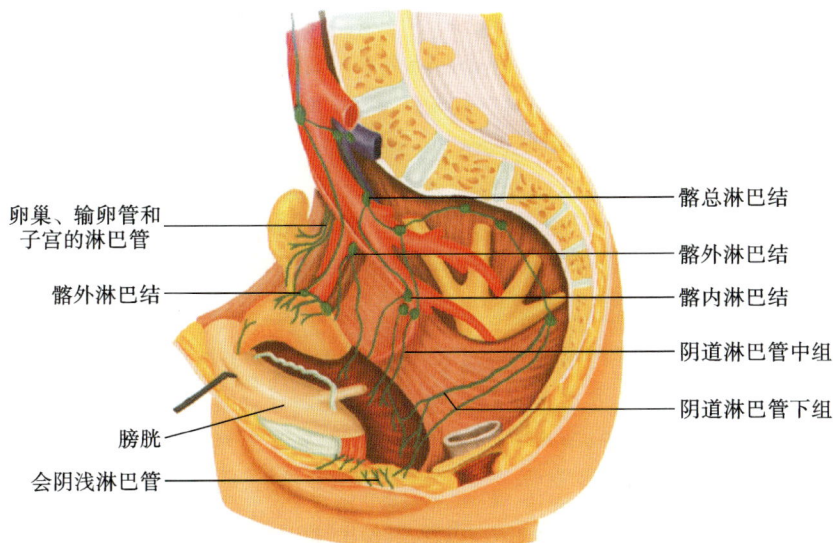

图 8-62 女性生殖器官的淋巴管和淋巴结

2. 髂外淋巴结 沿髂外动脉排列，主要接受腹股沟深淋巴结的输出管，以及从膀胱、前列腺或子宫颈等处回流的淋巴。

3. 髂总淋巴结 位于髂总动脉的周围，接受髂内淋巴结、髂外淋巴结的输出管，其输出管注入腰淋巴结。

（六）下肢的淋巴结

1. 腹股沟浅淋巴结 在腹股沟皮下，位于腹股沟韧带下方和大隐静脉末端。腹股沟浅淋巴结收纳腹前壁下部、臀部、会阴、外生殖器的淋巴管和下肢除足外侧缘和小腿后外侧部以外的浅淋巴，其输出管注入腹股沟深淋巴结（图8-63）。

2. 腹股沟深淋巴结 位于股静脉根部的内侧。腹股沟深淋巴结收纳腹股沟浅淋巴结的输出管和下肢的深淋巴管，以及从足外侧缘和小腿后外侧浅层结构回流的淋巴，其输出管注入髂外淋巴结（图8-61）。

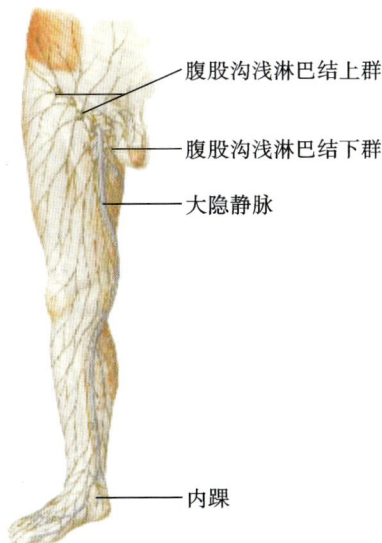

图 8-63 下肢的淋巴管和淋巴结

NOTE

知识拓展

淋巴结肿大

淋巴结分布全身,是人体重要的免疫器官,按其位置可分为浅表淋巴结和深部淋巴结。正常淋巴结直径多在 0.2～0.5 cm,常呈组群分布。每一组群淋巴结收集相应引流区域的淋巴,如耳后、乳突区的淋巴结收集头皮范围内的淋巴;颌下淋巴结群收集口底、颊黏膜、牙龈等处的淋巴;颈部淋巴结收集鼻、咽、喉、气管、甲状腺等处的淋巴;左侧锁骨上淋巴结群收集食管、胃等器官的淋巴,右侧锁骨上淋巴结群收集气管、胸膜、肺等处的淋巴;腋窝淋巴结群收集躯干上部、乳腺、胸壁等处的淋巴;腹股沟淋巴结群收集下肢及会阴部的淋巴。了解两者之间的关系,对于判断原发病灶的部位及性质有重要临床意义。一个区域淋巴结肿大称局限淋巴结肿大,多见于非特异性淋巴结炎、淋巴结结核及恶性肿瘤转移,应按淋巴引流区域寻找原发病灶。两个区域以上淋巴结肿大,要考虑为全身性淋巴结肿大,多见于急(慢)性淋巴结炎、传染性单核细胞增多症、白血病、淋巴瘤、钩端螺旋体病、恙虫病、布鲁菌病、血清病、结缔组织病等。

课后习题

一、名词解释

1. 体循环 2. 肺循环 3. 心包腔 4. 颈动脉窦 5. "危险三角"

二、简答题

1. 简述心的位置,在何处触及心脏搏动。

2. 心腔内血液如何流动?简述心腔内保证血液流动方向的装置。

3. 全身有哪些动脉可在体表摸到其搏动?

4. 全身有哪些静脉可用于穿刺采血或静脉注射?

三、论述题

肝硬化患者肝门静脉回流受阻可出现呕血、便血、腹腔积液、脾大,根据所学知识解释。

在线答题

NOTE

第九章 感 觉 器

本章 PPT

▎第一节 视 器▎

学习目标 ▎…

掌握：眼球的构成；眼球壁的层次、各层形态结构及功能；眼球内容物的组成、各部的形态特点及功能；房水的产生及循环途径；结膜的分部及形态特点。

熟悉：泪器的组成、位置及泪液排出的途径；眼球外肌的名称及作用。

了解：眼睑的层次；眼的血管；眼的神经支配。

一、概念

视器（visual organ）即眼，是视觉活动的重要器官，其功能是接受可见光的刺激，并将光波刺激转化成神经冲动，经视觉传导通路到大脑皮质视觉中枢形成视觉。主要由眼球和眼副器两部分组成。

（一）眼球

眼球（eyeball）位于眼眶内，是视器的主要部分。前面有眼睑保护，后面借视神经与间脑相连，周围附有眼副器。眼球前面角膜的正中点，称前极；后面巩膜正中点，称后极。两极间的连接，称眼轴。经瞳孔中央至视网膜中央凹的连线，称视轴；视轴与眼轴成锐角交叉。眼球由眼球壁及其内容物构成。眼球的水平切面见图 9-1。

1. 眼球壁 眼球壁由外向内由三层膜构成：纤维膜、血管膜和视网膜。

1）纤维膜（fibrous membrane） 纤维膜即眼外膜，是眼球壁的最外层，由纤维结缔组织构成，厚而坚韧，具有保护眼球内容物和维持眼球形态的作用。分为角膜和巩膜两部分。

（1）角膜：占纤维膜的前 1/6，无色透明，前面微凸，富有弹性，有屈光作用。角膜无色透明，无血管和淋巴管，但有丰富的感觉神经末梢，故感觉非常敏锐。

（2）巩膜：占纤维膜的后 5/6，主要由致密结缔组织构成，呈乳白色，不透明。前接角膜，后续视神经鞘。在巩膜与角膜移行处有一环形的巩膜静脉窦，是房水循环的重要通道。

2）血管膜（vascular tunic） 血管膜为眼球壁的中层，含有丰富的血管、神经和色

NOTE

183

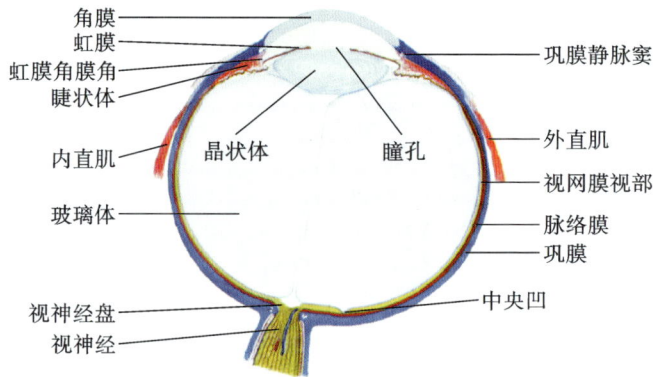

图 9-1　眼球的水平切面

素细胞,呈棕黑色,故又称色素膜,有营养眼内组织及遮光的作用。自前向后分为虹膜、睫状体和脉络膜三部分。

(1)虹膜:位于血管膜的最前部,为呈冠状位的圆盘状薄膜。虹膜的颜色取决于其包含色素的多少,有种族和个体的差异。中央有一圆形的小孔,称为瞳孔,光线经瞳孔进入眼球内。虹膜内有两种呈不同方向排列的平滑肌:一种呈环形,环绕在瞳孔周缘,称瞳孔括约肌,收缩时使瞳孔缩小;另一种呈放射状排列,称瞳孔开大肌,收缩时使瞳孔扩大。瞳孔通过开大与缩小,调节进入眼球内光线的多少,外界光线强或视近物时,瞳孔缩小;外界光线弱或视远物时,瞳孔开大(图 9-2、图 9-3)。

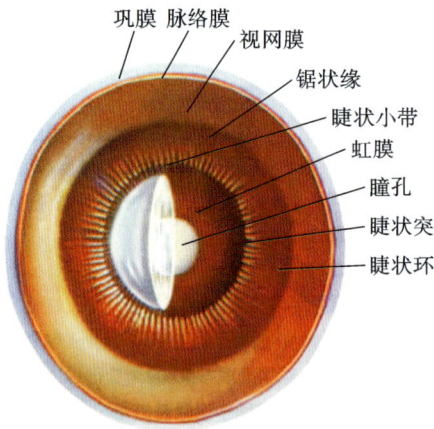

图 9-2　眼球前部后面观

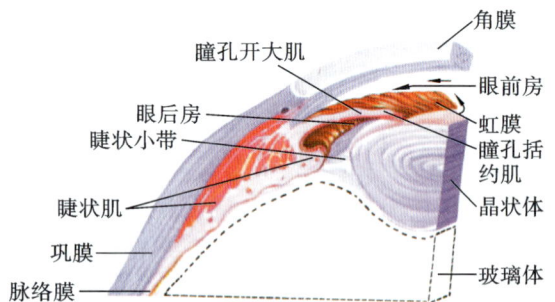

图 9-3　眼球前半部放大观

(2)睫状体:位于角膜和巩膜移行处内面,为血管膜的环形增厚部分。其后部平坦,为睫状环;前部突出呈放射状排列的皱襞,称睫状突;睫状突发出睫状小带连于晶状体的周缘。睫状体内呈放射状和环状分布的平滑肌为睫状肌,该肌牵动睫状小带,调节晶状体的曲度(图 9-2、图 9-3)。房水由睫状突的上皮细胞产生。

(3)脉络膜:位于巩膜内面,占血管膜的后 2/3,为富含血管和色素细胞的薄膜。外面与巩膜疏松相连,内面紧贴着视网膜。前面续于睫状体,后部有视神经穿过。脉络膜具有营养眼球壁和吸收眼内散射光线的作用,避免干扰视觉(图 9-1)。

3）视网膜（retina） 视网膜在眼球壁最内层，紧贴于血管膜的内面。自前向后可分为三部分：虹膜部、睫状体部和脉络膜部。虹膜部和睫状体部无感光作用，称视网膜盲部。脉络膜部具有感光作用，又称视网膜视部，紧贴脉络膜内面。

视网膜视部的组织结构可分为内、外两层，外层为色素上皮层，内层为神经细胞层。神经细胞层主要含有三层细胞，由外向内依次为视细胞、双极细胞和节细胞。视细胞为感光细胞，可分为视锥细胞和视杆细胞两种。视锥细胞能感受强光刺激，有辨色能力；视杆细胞只能感受弱光刺激，无辨色能力。感光细胞感受的刺激经双极细胞传导至节细胞，节细胞的轴突在视神经盘处集中，穿过眼球壁，构成视神经（图9-4）。

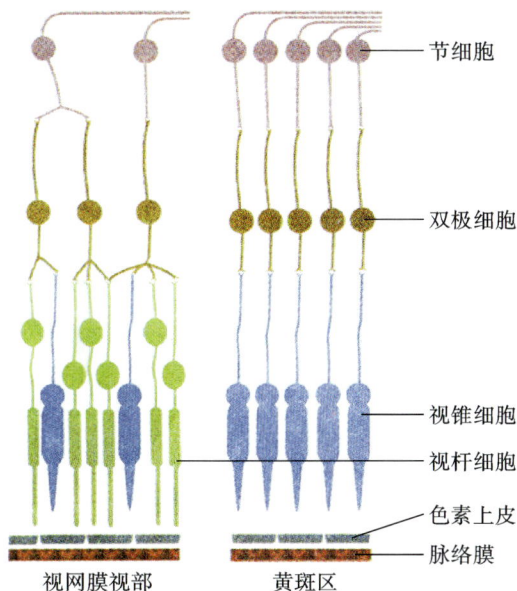

图 9-4 视网膜的结构

视网膜后部有一圆盘状白色隆起，称为视神经盘，其中央有视神经和视网膜中央动、静脉穿过，此处无感光细胞，称生理性盲点。在视神经盘颞侧约 3.5 mm 处稍偏下方有一黄色小区，称黄斑，其中央凹陷，称中央凹，是感光最敏锐的部位（图9-5）。

2. 眼球内容物 眼球内容物包括房水、晶状体和玻璃体，都无血管、无色透明，有屈光作用，与角膜合称眼的屈光系统，能使进入眼球的光线到达视网膜成像。

（1）房水（aqueous humor）：充满在眼房内的无色透明液体。眼房为角膜、晶状体和睫状体间的腔隙，以虹膜为界分为眼前房和眼后房，虹膜和角膜之间的腔隙为眼前房，虹膜和睫状体、晶状体之间的腔隙为眼后房，两者借瞳孔相通。在眼房内，虹膜与角膜交界处构成虹膜角膜角，又称前房角，房水经此回流入巩膜静脉窦。

房水由睫状体产生，从眼后房经瞳孔流入眼前房，然后经虹膜角膜角入巩膜静脉窦，最后汇入眼静脉。房水除具有屈光作用外，还有营养角膜和晶状体并维持正常眼内压的作用。若虹膜与晶状体粘连或虹膜角膜角狭窄等，可导致房水回流受阻，引起眼内压升高，视网膜受压而导致视力减退甚至失明，临床上称为青光眼。

（2）晶状体（lens）：位于虹膜和玻璃体之间的双凸透镜状透明体（图9-1），富有弹性，无血管和神经分布。

NOTE

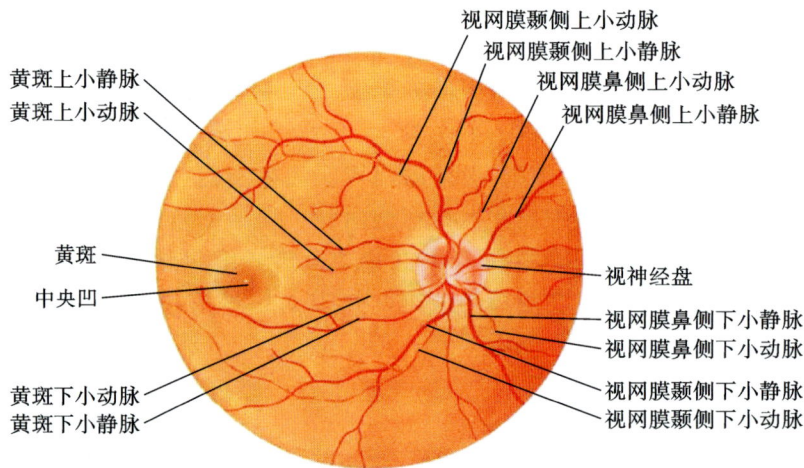

图 9-5 眼底(检眼镜可见)

晶状体表面包有薄而透明的晶状体囊;晶状体由排列均匀整齐的晶状体纤维组成,其周围部较软,称为晶状体皮质;中央部较硬,称为晶状体核。晶状体周缘借睫状小带与睫状突相连(图 9-3)。

晶状体的曲度可随睫状肌的舒缩而改变。视近物时,睫状肌收缩,睫状体向前向内移动,睫状小带松弛,晶状体因为自身弹性而变厚,屈光能力加大;视远物时,睫状肌舒张,睫状体向后外移位,睫状小带紧张,向周围牵引晶状体,使晶状体变扁,屈光能力减弱;睫状肌对晶状体的调节能确保所视物体在视网膜上清晰成像。临床上晶状体因病变或创伤而变混浊,称为白内障。

知识拓展

老花眼

晶状体借众多的睫状小带系于睫状体上,借助睫状肌收缩与舒张来改变自身的厚度。晶状体通过其曲度的变化,调整屈光能力,使物像聚焦于视网膜上,使远、近物体均能清晰成像。由此可见,眼球调节主要依靠睫状肌和晶状体的弹性。随着年龄的增长,老年人的晶状体核会逐渐变大、变硬,弹性减退,睫状肌也会逐渐萎缩,调节力减弱,视力出现减退,视近物疲劳、模糊,必须借助凸透镜(老花镜)来提高视力,俗称"老花眼"。

(3)玻璃体(vitreous body):充满于晶状体和视网膜之间的胶状物(图 9-1),无色透明。玻璃体除有屈光作用外,还有维持眼球形状和支撑视网膜的作用。临床上玻璃体混浊时,可影响视力;玻璃体萎缩或发育不良时,可造成视网膜剥离。

角膜、晶状体、玻璃体和房水等是构成眼屈光系统的主要结构,其中角膜和晶状体起主要作用。

NOTE

（二）眼副器

眼副器主要包括眼睑（图 9-6）、结膜、泪器、眼球外肌和眶内结缔组织等结构，对眼球起保护、支持和运动的作用。

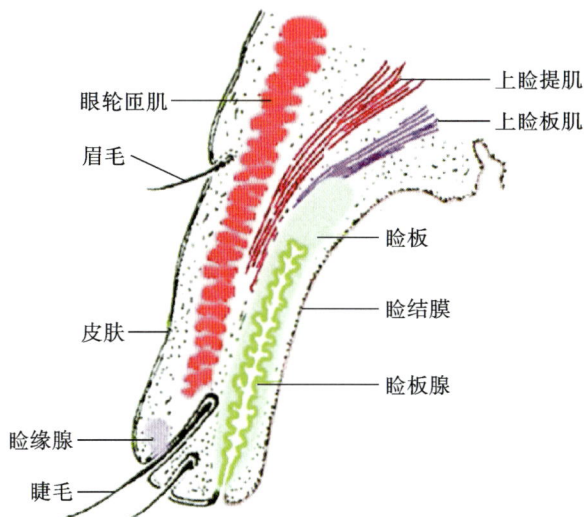

图 9-6　眼睑（矢状面）

1. 眼睑　眼睑（eyelid）位于眼球前方，分为上睑和下睑，有保护眼球的作用。两者间的裂隙，称为睑裂。其内侧角呈钝圆形，称内眦；外侧角较锐，称外眦。眼睑的游离缘，称睑缘，有向外生长的睫毛，睫毛根部的皮脂腺，称睑缘腺（又称 Zeis 腺）。若腺导管阻塞，发炎肿胀称睑缘腺炎（麦粒肿）。

眼睑从外向内可分为五层，即皮肤、皮下组织、肌层、睑板和睑结膜（图 9-6）。眼睑的皮肤细薄，皮下组织松弛，缺乏脂肪组织。肌层为眼轮匝肌和上睑提肌，前者收缩可闭合睑裂，后者收缩可提起上睑。此外，周围还有少量平滑肌，分别称为上、下睑板肌，受交感神经支配，收缩时可协助开大睑裂。睑板呈半月形，由致密结缔组织构成，质硬如软骨，是眼睑的支架。睑结膜紧贴于睑板的内面。睑板内有许多睑板腺，其导管开口于眼睑的后缘，分泌脂性液体，有润滑睑缘和防止泪液外溢的作用。该腺导管受阻，形成睑板腺囊肿（霰粒肿）。

2. 结膜　结膜（conjunctiva）是一层透明的薄膜，富含血管和神经末梢，贴覆于眼睑内面和眼球前面。按其分布的部位可分为睑结膜、球结膜和结膜穹，后者位于球结膜与上、下睑结膜相互移行处，其反折处分别称结膜上、下穹。当眼睑闭合时，结膜即围成一腔隙，称结膜囊。结膜炎和沙眼都是临床上常见的结膜疾病。

3. 泪器　泪器主要由泪腺和泪道两部分构成。

（1）泪腺（lacrimal gland）：位于眼眶上壁前外侧的泪腺窝内，有 10～20 条排泄小管开口于结膜上穹外侧部。泪腺分泌泪液，随着眨眼的动作将泪液涂布于眼球表面，有润滑和清洁角膜的作用，并可冲洗结膜囊，对眼球起保护作用（图 9-7）。

（2）泪道（lacrimal passage）：包括泪点、泪小管、泪囊和鼻泪管（图 9-8）。

泪点：在上、下睑缘内眦端各有一小隆起，其中间有一小孔，称泪点，为泪小管的入口。

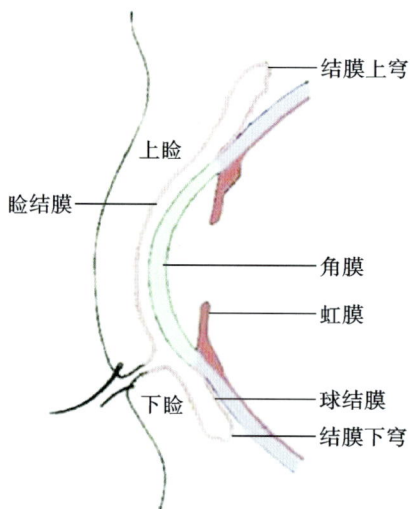

图 9-7　眼睑(矢状面)

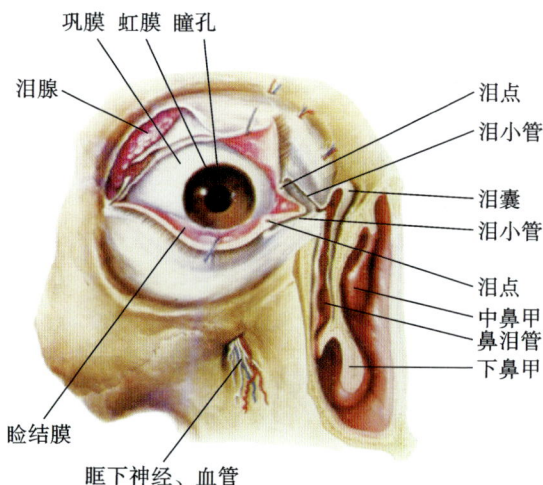

图 9-8　泪器

泪小管:上、下各一,分别起于上、下泪点,最初垂直于睑缘,然后水平向内侧汇合后开口于泪囊。

泪囊:位于眼眶内侧壁前下部的泪囊窝内,上端为盲端,下端移行为鼻泪管。

鼻泪管:上段为骨性鼻泪管,内衬黏膜;下段位于鼻腔外侧壁鼻黏膜深面,开口于下鼻道的外侧壁前部。

4. 眼球外肌　眼球外肌是指运动眼球和运动眼睑的肌。

运动眼球的肌有 4 条直肌和 2 条斜肌,即上直肌、下直肌、内直肌、外直肌,上斜肌和下斜肌(图 9-9)。4 条直肌均起于总腱环(位于视神经管内),向前分别止于眼球前部巩膜的上、下、内侧和外侧面。内直肌、外直肌收缩分别使瞳孔转向内侧和外侧。

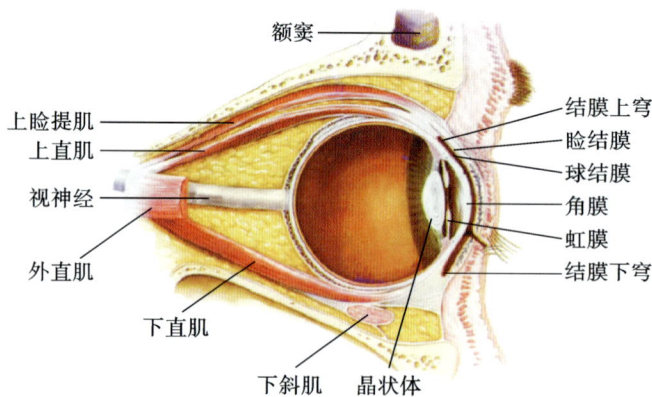

图 9-9　眼球外肌(外侧面观)

由于上直肌、下直肌的位置并非正矢状位,起点在止点的后内侧,上直肌收缩使瞳孔转向内下方,下直肌收缩使瞳孔转向内上方。上斜肌也起于总腱环,以细腱穿眶内侧壁前上方的滑车,然后转向后外侧,止于眼球后部后外侧面,其收缩使瞳孔转向外下方。下斜肌起于眶下壁前内侧,经眼球下方止于眼球后外侧面,其收缩使瞳孔转向外上方。眼球的正常活动,由上述 6 条肌相互协作完成(图 9-10)。

运动眼睑的肌为上睑提肌,起于视神经管上缘,沿眶上壁向前,止于上睑。作用是提上眼睑,开大睑裂。

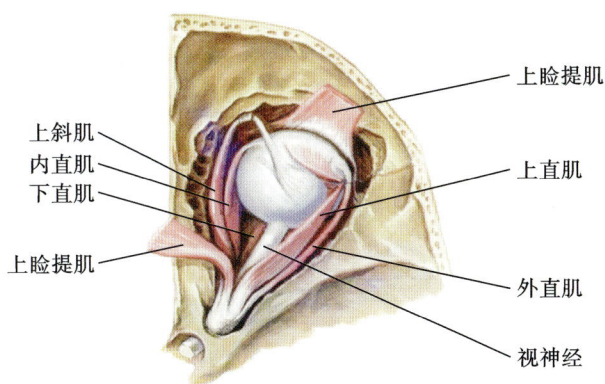

图 9-10 眼球外肌(上面观)

(三)眼的血管和神经

1. 眼的动脉 分布于眼球和眼副器的动脉主要是眼动脉。眼动脉在颅内自颈内动脉发出后,与视神经伴行经视神经管入眶,发出分支营养眼球、眼球外肌、泪腺和眼睑等。其最重要的分支为视网膜中央动脉。该动脉在眼球后方穿入视神经管内,行至视神经盘中央并分为 4 支,即视网膜鼻侧上、下小动脉和颞侧上、下小动脉,分布至视网膜各部,营养视网膜内层。临床上用检眼镜可直接观察此动脉变化,以助于诊断动脉硬化和某些颅内疾病。

2. 眼的静脉 主要是视网膜中央静脉和涡静脉。前者注入眼上静脉,后者注入眼上、下静脉。眼上、下静脉向后注入海绵窦,前方与内眦静脉相吻合,因无静脉瓣,故面部感染可经此侵入颅内。

3. 眼的神经 分布于眼的神经很多,其中视神经传导视觉;眼球外肌的运动受动眼神经、滑车神经和展神经支配;眶内全部组织的一般感觉由眼神经管理;睫状肌和瞳孔括约肌的运动受动眼神经的副交感神经纤维支配;瞳孔开大肌受交感神经(来源于颈交感干)支配;泪腺的分泌由面神经的副交感神经纤维支配。

第二节 前庭蜗器

学习目标

掌握:外耳道的形态;鼓膜的位置、形态、分部;中耳的组成,鼓室的壁及主要结构;内耳的组成以及各部的形态;声波的空气传导途径。

熟悉:咽鼓管的形态和功能;听小骨及其连接,乳突窦和乳突小房的位置;声波的骨传导途径。

NOTE

189

前庭蜗器（vestibulocochlear organ）又称位听器或耳，包括前庭器（位置觉感受器）和蜗器（听觉感受器）两部分，两者功能虽不同，但结构上难以分割。前庭蜗器包括外耳、中耳和内耳三部分（图 9-11）。其中外耳、中耳是收集和传导声波的装置，内耳是接受声波和位置觉刺激，产生神经冲动的部位。听觉感受器和位置觉感受器位于内耳。

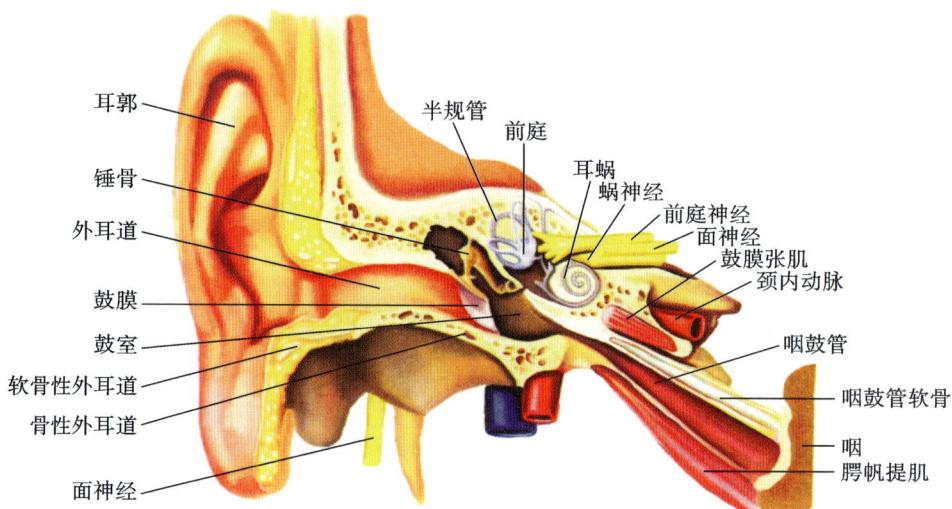

图 9-11　前庭蜗的结构

一、外耳

外耳包括耳郭、外耳道和鼓膜三部分。

（一）耳郭

耳郭位于头部两侧，大部分以弹性软骨为支架，外覆皮肤。皮下组织薄，血管、神经丰富。耳郭下方无软骨的部分称耳垂。耳郭有收集声波和判断声波来源方向的作用。

（二）外耳道

外耳道是来自外耳门至鼓膜间的弯曲管道（图 9-11），长约 2.5 cm。分为外 1/3 的软骨部（以软骨为基础）和内 2/3 的骨部（以骨为基础）。外侧 1/3 朝向内后上，内侧 2/3 朝向内前下。软骨部有移动性，成人检查鼓膜时须将耳郭拉向后上方，使外耳道变直，能看到外耳道底部的鼓膜；婴幼儿检查鼓膜时须将耳郭拉向后下方，使外耳道变直，方能看到鼓膜。

外耳道的皮下组织较少，皮肤与软骨膜或骨膜相贴甚紧，故外耳道发生疖肿时，疼痛剧烈。外耳道软骨部的皮肤内有耵聍腺（ceruminous gland），分泌耵聍。如耵聍凝结成块阻塞外耳道，则为耵聍栓塞，影响听力。

（三）鼓膜

鼓膜（tympanic membrane）为分隔外耳道与中耳鼓室的半透明薄膜（图 9-11、图 9-12），凹面向前下外倾斜，中心部称鼓膜脐（umbo of tympanic membrane），其内面为锤骨柄末端附着处。鼓膜分为上 1/4 的松弛部和下 3/4 的紧张部。在活体观察鼓膜时,可见到位于鼓膜脐前下部有一个三角形的反光区,称光锥(light cone),为外来光线经鼓膜的凹面集中反射而成。当鼓膜出现炎症或破裂时,此光锥可变性或消失。

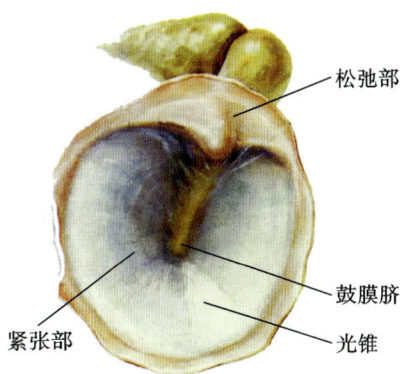

图 9-12　鼓膜(右耳外面观)

二、中耳

中耳主要位于颞骨岩部内,包括鼓室、咽鼓管、乳突窦和乳突小房,各部内均覆有黏膜且相互延续,病变可相互蔓延。

(一)鼓室

鼓室(tympanic cavity)是颞骨岩部内一个不规则的含气小腔,位于鼓膜与内耳之间。前经咽鼓管通鼻咽部,后借乳突窦通向乳突小房。鼓室内各有 3 块听小骨并有听小骨肌附着。

1. 鼓室的壁　鼓室的形态不规则,分为 6 个壁(图 9-13)。

(1)上壁(盖壁):鼓室盖,分隔鼓室与颅中窝的薄层骨板。

(2)下壁(颈静脉壁):一层薄骨板,分隔鼓室与颈内静脉起始部。

(3)前壁(颈动脉壁):颈动脉管的后壁,此壁上方有咽鼓管的开口。

(4)后壁(乳突壁):上部有乳突窦的开口,由此通向乳突小房。开口下方有锥隆起,内藏镫骨肌。

(5)外侧壁(鼓膜壁):此壁主要由鼓膜构成,鼓膜上方是由颞骨骨质围成的鼓室上隐窝。

(6)内侧壁(迷路壁):内耳外侧壁。此壁的中部隆起,称为岬(promontory)。岬的后上方有一卵圆形孔,称前庭窗(fenestra vestibule),由镫骨底封闭。岬的后上方有一圆形开口,称蜗窗(fenestra cochleae),由第二鼓膜封闭。前庭窗后上方有面神经管

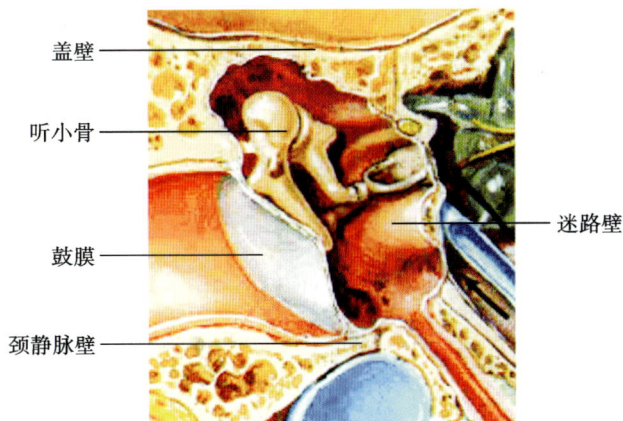

图 9-13　鼓室壁

NOTE

凸,内有面神经通过。面神经管壁薄,中耳炎或中耳手术时易损伤面神经。

2. 听小骨 听小骨(auditory ossicle)由外向内依次排列为锤骨、砧骨和镫骨(图9-14)。锤骨柄与鼓膜相连,镫骨底封闭前庭窗,砧骨分别与锤骨和镫骨相连。3块听小骨相互连结成听小骨链,犹如一"弯曲的杠杆",将鼓膜的振动传至内耳。

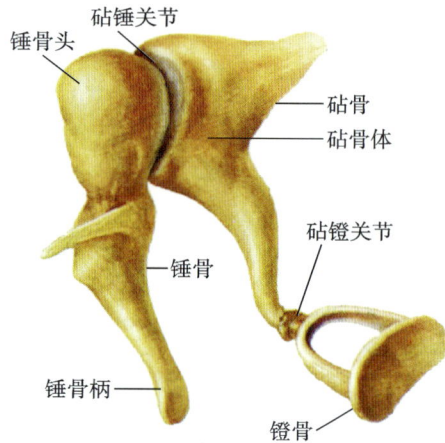

图 9-14 听小骨

3. 听小骨肌

(1)鼓膜张肌:收缩可牵拉锤骨柄而使鼓膜紧张。

(2)镫骨肌:收缩时牵拉镫骨而减小镫骨底对内耳的压力。

（二）咽鼓管

咽鼓管(auditory tube)是沟通鼻咽与鼓室的管道。内面覆有黏膜并与咽部黏膜和鼓室黏膜相延续。近鼓室端为骨部,近鼻咽端为软骨部。平时该鼻咽部的开口处于闭合状态,当吞咽、打哈欠或打喷嚏时开放,以保持鼓膜内外侧压力平衡。

（三）乳突小房和乳突窦

乳突小房是内骨乳突内的许多彼此相通的含气小腔。乳突窦(mastoid antrum)是一个介于乳突小房和鼓室间的腔。

知识拓展

中耳虽小,但各部连通,黏膜互连,周围毗邻结构复杂,故一旦感染,必然相互影响。小儿的咽鼓管管腔较大,短而平直,故咽部感染易沿此管侵及鼓室而导致中耳炎。特别是婴幼儿,由于鼓室上壁的岩鳞缝尚未闭合,中耳炎症有可能导致颅内感染。

三、内耳

内耳位于颞骨岩部内,是介于鼓室与内耳道底间一系列结构复杂的弯曲管道,故又称迷路(labyrinth),是位置觉、听觉感受器的所在部位。内耳包括骨迷路和膜迷路。骨迷路是骨性管道,膜迷路是位于骨迷路内的膜性管道。骨迷路与膜迷路间的间隙充满外淋巴,膜迷路内含有内淋巴,内、外淋巴互不交通。

1. 骨迷路 骨迷路(bony labyrinth)由后外向前内依次为骨半规管、前庭和耳蜗三部分(图 9-15),它们相互连通,沿颞骨岩部长轴排列。

前庭(vestibule)位于骨迷路中部,为一个不规则腔隙。其外侧壁上有前庭窗开口;内侧壁为内耳道之底,有神经和血管穿行;前部有一大孔通耳蜗;后部有 5 个小孔通 3 个骨半规管(图 9-15)。

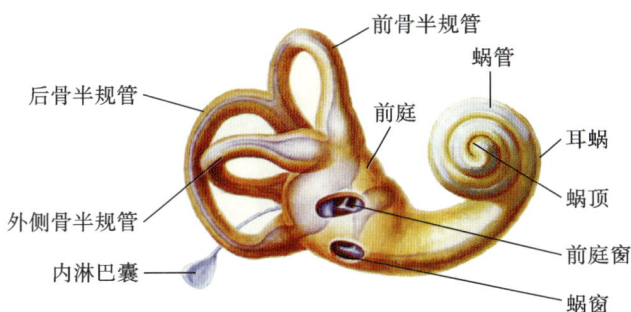

图 9-15 骨迷路和膜迷路(右侧)

骨半规管(bony semicircular canal)由 3 个相互垂直的"C"形小管组成,分别称前骨半规管、后骨半规管和外侧骨半规管。每个骨半规管有 2 个骨脚,其中一个脚膨大称壶腹骨脚,另一个脚不膨大,称单骨脚。前、后骨半规管的单骨脚合并为一个总骨脚,故 3 个骨半规管有 5 个孔开口于前庭。

耳蜗(cochlea)形似蜗牛壳,蜗底朝向后内侧,正对内耳道底;蜗顶朝向前外侧(图 9-16)。耳蜗由骨性蜗螺旋管(cochlear spiral canal)环绕蜗轴两圈半构成。蜗轴骨质疏松,有血管、神经穿行其间。从蜗轴向蜗螺旋管内突出一薄板,称骨螺旋板,后者与膜迷路的蜗管相连,将蜗螺旋管完全分隔为近蜗顶侧的管腔,称前庭阶(vestibular scale),和近蜗底侧的管腔,称鼓阶(scala tympani)。前庭阶和鼓阶在蜗顶处借蜗孔彼此相通。蜗孔在蜗顶处,由骨螺旋板、膜螺旋板与蜗轴围成,是前庭阶和鼓阶的唯一通道。

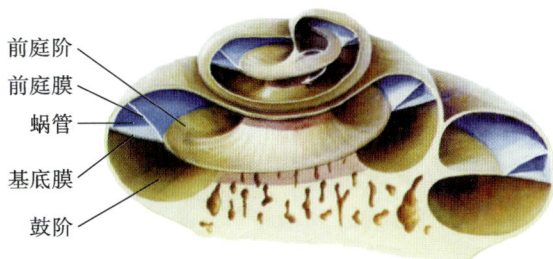

图 9-16 耳蜗模式图

2. 膜迷路 膜迷路(membranous labyrinth)是套在骨迷路内的密闭的膜性管或囊,由椭圆囊和球囊、膜半规管和蜗管构成(图9-15、图9-17),它们相互连通,含有内淋巴。

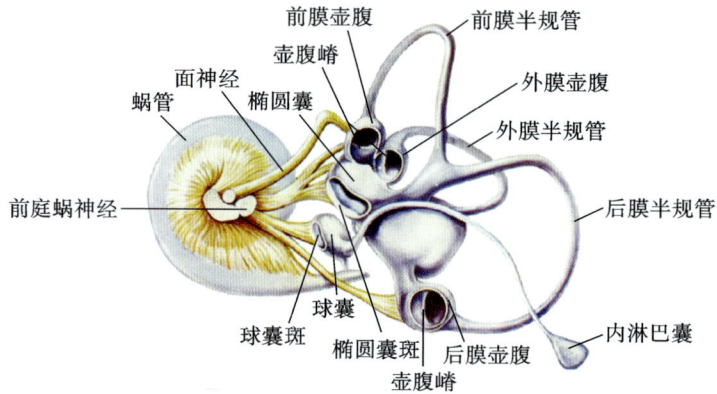

图 9-17 膜迷路

椭圆囊(utricle)和球囊(saccule)位于前庭内。二者间借椭圆囊管相通;球囊下端有连合管与蜗管相连;椭圆囊后壁借5个开口与膜半规管相通。在椭圆囊和球囊壁的内面,分别附有椭圆囊斑(macula utriculi)和球囊斑(macula sacculi),二者合称位觉斑,是位置觉感受器,可以感受头部的静止位置觉和直线变速运动的刺激。

膜半规管位于骨半规管内(图9-15、图9-17),在骨壶腹内相应的膜部膨大成膜壶腹,其壁上黏膜增厚呈嵴状突起,称壶腹嵴,是感受头部变速旋转运动刺激的感受器。

蜗管位于耳蜗蜗螺旋管内(图9-15至图9-17)。以盲端起自前庭,并与球囊相连通;至蜗顶,呈盲端而终。膜蜗管横断面呈三角形(图9-16)。上壁为前庭膜;外侧壁为增厚的骨膜及被覆的黏膜上皮;下壁由骨螺旋板缘及螺旋膜构成。

螺旋膜又称基底膜,基底膜上有听觉感受器——螺旋器(spiral organ),又称为科尔蒂器(Corti器)。

声波的传导途径如下。

(1) 空气传导:耳郭将收集到的声波经外耳道传到鼓膜,引起鼓膜振动,随之中耳内的听小骨链运动,经镫骨底传导前庭窗,引起前庭阶内的外淋巴振动,再经蜗孔传至鼓阶。外淋巴的波动带动内淋巴的波动,也可直接引起基底膜的振动,刺激螺旋器产生神经冲动,最后经蜗神经传入中枢,从而产生听觉。此传导途径,称为空气传导。空气传导是正常情况下听觉产生的主要途径。

(2) 骨传导:声波经颅骨直接传入内耳的过程。声波的冲击和鼓膜的振动可经颅骨和骨迷路传入,直接使内耳的内淋巴波动,随之刺激基底膜上的螺旋器产生神经冲动,引起听觉。这一传导方式称骨传导。临床上可通过检查患者空气传导和骨传导受损的情况,判断听觉异常产生的部位和原因。

第三节 皮 肤

✎ **学习目标** ┃…

掌握：皮肤的组成，表皮的组织结构。
熟悉：非角质形成细胞的种类、结构及功能；真皮的组织结构。
了解：皮肤附属器官的种类、结构及功能；皮下组织的结构特点。

皮肤（skin）是人体最大的器官，约占人体重的 16%，总面积 1.2～2 m^2，由表皮和真皮组成，并通过皮下组织与深部组织相连。皮肤内有毛、皮脂腺和指（趾）甲，它们是由表皮衍生的皮肤附属器。皮肤具有屏障、保护、排泄、感觉、吸收、调节体温和参与免疫应答等功能。

一、表皮

（一）表皮的分层

表皮（epidermis）位于皮肤的浅层。组成表皮的主要细胞是角质形成细胞与非角质形成细胞。前者构成表皮的主体，分层排列；后者数量较少，分散在角质形成细胞之间，在 HE 染色下不易辨认。人体各部的表皮厚薄不一，以手掌及足底最厚。表皮由基底到表面依次分出典型的五层结构（图 9-18）。

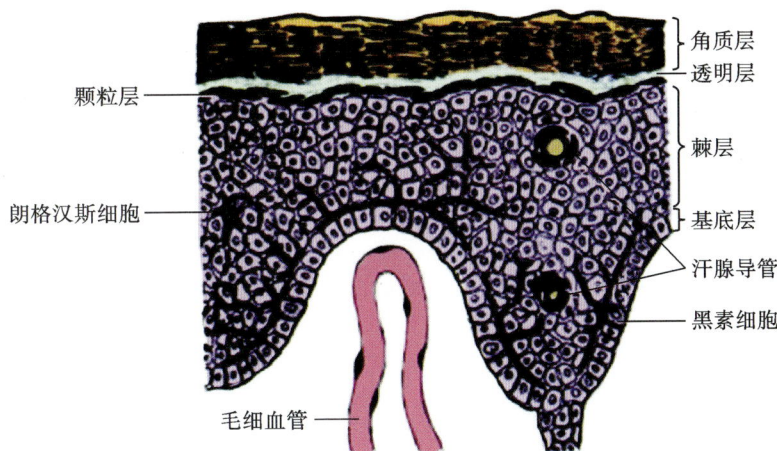

图 9-18 皮肤模式图

1. 基底层（stratum basale） 基底层附着于基底膜上，由一层立方形细胞或矮柱状细胞构成，这些细胞称为基底细胞。细胞核较大，呈圆形或椭圆形。胞质较少，呈强嗜碱性。电镜下，胞质内含丰富的游离核糖体；角蛋白丝交织排列，形成光镜下可见的张力原纤维，在有色皮肤内还可见黄褐色的黑素颗粒。相邻基底细胞间以桥粒相连，

NOTE

基底面以半桥粒与基底膜相连。基底细胞属于幼稚细胞,有较强的增殖能力,新生的细胞向浅层推移,分化成表皮其他各层细胞。

2. 棘层(stratum spinosum) 棘层位于基底层的上方,由4～10层多边形的棘细胞组成。由于细胞表面伸出许多细而短的棘状突起,故称棘层。相邻棘细胞突起之间以桥粒相连。棘层细胞核呈圆形,胞质丰富呈弱嗜酸性,胞质中有丰富的游离核糖体、成束分布的角蛋白丝以及卵圆形的板层颗粒,板层颗粒由高尔基复合体生成,其内容物主要为糖脂和固醇。棘层细胞向浅层推移,细胞逐渐变为扁平细胞。

3. 颗粒层(stratum granulosum) 颗粒层位于棘层的上方,由3～5层扁梭形细胞组成。细胞核和细胞器渐趋退化,胞质内出现许多透明角质颗粒,故称颗粒层,HE染色呈强嗜碱性。该层细胞胞质内板层颗粒增多,其所含的糖脂释放到细胞间隙内,在细胞外面形成多层膜状结构,构成阻止物质透过表皮的主要屏障。

4. 透明层(stratum lucidum) 透明层位于颗粒层的上方,由数层扁平细胞构成。细胞界限不清,核及细胞器均消失。HE染色呈均质透明状,嗜酸性。胞质内充满角蛋白丝,该层只在厚皮中明显。

5. 角质层(stratum corneum) 角质层位于表皮最浅层,由多层扁平的角质细胞构成。这些细胞干硬,是已经完全角化的死细胞,已无细胞核和细胞器。胞质中充满密集平行的角蛋白丝,浸埋在均质状物质中,共同形成角蛋白(keratin),充满于胞质。HE染色时,细胞呈均质状,嗜酸性,轮廓不清。浅层角质细胞间的桥粒消失,细胞连接松散,脱落后形成皮屑。

表皮由基底层到角质层的结构变化,反映了角质形成细胞增殖、分化、移动和脱落的过程,同时也是细胞逐渐生成角蛋白和角化的过程。表皮角质形成细胞定期脱落和增殖,使表皮各层得以保持正常结构和厚度。表皮是皮肤的重要保护层,对多种物理和化学性刺激有较强的耐受力,能阻挡异物侵入,并能防止组织液丧失。

(二)非角质形成细胞

1. 黑素细胞(melanocyte) 黑素细胞散在于基底细胞之间,有多个较长的突起伸入基底细胞和棘细胞间。胞质内含特征性的黑素体(melanosome),由高尔基复合体生成,有界膜包被,含酪氨酸酶,能将酪氨酸转化成黑色素,形成黑素颗粒。黑素颗粒经突起末端转移到周围基底细胞和棘细胞内。皮肤的颜色主要取决于黑素颗粒的大小、数量、分布和所含黑色素的多少。黑色素可以吸收紫外线,保护深部组织免受辐射损害(图9-19)。

2. 朗格汉斯细胞(Langerhans cell) 朗格汉斯细胞位于表皮的棘细胞之间,细胞有多个突起。胞质内有特殊形状的伯贝克颗粒(Birbeck's granule),有膜包裹,呈盘状或扁囊形,颗粒的切面呈杆状或球拍形。朗格汉斯细胞是一种抗原呈递细胞,能识别、结合和处理侵入皮肤的抗原,该细胞迁移到淋巴结内后,将抗原呈递给 T 淋巴细胞,引起免疫应答。

3. 梅克尔细胞(Merkel cell) 梅克尔细胞常分布于基底层。细胞基底部胞质含许多致密的小泡,基底面与感觉神经末梢形成类似突触的结构。该细胞可能是感受触觉刺激的感觉上皮细胞。

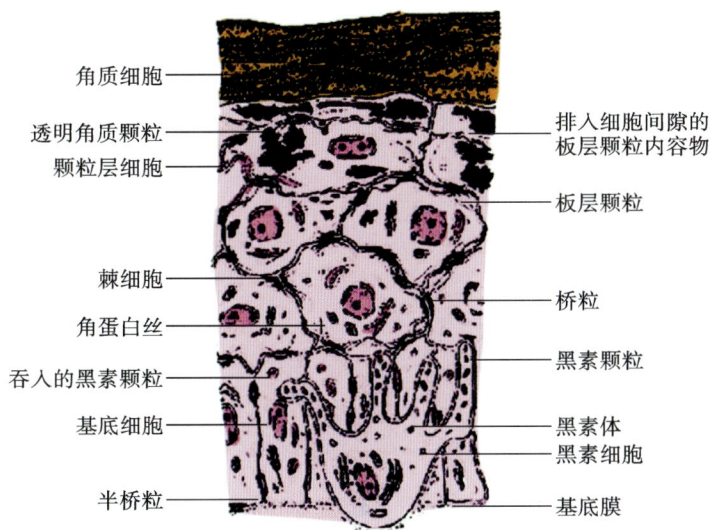

角质细胞
透明角质颗粒
颗粒层细胞
棘细胞
角蛋白丝
吞入的黑素颗粒
基底细胞
半桥粒

排入细胞间隙的板层颗粒内容物
板层颗粒
桥粒
黑素颗粒
黑素体
黑素细胞
基底膜

图 9-19　角质形成细胞和黑素细胞超微结构

二、真皮

真皮(dermis)位于表皮深部,由致密结缔组织构成,分为乳头层和网织层,两者间无明显界限(图 9-20)。

(一)乳头层

真皮乳头层为紧邻表皮的薄层结缔组织。其中向表皮基底部突起,形成的大量乳头状结构,称真皮乳头(dermal papilla)。真皮乳头扩大了表皮和真皮的连接面,有利于两者牢固的连接及表皮从真皮的血管获取营养。真皮乳头内含丰富的毛细血管、游离神经末梢和触觉小体。

(二)网织层

真皮网织层位于乳头层的深部,较厚。由致密结缔组织组成,粗大的胶原纤维密集成束,并有许多弹性纤维,使皮肤有韧性和弹性。网织层内有较大的血管、淋巴管、神经以及汗腺、皮脂腺和毛囊,可见环层小体。

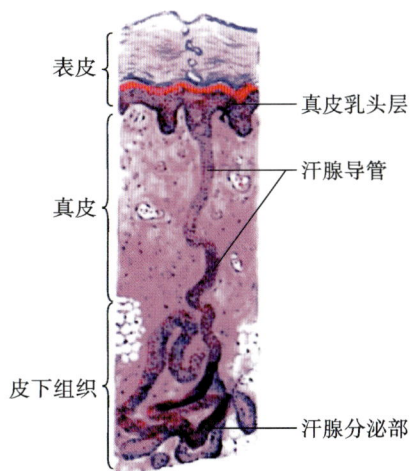

表皮
真皮
皮下组织

真皮乳头层
汗腺导管
汗腺分泌部

图 9-20　皮肤的组成

知识拓展

人体指纹的形成

人手指末端指腹皮肤,由于真皮乳头突起,形成许多嵴状的乳头线,相邻

NOTE

197

乳头线之间凹陷成沟,使表皮表面呈现相应凹凸的纹路,称指纹。指纹的形成主要受到遗传因素的影响,胎儿在母体内发育 3～4 个月时,指纹就已经形成,出生后成长期间指纹会略有改变,直至青春期才会定型。指纹形状因人而异,终生不变,在人类学和法医学的实践运用中具有重要意义。

皮下组织(hypodermis)即浅筋膜,由疏松结缔组织和脂肪组织构成,将皮肤和深部组织连在一起,使皮肤有一定的可动性。皮下组织的厚度因年龄、性别和部位而有较大的差别。一般腹部、臀部皮下组织较厚,眼睑、阴茎和阴囊等部位皮下组织较薄,不含脂肪组织。除脂肪组织外,皮下组织还有丰富的血管、淋巴管与神经。皮下组织可保持体温、缓冲机械压力。

知识拓展

皮内注射与皮下注射

1.皮内注射　将药物注入皮肤的表皮与真皮之间,主要用于如下情况。

(1)预防过敏而进行药物试验,如青霉素的皮试。

(2)手术局部麻醉前的准备工作。

(3)疫苗的接种,如卡介苗的接种。

2.皮下注射　将药物注入皮下组织,主要用于如下情况。

(1)需要迅速达到药效或药物不能口服使用,如胰岛素的注射。

(2)手术局部麻醉。

(3)疫苗接种,如麻疹疫苗接种等。

三、皮肤附属器

皮肤内有由表皮衍生的毛、皮脂腺、汗腺和指(趾)甲等结构,称为皮肤附属器(图9-21)。

(一)毛

人体皮肤除手掌和足底等处外,均有毛(hair)分布。毛由毛干、毛根和毛球组成。露在皮肤外的部分,称为毛干;埋在皮肤内的部分,称毛根;包在毛根外面的上皮及结缔组织形成的鞘,称毛囊。毛根和毛囊末端膨大,称毛球,是毛的生长点。毛球基底凹陷,结缔组织随神经和毛细血管突入其内,形成毛乳头,对毛的生长起诱导和营养作用。

毛干和毛根由排列规则的角质上皮细胞组成,细胞内充满角蛋白并含黑色素。毛球的上皮细胞为幼稚细胞,称毛母质细胞。生长期的毛母质细胞分裂活跃,能增殖和分化为毛根的细胞,使毛生长。

毛和毛囊与皮肤表面成钝角的一侧,有一束斜行的平滑肌,称立毛肌(arrector

NOTE

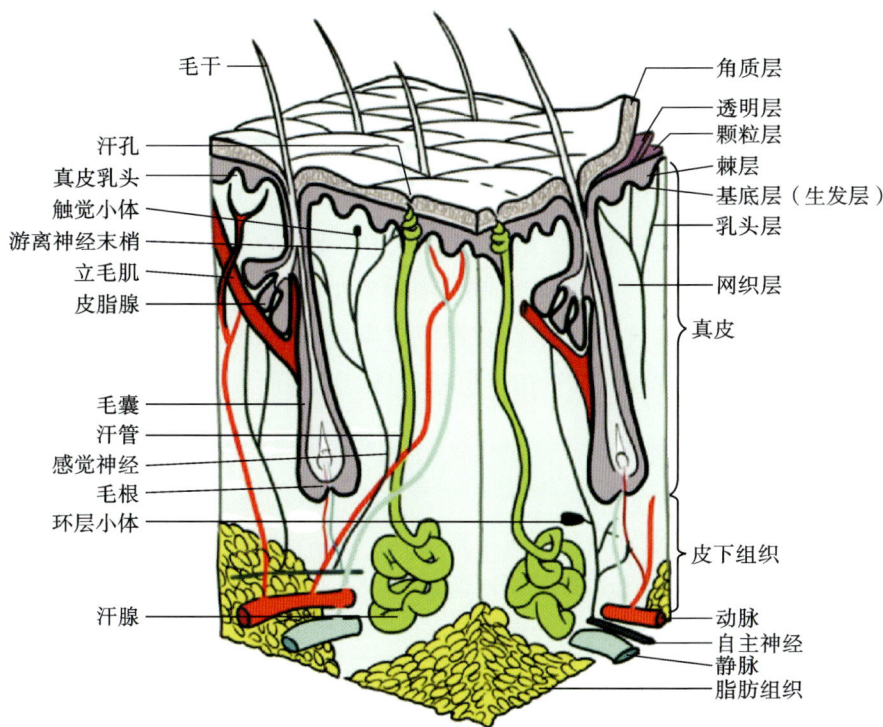

图 9-21 皮肤及附属器模式图

pilli muscle），其受交感神经支配，收缩时使毛竖立，可帮助皮脂腺排出分泌物。

（二）皮脂腺

皮脂腺（sebaceous gland）多位于毛囊和立毛肌间，由一个或几个囊状的腺泡与一个共同的短导管构成，导管大多开口于毛囊上段。每个腺泡均由多层细胞组成，最外层为较小的幼稚细胞，细胞不断分裂增殖，新生的细胞逐渐变大，并向腺泡中心移动。细胞质内充满脂滴，胞核固缩溶解，最终细胞解体，连同脂滴一起排出，其分泌物称皮脂，有润滑皮肤、保护毛和抑菌等作用。皮脂腺的分泌受性激素的调节，青春期分泌旺盛。

（三）汗腺

汗腺（sweat gland）分为外泌汗腺和顶泌汗腺。

1. 外泌汗腺 又称小汗腺，广泛分布于全身皮肤内。分泌部位于真皮深部或皮下组织内，盘曲成团，管径较粗，管腔较小。腺细胞呈立方形或柱状，腺细胞与基底膜之间有肌上皮细胞，收缩时有助于分泌物的排出。导管较细而直，由两层立方形细胞围成，由真皮深部上行，穿过表皮，开口于皮肤表面的汗孔。汗腺以胞吐的方式分泌汗液，汗液分泌有湿润皮肤、调节体温、排出部分代谢产物及参与水、电解质平衡的调节等作用。

2. 顶泌汗腺 又称大汗腺，主要分布于腋窝、乳晕、肛门及会阴等处。分泌部由一层立方形或矮柱状细胞围成，管腔大；导管较细而直，也由两层上皮细胞组成，开口于毛囊上段。分泌物为黏稠的乳液状,含蛋白质、碳水化合物和脂类。分泌物被细菌分解后产生特殊的气味,俗称狐臭。大汗腺受性激素的调节,青春期开始分泌活跃,至老年期则退化萎缩。

（四）指（趾）甲

指（趾）甲包括外露的甲体和埋在皮肤下的甲根。甲体是由多层角质细胞构成的角质板,甲体下面的皮肤,称甲床。甲根周围的复层扁平上皮,称甲母质,其基底细胞分裂活跃,是甲的生长区。甲母质新增殖的细胞发生角化,并不断向指（趾）端移动构成甲体。指（趾）甲受损或拔出后,若能保留甲母质,甲仍能再生。甲体周围的皮肤,称为甲襞,甲体与甲襞间的浅沟,称甲沟。甲对指（趾）末端起保护作用。

课后习题

1. 简述眼球壁的层次及各层的结构特点。
2. 简述眼睛视近物和视远物时如何调节。
3. 简述房水产生的部位及循环途径。
4. 简述鼓室 6 个壁的构成及毗邻。
5. 简述声波的传导途径(用箭头的方式表示)。
6. 为什么临床上中耳炎患者以小儿居多?
7. 简述上皮的组织结构。
8. 联系皮肤的组织结构,说明皮内注射和皮下注射的区别。

NOTE

第十章 神经系统

本章PPT

学习目标

掌握：神经系统的组成；内囊的位置、分部及临床意义；脑脊液循环；颈、臂、腰、骶4丛的主要分支及分布；胸神经前支节段性分布的特点。

熟悉：神经系统常用术语；脊髓的位置和外形、内部结构与功能；大脑皮质的功能定位；第Ⅲ、Ⅶ、Ⅸ、Ⅹ、Ⅻ对脑神经的分布；脑和脊髓的主要传导通路。

了解：内脏神经的特点；脑和脊髓的被膜、血管。

第一节 概 述

神经系统（nervous system）由脑、脊髓以及附于脑和脊髓的周围神经组成，是人体结构和功能最复杂的系统，由数以亿万计的联系紧密的神经细胞所组成，在九大系统中起主导作用。神经系统一方面直接或间接地调节体内各器官、组织和细胞的活动，使其相互联系、相互制约、相互协调；另一方面使人体各器官适应内、外环境的变化，以维持自身的正常活动。因此，神经系统在人体活动中起主导作用。

在人类的长期进化过程中，由于劳动、语言的产生和社会生活，人类大脑皮质在结构和功能上有了质的飞跃，人类大脑不仅能适应环境的变化，还能主动认识世界和改造世界。

一、神经系统的组成

神经系统包括中枢神经系统和周围神经系统两部分。中枢神经系统（central nervous system，CNS）包括脑和脊髓，分别位于颅腔和椎管内。周围神经系统（peripheral nervous system，PNS）是中枢神经系统以外的所有神经成分，包括与脑相连的脑神经和与脊髓相连的脊神经。周围神经系统又可根据其分布对象的不同分为躯体神经和内脏神经，躯体神经分布于体表、骨、关节和骨骼肌，内脏神经分布于内脏、心血管、平滑肌和腺体（图10-1、图10-2）。

二、神经系统的常用术语

神经系统主要由神经细胞（又称神经元）和神经胶质细胞构成。在中枢神经系统内，神经元的胞体和大部分树突聚集的部位，色泽灰暗，称灰质（gray matter），在大脑

NOTE

201

神经系统的组成
- 中枢神经系统
  - 脑
    - 大脑
    - 小脑
    - 脑干（间脑、中脑、脑桥、延髓）
  - 脊髓
- 周围神经系统（按分部范围分）
  - 躯体神经
    - 躯体感觉神经
    - 躯体运动神经
  - 内脏神经
    - 内脏感觉神经
    - 内脏运动神经
      - 交感神经
      - 副交感神经
- （按与中枢神经系统的连接关系分）
  - 脑神经（12对）
  - 脊神经（31对）

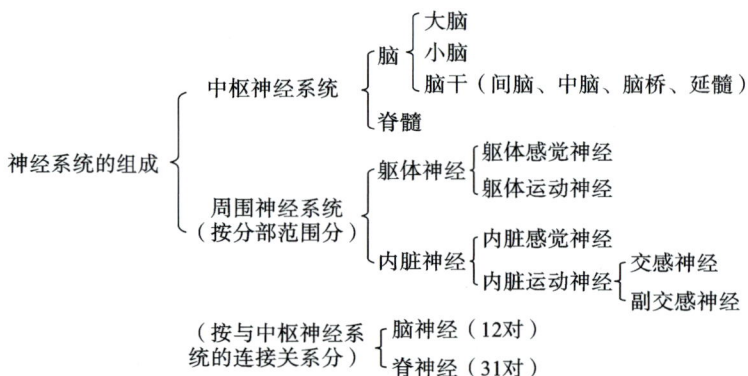

图 10-1　神经系统的区分示意图

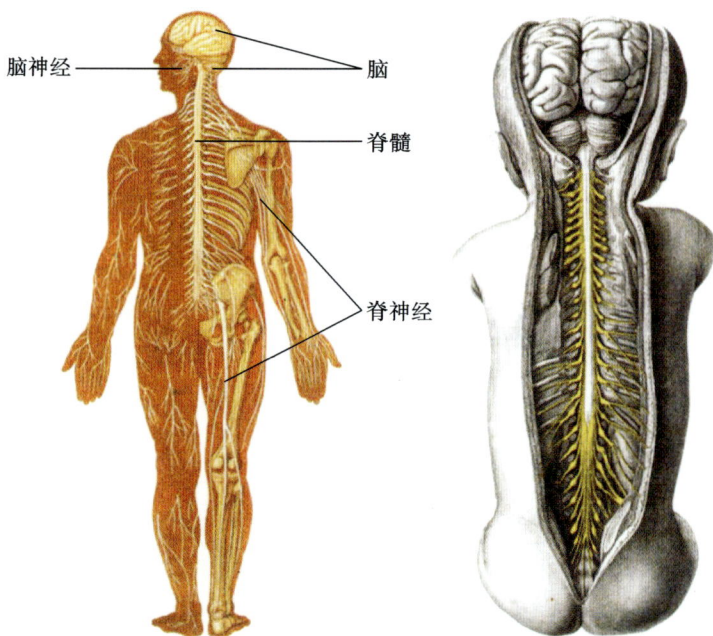

图 10-2　神经系统概况

和小脑表面的灰质又称皮质（cortex）；神经纤维聚集的部位颜色亮白，称白质（white matter），在大脑和小脑内部的白质称髓质（medulla）；形态和功能相似的神经元胞体聚集成团块状结构，称神经核（nucleus）；凡是起止、功能和行程相同的神经纤维聚集成束，称纤维束（fasciculus）。

在周围神经系统内，神经元胞体聚集成团块，称神经节（ganglion）；由不同功能的神经纤维聚集成束，并由结缔组织包裹形成的圆索状结构，称神经（nerve）。

在中枢神经系统内，由灰质和白质混杂而形成的结构称网状结构，即神经纤维交织在一起，灰质团块散在其中。

三、神经系统的活动方式

神经系统的基本活动方式是反射（reflex）。反射是神经系统在调节机体的活动中,对内、外环境的刺激所做出的反应。反射活动的基本结构称反射弧(reflex arc),包括感受器→传入(感觉)神经→中枢→传出(运动)神经→效应器(图 10-3)。反射弧中任何环节受损,都会导致反射障碍。因此,临床上常用检查反射活动来诊断神经系统疾病。

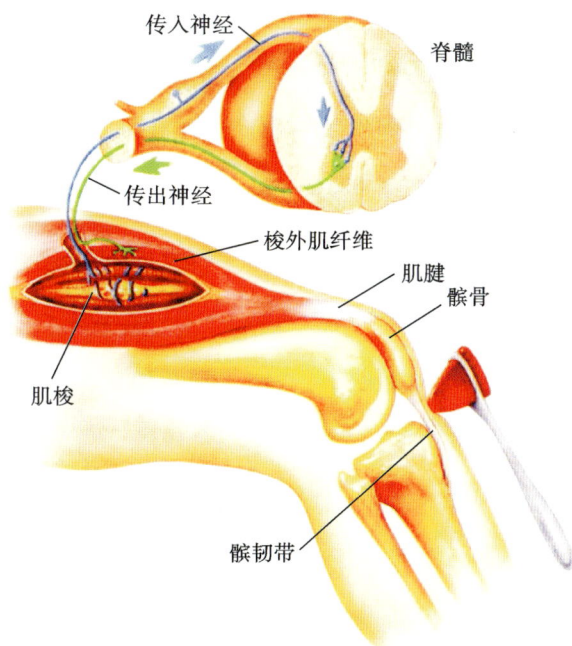

图 10-3 反射弧的组成

第二节 中枢神经系统

一、脊髓

案例导入

患者在一次车祸中发生脊髓半横断损伤。体格检查时发现同侧肢体硬瘫,同侧损伤平面以下位置觉、振动觉、运动觉及精细触觉丧失,对侧损伤平面以下痛、温觉丧失。

思考:脊髓的位置和外形,内部结构及功能。

(一) 脊髓的位置和外形

脊髓(spinal cord)位于椎管内,全长 40～45 cm,上端在枕骨大孔处与延髓相连,成年人下端平对第 1 腰椎体下缘。脊髓呈前后略扁的圆柱形,外包被膜,全长粗细不等,有两处膨大,分别为颈膨大和腰骶膨大。脊髓末端变细呈圆锥状,称脊髓圆锥,其向下延续的细丝称终丝(图 10-4)。

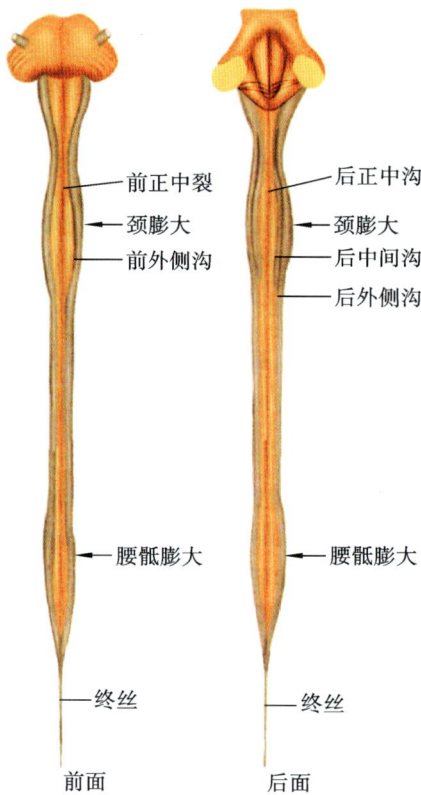

图 10-4 脊髓外形

脊髓表面有 6 条纵贯全长的沟和裂。前方正中为前正中裂,后方正中为后正中沟。此外还有 2 对外侧沟,即前外侧沟和后外侧沟。前外侧沟有运动神经纤维发出,组成脊神经前根;后外侧沟有感觉神经纤维进入,组成脊神经后根。在后根上有膨大的脊神经节。腰、骶、尾部的脊神经根在通过相应的椎间孔之前,围绕终丝在椎管内下行,共同形成马尾。

脊神经前根与后根(图 10-5)在椎间孔处汇合形成脊神经,脊神经共有 31 对。每对脊神经相连的一段脊髓,称为 1 个脊髓节段,共有 31 个脊髓节段。其中,颈髓 8 节、胸髓 12 节、腰髓 5 节、骶髓 5 节和尾髓 1 节。

由于脊髓和脊柱的长度不等,所以脊髓节段与椎骨并不完全对应,了解脊髓节段与椎骨的对应关系,在临床上具有重要意义。在成人,上颈髓(颈 1～颈 4)大致与同序数椎骨相对应;下颈髓(颈 5～颈 8)和上胸髓(胸 1～胸 4)比同序数椎骨高 1 个椎体,如第 8 颈髓(颈 8)平对第 7 颈椎体;中胸髓(胸 5～胸 8)比同序数椎骨高 2 个椎体;下胸髓(胸 9～胸 12)比同序数椎骨高 3 个椎体;腰髓平对第 10～12 胸椎体;骶髓和尾髓约平对第 1 腰椎体

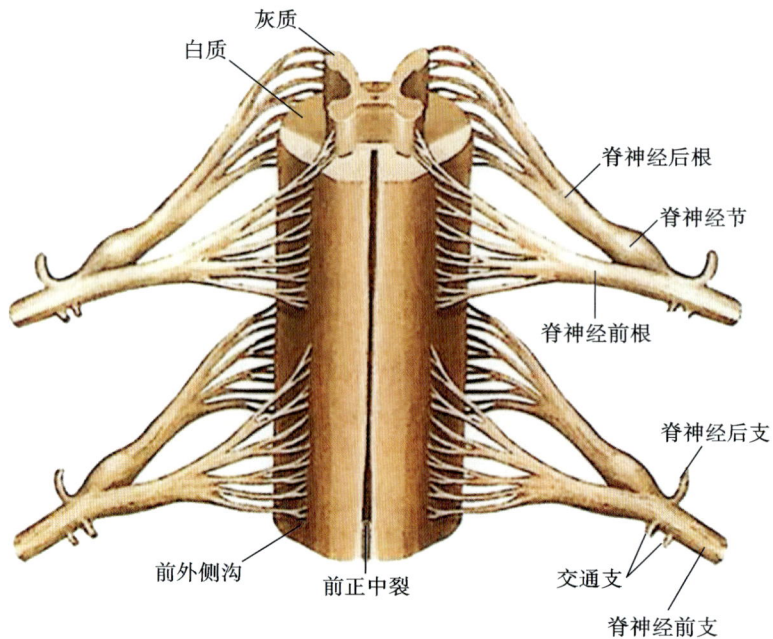

图 10-5 脊髓结构示意图

（图10-6）。成人第 1 腰椎以下无脊髓，只有马尾。婴幼儿脊髓相对较长，可达第 3 腰椎下缘。故临床上腰椎穿刺常在第 3、4 腰椎之间或第 4、5 腰椎之间进针。

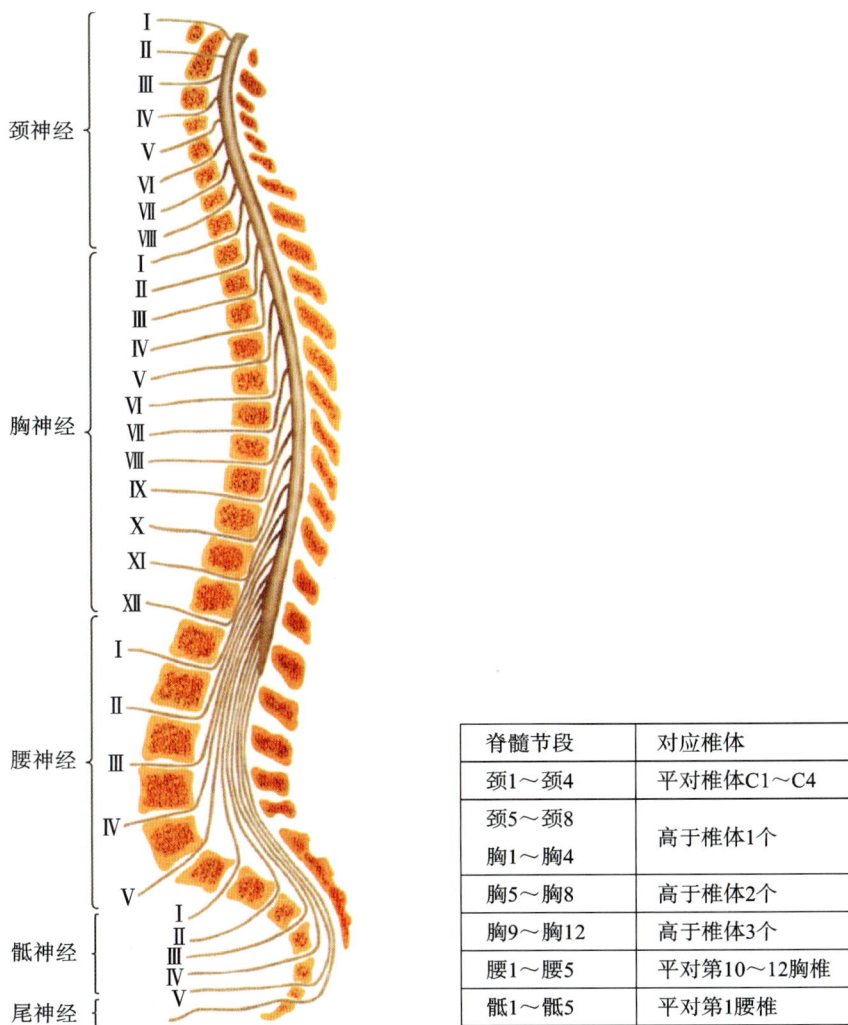

脊髓节段	对应椎体
颈1～颈4	平对椎体C1～C4
颈5～颈8 胸1～胸4	高于椎体1个
胸5～胸8	高于椎体2个
胸9～胸12	高于椎体3个
腰1～腰5	平对第10～12胸椎
骶1～骶5	平对第1腰椎

图 10-6　脊髓阶段与椎骨对应关系

（二）脊髓的内部结构

脊髓由灰质和白质构成。在脊髓横切面上，灰质位于中央部，呈"H"形，灰质的中央，有一纵贯脊髓全长的中央管，内含脑脊液，中央管前、后的灰质分别称灰质前连合和灰质后连合。灰质的周围为白质，在灰质、白质的交界处为网状结构（图10-7）。

1. 灰质　灰质纵贯脊髓全长，每侧的灰质，前部扩大为前角（前柱），后部狭细为后角（后柱）。在前角和后角之间，相当于胸1至腰3高度，有向外侧突出的侧角（侧柱）。

（1）前角：由运动神经元构成，其轴突组成脊神经前根。根据形态和功能的不同，前角运动神经元可分为大型的 α 运动神经元和小型的 γ 运动神经元。α 运动神经元管理骨骼肌的随意运动，γ 运动神经元参与肌张力的调节，同时具有神经营养作用。

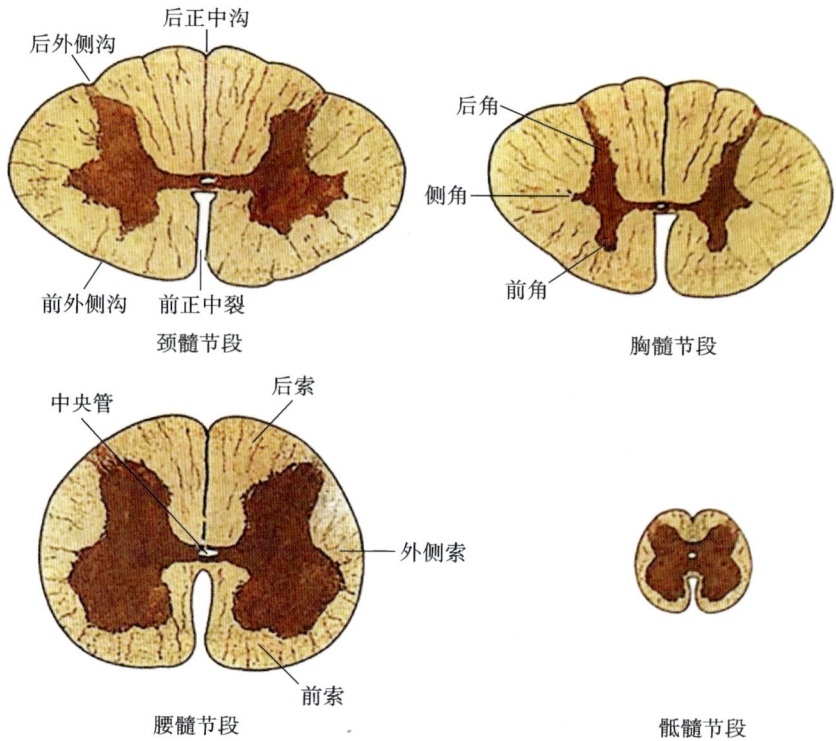

图 10-7 脊髓各段的横切面

（2）后角：由联络神经元构成，接受由后根传入的感觉冲动。

（3）侧角：见于胸 1 至腰 3，是交感神经的低级中枢。在骶 2～骶 4 中，无侧角，但相当于侧角的部位，内有副交感神经元，称骶副交感核，是副交感神经的低级中枢。

2. 白质 位于灰质周围，主要由上行（感觉）纤维束和下行（运动）纤维束及短的固有束组成。其中上行的纤维束起自脊神经节细胞或脊髓后角，将各种感觉信息由脊髓传递到脑，主要有脊髓丘脑束、薄束和楔束等；下行纤维束起自脑的不同部位，止于脊髓，将脑发出的神经冲动传递到脊髓，主要有皮质脊髓束等；联系脊髓各节段的纤维称固有束（图 10-8）。

（1）薄束和楔束：薄束和楔束上行于后索，均由脊神经节的中枢突组成，上行至延髓，分别止于薄束核和楔束核。薄束起于同侧胸 4 以下的神经节细胞，楔束起于同侧胸 4 以上的神经节细胞，传导意识性的本体感觉（肌、腱、关节的位置觉、运动觉和振动觉）和精细触觉（两点间距离和纹理粗细的辨别等）。

（2）脊髓丘脑束：位于外侧索和前索，分为脊髓丘脑前束和脊髓丘脑侧束，脊髓丘脑侧束传导痛觉和温度觉，脊髓丘脑前束传导粗触觉。脊髓丘脑侧束和前束的纤维均起自脊髓后角，其纤维大部分斜经白质前连合上升 1～2 个脊髓节段，交叉到对侧，在外侧索和前索内上行，终止于背侧丘脑。

（3）皮质脊髓束：脊髓中最粗大的下行纤维束。起于大脑皮质躯体运动区的锥体细胞，经内囊、脑干，在延髓下段集中形成锥体，锥体纤维大部分交叉到对侧，在脊髓外

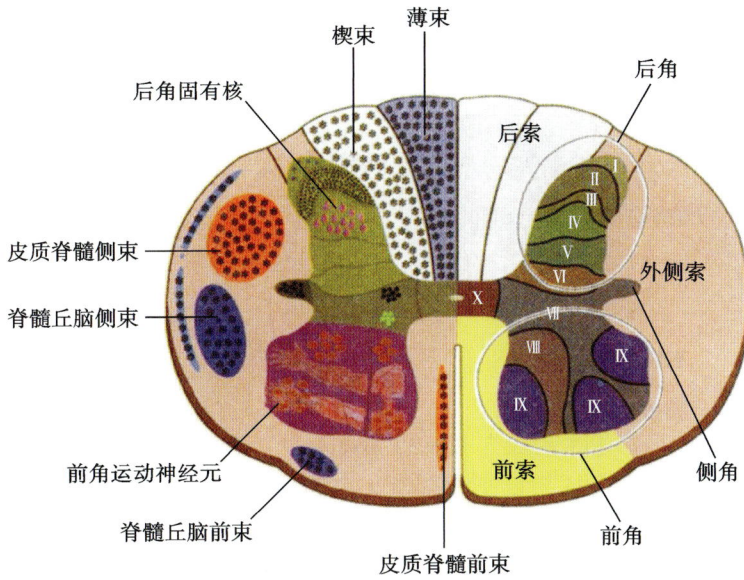

图 10-8 脊髓内纤维束的配布

侧索中下行,称皮质脊髓侧束,止于同侧前角运动神经元,管理四肢肌的随意运动,特别是肢体远端的灵巧运动;小部分纤维不交叉,在脊髓前索中下行,称皮质脊髓前束,同时止于双侧前角运动神经元,管理躯干肌的随意运动,此束一般不超过脊髓胸段(图10-9)。

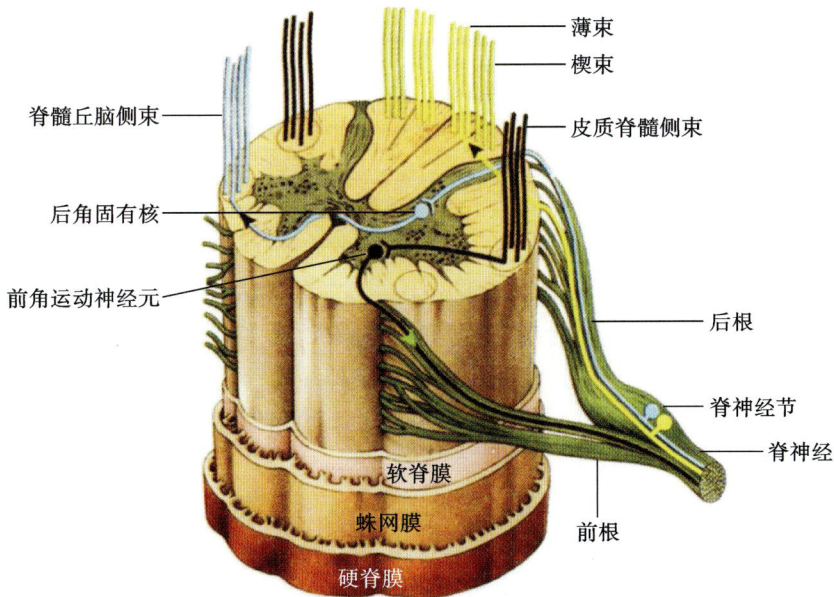

图 10-9 脊髓内主要纤维束

NOTE

（三）脊髓的功能

1. 传导功能 脊髓内的上行、下行纤维束是联系脑与周围神经的重要通路，通过上行纤维束，将感觉信息传递到脑；通过下行纤维束接受高级中枢的调控。如果脊髓损伤，会出现不同程度的感觉和运动障碍。

2. 反射功能 脊髓内有许多反射中枢，如腱反射、牵张反射的中枢等。此外一些病理反射的中枢也存在于脊髓。正常情况下，脊髓的反射活动在脑的控制下进行。

知识拓展

脊髓灰质炎

脊髓灰质炎病毒主要侵犯脊髓前角运动神经元胞体，多见于腰骶段脊髓前角。患者表现为受破坏神经元支配区域的骨骼肌软瘫、肌张力低下、腱反射消失和逐渐肌萎缩，但感觉正常，临床上称小儿麻痹症。

知识拓展

脊髓休克

脊髓完全横断致损伤平面以下全部感觉和随意运动丧失，损伤早期（数日至1周）各种脊髓反射均消失，机体处于无反应状态，称脊髓休克。此时躯体运动和内脏反射活动消失，骨骼肌张力下降，周围血管扩张，血压下降，直肠和膀胱内粪尿潴留等。脊髓休克是暂时现象，各种脊髓反射活动可逐渐恢复。

二、脑

脑（brain）位于颅腔内，由端脑、间脑、中脑、脑桥、延髓及小脑组成（图 10-10）。通常把延髓、脑桥、中脑三部分合称为脑干。

知识拓展

人脑的重量

中国成年人脑的重量男性平均为 1375.3 g，女性平均为 1305.14 g。新生儿脑重量为 445 g，至1岁末，脑重量几乎增加1倍。以后脑重量的增加显著减慢，至 20～25 岁达最大重量。在正常范围内，人脑重量存在个体差异，但以人脑重量差别证明人的智力高低科学依据不足。

NOTE

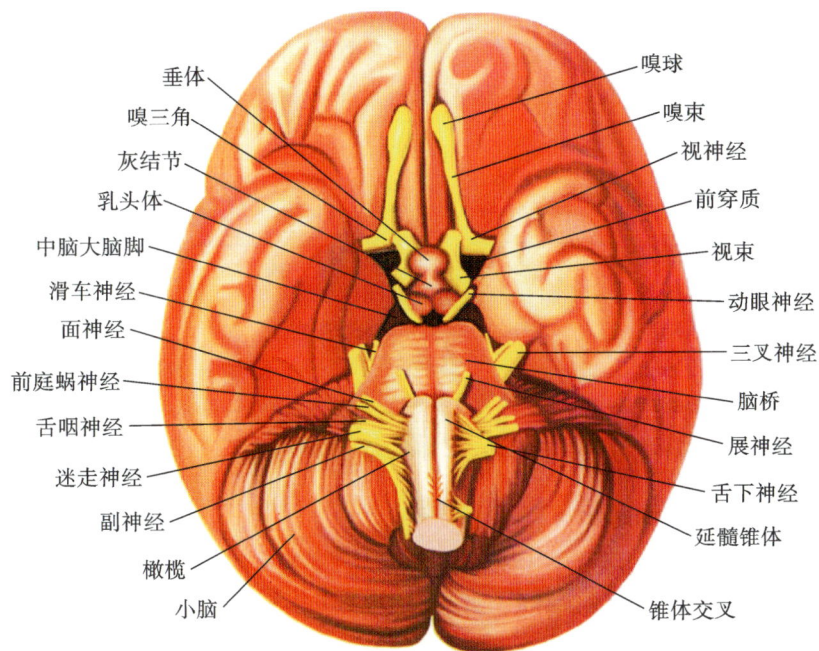

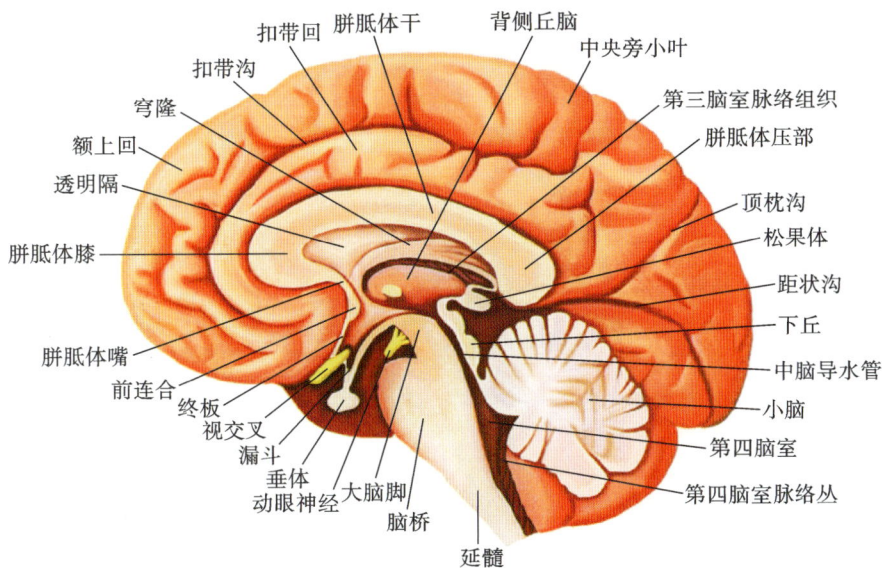

垂体
嗅三角
灰结节
乳头体
中脑大脑脚
滑车神经
面神经
前庭蜗神经
舌咽神经
迷走神经
副神经
橄榄
小脑

嗅球
嗅束
视神经
前穿质
视束
动眼神经
三叉神经
脑桥
展神经
舌下神经
延髓锥体
锥体交叉

扣带回
胼胝体干
扣带沟
穹隆
额上回
透明隔
胼胝体膝
胼胝体嘴
前连合
终板
视交叉
漏斗
垂体
动眼神经
大脑脚
脑桥
延髓

背侧丘脑
中央旁小叶
第三脑室脉络组织
胼胝体压部
顶枕沟
松果体
距状沟
下丘
中脑导水管
小脑
第四脑室
第四脑室脉络丛

图 10-10 脑

（一）脑干

脑干（brain stem）自下而上由延髓、脑桥和中脑三部分组成。中脑向上与间脑相接，延髓在枕骨大孔处续脊髓，脑桥和延髓的背面与小脑相连。

1. 脑干的外形

（1）腹侧面：延髓（medulla oblongata）上部膨大，下部缩细，表面有与脊髓相续的同名沟、裂。延髓上部前正中裂两侧各有一纵行隆起，称锥体，由皮质脊髓束构成。在锥体下方,皮质脊髓束大部分纤维左、右交叉形成锥体交叉。在延髓上部,锥体背外侧的卵圆形隆起为橄榄,内含下橄榄核。锥体与橄榄间的前外侧沟内有舌下神经根附着。在橄榄的后方,自上而下依次有舌咽神经根、迷走神经根和副神经根附着(图10-11)。

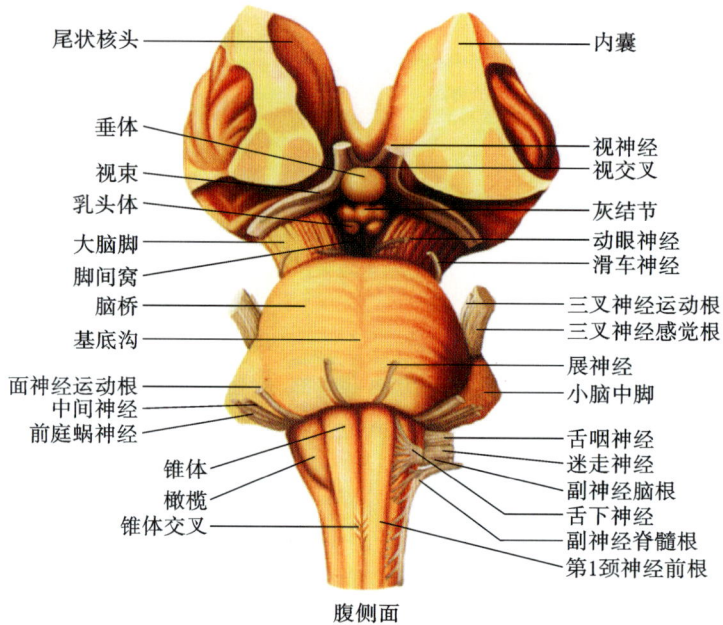

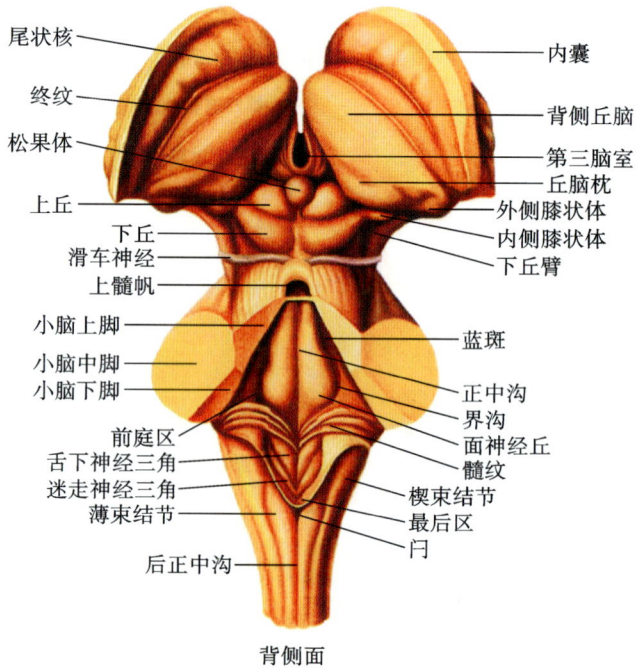

图 10-11　脑干外形

脑桥(pons)下缘借延髓脑桥沟与延髓分界,上缘与中脑相连。脑桥腹侧面膨隆,称脑桥基底部;向两侧延伸的巨大纤维束,称小脑中脚,与小脑相连。在脑桥与小脑移行处有粗大的三叉神经根附着。基底部正中有一条纵行浅沟,称基底沟。在延髓脑桥沟中,自内侧向外侧依次有展神经根、面神经根和前庭蜗神经根附着。

中脑(mesencephalon)腹侧面有两对柱状结构,称大脑脚。两脚间的凹窝,称脚间窝,动眼神经根由此出脑。

(2) 背侧面:延髓下部后正中沟两侧,各有 2 个纵行隆起,即内侧的薄束结节和外侧的楔束结节,两者的深面分别有薄束核与楔束核。延髓上半部和脑桥背侧面共同形成的菱形凹窝,称菱形窝,构成第四脑室底。菱形窝中部有横行的髓纹,可作为脑桥和延髓在背侧面的分界。

中脑背面有两对圆形突起,上方 1 对为上丘,是视觉反射中枢;下方 1 对为下丘,是听觉反射中枢。下丘的下方有滑车神经穿出,这是唯一自脑干背面发出的脑神经。中脑内部有一贯穿中脑全长的纵行管道,称中脑导水管。

2. 脑干的内部结构 脑干的内部结构包括灰质、白质和网状结构。脑桥内部分为腹侧的脑桥基底部和背侧的脑桥被盖部。中脑内部借中脑导水管分为腹侧的大脑脚和背侧的顶盖。大脑脚又被黑质分为腹侧的大脑脚底和背侧的被盖。

(1) 灰质:脑干内的灰质不再连贯成柱状,而是断开成神经核。有的神经核与脑神经相连,称脑神经核(图 10-12);不与脑神经相连的称非脑神经核。脑神经核包括躯体感觉核(蜗神经核、前庭神经核、三叉神经核)、躯体运动核(舌下神经核、展神经核、滑车神经核、动眼神经核)、内脏感觉核(孤束核)和内脏运动核(迷走神经背核、上泌涎核、下泌涎核、动眼神经副核);非脑神经核包括薄束核、楔束核、红核、黑质等,薄束核和楔束核分别位于薄束结节和楔束结节的深面,是薄束和楔束的终止核;红核位于中脑内,接受大脑和小脑皮质的传入纤维;黑质见于中脑全长,黑质细胞内含有多巴胺,经其轴突释放到大脑的新纹状体(图 10-13、图 10-14)。

(2) 白质:主要由上行纤维束和下行纤维束组成。

①上行(感觉)纤维束:主要如下。a. 内侧丘系(medial lemniscus):延髓的薄束核和楔束核发出纤维,在中央管的腹侧交叉到对侧,此交叉为内侧丘系交叉,交叉后的纤维为内侧丘系。内侧丘系经延髓、脑桥和中脑上行至背侧丘脑的腹后外侧核。b. 脊髓丘系:脊髓的脊髓丘脑束上行入延髓后形成,至背侧丘脑的腹后外侧核。c. 三叉丘系(trigeminal lemniscus):由三叉神经脑桥核和三叉神经脊束核发出的纤维交叉至对侧,组成三叉丘系,行于内侧丘系的背外侧,终于背侧丘脑的腹后内侧核,传导对侧头面部的触觉、压觉、痛觉和温度觉。

②下行(运动)纤维束:主要有锥体束(pyramidal tract)。其是从大脑皮质锥体细胞发出的。其下行经过大脑的内囊、中脑、脑干,一部分纤维终止于脑干的脑神经核,称皮质核束;另一部分下行至脊髓,称皮质脊髓束。

(3) 网状结构:脑干中除各种神经核和纤维束外,中央部的纤维纵横交错,其间散在大小不等的神经核团,称网状结构。网状结构与中枢神经各部之间均有广泛的联系。

NOTE

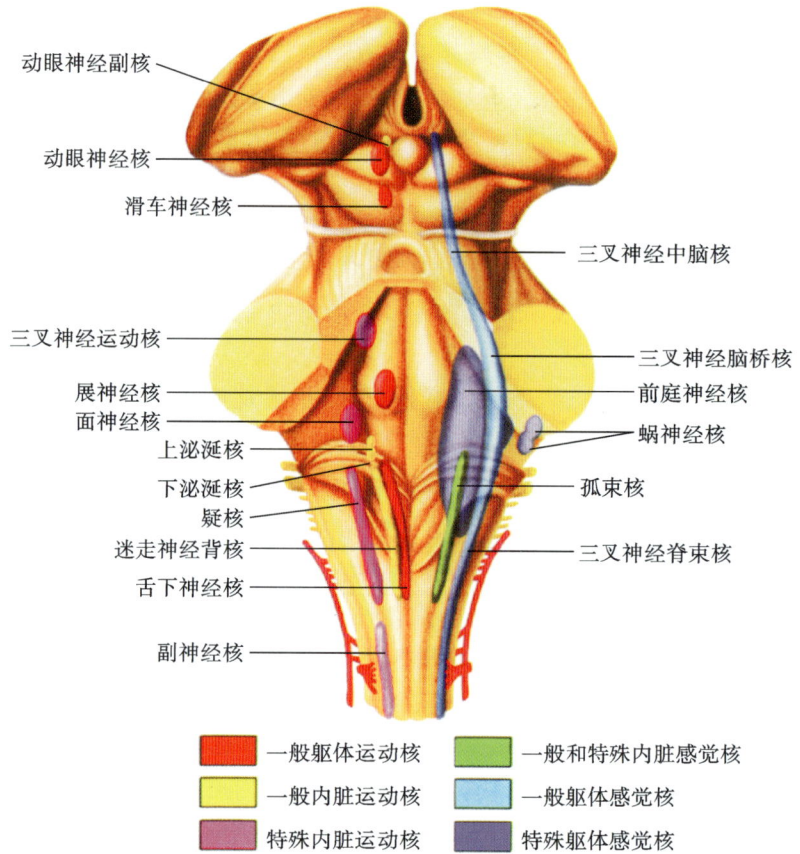

动眼神经副核
动眼神经核
滑车神经核
三叉神经中脑核
三叉神经运动核
三叉神经脑桥核
展神经核
前庭神经核
面神经核
蜗神经核
上泌涎核
下泌涎核
孤束核
疑核
迷走神经背核
三叉神经脊束核
舌下神经核
副神经核

一般躯体运动核　一般和特殊内脏感觉核
一般内脏运动核　一般躯体感觉核
特殊内脏运动核　特殊躯体感觉核

图 10-12　脑神经核在脑干背面的投影

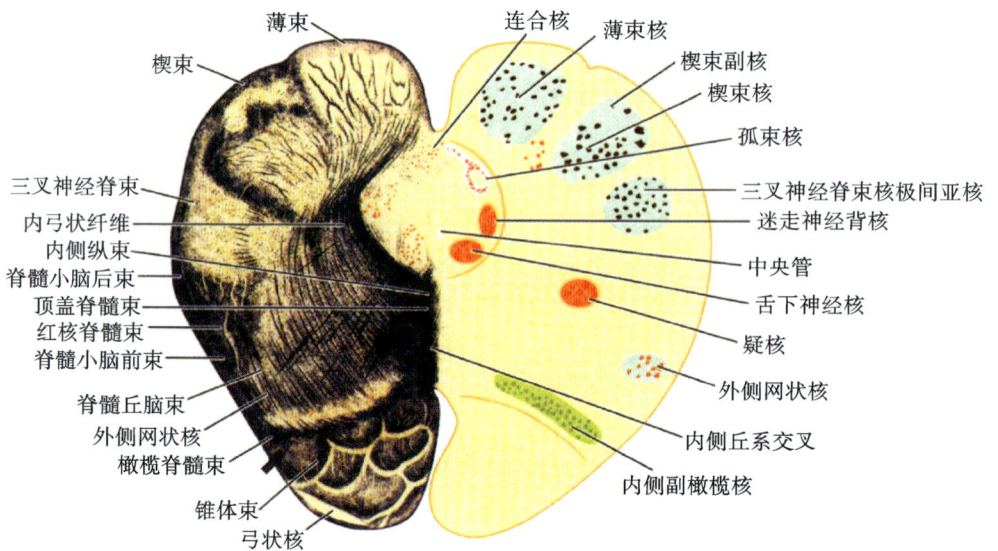

薄束　连合核　薄束核
楔束　楔束副核
楔束核
孤束核
三叉神经脊束
三叉神经脊束核极间亚核
内弓状纤维
迷走神经背核
内侧纵束
脊髓小脑后束
中央管
顶盖脊髓束
舌下神经核
红核脊髓束
疑核
脊髓小脑前束
脊髓丘脑束
外侧网状核
外侧网状核
内侧丘系交叉
橄榄脊髓束
内侧副橄榄核
锥体束
弓状核

图 10-13　延髓横断切面

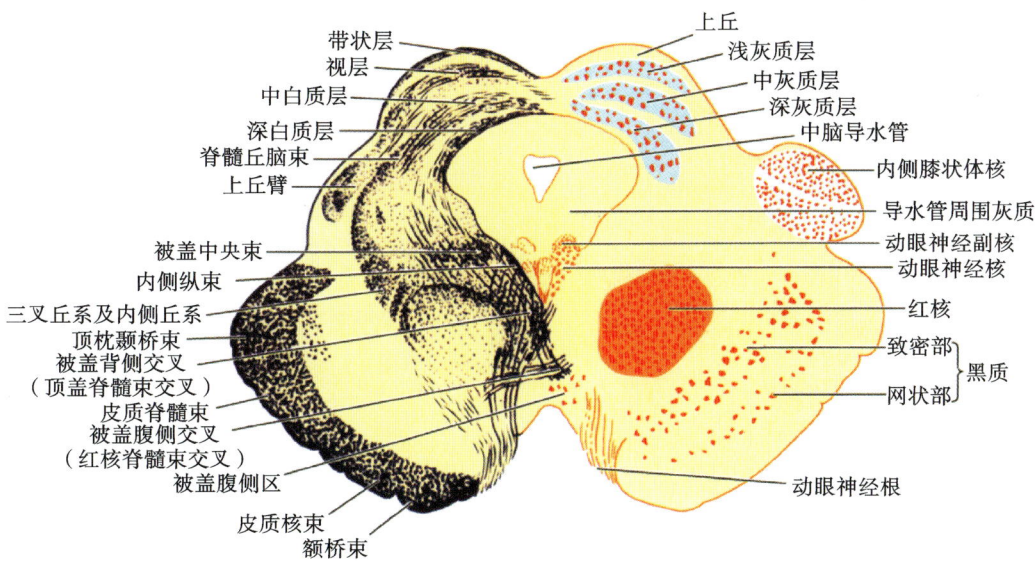

图 10-14 中脑横断切面

图中标注：带状层、视层、中白质层、深白质层、脊髓丘脑束、上丘臂、被盖中央束、内侧纵束、三叉丘系及内侧丘系、顶枕颞桥束、被盖背侧交叉（顶盖脊髓束交叉）、皮质脊髓束、被盖腹侧交叉（红核脊髓束交叉）、被盖腹侧区、皮质核束、额桥束、上丘、浅灰质层、中灰质层、深灰质层、中脑导水管、内侧膝状体核、导水管周围灰质、动眼神经副核、动眼神经核、红核、致密部、网状部（黑质）、动眼神经根

3. 脑干的功能

（1）传导功能：上行、下行纤维束均经过脑干，故脑干是大脑皮质联系脊髓和小脑的重要结构。

（2）反射功能：脑干内有多个反射活动的低级中枢，在延髓内有调节心血管活动和呼吸运动的"生命中枢"，这些中枢受损，可危及生命；在脑桥和中脑内还分别有角膜反射和瞳孔反射等中枢。

（3）其他功能：脑干内的网状结构有维持大脑皮质觉醒状态、诱发睡眠、调节骨骼肌张力和内脏活动等功能。

（二）小脑

1. 小脑的位置和外形 小脑（cerebellum）连于脑干的背侧，位于颅后窝。小脑中间缩窄的部分称小脑蚓，两侧膨隆的部分称小脑半球。半球上面平坦，中部有横行的深沟，称原裂；半球下面的前内侧，各有一隆起，称小脑扁桃体，小脑扁桃体紧邻枕骨大孔和延髓（图 10-15）。

2. 小脑的内部结构 小脑表层为灰质，称小脑皮质；白质位于小脑的深面，称小脑髓质；髓质中含有灰质团块，称小脑核。小脑核包括齿状核、顶核、球状核和栓状核。齿状核接受小脑皮质发出的纤维，其传出纤维终止于中脑的红核和背侧丘脑；顶核接受小脑皮质的纤维，其传出纤维终止于延髓的网状结构和前庭神经核。

3. 小脑的功能 小脑是重要的运动调节中枢。其主要功能是维持身体平衡、调节肌张力和协调肌群的运动。小脑损伤后，患者出现：①平衡失调，站立时身体摇摆不稳，行走时出现醉酒步态。②肌张力降低。③共济失调，表现为走路时抬腿过高；取物时，手过分伸张；对指运动时，双手可出现震颤，并且很难对准。

213

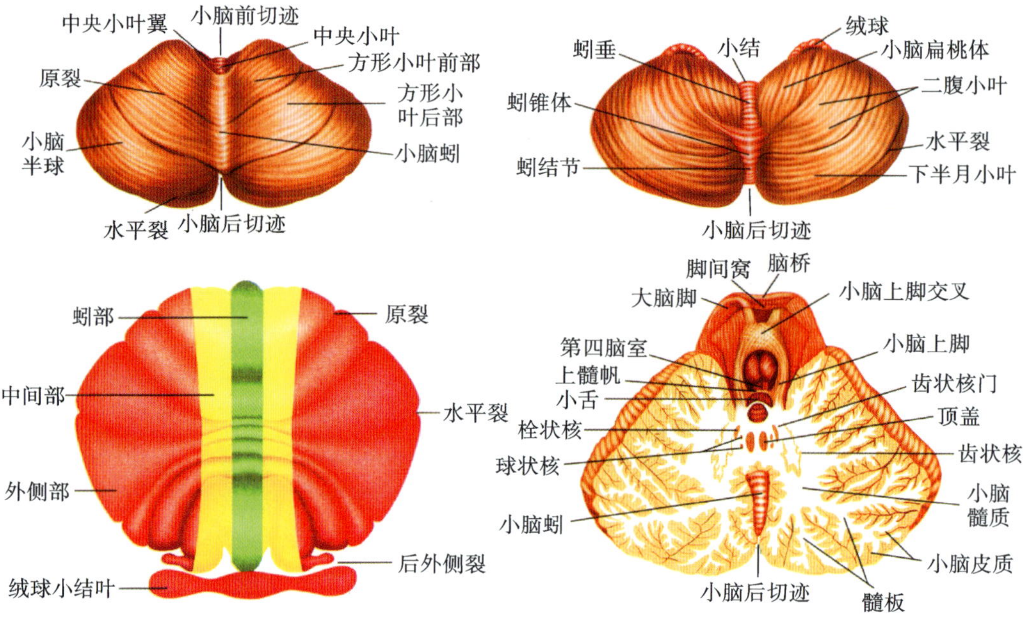

图 10-15　小脑的形态结构

4. 第四脑室（fourth ventricle）　第四脑室是位于脑桥、延髓和小脑之间的室腔（图 10-16），上通中脑导水管，下续脊髓中央管，向后经正中孔和外侧孔通蛛网膜下隙。

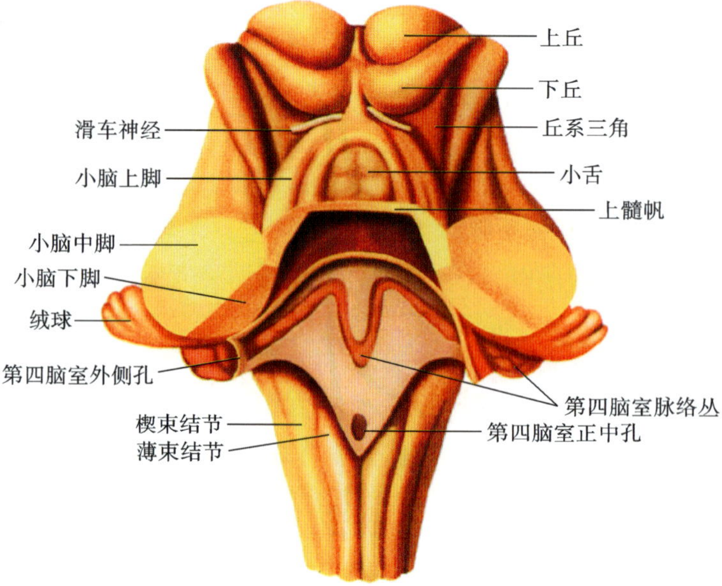

图 10-16　第四脑室

小脑扁桃体疝

小脑扁桃体邻近延髓和枕骨大孔的两侧,当颅内压增高时,小脑扁桃体有可能受挤压而嵌入枕骨大孔,造成小脑扁桃体疝(枕骨大孔疝)而危及生命。

(三)间脑

间脑(diencephalon)位于中脑与端脑之间,其体积不到中枢神经系统的2%,但结构和功能复杂,包括背侧丘脑、后丘脑、上丘脑、下丘脑和底丘脑五部分。人类由于大脑半球高度发展而掩盖了间脑的背面及侧面,仅腹侧下丘脑部分露于脑底。

1. 背侧丘脑的结构 背侧丘脑又称丘脑,由1对大的卵圆形灰质团块借丘脑间黏合连接而成,其前端称丘脑前结节,后端称丘脑枕。背面和内侧面游离,内侧面参与组成第三脑室的侧壁,外侧面连接内囊。

丘脑内部被"Y"形白质纤维板分隔为前核群、内侧核群和外侧核群(图10-17)。其中外侧核群又可分为背、腹侧两部分,腹侧核群由前向后分为腹前核、腹中间核和腹后核。腹后核又分为腹后内侧核和腹后外侧核,腹后内侧核接受对侧头面部的躯体感觉纤维;腹后外侧核接受对侧躯干和上、下肢的躯体感觉纤维。腹后核发出的纤维,称丘脑中央辐射,投射到大脑皮质的感觉区。

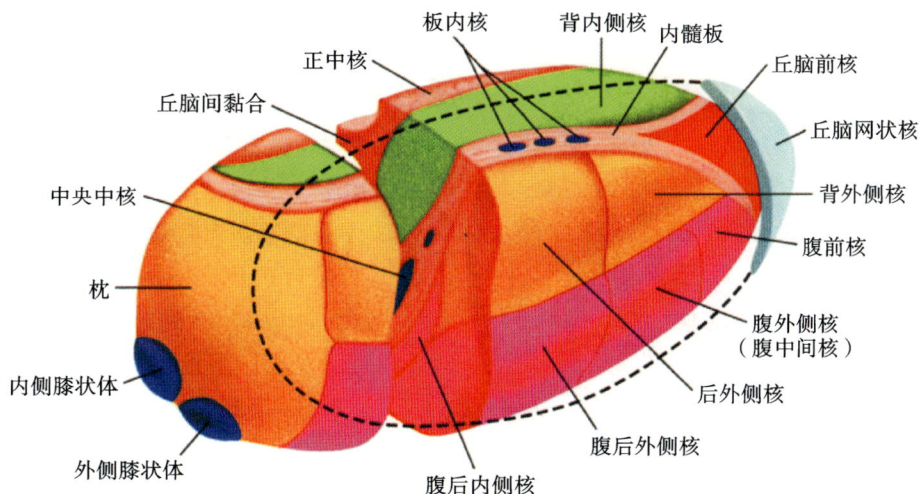

图 10-17 背侧丘脑主要核团示意图

2. 后丘脑的位置及结构 后丘脑位于丘脑枕的后下方,包括内侧膝状体和外侧膝状体。

(1)内侧膝状体:接受听觉纤维,发出纤维形成听辐射,投射到大脑皮质听觉中枢。

NOTE

（2）外侧膝状体：视束的终止核，发出纤维形成视辐射，投射到大脑皮质视觉中枢。

3. 下丘脑的位置及结构　下丘脑位于背侧丘脑的前下方，包括视交叉、灰结节和乳头体，以及灰结节下方所连的漏斗和垂体。下丘脑含有多个核群，重要的有视上核和室旁核。视上核位于视交叉外端的背外侧，能分泌加压素；室旁核位于第三脑室侧壁的上部，可分泌催产素。

4. 第三脑室　位于两侧背侧丘脑和下丘脑之间的 1 个狭窄裂隙。前方借室间孔与侧脑室相通，向下经中脑导水管通第四脑室。

（四）端脑

端脑又称大脑，是中枢神经系统中体积最大、结构最复杂的部分，人类端脑覆盖了间脑、中脑和小脑的大部。端脑被大脑纵裂分为左、右大脑半球，两者在纵裂底部借胼胝体相连。端脑与小脑之间有大脑横裂。

1. 大脑半球的外形和分叶　大脑半球表面凹凸不平，凹进去的称大脑沟，沟之间的隆起部分，称大脑回。每个大脑半球有 3 个面，即上外侧面、内侧面和底面。大脑半球上 3 条恒定的沟分别如下：①外侧沟，位于半球上外侧面，由前下行向后上。②中央沟，位于上外侧面，由上缘中点稍后起始，行向前下方。③顶枕沟，位于内侧面，自后上行向前下。5 个叶分别如下：①额叶是中央沟以前、外侧沟以上的部分。②顶叶是中央沟与顶枕沟之间、外侧沟以上的部分。③颞叶是外侧沟以下的部分。④枕叶是顶枕沟以后的部分。⑤岛叶位于外侧沟深部（图 10-18）。

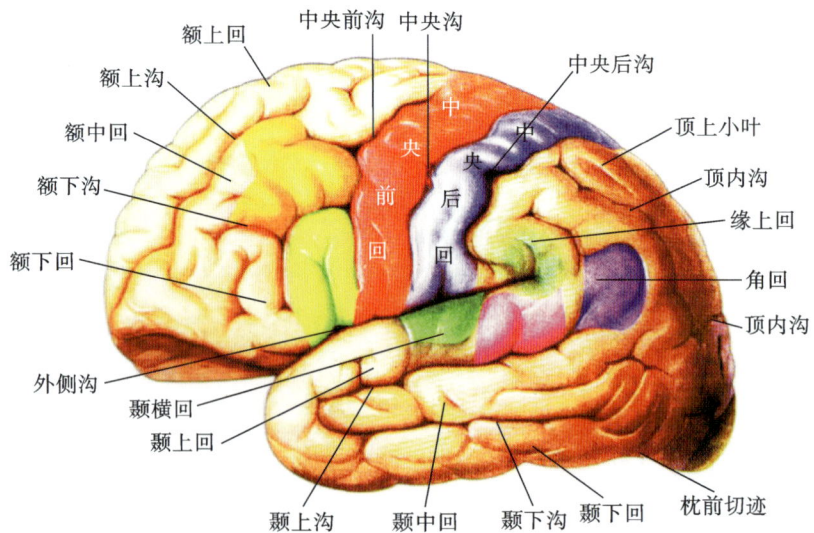

图 10-18　大脑半球外侧面

2. 大脑半球的重要沟回

（1）上外侧面：①额叶：在中央沟前有与之相平行的中央前沟，中央沟与中央前沟之间是中央前回，自中央前沟向前伸出两条平行的沟，分别称为额上沟和额下沟，将额叶分为额上回、额中回和额下回。②顶叶：在中央沟平行的中央后沟，两者之间的部分称中央后回。③颞叶：两条与外侧沟平行的沟，即颞上沟和颞下沟，将颞叶分为颞上回、颞中回和颞下回。自颞上回中部深入外侧沟的部分有 2 条横行的大脑回,称颞横回。围绕外侧沟末端的称缘上回,围绕颞上沟末端的称角回。

（2）内侧面:中部可见联系两侧大脑半球的胼胝体。胼胝体上方有胼胝体沟,在胼胝体沟上方,有与之平行的扣带沟,扣带沟与胼胝体沟之间为扣带回。在扣带沟的上方,中央前回和中央后回向大脑内侧面的延续部分,称中央旁小叶。在枕叶上,可见自顶枕沟呈弓形向后发出的距状沟(图 10-19)。

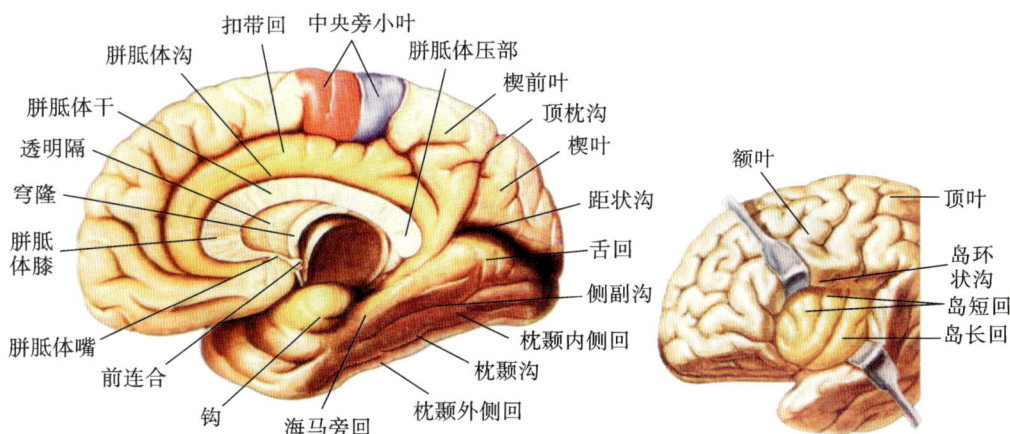

图 10-19　大脑半球内侧面

（3）底面:可见额、颞、枕 3 叶。额叶有纵行的嗅束,其前端膨大称嗅球,向后扩大为嗅三角。颞叶下方有海马旁回,其前端弯曲呈钩形,称海马旁回钩。

3. 大脑半球的内部结构　大脑半球的浅层为大脑皮质,深部为大脑髓质,髓质内的灰质团块为基底核,大脑半球内的室腔为侧脑室。

1）大脑皮质　大脑皮质是人体运动、感觉的最高中枢,是语言、意识和思维的结构基础。随着大脑皮质的发育和分化,不同的皮质区承担不同的功能,称为皮质功能区。

（1）第 I 躯体运动区:位于中央前回和中央旁小叶前部,管理全身骨骼肌的运动。身体各部在此区的投射特点:①呈倒置人形,但头面部正立。②左右交叉支配。③身体各部投影区的大小与该区支配躯体各部运动的灵巧程度有关。

（2）第 I 躯体感觉区:位于中央后回和中央旁小叶后部,接受背侧丘脑腹后核传来的对侧浅感觉和深感觉纤维。身体各部的感觉在此区也有相应的投射部位,其特点与第 I 躯体运动区相似:①呈倒置人形,但头面部正立。②左右交叉管理。③身体各部投影区的大小与该区管理躯体各部感觉的敏锐程度有关(图 10-20)。

（3）视区:位于距状沟两侧,接受同侧外侧膝状体发出的视辐射。一侧视区接受同侧视网膜颞侧半和对侧视网膜鼻侧半的纤维,故一侧视区受损,可引起双眼对侧视野同向性偏盲。

（4）听区:位于颞横回,每侧听觉中枢都接受双耳的听觉冲动,故一侧听区受损可致双侧听力下降,而不会引起全聋。

（5）语言区:语言区是人类大脑皮质所特有的,大部分人的语言区在左侧大脑半球。语言区包括说话、听话、书写和阅读四个区(图 10-21)。①说话中枢(运动性语言

NOTE

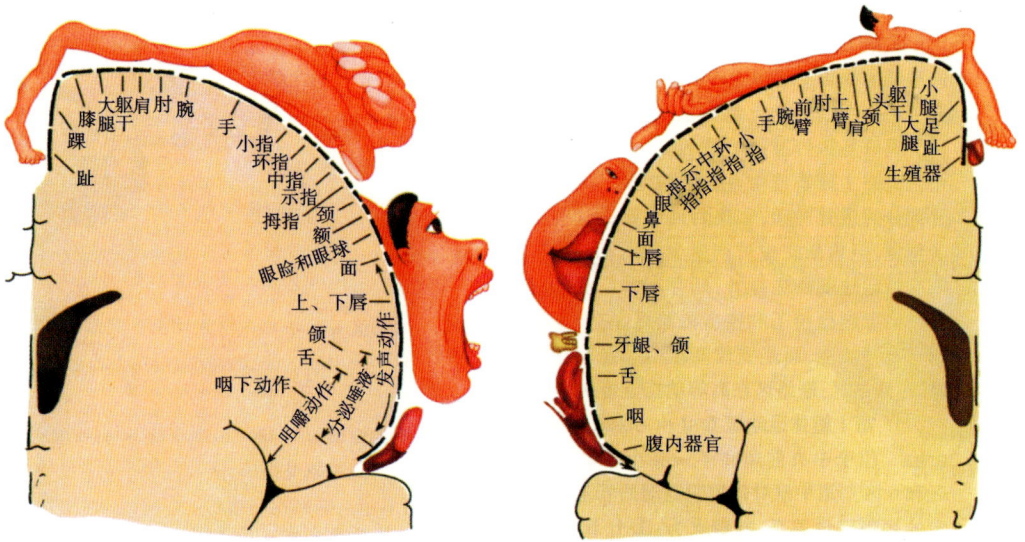

图 10-20　人体各部位在第 I 躯体运动、感觉区的功能定位

中枢）：位于额下回后部。此部位受损后患者将失去说话能力，称运动性失语症。②听话中枢（听觉性语言中枢）：位于缘上回。若此区受损，患者听力正常，但不能理解别人说话的意思，称感觉性失语症。③书写中枢：位于额中回的后部。若此区受损，患者手的运动正常，但丧失书写文字符号的能力，称失写症。④阅读中枢（视觉性语言中枢）：位于角回。若此区受损，患者视觉正常，但丧失阅读文字符号的能力，称失读症。

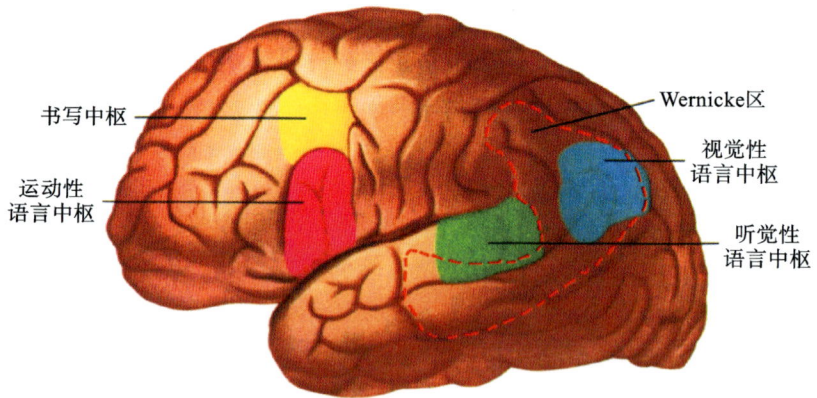

图 10-21　语言区

2）大脑髓质　大脑髓质位于皮质的深面，由大量的神经纤维组成，主要包括联络纤维、连合纤维、投射纤维。

（1）联络纤维：联系同侧半球内各部皮质的纤维。

（2）连合纤维：连接左、右大脑半球的纤维，主要是胼胝体，胼胝体是最大的连合纤维。

（3）投射纤维：联系大脑皮质与皮质下结构的下行运动纤维和上行感觉纤维，这些纤维大部分经过内囊。内囊为一宽厚的白质板，位于背侧丘脑、尾状核和豆状核之间。在大脑水平切面上（图 10-22），内囊呈开口向外的"＞＜"状，分内囊前肢、内囊膝和内囊后肢三部分（图 10-23）。

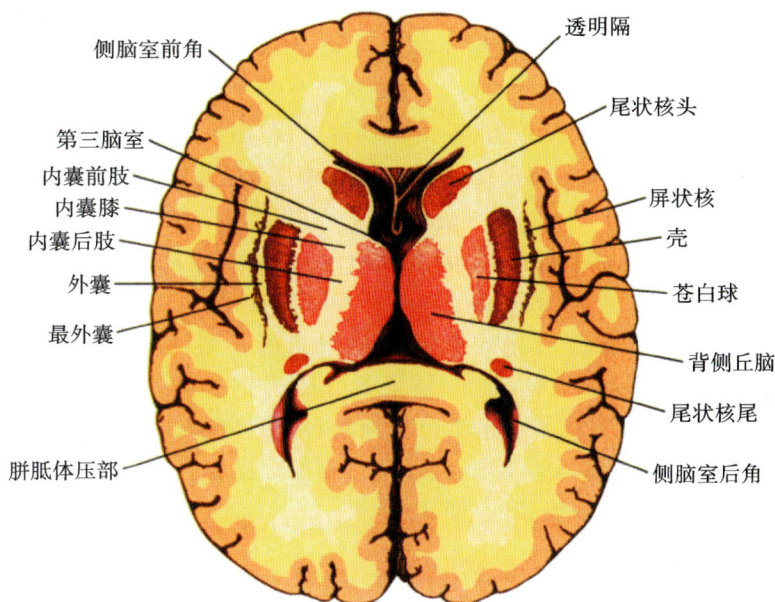

图 10-22 大脑半球水平切面（示内囊）

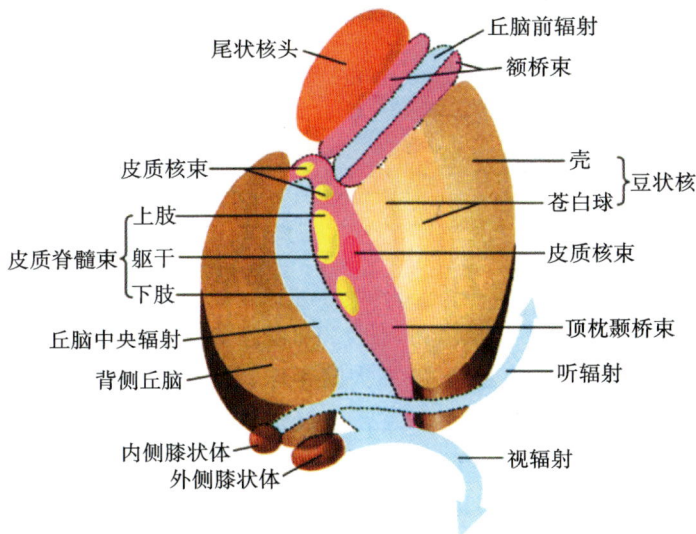

图 10-23 内囊模式图

①内囊前肢：位于豆状核与尾状核之间，有下行的额桥束和上行到额叶的丘脑前辐射通过。

②内囊膝：位于内囊前、后肢相交处，有皮质核束通过。

③内囊后肢：位于豆状核与背侧丘脑之间，主要有皮质脊髓束、丘脑中央辐射、视辐射和听辐射通过。虽然内囊的范围狭小，但集聚了所有出入大脑半球的纤维，故内囊受损时，即使病灶不大，也可造成严重的后果。临床上内囊出血者，可出现"三偏

征",即对侧半身的感觉障碍、对侧肢体运动障碍及双眼对侧视野偏盲。

3）基底核 位于大脑髓质内的灰质团块,包括尾状核、豆状核、杏仁体和屏状核。

（1）尾状核:呈"C"形弯曲,分头、体、尾三部,全长伴随侧脑室。

（2）豆状核:位于尾状核和背侧丘脑的外侧,岛叶的深部,在水平切面上呈三角形,底向外侧,尖向内侧。豆状核被两个白质薄板分为三部分:外侧部最大,称壳;内侧的两部合称苍白球。在种系发生上,苍白球较古老,称旧纹状体;尾状核和豆状核的壳发生较晚,称新纹状体。纹状体是锥体外系的重要结构,其功能是维持骨骼肌的紧张度,协调骨骼肌的运动。

（3）杏仁体:连于尾状核的尾部,其功能与内脏活动、行为和情绪活动有关。

（4）屏状核:位于岛叶与豆状核之间的一薄层灰质。

4）侧脑室 位于大脑半球内的腔隙,内含脑脊液。侧脑室左、右各一,每侧略呈"C"形,可分为四部分,即中央部、前角、后角和下角。中央部位于顶叶内,是侧脑室的主要部分;由中央部向前伸向额叶的部分为前角;向后伸向枕叶的为后角;伸向颞叶的部分最长,为下角。中央部和下角内有脉络丛,不断分泌脑脊液,加入侧脑室中。两侧脑室各自借室间孔与第三脑室相通（图 10-24）。

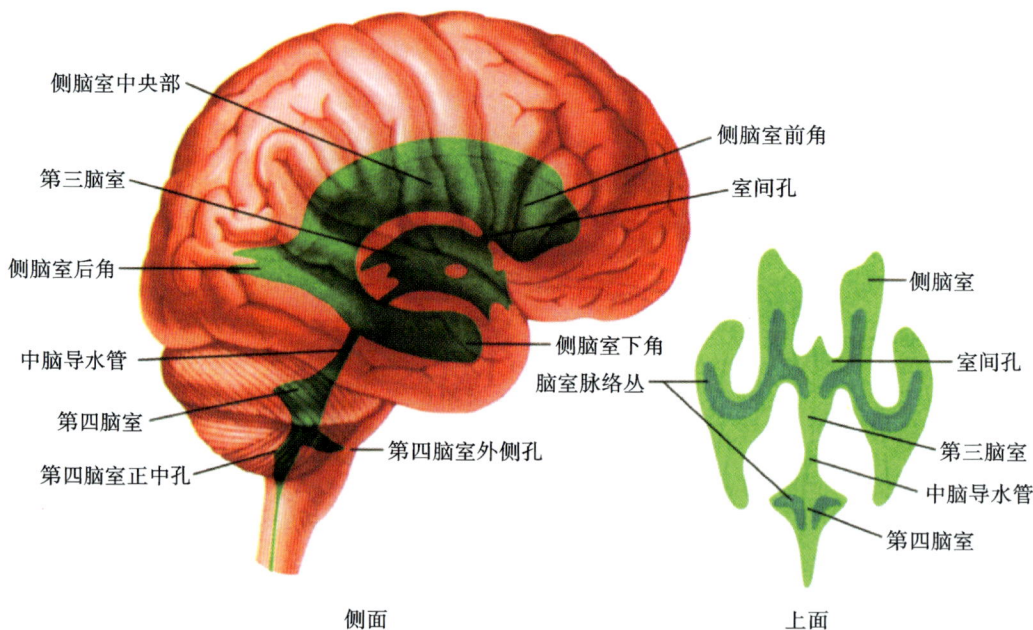

图 10-24　脑室投影图

知识拓展

优势半球

语言中枢在开始发育时,两侧半球上都有基础,以后侧重在一侧半球上逐渐发展起来,该侧半球称为优势半球。通常认为,善用右手者（即右利者）

的优势半球在左侧,即语言中枢在左半球。而多数左利者的语言中枢仍在左半球,仅少数人在右半球。只有优势半球的语言中枢受损时才会出现各种失语症。事实上,两侧半球各有优势,左半球在语言、意识、数学、逻辑分析等方面有优势,而右半球在艺术、音乐、图形及时空概念等方面有优势。

三、脑和脊髓的传导通路

人体感受器接受内、外环境的各种刺激,转换成神经冲动,由上行纤维束传至大脑皮质,经大脑皮质的分析与整合,产生相应的感觉。同时,大脑皮质发出神经冲动,经下行纤维束传出,最后通过传出神经传至效应器,产生反应。因此,在神经系统内存在上行和下行两大传导通路,即感觉传导通路和运动传导通路。

(一)感觉传导通路

1. 躯干和四肢的本体感觉和精细触觉传导通路 本体感觉又称深感觉,传导来自肌、腱、关节的位置觉、运动觉、振动觉和皮肤的精细触觉(辨别两点间距离和物体纹理粗细等)。两者传导通路相同,均由三级神经元组成(图 10-25)。

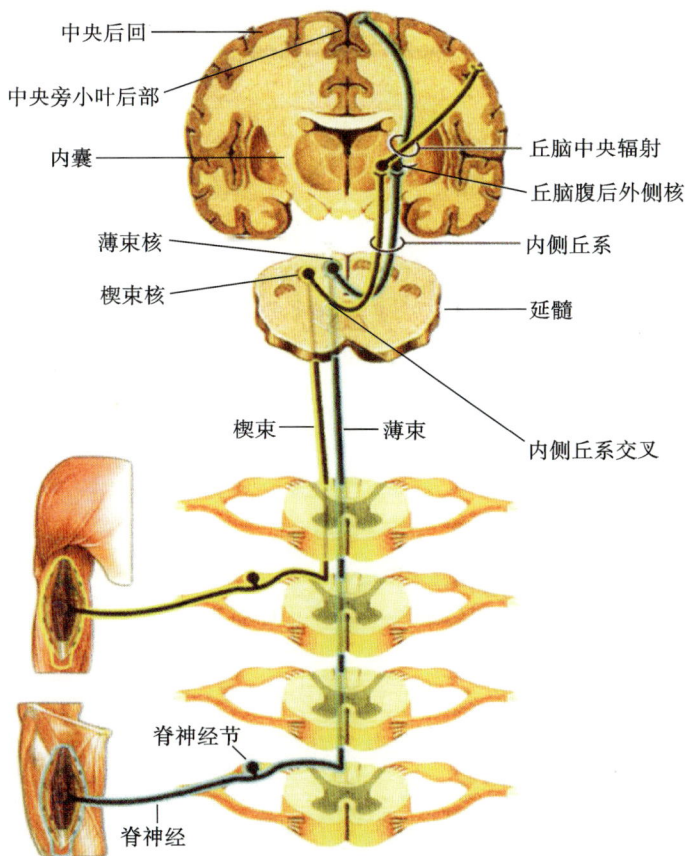

图 10-25 躯干和四肢的本体感觉和精细触觉传导通路

NOTE

第一级神经元位于脊神经节,其周围突随脊神经分布于骨骼肌、肌腱、关节以及皮肤的感受器,中枢突经脊神经后根进入脊髓后索,其中来自第5胸节以下的纤维在后索的内侧部形成薄束;而来自第4胸节以上的纤维在后索的外侧部形成楔束。薄束和楔束上行至延髓,分别止于薄束核和楔束核。

第二级神经元位于延髓的薄束核和楔束核,其轴突发出纤维向前绕过中央灰质的腹侧,并左右交叉,称内侧丘系交叉,交叉后的纤维组成内侧丘系,向上经脑干止于背侧丘脑的腹后外侧核。

第三级神经元位于背侧丘脑腹后外侧核,由此核发出丘脑中央辐射,经内囊后肢投射到大脑皮质的中央后回上2/3和中央旁小叶后部。

2. 躯干和四肢的痛觉、温度觉和粗触觉传导通路 此通路传导躯干和四肢的痛觉、温度觉和粗触觉,又称躯干和四肢浅感觉传导通路。此传导通路由三级神经元组成(图10-26)。

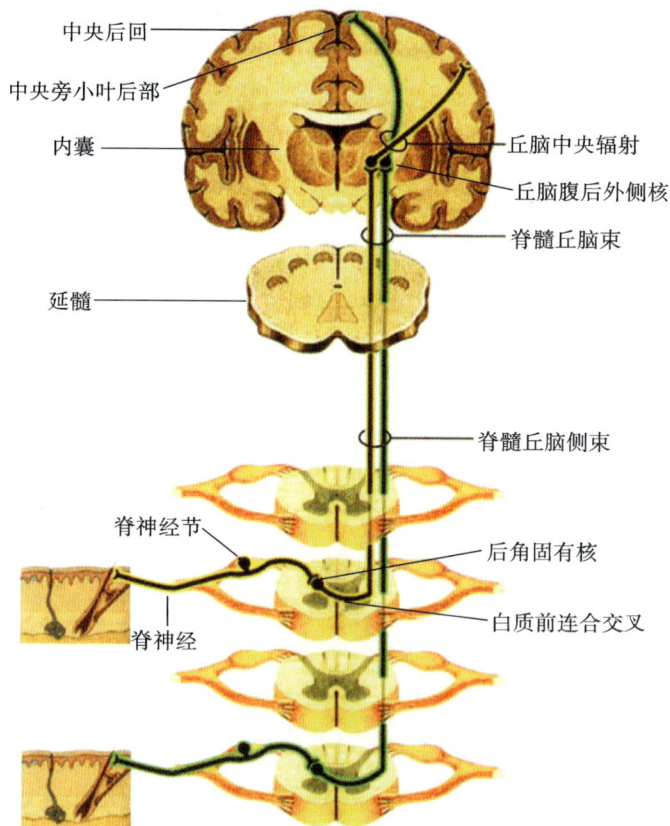

图 10-26 躯干和四肢浅感觉传导通路

第一级神经元位于脊神经节,其周围突随脊神经分布于躯干和四肢皮肤的感受器,中枢突经脊神经后根进入脊髓后角。

第二级神经元位于脊髓后角固有核,由其轴突发出纤维经白质前连合斜越上升1～2个脊髓节段,交叉到对侧的外侧索和前索分别组成脊髓丘脑侧束(传导痛觉和温度觉)和脊髓丘脑前束(传导粗触觉)。经延髓橄榄核的背外侧至脑桥和中脑内侧丘系的外侧,向上止于背侧丘脑的腹后外侧核。

第三级神经元位于背侧丘脑腹后外侧核,由此核发出神经纤维加入丘脑中央辐射经内囊后肢投射到大脑皮质的中央后回上 2/3 及中央旁小叶后部。

3. 头面部的痛觉、温度觉和粗触觉传导通路 该通路传导头面部皮肤和口腔、鼻腔黏膜的痛觉、温度觉和粗触觉(浅感觉),由三级神经元组成(图 10-27)。

第一级神经元位于三叉神经节,其周围突组成三叉神经三大分支分布于头面部皮肤和口腔、鼻腔黏膜的感受器,中枢突经三叉神经根进入脑干内,终止于三叉神经感觉核群。

第二级神经元位于三叉神经感觉核群,由其轴突发出的纤维交叉到对侧,组成三叉丘系,沿内侧丘系的背侧上行,止于背侧丘脑的腹后内侧核。

第三级神经元位于背侧丘脑的腹后内侧核,其发出的纤维加入丘脑中央辐射,经内囊后肢投射到中央后回下 1/3 部。

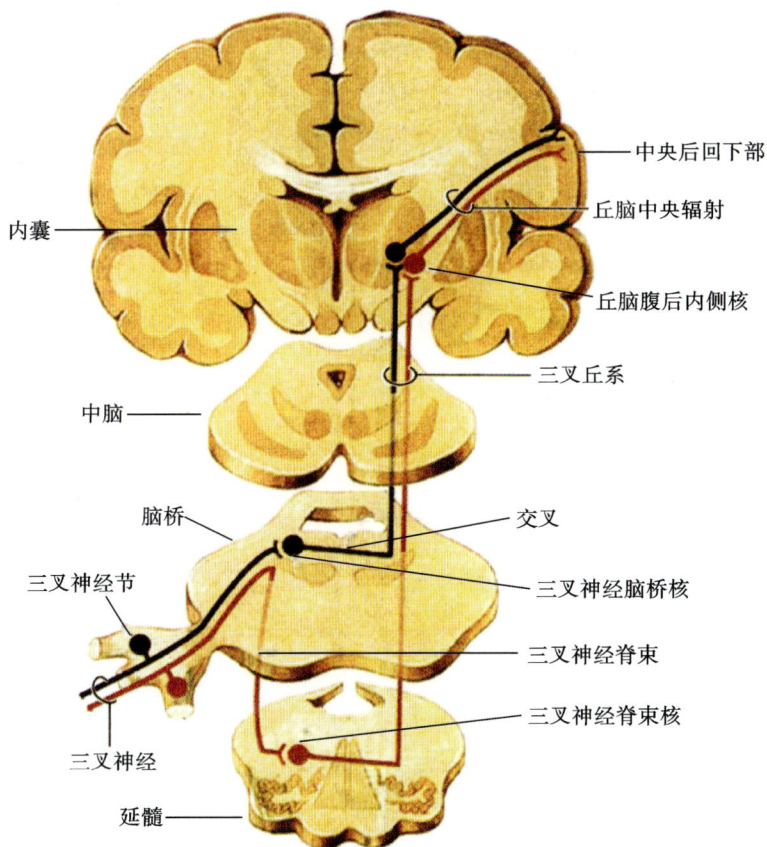

图 10-27 头面部浅感觉传导通路

4. 视觉传导通路 此传导通路由三级神经元组成(图 10-28)。

第一级神经元是位于视网膜内的双极细胞,它们接受来自视锥细胞和视杆细胞产生的视觉冲动并传至节细胞。

第二级神经元为视网膜内的节细胞,其轴突在视神经盘处会聚并穿出眼球壁形成视神经,经视神经管入颅,形成视交叉后延续为视束。在视交叉中,来自两眼视网膜鼻侧半的纤维交叉,来自两眼视网膜颞侧半的纤维不交叉。左侧视束由来自两眼视网膜

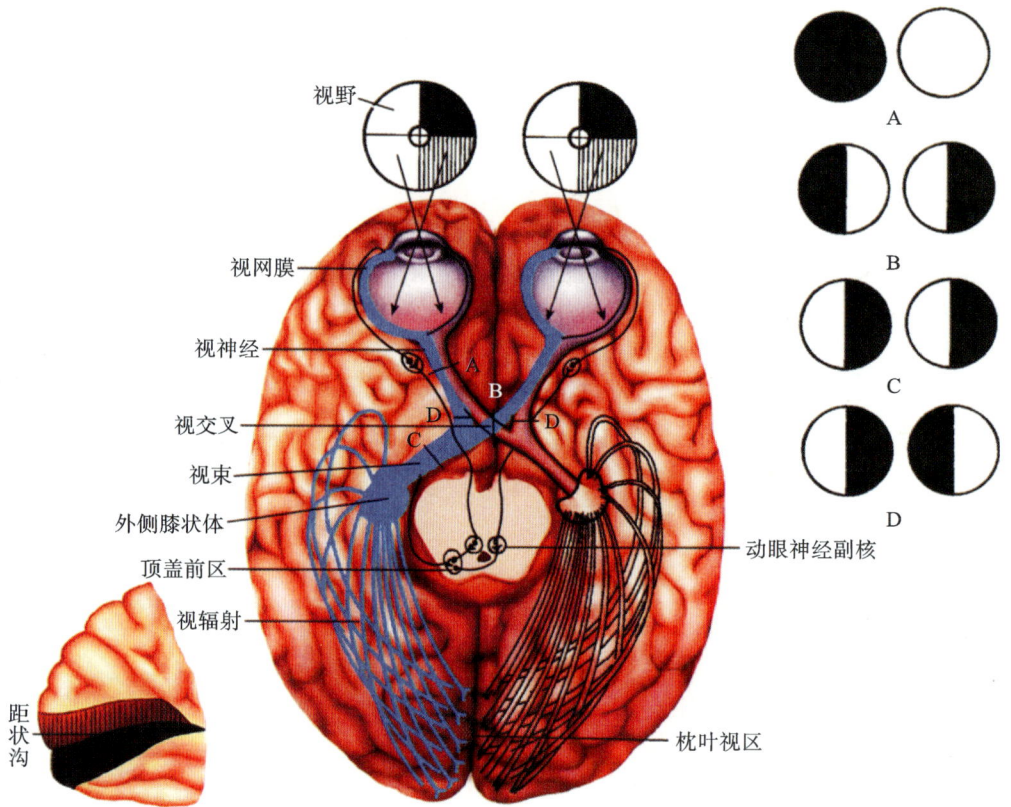

图 10-28　视觉传导通路及瞳孔对光反射通路

左侧半的纤维构成,右侧视束由来自两眼视网膜右侧半的纤维构成。视束绕大脑脚向后终止于外侧膝状体。

　　第三级神经元的胞体位于外侧膝状体内,由外侧膝状体核发出的纤维组成视辐射,经内囊后肢投射到距状沟两侧。

(二) 运动传导通路

　　大脑皮质是躯体运动的最高级中枢,其对躯体运动的调节是通过锥体系和锥体外系两部分传导通路来实现的。

　　1. 锥体系　主要管理骨骼肌的随意运动,由上、下两级神经元组成。上运动神经元位于大脑皮质内,其轴突组成下行纤维束,称锥体系,其中下行至脊髓前角的纤维称皮质脊髓束,下行至脑干内止于躯体运动核的纤维称皮质核束(又称为皮质脑干束)。锥体系下运动神经元的胞体分别位于脑干躯体运动核和脊髓前角内,所发出的轴突分别参与脑神经和脊神经的组成(图 10-29)。

　　(1) 皮质脊髓束:上运动神经元的胞体主要在中央前回上 2/3 和中央旁小叶前部的皮质,其轴突组成皮质脊髓束后下行,经内囊后肢、中脑、脑桥至延髓锥体,在锥体的下端,大部分纤维左、右交叉形成锥体交叉,交叉后的纤维沿脊髓外侧索下行,形成皮质脊髓侧束,沿途止于脊髓各节段的前角运动神经元。小部分未交叉的纤维,在同侧脊髓前索内下行,形成皮质脊髓前束,分别止于同侧和对侧的脊髓前角运动神经元(只

NOTE

224

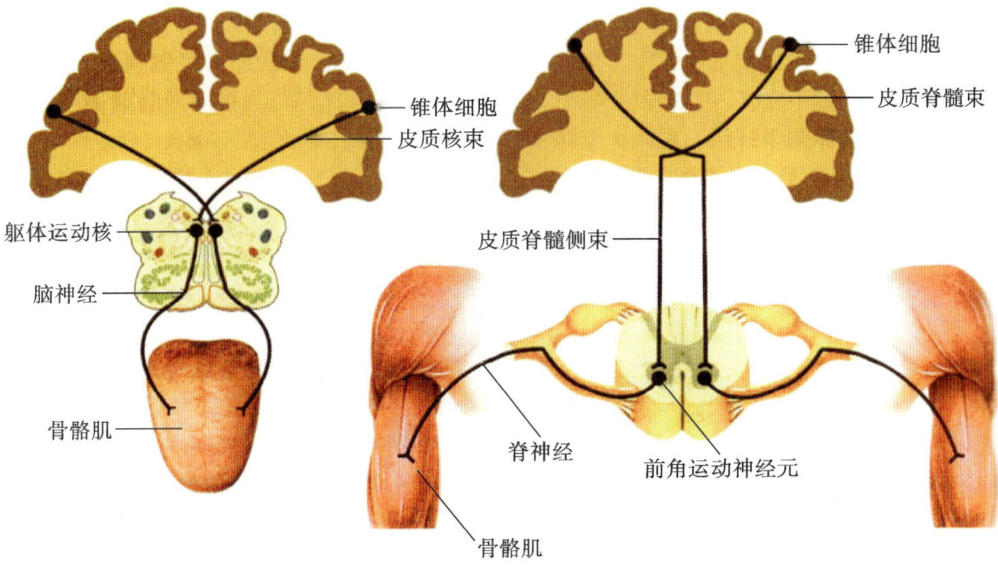

图 10-29　锥体系

到达胸节）。下运动神经元为脊髓前角运动神经元，其轴突组成脊神经的前根，随脊神经分布于躯干和四肢的骨骼肌（图 10-30）。

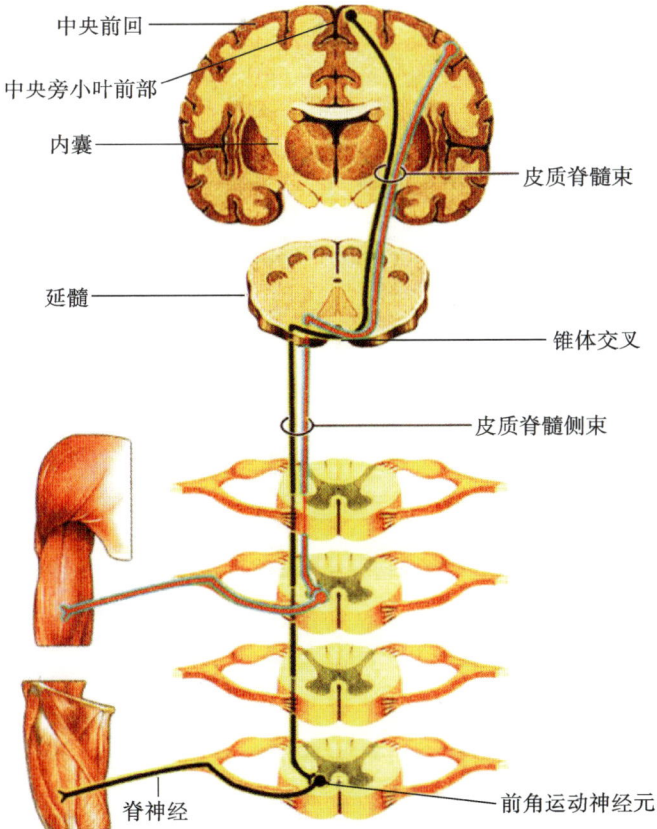

图 10-30　皮质脊髓束

NOTE

（2）皮质核束：上运动神经元的胞体位于中央前回的下 1/3 皮质内，由其轴突组成皮质核束，经内囊膝下行至脑干，大部分纤维止于双侧的脑神经运动核，但面神经核下部和舌下神经核只接受对侧皮质核束的纤维。下运动神经元的胞体位于脑干的脑神经运动核内，其轴突随脑神经分布到头、颈、咽、喉等处的骨骼肌（图 10-31）。

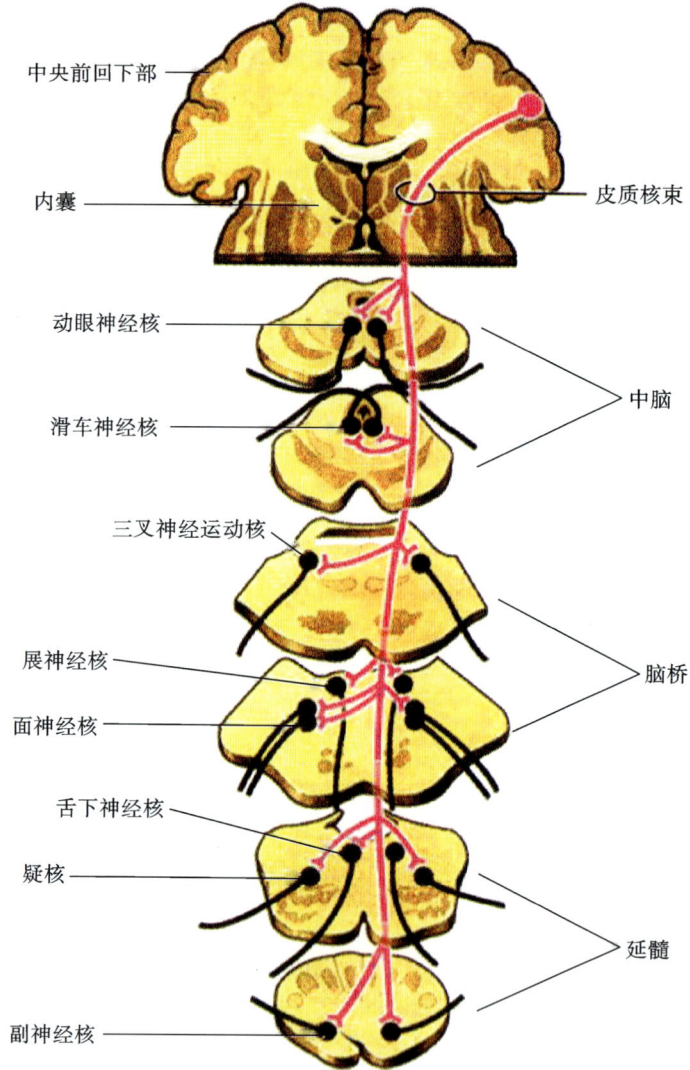

图 10-31　皮质核束与脑神经运动核的联系

临床上发现，不同位置的皮质核束受损时表现不同。故临床上常将上运动神经元损伤引起的瘫痪称为核上瘫，而将下运动神经元损伤引起的瘫痪称为核下瘫（图 10-32）。

2. 锥体外系　一般是指锥体系以外的管理骨骼肌运动的纤维束，包括除锥体系以外与躯体运动有关的各种下行传导通路，其主要功能是调节肌紧张，维持肌群的协调性运动，与锥体系配合共同完成人体的各种随意运动。

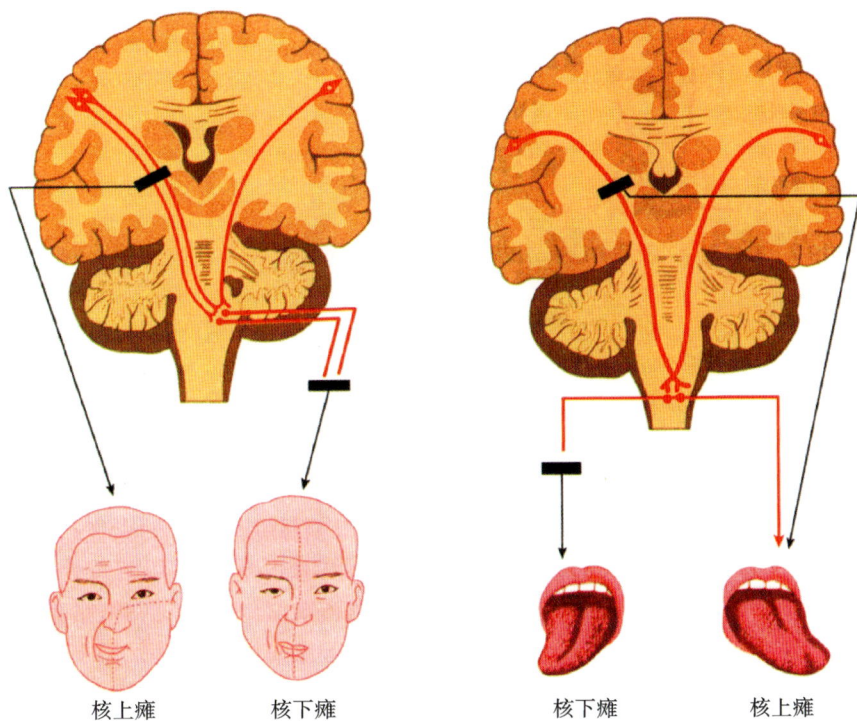

核上瘫　　　　核下瘫　　　　　　核下瘫　　　　　核上瘫

图 10-32　核上瘫和核下瘫

四、脑和脊髓的被膜、血管和脑脊液

案例导入

患者,男,50岁。因被钝器击伤头部 2 h 后入院。患者出现剧烈头痛、频繁呕吐、视力障碍等症状。辅助检查颅内压达 $2.8 \sim 5.3$ kPa($21 \sim 40$ mmHg)。入院诊断为硬膜外血肿合并颅内高压。

思考:脑脊液的产生与循环途径。

脑和脊髓的表面均有三层被膜,由外向内依次为硬膜、蛛网膜和软膜。

(一) 硬膜

硬膜为一层致密结缔组织膜,可分为硬脑膜和硬脊膜。

1. 硬脊膜　厚而坚韧的管状膜,包绕脊髓,上端附着于枕骨大孔边缘,与硬脑膜延续,下端附于尾骨。硬脊膜与椎管内面的骨膜及黄韧带之间的狭窄腔隙,称硬膜外隙。其内除有脊神经根通过外,还有疏松结缔组织、脂肪、淋巴管和静脉丛等。临床将麻醉药物注入此隙以阻断脊神经的冲动传导,称硬膜外麻醉(图 10-33)。

2. 硬脑膜　厚而韧,由内、外两层构成,外层即颅骨的内骨膜,内层较外层坚厚,两层之间含有丰富的血管和神经。硬脑膜在颅顶与颅骨结合疏松,颅顶骨折时常因硬脑膜血管损伤而在硬脑膜与颅骨之间形成硬膜外血肿。硬脑膜与颅底结合紧密,当颅底骨折时,易将硬脑膜与蛛网膜一起撕裂,使脑脊液外漏。

NOTE

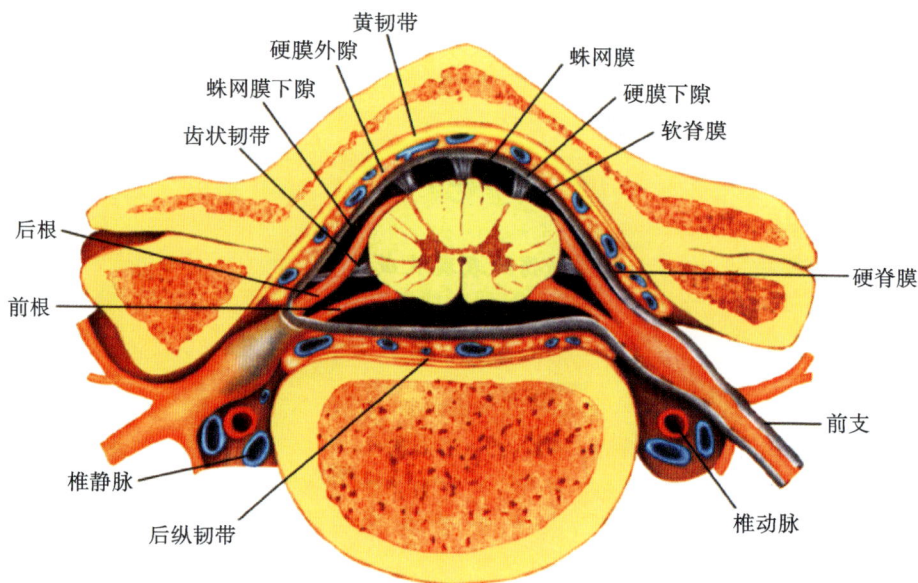

图 10-33 脊髓被膜

某些部位的硬脑膜内层向内折叠形成几个形态各异的板状隔幕,深入各脑部之间,对脑有固定和承托的作用。

(1)大脑镰:形如镰刀,伸入大脑纵裂中。

(2)小脑幕:形似幕帐,伸入端脑和小脑之间,后缘附于横窦沟,前外侧缘附于颞骨岩部上缘,前缘游离凹陷,称小脑幕切迹,从中脑通过。当幕上颅脑病变致颅内压增高时,两侧海马旁回和钩可被挤压至小脑幕切迹下方,压迫大脑脚和动眼神经,形成小脑幕切迹疝。

硬脑膜在某些部位内、外两层分离,构成形态不规则的腔隙,称硬脑膜窦。窦壁由胶原纤维组成,内衬内皮细胞,无平滑肌,不能收缩,故硬脑膜窦损伤时难以止血。主要的硬脑膜窦有上矢状窦(图 10-34)、下矢状窦、直窦、横窦、窦汇、乙状窦、海绵窦等。

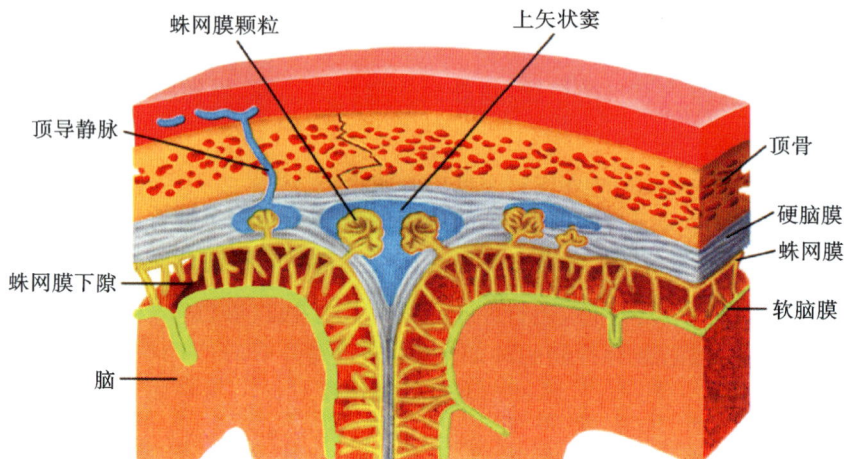

图 10-34 上矢状窦

上矢状窦位于大脑镰上缘内。横窦位于小脑幕后缘,向下弯曲成乙状窦,乙状窦向下续于颈内静脉。海绵窦位于蝶鞍两侧,为硬脑膜两层间不规则腔隙,腔内有许多结缔组织小梁,因形似海绵而得名。动眼神经、滑车神经、眼神经和上颌神经贴海绵窦的外侧壁通过,窦腔内有颈内动脉和展神经通过。

硬脑膜窦收集颅内静脉血,并与颅外静脉相通,故头面部的感染有可能经面静脉等蔓延到硬脑膜窦,引起颅内感染。

(二)软膜

软膜为富含血管的薄膜,紧贴于脑和脊髓的表面,分为软脑膜和软脊膜。在脑室的某些部位,软脑膜及其血管和室管膜上皮共同突入脑室内形成脉络丛,产生脑脊液。

(三)脑的血管

脑是体内代谢最旺盛的器官,脑的血液供应也极为丰富。人脑的重量仅占体重的2%,耗氧量却占全身的20%,因此脑细胞对缺血和缺氧都很敏感。脑血流阻断5 s即可引起意识丧失,阻断5 min可导致脑细胞不可逆的损害(图10-35)。

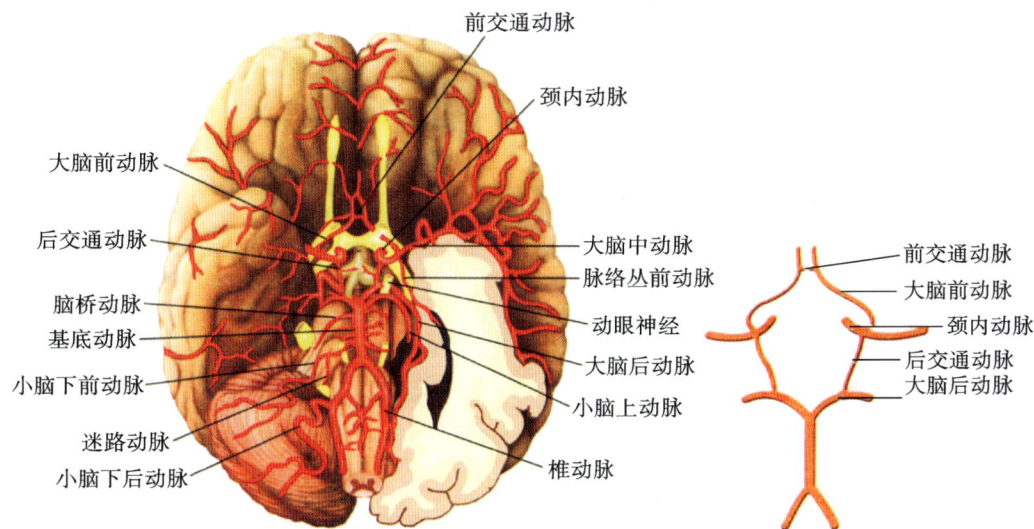

图 10-35 脑底面的动脉

1. 脑的动脉 脑的动脉来源于颈内动脉和椎动脉。颈内动脉供应大脑半球的前2/3和部分间脑,椎动脉供应大脑半球的后1/3、间脑后部、脑干和小脑。

(1)颈内动脉(internal carotid artery):起自颈总动脉,向上穿过颈动脉管入海绵窦,出海绵窦后,在视交叉的外侧分为大脑前动脉和大脑中动脉。颈内动脉在海绵窦内呈"S"形弯曲,位于蝶骨体外侧和上方的一段称虹吸部,是动脉硬化的好发部位。

①大脑前动脉:在大脑纵裂内沿胼胝体的背面向后走行,供应大脑半球的内侧面顶枕沟以前的部分及上外侧面的上缘(图10-36)。

②大脑中动脉:沿外侧沟向后上走行,供应大脑半球上外侧面的大部和岛叶。其起始处发出一些细小的中央支(又称豆纹动脉),垂直向上穿入脑实质,分布于尾状核、

229

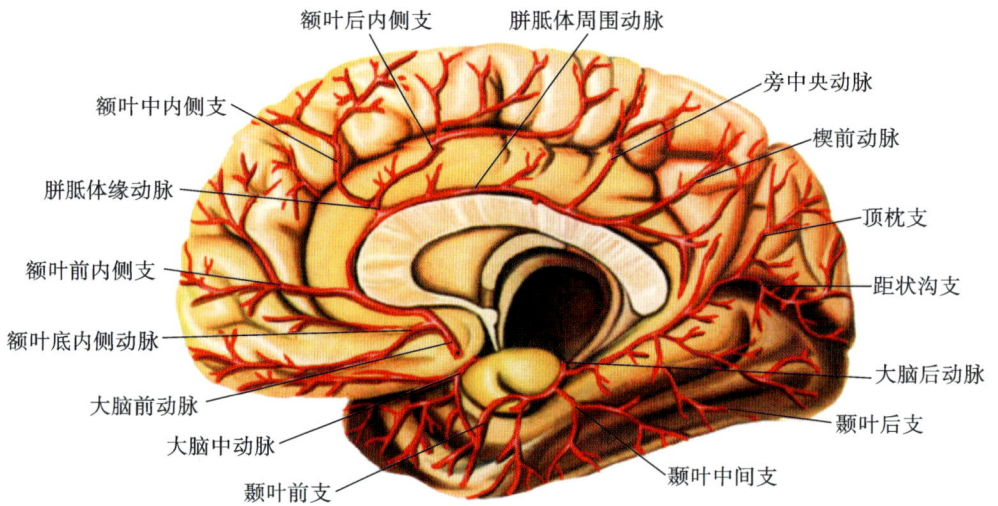

图 10-36　大脑半球内侧面的动脉

豆状核、内囊膝和内囊后肢前部。有动脉硬化和高血压的患者,这些动脉容易破裂,因此有"出血动脉"之称(图 10-37、图 10-38)。

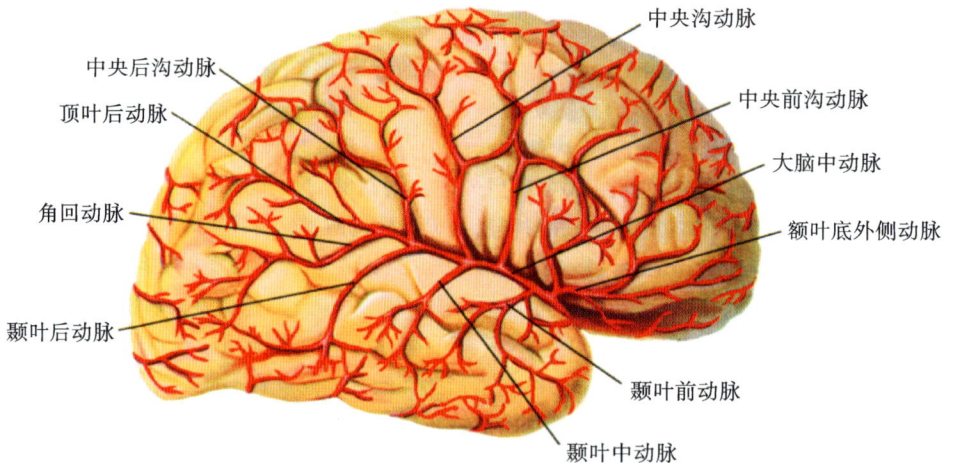

图 10-37　大脑半球外侧面的动脉

(2)椎动脉(vertebral artery):左、右椎动脉入颅后,沿延髓腹侧面上行,至脑桥下缘合成 1 条基底动脉,通常将这两段动脉合称为椎-基底动脉。基底动脉的主要分支为大脑后动脉,供应大脑半球的枕叶及颞叶的下部。

(3)大脑动脉环(cerebral arterial circle):又称威利斯(Willis)环,是围绕着视交叉、灰结节和乳头体,由前交通动脉、大脑前动脉、颈内动脉、后交通动脉和大脑后动脉互相连接而成。大脑动脉环使颈内动脉系和椎-基底动脉系相交通。当此环某处发生阻塞时,可在一定程度上通过此循环使血液重新分配和代偿,以维持脑的血液供应。

2. 脑的静脉　脑的静脉不与动脉伴行,壁薄而无瓣膜,可分为浅、深静脉,最终注入硬脑膜窦,回流至颈内静脉。

(1)浅静脉:引流皮质和皮质下的静脉血,主要有大脑上静脉、大脑中静脉、大脑

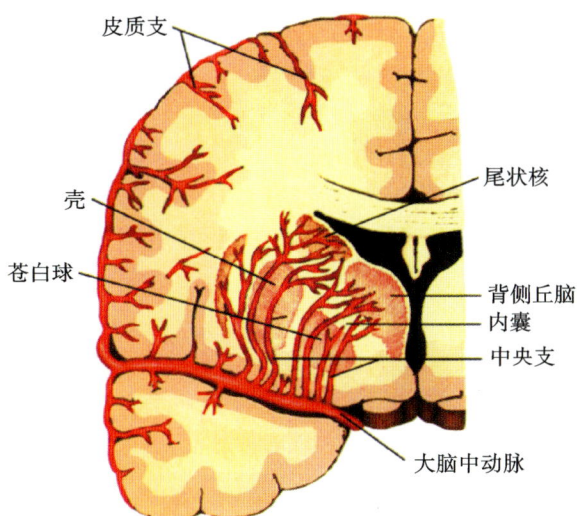

图 10-38 大脑中动脉的中央支和皮质支

下静脉。三者相互吻合成网,分别注入上矢状窦、海绵窦和横窦等。

（2）深静脉:收集大脑髓质、基底核、间脑和脑室脉络丛的静脉血,向后注入大脑大静脉,在胼胝体压部后下方注入直窦。

（四）脊髓的血管

1. 脊髓的动脉 脊髓的动脉有两个来源:一是脊髓前、后动脉,由椎动脉发出;二是节段性动脉,由颈升动脉、肋间后动脉和腰动脉等发出,以补充脊髓前、后动脉。

（1）脊髓前动脉:左、右各一,在延髓腹侧合成一干,沿脊髓前正中裂下行至脊髓末端,沿途接受节段性动脉的增补(图 10-39)。

（2）脊髓后动脉:沿左、右后外侧沟下行至脊髓末端,沿途接受节段性动脉的增补。脊髓的第1~4胸椎、第1腰椎处,是脊髓前、后动脉吻合的过渡带,血供较差,容易使脊髓受到缺血损害,故称"危险区"(图 10-40)。

2. 脊髓的静脉 脊髓的静脉较脊髓的动脉多而粗。脊髓内的小静脉汇集成脊髓前、后静脉,通过前、后根静脉注入硬膜外隙的椎内静脉丛,再经椎外静脉丛回流入心。

（五）脑脊液的产生与循环

脑脊液(cerebrospinal fluid,CSF)是无色透明的液体,由各脑室内的脉络丛产生,充满脑室及蛛网膜下隙。成人总量约 150 mL。脑脊液有缓冲、保护、营养、运输代谢产物以及维持颅内压等作用。脑的某些疾病可引起脑脊液成分的改变,因此临床上检验脑脊液,可协助诊断。

侧脑室产生的脑脊液,经室间孔进入第三脑室,向下经中脑导水管流到第四脑室,再经第四脑室的正中孔和外侧孔流到蛛网膜下隙,通过蛛网膜粒渗入上矢状窦,最后流入颈内静脉(图 10-41、图 10-42)。脑脊液循环障碍可引起颅内压增高和脑积水。

（六）血-脑屏障

在脑组织和毛细血管之间,存在着一层具有选择性通透作用的屏障,称血-脑屏障。血-脑屏障由内皮细胞间的紧密连接、毛细血管的基底膜和神经胶质细胞的突起

NOTE

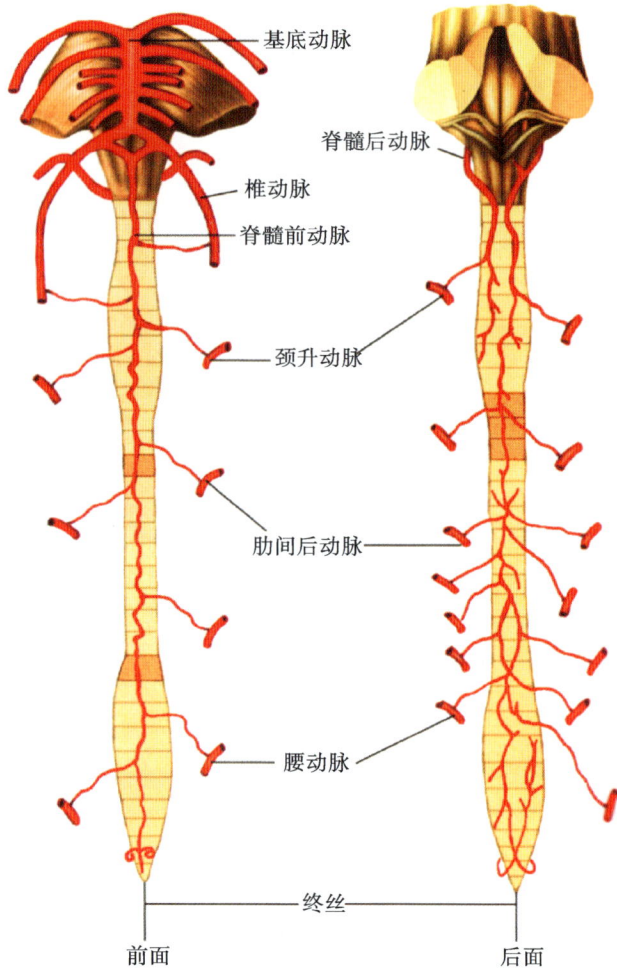

图 10-39　脊髓的动脉

基底动脉

脊髓后动脉

椎动脉

脊髓前动脉

颈升动脉

肋间后动脉

腰动脉

终丝

前面

后面

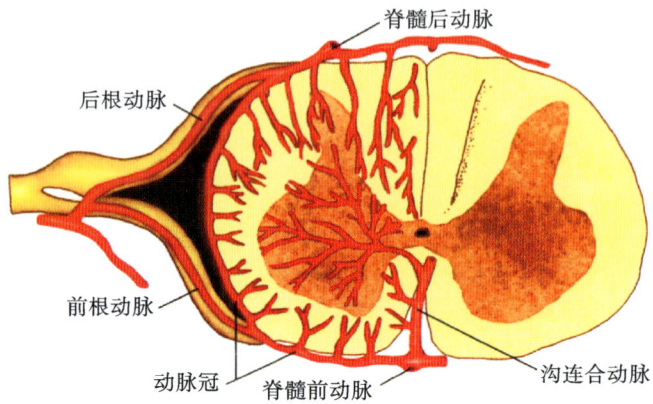

图 10-40　脊髓动脉分部

脊髓后动脉

后根动脉

前根动脉

动脉冠

脊髓前动脉

沟连合动脉

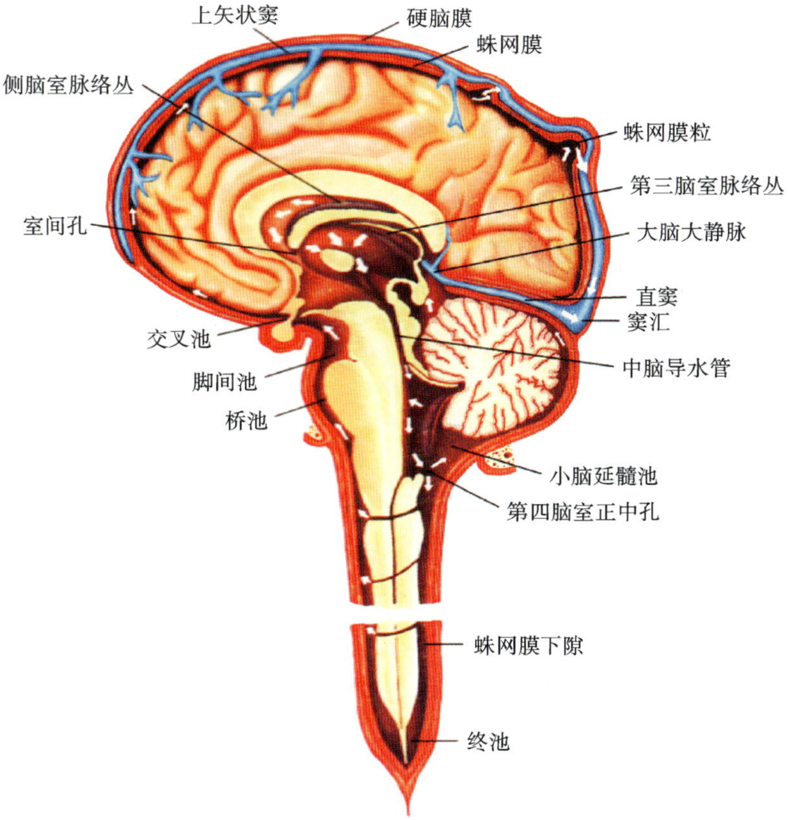

图 10-41　脑脊液循环模式图

$$\text{侧脑室} \xrightarrow{\text{室间孔}} \text{第三脑室} \xrightarrow{\text{中脑导水管}} \text{第四脑室} \xrightarrow{\text{正中孔/外侧孔}} \text{蛛网膜下隙} \xrightarrow{\text{蛛网膜粒}} \text{上矢状窦}$$

图 10-42　脑脊液循环途径

构成(图 10-43)。血-脑屏障可阻止血液中的有害物质进入脑内,但允许营养物质和代谢产物通过。在临床用药时,应注意该药是否能通过血-脑屏障,以保证药物的疗效。

知识拓展

颅内高压

颅内压是指颅腔内容物对颅腔壁产生的压力,由流体静力压和血管动压两种因素组成。由于颅腔总容积相对固定,颅内压保持相对稳定。正常人平卧时颅内压约为 1.33 kPa(10 mmHg)。脑组织肿胀,颅内有占位性病变,脑脊液分泌过多、吸收障碍、循环受阻或脑血流灌注过多导致颅内压持续保持在 2.0 kPa(15 mmHg)以上时称颅内高压。

NOTE

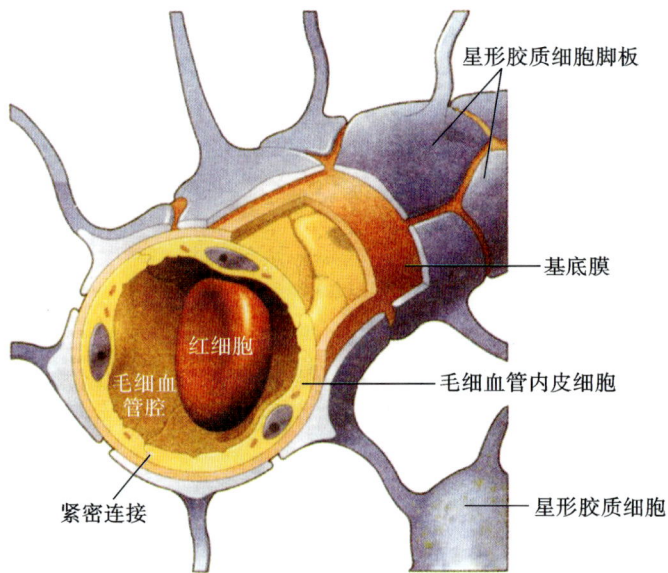

图 10-43　血-脑屏障结构模式图

▌第三节　周围神经系统▌

　　周围神经系统是指中枢神经系统以外的神经部分。根据神经的分布和功能,周围神经系统可分为脊神经、脑神经和内脏神经三部分。

案例导入

　　患者,男,40岁。因骑自行车摔倒致右上臂受伤而入院。体格检查:受伤部位肿胀,局部压痛明显,上肢活动受限,患者不能伸腕、伸拇指及外展拇指,前臂不能旋后,呈垂腕畸形。手背虎口处感觉障碍。X线检查示肱骨干骨折。临床诊断:肱骨干骨折合并桡神经损伤。

　　思考:用解剖学知识分析其机制。

一、脊神经

　　脊神经连于对应的脊髓节段,共31对,包括颈神经(cervical nerve)8对、胸神经(thoracic nerve)12对、腰神经(lumbar nerve)5对、骶神经(sacral nerve)5对和尾神经(coccygeal nerve)1对。

　　脊神经由前根与后根在椎间孔处会合而成,后根在近椎间孔处有1处椭圆形膨大,称脊神经节。前根属于运动性神经,而后根属于感觉性神经。所以,脊神经都是混合性神经,含有4种纤维成分(图10-44)。

　　1.躯体感觉纤维　来源于脊神经节的假单极神经元,分布于皮肤、骨骼肌、肌腱

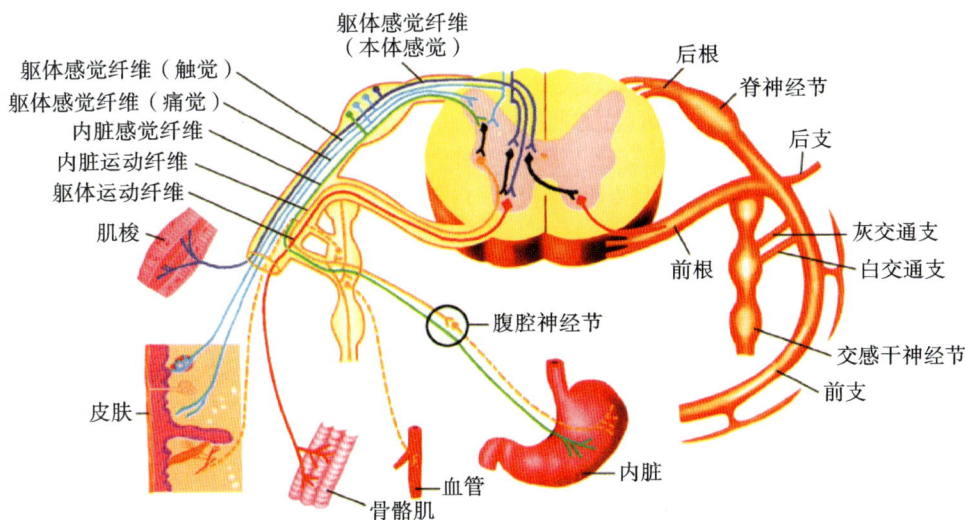

图 10-44　周围神经的组成、分支和分布示意图

和关节,将这些部位的浅、深感觉冲动传入中枢。

2. 内脏感觉纤维　来源于脊神经节的假单极神经元,分布于心血管、内脏和腺体,将其产生的感觉冲动传入中枢。

3. 躯体运动纤维　来源于脊髓灰质前角的运动神经元,分布于躯干和肢体的骨骼肌,支配其随意运动。

4. 内脏运动纤维　来源于脊髓灰质侧角的交感中枢或骶髓的副交感中枢,分布于内脏平滑肌、心肌和腺体,支配内脏、心血管的运动和腺体的分泌。脊神经出椎间孔后,主要分为前、后两支。前支粗大,分布于躯干前外侧以及四肢的肌和皮肤等处;后支细小,分布于躯干背部的深层肌和皮肤等处。除胸神经前支保留明显的节段性外,其余各脊神经前支均先交织成丛,再由丛发出分支到相应的分布区域。脊神经前支形成的神经丛有颈丛、臂丛、腰丛和骶丛 4 个神经丛(图 10-45)。

(一)颈丛

颈丛(cervical plexus)由第 1～4 颈神经前支组成,位于胸锁乳突肌上部的深面。颈丛的主要分支如下。

1. 皮支　由胸锁乳突肌后缘中点处穿出深筋膜,呈放射状分布于枕部、颈部、肩部和胸壁上部的皮肤(图 10-46)。临床颈部手术时,可在胸锁乳突肌后缘中点处行颈丛神经阻滞麻醉。

2. 膈神经(phrenic nerve)　颈丛的主要分支,属混合性神经。膈神经经锁骨下动、静脉之间入胸腔,越过肺根的前方,在心包与纵隔胸膜之间下行至膈(图 10-47)。其运动纤维支配膈肌,感觉纤维分布于心包、胸膜和膈下的腹膜等处,通常认为右膈神经还分布于肝和胆囊表面的腹膜。

NOTE

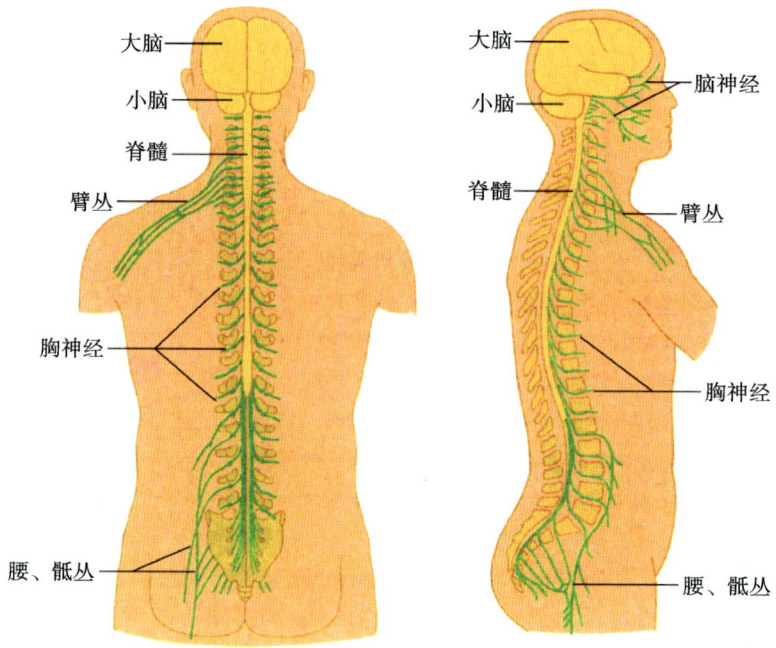

图 10-45 脊神经丛示意图

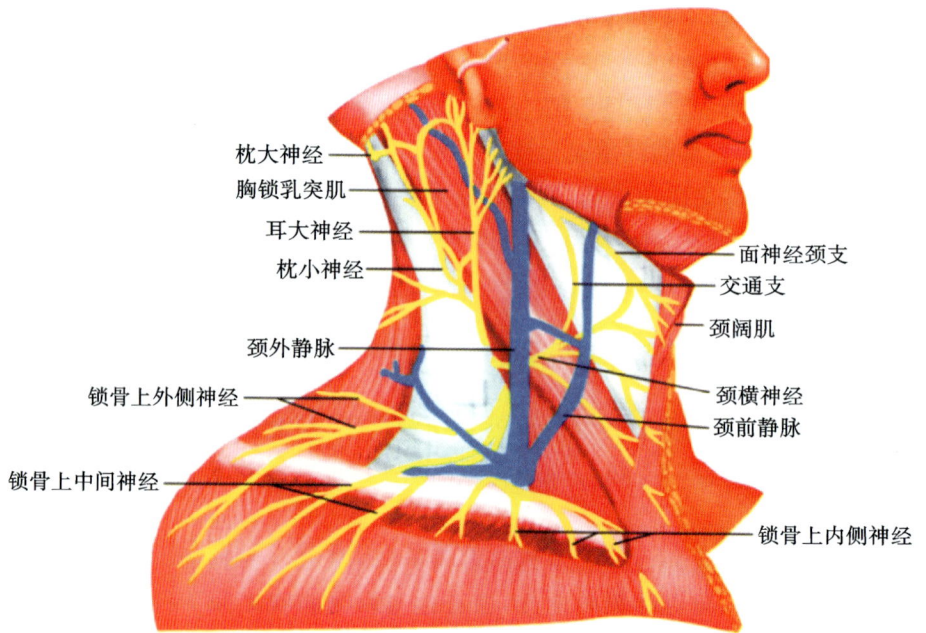

图 10-46 颈丛皮支

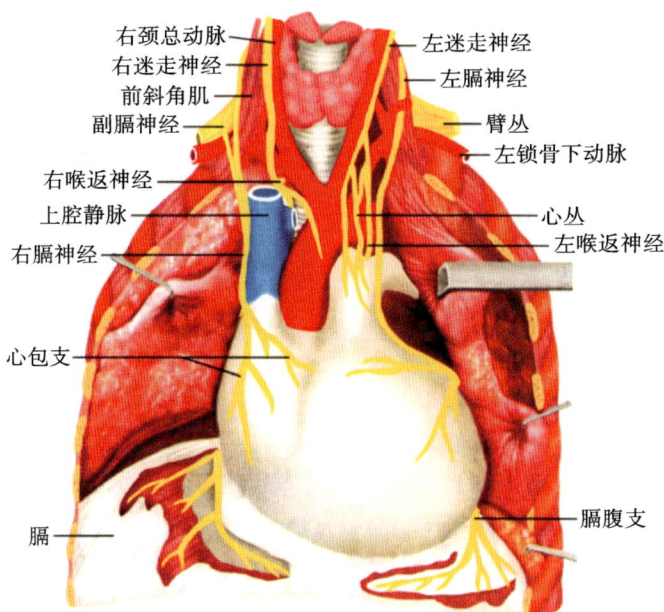

图 10-47　膈神经

（二）臂丛

知识拓展

正中神经、尺神经和桡神经损伤及其临床表现

正中神经损伤易发生于前臂（称旋前肌综合征）和腕部（称腕管综合征），可致前臂不能旋前、屈腕和屈指力减弱、皮支分布区感觉障碍、手掌平坦（称"猿手"）等。

尺神经易受损伤的部位在尺神经沟和豌豆骨桡侧，可导致屈腕力减弱、拇指不能内收、掌指关节过伸和骨间肌萎缩等，出现"爪形手"，手掌、手背内侧缘皮肤感觉障碍。

肱骨干骨折易损伤桡神经，主要表现为前臂伸肌群瘫痪，具体表现为抬起前臂时呈"垂腕"状，不能伸腕和伸指，"虎口"区皮肤感觉障碍。桡骨颈骨折时可损伤桡神经深支，主要表现为伸腕力弱、不能伸指等。

臂丛（brachial plexus）由第 5～8 颈神经的前支和第 1 胸神经的前支大部分组成（图 10-48），其主干自斜角肌间隙穿出，经锁骨中点后方进入腋窝；臂丛在锁骨上窝和腋窝处位置表浅，临床上行上肢手术时，可在锁骨上窝和腋窝处行臂丛阻滞麻醉。

臂丛的主要分支如下。

NOTE

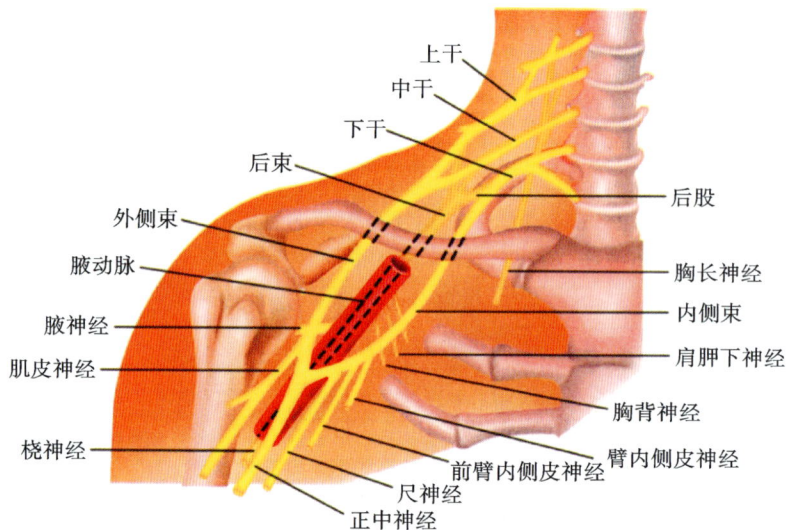

图 10-48　臂丛组成模式图

1. 胸长神经(long thoracic nerve)　沿前锯肌表面下降,分布至前锯肌和乳房。此神经损伤可引起前锯肌瘫痪,出现"翼状肩"。

2. 腋神经(axillary nerve)　经肱骨外科颈后方至三角肌深面,分为肌支和皮支。肌支支配三角肌和小圆肌;皮支自三角肌后缘穿出,分布于肩部和臂上部外侧面的皮肤。

3. 肌皮神经(musculocutaneous nerve)　斜穿喙肱肌,经肱二头肌与肱肌之间下行,发出肌支支配上述 3 块肌。皮支在肘关节稍上方、肱二头肌下端外侧浅出,称前臂外侧皮神经,分布于前臂外侧面的皮肤(图 10-49)。

4. 正中神经(median nerve)　沿肱二头肌内侧缘伴肱动脉下行至肘窝,在前臂前面,经前臂肌前群之间行经腕管到达手掌。正中神经在臂部一般没有分支,其分支主要分布于前臂肌前群大部分、手肌外侧群大部分、手掌桡侧半皮肤以及桡侧 3 个半手指的掌面皮肤。

5. 尺神经(ulnar nerve)　沿臂前面下行,至臂中部穿内侧肌间隔向后,继而行于尺神经沟内,再转向前下至前臂掌侧面,伴尺动脉下行至手掌,尺神经在臂部没有分支,其分支主要分布于前臂肌前群一块半肌(尺侧腕屈肌和指深屈肌尺侧半)、大部分手肌、手掌尺侧半皮肤及尺侧一个半手指的掌面皮肤,同时,尺神经还分布于手背尺侧半皮肤及尺侧两个半指的背面皮肤(图 10-50)。

6. 桡神经(radial nerve)　沿肱骨体背面的桡神经沟向外下走行,至肱骨外上髁的上方分为浅、深两终支:浅支在桡动脉的外侧与其伴行,在前臂中、下 1/3 交界处转向背侧至手背;深支穿旋后肌至前臂背侧。其分支主要分布于肱三头肌和前臂后群肌。同时,桡神经还分布于手背桡侧半皮肤和桡侧两个半手指的背面皮肤(图 10-51、图 10-52)。

桡神经、尺神经、正中神经损伤时的手形见图 10-53。

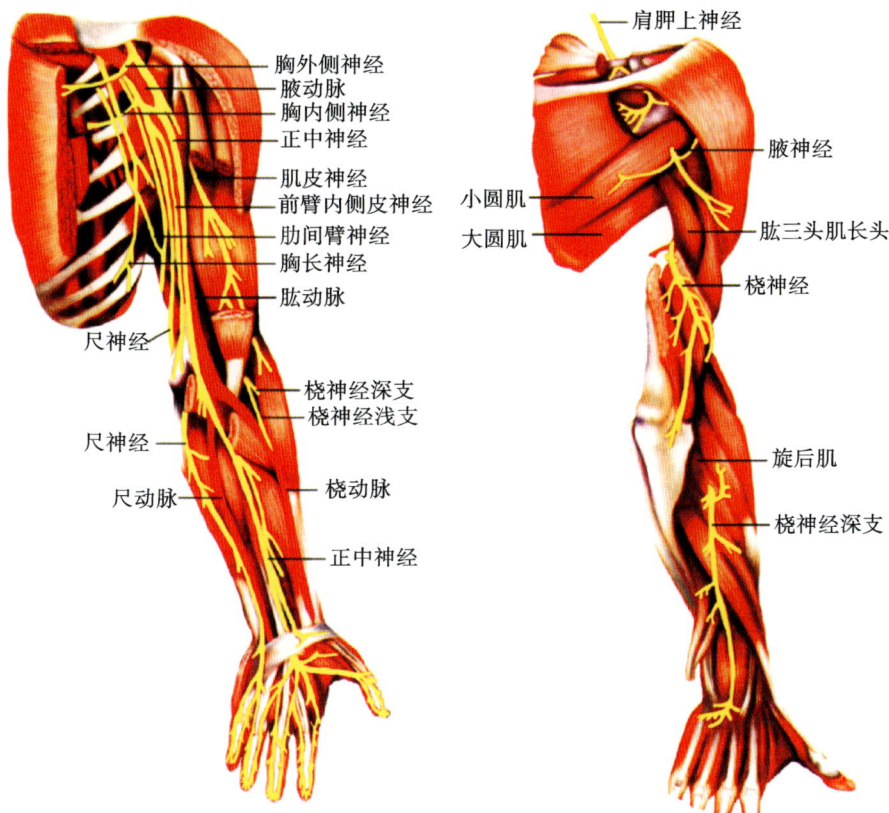

图 10-49 上肢神经分布

图中标注（左图）：
胸外侧神经
腋动脉
胸内侧神经
正中神经
肌皮神经
前臂内侧皮神经
肋间臂神经
胸长神经
肱动脉
尺神经
桡神经深支
桡神经浅支
尺神经
桡动脉
尺动脉
正中神经

图中标注（右图）：
肩胛上神经
腋神经
小圆肌
大圆肌
肱三头肌长头
桡神经
旋后肌
桡神经深支

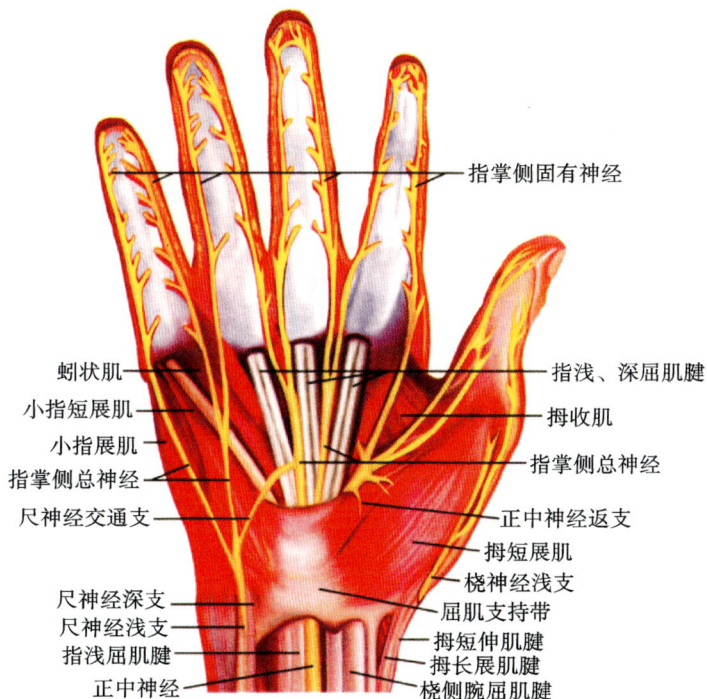

图 10-50 手掌面的神经

图中标注：
指掌侧固有神经
蚓状肌
小指短展肌
小指展肌
指掌侧总神经
尺神经交通支
尺神经深支
尺神经浅支
指浅屈肌腱
正中神经
指浅、深屈肌腱
拇收肌
指掌侧总神经
正中神经返支
拇短展肌
桡神经浅支
屈肌支持带
拇短伸肌腱
拇长展肌腱
桡侧腕屈肌腱

NOTE

239

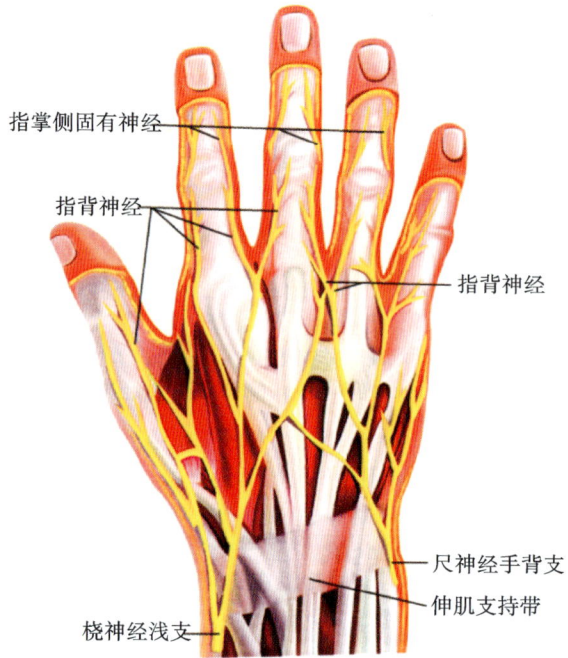

图 10-51 手背面的神经

指掌侧固有神经

指背神经

指背神经

尺神经手背支

伸肌支持带

桡神经浅支

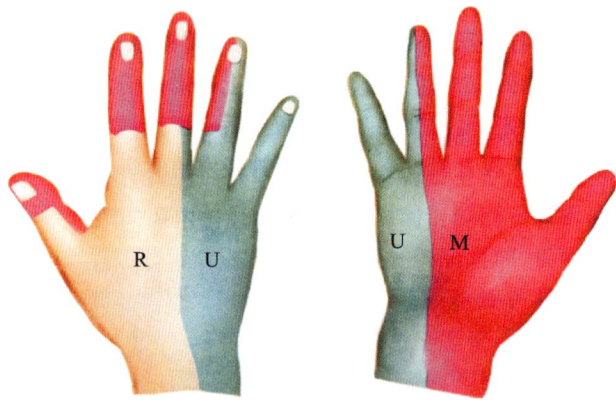

M，正中神经；U，尺神经；R，桡神经

图 10-52 手皮肤的神经分布

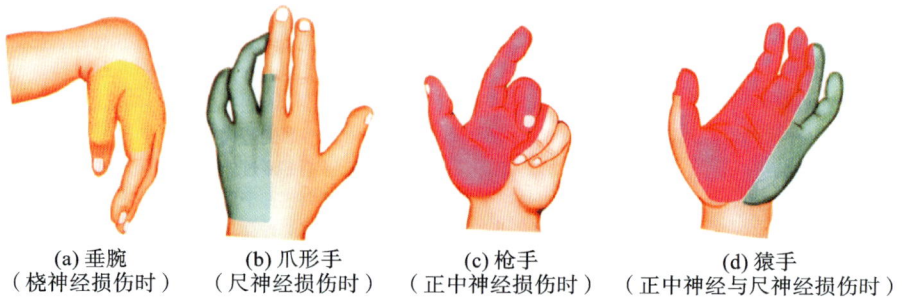

(a) 垂腕
（桡神经损伤时）

(b) 爪形手
（尺神经损伤时）

(c) 枪手
（正中神经损伤时）

(d) 猿手
（正中神经与尺神经损伤时）

图 10-53 桡神经、尺神经、正中神经损伤时的手形

NOTE

（三）胸神经前支

胸神经前支共 12 对。第 1 对胸神经前支大部分加入臂丛，第 12 对胸神经前支的小部分加入腰丛，而大部分行于第 12 肋下方，称肋下神经。第 2～11 对胸神经前支均不形成丛，各自在肋间内、外肌之间沿肋沟行于相应的肋间隙内，称肋间神经。胸神经前支的肌支支配肋间肌和腹前外侧壁诸肌；皮支分布于胸、腹壁的皮肤和胸膜及腹膜的壁层。

胸神经前支在胸、腹壁皮肤的分布有明显的节段性，自上向下按顺序依次排列。其分布规律如下：第 2 胸神经前支（T2）相当于胸骨角平面，第 4 胸神经前支（T4）相当于乳头平面，第 6 胸神经前支（T6）相当于剑突平面，第 8 胸神经前支（T8）相当于肋弓最低点平面，第 10 胸神经前支（T10）相当于脐平面，第 12 胸神经前支（T12）相当于脐与耻骨联合上缘连线中点平面（图 10-54）。临床上可依此判定麻醉平面，也可用于脊髓损伤的定位。

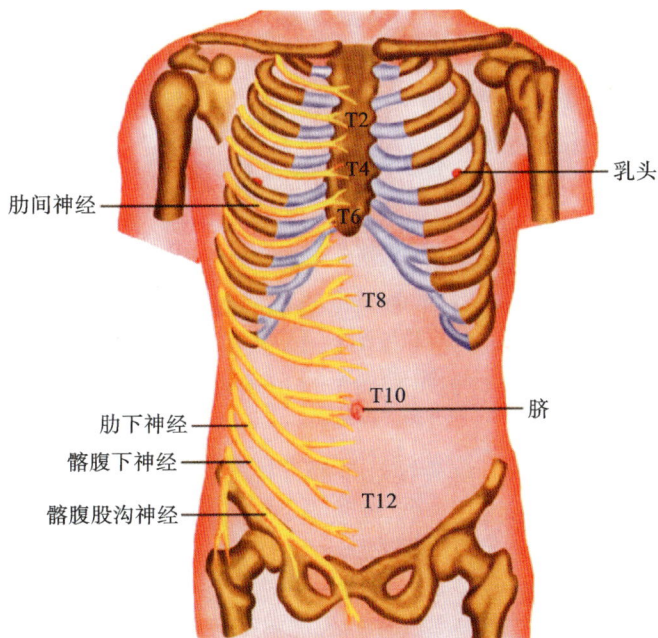

图 10-54　肋间神经在胸腹部的分布

（四）腰丛

腰丛由第 12 胸神经前支和第 1～3 腰神经前支及第 4 腰神经前支的一部分组成。第 4 腰神经前支的其余部分和第 5 腰神经前支组成腰骶干加入骶丛。腰丛位于腰大肌深面、腰椎横突前面，其主要的分支有髂腹下神经、生殖股神经、股神经和闭孔神经等（图 10-55）。股神经为腰丛最大的分支，经腹股沟韧带的深面进入股三角，其分支分布于大腿肌前群，以及大腿前面、小腿内侧面和足内侧缘的皮肤。

（五）骶丛

骶丛由腰骶干、骶神经和尾神经的前支组成，位于骶骨和梨状肌前面。骶丛的主要分支如下。

NOTE

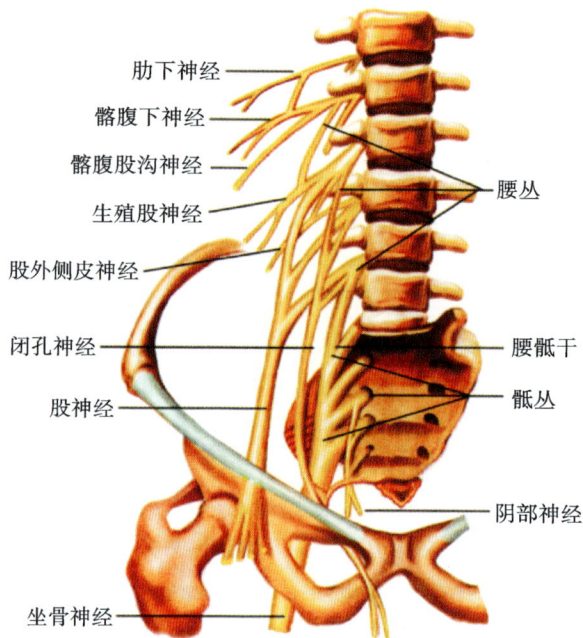

图 10-55 腰、骶丛及其分支

1. 臀上神经（superior gluteal nerve） 分布于臀中肌、臀小肌和阔筋膜张肌。

2. 臀下神经（inferior gluteal nerve） 分布于臀大肌和髋关节。

3. 阴部神经（pudendal nerve） 分布于会阴和外生殖器等处的肌和皮肤。

4. 坐骨神经（sciatic nerve） 人体最粗大、最长的神经。自梨状肌下孔出骨盆后经臀大肌深面至大腿,在大腿后群肌深面下行至腘窝,在腘窝上方分为胫神经和腓总神经（图 10-56）。

（1）胫神经（tibial nerve）:坐骨神经干的直接延续,向下行于小腿三头肌深面,经内踝后方至足底。分布于小腿肌后群、足底肌,以及小腿后面和足底的皮肤。

（2）腓总神经（common peroneal nerve）:沿腘窝外上界向外下斜行,绕过腓骨上端外侧向前分为腓浅神经和腓深神经。分布于小腿前、外侧群肌和小腿外侧、足背、趾背的皮肤。

二、脑神经

脑神经与脑相连,共 12 对,其排列顺序一般用罗马数字表示:Ⅰ嗅神经、Ⅱ视神经、Ⅲ动眼神经、Ⅳ滑车神经、Ⅴ三叉神经、Ⅵ展神经、Ⅶ面神经、Ⅷ前庭蜗神经、Ⅸ舌咽神经、Ⅹ迷走神经、Ⅺ副神经、Ⅻ舌下神经（图 10-57）。脑神经中主要含有以下 4 种纤维成分。

1. 躯体感觉纤维 将头面部皮肤、肌、肌腱的大部分和口腔、鼻腔黏膜以及位听器和视器的感觉冲动传入脑内有关的神经核。

2. 内脏感觉纤维 将来自头、颈部,胸、腹腔脏器以及味、嗅器的感觉冲动传入脑内有关神经核。

3. 躯体运动纤维 脑干内躯体运动核发出的纤维,分布于眼球外肌、舌肌、咀嚼

NOTE

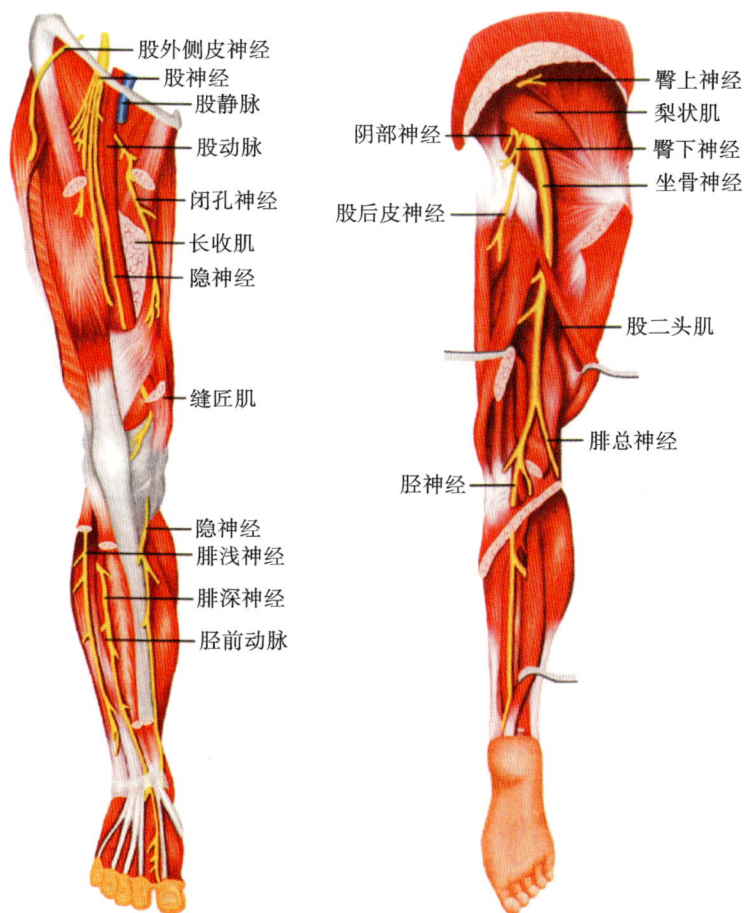

图 10-56 下肢的神经

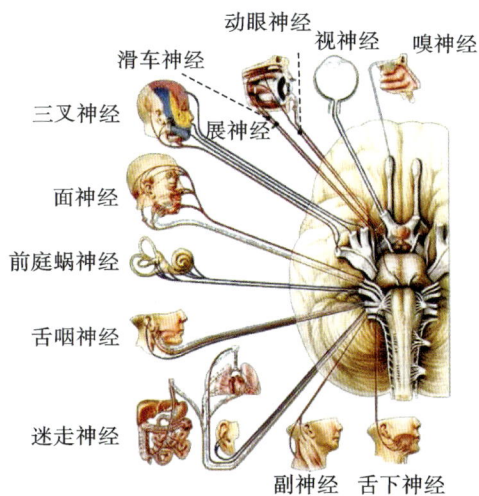

图 10-57 脑神经概况

肌、面肌、咽喉肌和胸锁乳突肌等。

4. 内脏运动纤维 脑干的内脏运动神经核发出的神经纤维,支配平滑肌、心肌和腺体。

根据脑神经所含纤维成分和功能不同,脑神经可分为感觉性神经(Ⅰ、Ⅱ、Ⅷ)、运动性神经(Ⅲ、Ⅳ、Ⅵ、Ⅺ、Ⅻ)和混合性神经(Ⅴ、Ⅶ、Ⅸ、Ⅹ)。

(一)嗅神经

嗅神经(olfactory nerve)为感觉性神经。起于鼻腔黏膜嗅区,向上穿过筛孔入颅前窝终于大脑嗅球,传导嗅觉冲动。

(二)视神经

视神经(optic nerve)为感觉性神经。起于眼球视网膜的节细胞,其轴突在视神经盘处聚集形成视神经,向后经视神经管入颅中窝,经视交叉、视束终于间脑外侧膝状体,传导视觉冲动(图 10-58)。

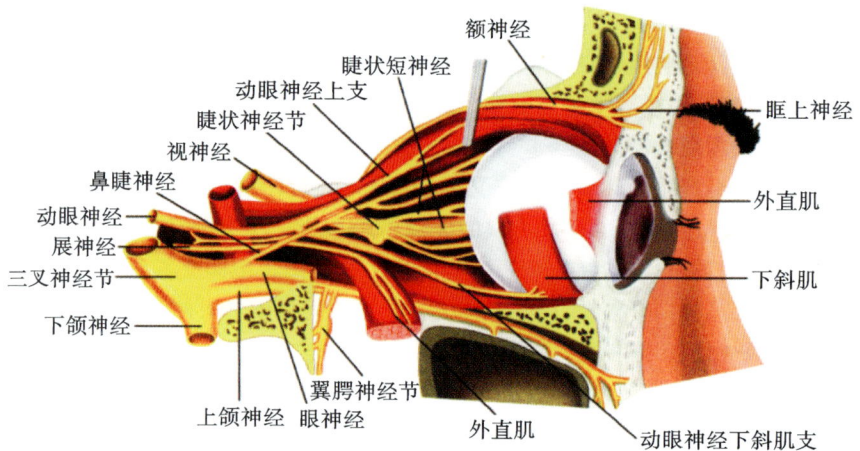

图 10-58 眶神经外侧观

(三)动眼神经

动眼神经(oculomotor nerve)为运动性神经。含有躯体运动纤维和内脏运动纤维两种纤维,自脚间窝发出经眶上裂入眶。躯体运动纤维支配上直肌、下直肌、内直肌、下斜肌及上睑提肌;内脏运动纤维(副交感纤维)支配睫状肌和瞳孔括约肌。

(四)滑车神经

滑车神经(trochlear nerve)为运动性神经。自下丘下方发出,绕大脑脚外侧前行经眶上裂入眶,支配上斜肌。

(五)三叉神经

三叉神经(trigeminal nerve)是最粗大的脑神经,为混合性神经。其内含躯体感觉纤维和躯体运动纤维两种纤维,躯体感觉纤维起于三叉神经节,中枢突于脑桥与小脑中脚移行处入脑后终于三叉神经感觉核周围突,组成眼神经、上颌神经和下颌神经三大分支,躯体运动纤维自脑桥与小脑中脚移行处出脑,随下颌神经走行支配咀嚼肌等(图10-59)。

NOTE

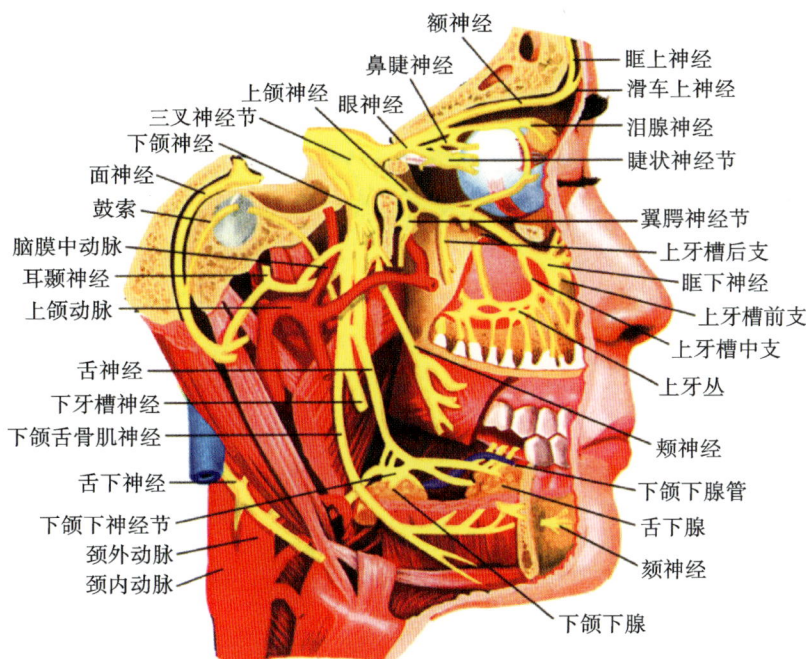

图 10-59　上、下颌神经及其分布

1. 眼神经　感觉性神经。分布于眼球、泪腺、结膜和鼻背及睑裂以上的皮肤等处。

2. 上颌神经　感觉性神经。分布于上颌窦、鼻腔和口腔顶的黏膜以及上颌牙和牙龈、睑裂与口裂之间的皮肤等处。

3. 下颌神经　混合性神经。感觉纤维分布于下颌牙和牙龈、舌前 2/3 黏膜以及颞部和口裂以下的皮肤等处,运动纤维支配咀嚼肌。

(六)展神经

展神经(abducent nerve)为运动性神经。自延髓脑桥沟内侧出脑,经眶上裂入眶,支配外直肌。

(七)面神经

面神经(facial nerve)为混合性神经。含有 4 种纤维:①躯体运动纤维,分布于面部表情肌。②内脏运动纤维(副交感纤维),分布于泪腺、下颌下腺和舌下腺。③内脏感觉(味觉)纤维,分布于舌前 2/3 味蕾。④躯体感觉纤维,分布于耳小部皮肤和表情肌。

面神经自延髓脑桥沟外侧部出脑后,经内耳门入内耳道,穿过内耳道底进入面神经管,在面神经管内分出岩大神经和鼓索,分支管理泪腺、下颌下腺和舌下腺的分泌以及舌前 2/3 味觉;主干从茎乳孔出颅,向前穿过腮腺达面部,分为 5 支,即颞支、颧支、颊支、下颌缘支和颈支,分支支配面部表情肌和颈阔肌(图 10-60)。

NOTE

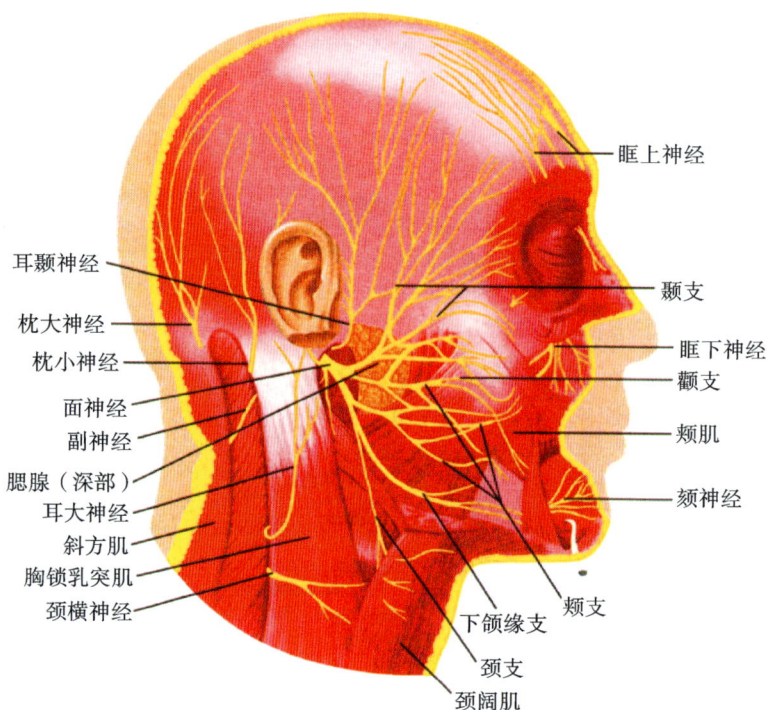

图 10-60　面神经

（八）前庭蜗神经

前庭蜗神经（vestibulocochlear nerve）为感觉性神经，由前庭神经和蜗神经组成。前庭神经经内耳门于延髓脑桥沟外侧入脑桥，分支分布于球囊斑、椭圆囊斑和壶腹嵴，传导头颈部位置觉；蜗神经经内耳门进入颅后窝，伴前庭神经入脑桥，分支分布于螺旋器，传导听觉。

（九）舌咽神经

舌咽神经（glossopharyngeal nerve）为混合性神经，含有 4 种纤维成分：躯体运动纤维支配咽肌；内脏运动纤维（副交感纤维）管理腮腺的分泌活动；内脏感觉纤维大多分布于咽与舌后 1/3 的黏膜和味蕾，传导一般感觉与味觉，少量分布于颈动脉窦和颈动脉小球，参与血压和呼吸的反射性调节；躯体感觉纤维很少，分布于耳后皮肤（图10-61）。

（十）迷走神经

迷走神经（vagus nerve）为混合性神经，是行程最长、分布最广泛的脑神经。其内含有 4 种纤维成分：内脏运动纤维（副交感纤维），主要分布到颈、胸和腹部多种脏器，控制平滑肌、心肌和腺体的活动；躯体运动纤维，支配咽喉肌；内脏感觉纤维，主要分布到颈、胸和腹部多种脏器，传导内脏感觉；躯体感觉纤维，主要分布到硬脑膜、耳郭和外耳道，传导一般感觉。

迷走神经自延髓的橄榄后沟出脑，经胸廓上口入胸腔。在胸腔内，延续为迷走神经前干和后干。前、后两干经食管裂孔入腹腔。迷走神经发出的分支如下（图10-62）。

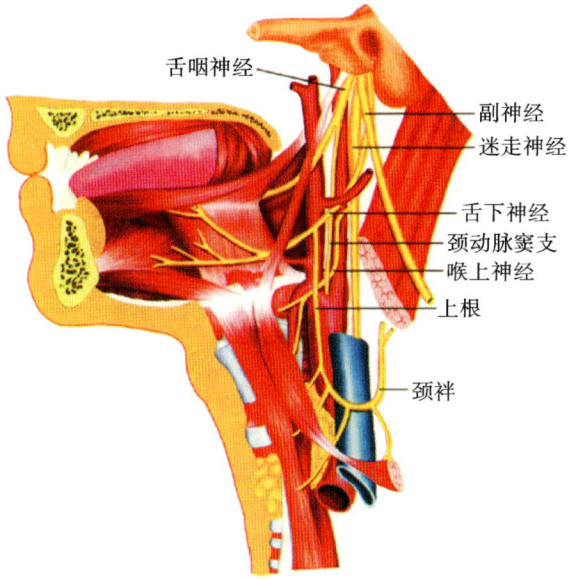

图 10-61 舌咽神经、迷走神经、副神经和舌下神经

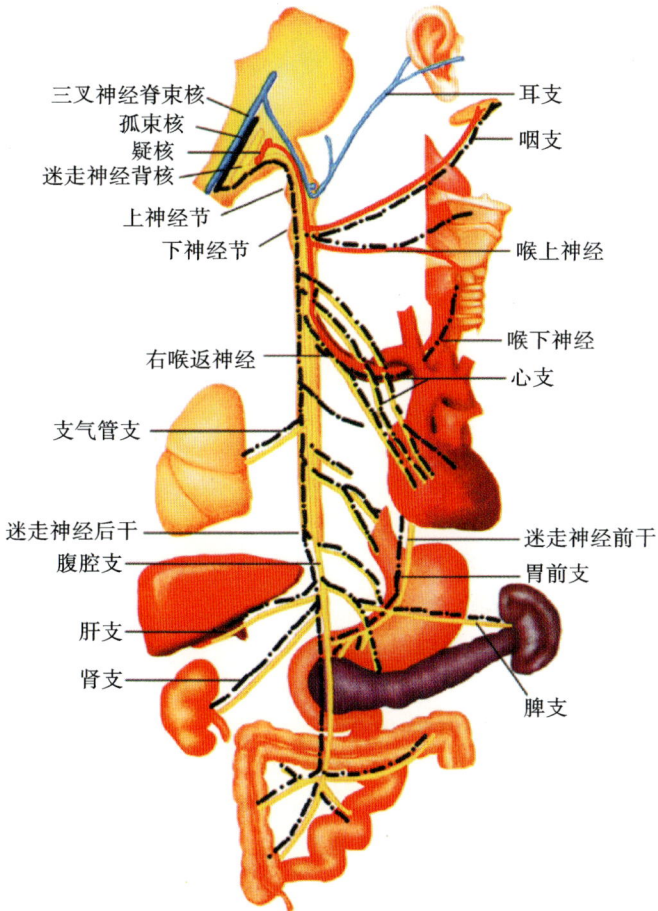

图 10-62 迷走神经

NOTE

1. 喉上神经 沿颈内动脉内侧下行,于舌骨大角平面处分为内、外 2 支,内支分布于声门裂以上的喉黏膜,外支支配环甲肌。

2. 喉返神经 左喉返神经在其主干跨过主动脉弓前方时发出,并勾绕主动脉弓下方上行,返回颈部;右喉返神经在主干经过右锁骨下动脉前方时发出,并勾绕此动脉上行,返回颈部。在颈部,两侧的喉返神经均上行于气管与食管之间的沟内,分支分布于喉肌(环甲肌除外)及声门裂以下黏膜,损伤后可出现声音嘶哑。甲状腺手术时,注意保护此神经。

(十一) 副神经

副神经(accessory nerve)为运动性神经。自迷走神经下方出脑,经颈静脉孔出颅,行向后下支配胸锁乳突肌和斜方肌。

(十二) 舌下神经

舌下神经(hypoglossal nerve)为运动性神经。自延髓的前外侧沟出脑,经舌下神经管出颅,在颈内动、静脉之间呈弓形向前内走行,支配舌肌。

三、内脏神经

内脏神经是神经系统的组成部分,分为中枢部和周围部。周围部主要分布于内脏、心血管和腺体。内脏神经按其纤维的性质可分为内脏运动神经和内脏感觉神经(图 10-63)。

(一) 内脏运动神经

内脏运动神经(visceral motor nerve)主要分布于内脏、心血管和腺体等,管理平滑肌、心肌的运动和腺体的分泌。因通常不受人的意志控制,故又称自主神经或植物神经。

内脏运动神经和躯体运动神经相比,在结构与功能上都有较大区别。根据形态和功能等特点,内脏运动神经分为交感神经和副交感神经。

1. 交感神经(sympathetic nerve) 分为中枢部及周围部。

(1)低级中枢:脊髓胸 1 至腰 3 节段的灰质侧角,其内的神经元即节前神经元。其发出节前纤维至交感神经节。

(2)交感神经节:节内的神经元即节后神经元,发出节后纤维。交感神经节因其所在的位置不同,分为椎旁神经节和椎前神经节,椎旁神经节位于脊柱的两侧,并借节间支相连成串珠状的交感干(图 10-64);椎前神经节位于脊柱的前方,主要有腹腔神经节、肠系膜上神经节、肠系膜下神经节等。

(3)分布范围:交感神经的节后纤维分布比较广泛,主要分布于心肌、平滑肌、汗腺、立毛肌和瞳孔开大肌等处。

2. 副交感神经(parasympathetic nerve)

(1)低级中枢:脑干副交感神经核和脊髓骶副交感核。其内的神经元是节前神经元,发出节前纤维至副交感神经节。

(2)副交感神经节:节内的神经元即节后神经元,发出节后纤维。根据所在的部位不同分为器官旁神经节和器官内神经节。

(3)分布范围:由脑干发出的节前纤维分别加入第Ⅲ对、第Ⅶ对、第Ⅸ对、第Ⅹ对脑神经,换元后节后纤维分布于瞳孔括约肌、睫状肌和头面部腺体,胸、腹腔器官,横结

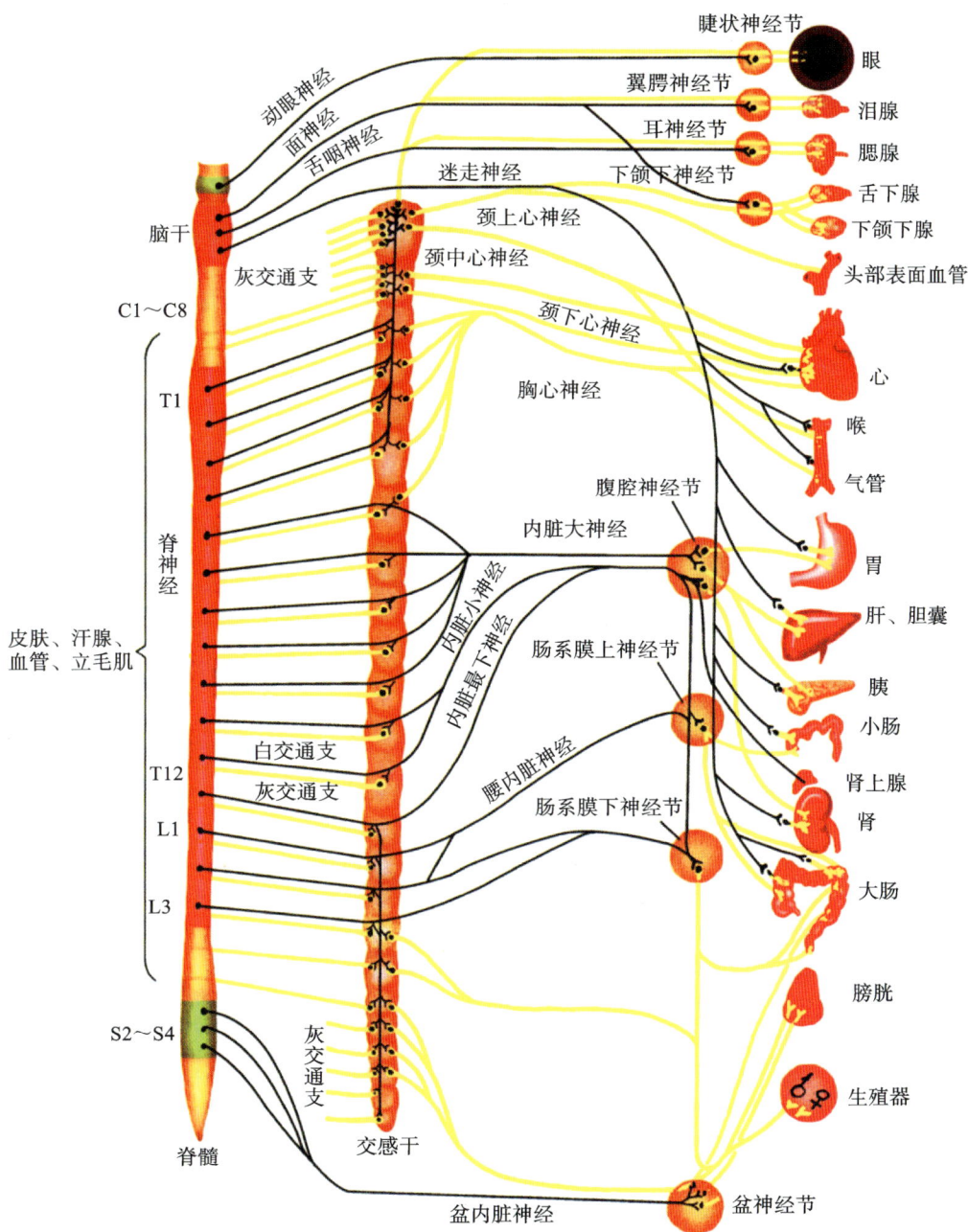

图 10-63 内脏神经概况

肠以上的消化道;由骶副交感核发出的节前纤维随骶神经到盆腔,构成盆内脏神经,换元后的节后纤维分布于降结肠以下的消化道、盆腔器官及外生殖器等处。

3. 交感神经与副交感神经的区别 交感神经和副交感神经共同组成内脏运动神经并支配同一器官,但两者在神经来源、形态结构及其功能等方面有显著差异(表10-1)。

NOTE

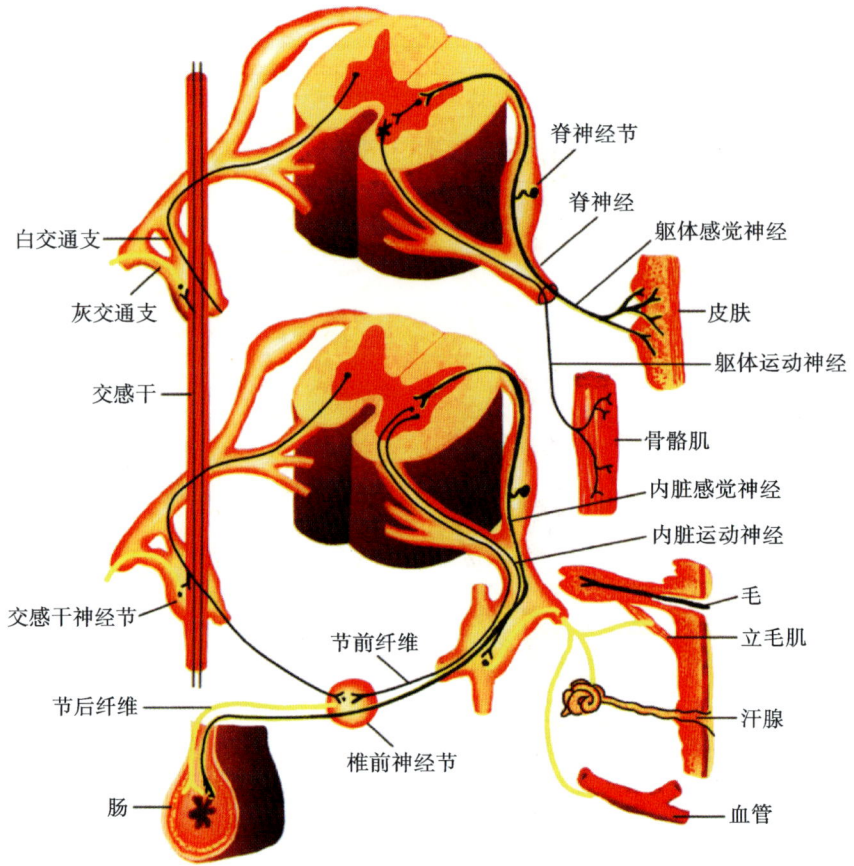

图 10-64　交通支与脊髓、脊神经、交感干间的连通关系

表 10-1　交感神经与副交感神经区别

项　　目	交 感 神 经	副 交 感 神 经
低级中枢	脊髓胸 1 至腰 3 节段侧角	脑干副交感神经核、脊髓骶副交感核
周围神经节	椎旁神经节和椎前神经节	器官旁神经节和器官内神经节
节前、节后纤维	节前纤维短，节后纤维长	节前纤维长，节后纤维短
分布范围	广泛，头、颈部、胸、腹腔脏器、全身血管和内脏、平滑肌、心肌、汗腺、立毛肌、瞳孔开大肌	相对局限，部分内脏、心肌、瞳孔括约肌、睫状肌等

（二）内脏感觉神经

内脏感觉神经分布于内脏、心血管等处，其接受刺激后，把感觉冲动传到中枢。

1．内脏感觉神经的特点

（1）纤维数目较少，痛阈较高：正常的内脏活动一般不产生感觉，较强烈的内脏活动才可产生感觉。内脏对切割、烧灼等刺激不敏感，而对牵拉、膨胀和痉挛等刺激敏感。

（2）内脏感觉弥散：内脏感觉的传入路径较分散，一个脏器的感觉纤维常与数个脏器的感觉纤维一起经过多个节段的脊神经进入中枢。因此,内脏痛是弥散的,定位不准确。

2. 牵涉性痛 当某些脏器发生病变时,常在体表皮肤的一定区域产生疼痛或感觉过敏,这种现象称牵涉性痛。如:心绞痛时,常在胸前区及左臂内侧感到疼痛;肝、胆疾病等患者,常在右肩部感到疼痛等。了解牵涉痛部位,对诊断某些内脏疾病具有一定意义(图 10-65)。

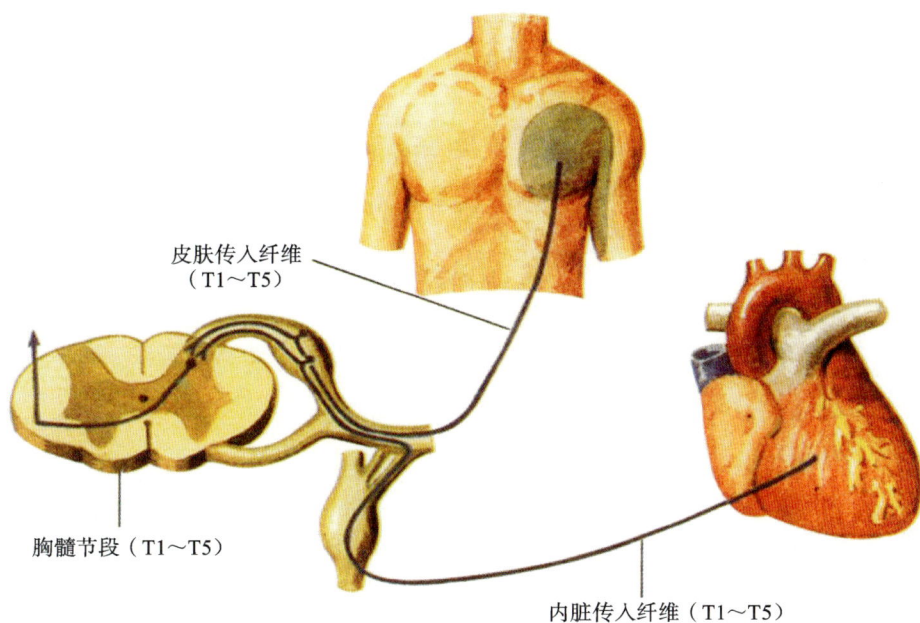

皮肤传入纤维
(T1～T5)

胸髓节段(T1～T5)

内脏传入纤维(T1～T5)

图 10-65　心的牵涉性痛

课后习题

一、名词解释

1. 灰质　2. 白质　3. 神经核　4. 神经节　5. 内囊　6. 胼胝体　7. 大脑动脉环　8. 小脑扁桃体　9. 基底核　10. 内脏神经　11. 牵涉性痛　12. 脊神经节

二、问答题

1. 试述脊髓白质各索内主要传导束的名称和功能。

2. 试述大脑半球的分叶及内部结构。

3. 试述躯干及四肢浅感觉传导通路的组成。

4. 试述内囊的位置、分部及组成各部的主要纤维束。

5. 试述脑脊液的产生部位及循环途径。

6. 试述牵涉性痛及其临床意义。

在线答题

NOTE

第十一章 内分泌系统

掌握：掌握甲状腺的形态和位置、微细结构及功能；肾上腺的形态和位置、微细结构及功能；垂体的微细结构及功能。

熟悉：熟悉内分泌系统的组成。

了解：甲状旁腺的形态和位置、微细结构及功能。

案例导入

患者，女，35岁。因近2个月怕热、多汗、情绪激动，且经常腹泻、心悸而就诊。体格体检：甲状腺肿大，两手微抖，眼球稍突出。实验室检查：T3 36.2 mmol/L，T4 254 mmol/L。诊断为甲状腺功能亢进。

思考：甲状腺的结构和功能。

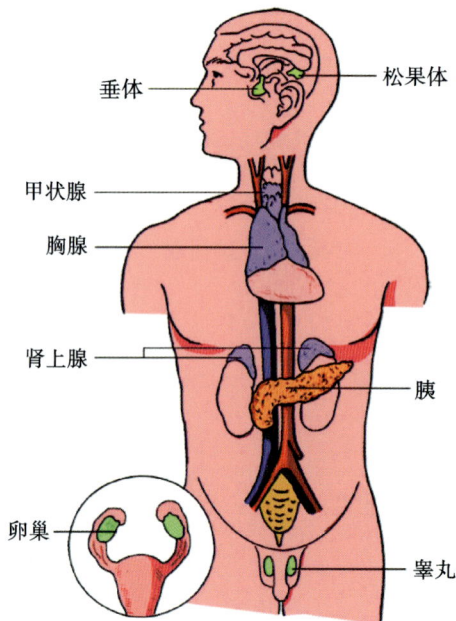

图 11-1 内分泌腺概况

内分泌系统（endocrine system）是机体内重要的调节系统，与神经系统、免疫系统相互作用，共同维持机体内环境稳定。内分泌系统由内分泌腺、内分泌组织和分布于其他器官的内分泌细胞组成。内分泌腺即独立的内分泌器官，包括甲状腺、甲状旁腺、肾上腺、垂体及松果体等；内分泌组织是指分散在其他器官内的内分泌细胞团，如胰腺内的胰岛、睾丸内的间质细胞、卵巢内的卵泡和黄体等（图 11-1）。此外，还有分散在胃肠道、前列腺、胎盘、心、肝、肺、肾、脑等器官内的内分泌细胞。

内分泌腺的结构特点：①无导管，又称无管腺；②腺细胞常排列成条索状、团块状或围成滤泡状；③腺组织内有丰富的毛细血管和毛细淋巴管。

内分泌细胞的分泌物称为激素（hormone），大多数激素通过血液循环作用于特定的器官或细胞,以体液的形式进行调节。少部分激素可直接作用于邻近细胞,称旁分泌。能够接受激素刺激的器官或细胞,称为该激素的靶器官或靶细胞。

内分泌细胞按其分泌激素的化学性质不同,分为:①含氮激素分泌细胞。其超微结构特点:胞质内含有丰富的粗面内质网和高尔基复合体及膜包被的分泌颗粒。②类固醇激素分泌细胞。其超微结构特点:胞质内含有丰富的滑面内质网、管状嵴线粒体和较多脂滴。

┃第一节　甲　状　腺┃

一、甲状腺的形态和位置

甲状腺(thyroid gland)是人体最大的内分泌腺,位于喉下部、气管上部的两侧和前面,舌骨下肌群的深面,呈"H"形。甲状腺分为左、右两个侧叶,连接两侧叶的中间部称甲状腺峡。约有 2/3 的人在峡上缘可向上延伸 1 个锥状叶。侧叶分别贴于喉下部和气管上部的两侧,甲状腺峡一般位于第 2~4 气管软骨环的前面(图 11-2)。

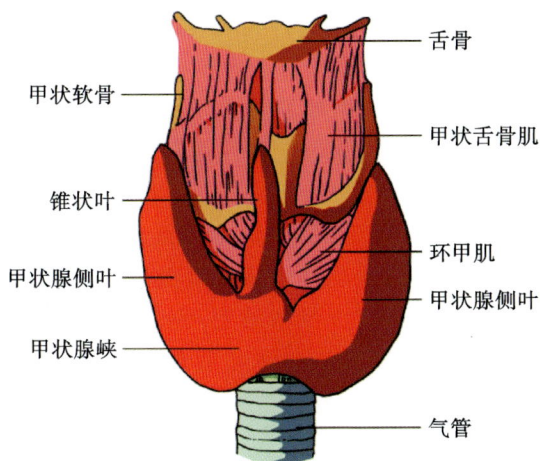

左侧标注:甲状软骨、锥状叶、甲状腺侧叶、甲状腺峡
右侧标注:舌骨、甲状舌骨肌、环甲肌、甲状腺侧叶、气管

图 11-2　甲状腺(前面)

成人甲状腺平均重量为 20~40 g,质地柔软,血供丰富,呈棕红色。外面由薄层结缔组织形成甲状腺被囊,囊外有颈深筋膜形成腺鞘,将甲状腺固定于喉和气管壁上,吞咽时甲状腺可随喉上、下移动。这对鉴别颈部肿块是否与甲状腺有关具有重要意义。甲状腺过度肿大时,可压迫喉和气管而发生呼吸和吞咽困难。

甲状腺血供丰富,主要由成对的甲状腺上动脉和甲状腺下动脉供血。甲状腺上动脉发自颈外动脉起始部,伴喉上神经的外支下行,分布于甲状腺上部。结扎甲状腺上动脉时应注意勿损伤喉上神经外支。甲状腺下动脉发自甲状颈干,在进入甲状腺侧叶的部位与喉返神经关系密切,结扎甲状腺下动脉时勿损伤喉返神经。

二、甲状腺的微细结构

甲状腺表面包有薄层结缔组织被膜,从被膜发出小梁伴随血管伸入实质,将其分成许多不明显的小叶,每个小叶内含有 20～40 个滤泡,滤泡间有少量结缔组织、丰富的毛细血管,其内有滤泡旁细胞(图 11-3)。

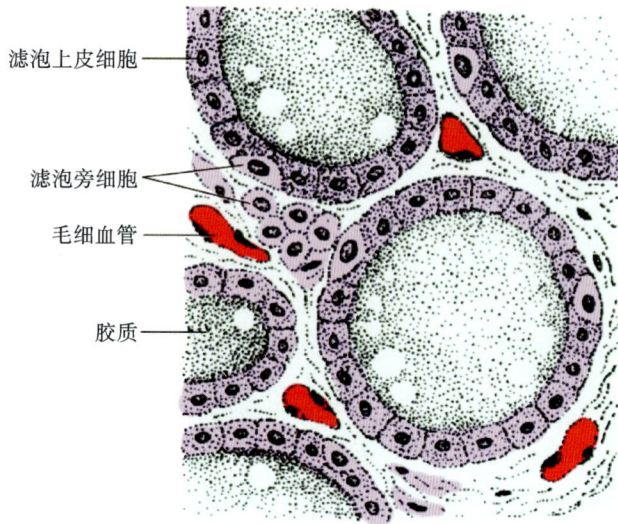

图 11-3　甲状腺微细结构图

(一)甲状腺滤泡

甲状腺滤泡(thyroid follicle)是由单层排列的滤泡上皮细胞围成的囊泡状结构,腔内充满胶质。滤泡大小不等,呈圆形、椭圆形或不规则形。滤泡上皮细胞的形态和滤泡腔内胶质的量与甲状腺功能状态密切相关。甲状腺功能旺盛时,细胞呈低柱状,滤泡腔内胶质减少。甲状腺功能低下时,滤泡上皮细胞呈扁平状,腔内胶质增加。胶质是滤泡上皮细胞的分泌物,为碘化的甲状腺球蛋白,切片上呈均质状,嗜酸性。

电镜下,滤泡上皮细胞游离面有少量微绒毛;侧面有紧密连接;基底面有少量质膜内褶。胞质内有发达的粗面内质网及溶酶体和散在的线粒体。近游离面的胞质中有高尔基复合体、分泌颗粒和吞饮小泡。

(二)滤泡旁细胞

滤泡旁细胞(parafollicular cell)又称为亮细胞,常成群散布于滤泡间的结缔组织内或单个细胞嵌在滤泡上皮之间并附于基底膜上。细胞体积较大,呈卵圆形,在 HE 染色中胞质着色较浅。滤泡旁细胞分泌降钙素,通过促进成骨细胞分泌类骨质和骨盐沉积,抑制胃肠道和肾小管对 Ca^{2+} 的吸收,使血钙浓度降低。

第二节　甲状旁腺

一、甲状旁腺的形态和位置

甲状旁腺(parathyroid gland)呈扁椭圆形,棕黄色,大如黄豆,每个重 30～50 mg,位于甲状腺两侧叶背面的甲状腺被囊之外,上、下各 1 对(图 11-4)。少数人的甲状旁

NOTE

腺埋入甲状腺内。

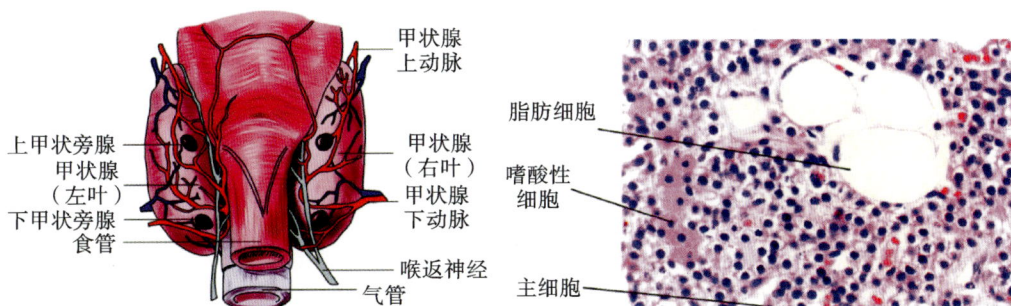

图 11-4　甲状旁腺位置、形态及微细结构模式图

二、甲状旁腺的微细结构

甲状旁腺的表面包有薄层结缔组织被膜，实质内的腺细胞排列成团索状，其间有丰富的有孔毛细血管网。腺细胞分为主细胞和嗜酸性细胞两种（图 11-4）。

1. 主细胞　构成腺实质的主体细胞，体积较小，呈圆形或多边形，分泌甲状旁腺素，可增强破骨细胞的溶骨作用，使骨钙入血，并能促进肠和肾小管吸收钙，使血钙浓度升高。机体在甲状旁腺素和降钙素协同作用下，维持血钙的稳定。

2. 嗜酸性细胞　体积较大，着色较深，胞质内含有许多嗜酸性颗粒，单个或成群存在。嗜酸性细胞随年龄而增多，其功能尚不清楚。

第三节　肾　上　腺

一、肾上腺的位置和形态

肾上腺（adrenal gland）左、右各一，左肾上腺近似半月形，右肾上腺呈三角形，分别位于左、右肾上端的内上方。肾上腺和肾一起被包在肾筋膜内，但肾上腺有独立的纤维囊和脂肪囊，故不会随肾下垂而下降（图 11-5）。

二、肾上腺的微细结构

肾上腺的表面包有结缔组织被膜，少量结缔组织伴随血管和神经伸入腺实质内。肾上腺实质可分为周围的皮质和中央的髓质两部分。

（一）皮质

皮质位于肾上腺外周，占肾上腺实质的 80%～90%，腺细胞具有类固醇激素分泌细胞的超微结构特点。腺细胞之间含有丰富的血窦和少量结缔组织。根据腺细胞的形态和排列的形式不同，皮质分为 3 个带，由外向内依次为球状带、束状带和网状带。

1. 球状带（zona glomerulosa）　位于被膜下方（即皮质浅层），较薄。细胞较小，呈

NOTE

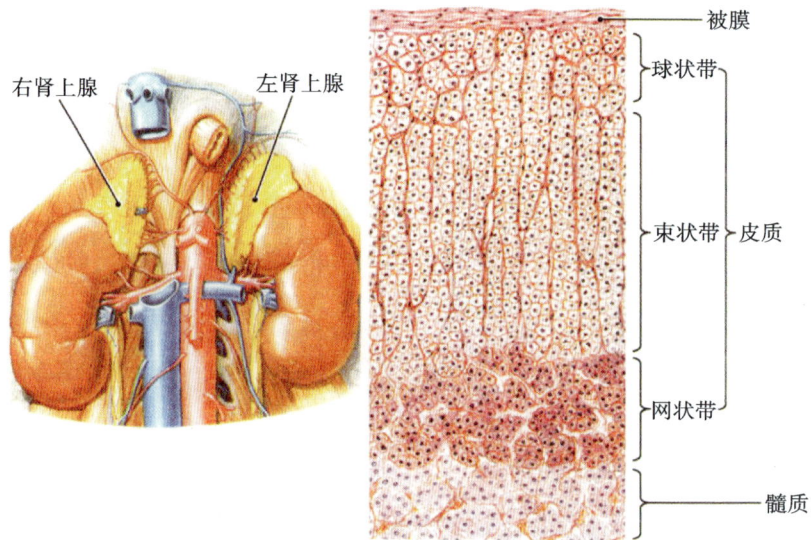

图 11-5　肾上腺位置、形态及微细结构模式图

卵圆形或多边形,排列成球状细胞团,细胞团之间有血窦。球状带细胞分泌盐皮质激素,主要是醛固酮。盐皮质激素的作用是促进肾远曲小管和集合管重吸收 Na^+、排出 K^+,调节机体钠、钾和水的平衡。

2. 束状带(zona fasciculata)　位于球状带深面,最厚。细胞体积较大,呈多边形,胞质内充满较大脂滴。由于在制片过程中脂滴被溶解,故束状带细胞的 HE 染色较浅、呈空泡状。腺细胞常排列成单行或双行的细胞索。索间有纵行血窦。束状带细胞分泌糖皮质激素,主要是皮质醇。糖皮质激素的主要作用是促进蛋白质和脂肪分解并转化为糖。此外,还有抑制免疫反应及抗炎等作用。

3. 网状带(zona reticularis)　位于皮质最深层,皮质与髓质交界处,最薄。细胞较小,形状不规则,排列成索,并相互吻合成网。网状带细胞主要分泌雄激素,也可分泌少量雌激素和糖皮质激素。

(二)髓质

髓质位于肾上腺的中央,占肾上腺实质的 $10\%\sim20\%$,主要由排列成索状或团状的髓质细胞构成。细胞间有丰富的血窦、少量交感神经节细胞和结缔组织。髓质细胞体积较大,呈圆形或多边形,胞质染色浅,若用铬盐处理标本,胞质内可见黄褐色的嗜铬颗粒,故髓质细胞又称嗜铬细胞。髓质细胞根据颗粒内含物不同分为肾上腺素细胞和去甲肾上腺素细胞。

1. 肾上腺素细胞　约占髓质细胞的 80%,分泌肾上腺素。肾上腺素使心肌收缩力增强,心率加快,心和骨骼肌的血管扩张。

2. 去甲肾上腺素细胞　约占髓质细胞的 20%,分泌去甲肾上腺素。去甲肾上腺素使血压升高,心、脑和骨骼肌内的血流加快。

NOTE

256

知识拓展

库欣综合征

库欣综合征（Cushing syndrome，CS）主要表现为满月脸、多血质外貌、向心性肥胖、痤疮、紫纹、高血压、继发性糖尿病和骨质疏松等。长期应用外源性糖皮质激素或饮用大量含酒精饮料可以引起类似库欣综合征的临床表现，且均表现为高皮质醇血症，故将器质性病变引起的称为内源性库欣综合征；外源性补充或酒精所致的称为外源性、药源性或类库欣综合征。

第四节　垂　体

一、垂体的形态和位置

垂体（hypophysis）位于颅中窝蝶骨体的垂体窝内，借漏斗连于下丘脑。垂体呈椭圆形，灰红色，重 0.6～0.7 g，女性略大于男性，在妊娠时可达 1 g。垂体是人体内最重要的内分泌腺，通过分泌多种激素调控其他内分泌腺或内分泌细胞团，其本身的内分泌活动又受下丘脑控制，故垂体在神经系统和内分泌系统的相互作用中居枢纽地位（图 11-6）。

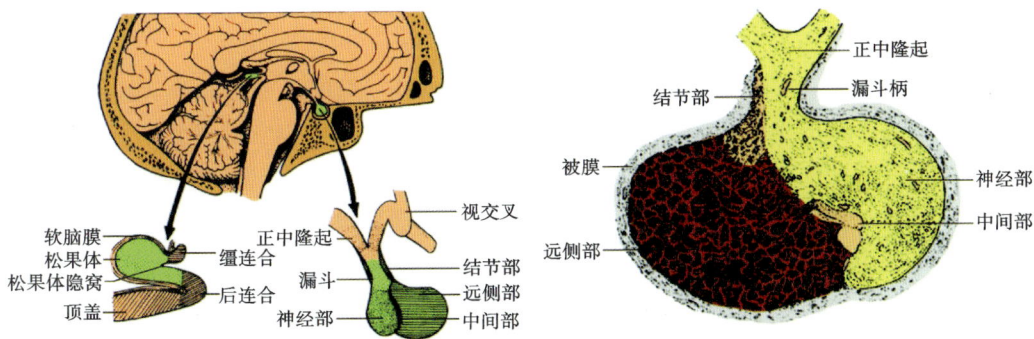

图 11-6　垂体结构图

二、垂体的微细结构

垂体由腺垂体和神经垂体两部分组成。

（一）腺垂体

腺垂体是垂体的主要部分，约占垂体体积的 75%。腺垂体包括远侧部、结节部和中间部（图 11-6）。

1. 远侧部　远侧部又称为垂体前叶，是构成腺垂体的主要部分，腺细胞排列成索

NOTE

状或团状,偶见围成小滤泡,细胞之间含有丰富的血窦。腺细胞分为嗜酸性细胞、嗜碱性细胞和嫌色细胞三种。各种腺细胞均具有含氮激素分泌细胞的超微结构特点(图11-7)。

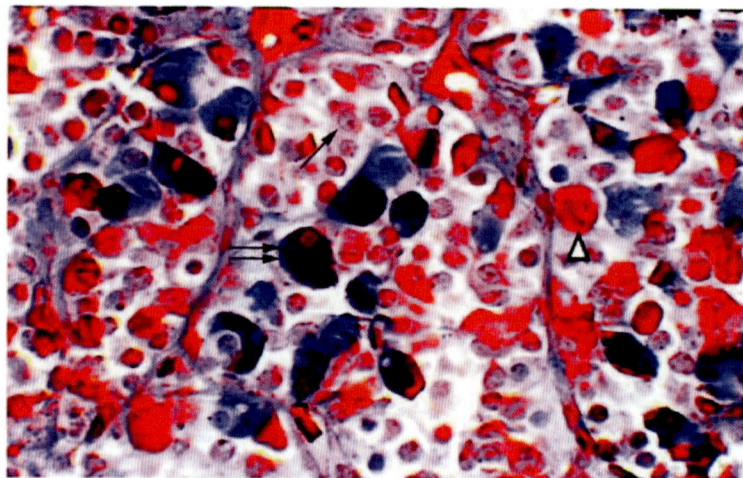

△ 嗜酸性细胞
→ 嫌色细胞
⇒ 嗜碱性细胞

图 11-7　垂体远侧部光镜图

(1) 嗜酸性细胞:数量较多,胞体大,呈圆形、三角形或多边形,胞质内充满粗大的嗜酸性颗粒,根据分泌激素的不同,分为以下两种细胞。①生长激素细胞,数量较多,分泌生长激素。生长激素能促进机体的生长和调节物质代谢,尤其是刺激骺软骨生长,促进骨骼增长。如分泌过多,在未成年时期可引起巨人症,在成人可引起肢端肥大症。如分泌过少,则可引起垂体性侏儒症。②催乳激素细胞,男、女性均有,但女性较多,在分娩前期和哺乳期此细胞功能旺盛。此细胞分泌催乳素,能促进乳腺发育和乳汁分泌。

(2) 嗜碱性细胞:数量较少,胞体大小不一,呈圆形、椭圆形或三角形,胞质内充满嗜碱性颗粒,根据分泌激素的不同,分为以下三种细胞。①促甲状腺激素细胞,分泌促甲状腺激素,促进甲状腺滤泡上皮细胞合成、分泌甲状腺激素;②促肾上腺皮质激素细胞,分泌促肾上腺皮质激素,促进肾上腺皮质束状带细胞分泌糖皮质激素;③促性腺激素细胞,分泌卵泡刺激素和黄体生成素。卵泡刺激素促进女性卵泡发育,刺激男性生精小管的支持细胞合成雄激素结合蛋白,以促进精子发生。黄体生成素促进女性排卵和黄体形成,刺激男性睾丸间质细胞分泌雄激素,故又称间质细胞刺激素。

(3) 嫌色细胞(chromophobe cell):数量最多,胞体较小,胞质着色浅,细胞轮廓不清。嫌色细胞可能是脱颗粒的嗜酸性细胞和嗜碱性细胞,或是处于形成嗜酸性细胞和嗜碱性细胞初级阶段的细胞。

2. 结节部　呈薄层套状包绕神经垂体漏斗。结节部含丰富的纵行的毛细血管。腺细胞呈纵向排列于血管间,主要为嫌色细胞,也含有少量嗜酸性细胞和嗜碱性细胞。

3. 中间部　位于远侧部与神经部之间的狭窄区域,是一个退化的部位,与神经垂体的神经部合称为垂体后叶。中间部可见大小不等的滤泡,滤泡周围散在分布有嫌色细胞和嗜碱性细胞。嗜碱性细胞分泌黑素细胞刺激素,使皮肤颜色变黑。

（二）神经垂体

神经垂体由神经部和漏斗组成，漏斗与下丘脑相连。神经部由大量无髓神经纤维、神经胶质细胞和丰富的毛细血管构成。无髓神经纤维是下丘脑视上核和室旁核内的神经内分泌细胞的轴突，形成神经束，经漏斗进入神经部。视上核和室旁核内的神经内分泌细胞形成的分泌颗粒沿轴突运输至垂体神经部，在神经元轴突沿途或终末，分泌颗粒聚集成团，光镜下呈均质状嗜酸性团块，称为赫林体。颗粒内的激素以胞吐方式释放入毛细血管。可见神经垂体本身无内分泌功能，只是储存和释放视上核和室旁核所分泌的激素。视上核和室旁核的神经内分泌细胞能合成抗利尿激素和催产素。抗利尿激素主要促进肾远曲小管和集合管重吸收水，使尿量减少，如分泌过量可导致小动脉平滑肌收缩，血压升高，故又称加压素。若其分泌减少，会导致尿量显著增加，称尿崩症。催产素能使妊娠子宫平滑肌收缩，并促进乳腺分泌。神经部的神经胶质细胞又称垂体细胞，具有支持、营养神经纤维的作用。

（三）腺垂体的血管及其与下丘脑的关系

腺垂体与下丘脑的联系通过垂体门脉系统实现。腺垂体主要由大脑基底动脉环发出的垂体上动脉供血。垂体上动脉在漏斗处形成第一级毛细血管网，继而下行至结节部下端汇集形成数条垂体门微静脉，后者下行至远侧部，再度形成第二级毛细血管网。垂体门微静脉及其两端的毛细血管网共同构成垂体门脉系统。

下丘脑的弓状核等神经核的神经内分泌细胞，能产生多种激素，其中对腺细胞分泌起促进作用的激素，称释放激素；对腺细胞分泌起抑制作用的激素称释放抑制激素。激素在漏斗部释放进入第一级毛细血管网，再经垂体门微静脉到达腺垂体远侧部的第二级毛细血管网。下丘脑通过产生的释放激素和释放抑制激素调节腺垂体相应腺细胞的分泌活动（图 11-8）。

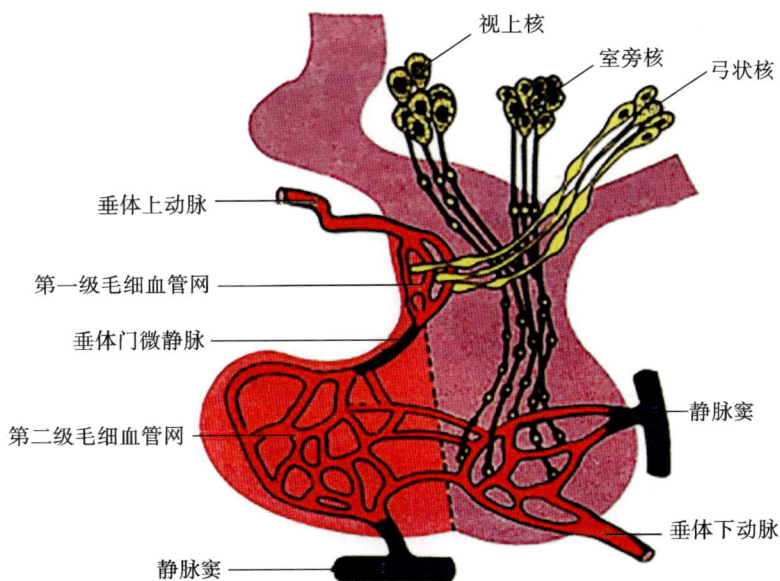

图 11-8　腺垂体的血管分布及腺垂体与下丘脑关系模式图

259

第十二章 人体胚胎学概论

学习目标

掌握:受精和植入的概念和条件、三胚层的形成和分化过程、胎盘的结构、胎儿血液循环的特点和出生后的变化。

熟悉:胚泡的结构、胎膜的组成。

了解:双胎和多胎、致畸的因素。

人胚胎在母体子宫内的发育历时 38 周(约 266 天),可分为两期:①胚期,从受精卵形成至第 8 周末。此期受精卵由单个细胞经过迅速而复杂的增殖分化已初具人形。②胎期,从第 9 周至出生,此期胚胎各结构继续发育,功能逐步建立。

知识拓展

围产期与围产医学

近年来,为了加强胎儿及母体的保健和护理,促进优生优育,减少新生儿死亡,临床上将妊娠 28 周胎儿至出生后 1 周的新生儿发育阶段称为围产期。研究围产期孕产妇、胎儿或新生儿卫生保健的科学称围产医学,属临床医学类学科的范畴。

第一节 生殖细胞的发育

生殖细胞包括精子和卵子,均为单倍体细胞,只有 23 条染色体(22 条常染色体,1 条性染色体)。

一、精子的成熟和获能

精子产生于睾丸精曲小管,初级精母细胞经两次减数分裂形成 4 个精子,由二倍体变为单倍体。精子储存于附睾内,继续发育并具有运动能力,但没有受精能力。这是由于精子头部黏附的来自精液的糖蛋白阻止了顶体酶的释放。精子进入女性生殖管道内,该糖蛋白被降解,从而使精子获得与卵子结合的受精能力,此现象称获能。精子在女性生殖管道内能存活 1~3 天,受精能力只可维持 24 h。

二、卵子的成熟

卵发生于卵巢,经过两次减数分裂形成卵子。初级卵母细胞第一次减数分裂后在排卵前形成次级卵母细胞。从卵巢排出的次级卵母细胞,只有受到精子穿入其内的激发,才完成第二次减数分裂,形成成熟的卵子。若未受精,次级卵母细胞则于排卵后12～24 h退化。

‖第二节 胚胎的早期发育‖

胚胎早期发育是指自受精卵形成至第8周末。主要包括受精、卵裂、胚泡的形成、胚层的分化、胚体的形成等。

一、受精

受精是指精子与卵子结合形成受精卵的过程。其受精部位多在输卵管壶腹部。

(一) 受精的条件

(1) 男、女性生殖管道必须畅通。

(2) 有足够数量的精子。如果每毫升精液内的精子数低于500万个,则不易受精。

(3) 精子的形态发育正常并获能,畸形(小头、双头、双尾)精子的数量占比应低于20%。

(4) 精子有活跃的直线运动能力和爬高运动能力。

(5) 卵子发育正常,并在24 h内与精子相遇。

(二) 受精的过程

当获能精子接触卵子放射冠时,顶体被激活并释放顶体酶的过程,称顶体反应。顶体酶中的透明质酸酶等溶解放射冠,顶体素等消化透明带,打开1个只能允许1个精子进入的通道,随即精子的胞核和胞质进入卵子内。此时卵子立即向细胞外释放酶类,使透明带的结构发生变化,这一过程称透明带反应。此后透明带上的精子受体被水解,其他精子不能识别透明带,阻止了它们的穿越,保证了单精受精。

进入卵子内的精子的胞核和卵子的胞核逐渐膨大,分别称雄原核和雌原核。两个原核相互靠近,核膜消失,染色体混合,形成二倍体的受精卵,完成受精过程(图12-1)。

(三) 受精的意义

(1) 受精卵形成后,激活了卵子内的发育信息,进行旺盛的能量代谢与生化合成,受精卵开始快速地进行细胞分裂和分化,启动了胚胎发育的进程。

(2) 受精卵恢复二倍体核型,既有双亲的遗传特征,又具有与亲代不完全相同的性状。

(3) 受精决定性别。受精卵核型为46,XX时,胚胎为女性;受精卵核型为46,XY时,胚胎为男性。

二、卵裂和胚泡的形成

受精后24 h,受精卵开始进行的有丝分裂,称卵裂。卵裂产生的子细胞称卵裂

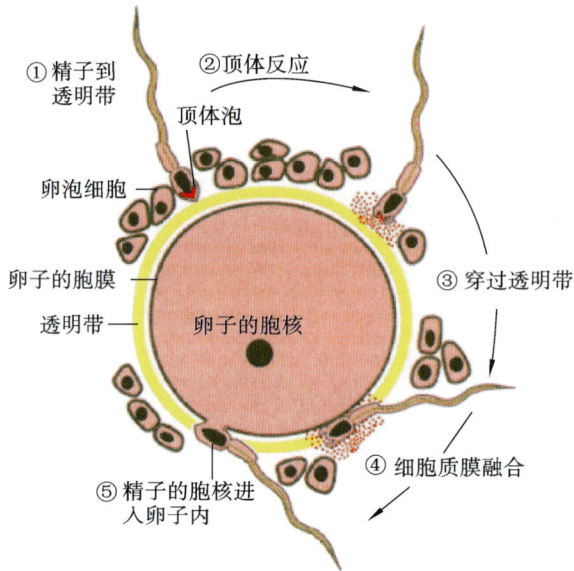

图 12-1　受精过程

球。受精卵一边进行卵裂,一边向子宫方向运动。随着卵裂球数目的增加,细胞体积逐渐变小,第 3 天,卵裂球数达 12～16 个,共同组成一个实心细胞团,称桑葚胚(图12-2)。

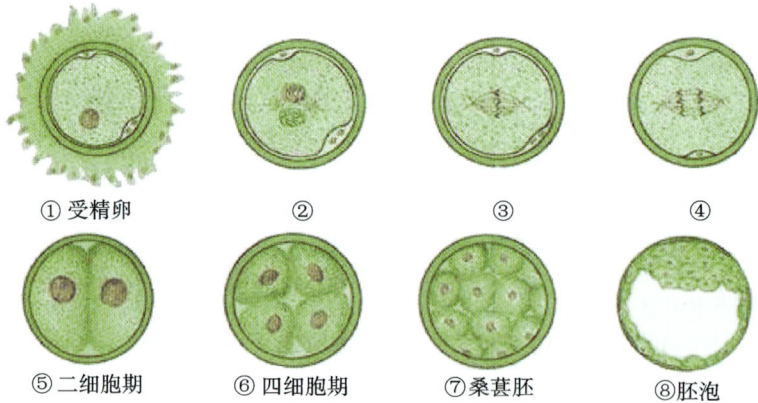

① 受精卵　　②　　　③　　　④

⑤ 二细胞期　⑥ 四细胞期　⑦ 桑葚胚　⑧ 胚泡

图 12-2　卵裂及胚泡的形成

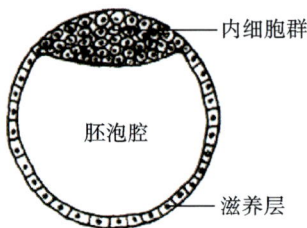

图 12-3　胚泡结构

　　桑葚胚增殖分裂,当卵裂球数达到 100 个左右时,细胞间开始出现小的腔隙,最后融合成一个大腔,称胚泡腔,此时的桑葚胚呈中空的囊泡状,称胚泡。胚泡壁为单层扁平细胞,与营养的吸收有关,称滋养层;有一细胞团位于腔内一侧,称内细胞群,是发育为胚体的原基(图 12-3)。胚泡于受精后第4 天到达子宫腔。胚泡不断增大,透明带变薄、消失。

知识拓展

胚胎干细胞(embryonic stem cell, ESC)

ESC是一种具有全能性的细胞,一般从胚泡的内细胞群分离出来,能分化为机体的任何组织细胞。在适当条件下ESC可被诱导分化为多种细胞、组织,是研究哺乳动物胚胎早期发生、细胞分化、基因调控等发育生物学基本问题的理想模型,也是组织工程、药理学和临床医学研究的重要工具。

三、胚泡的植入

胚泡逐渐埋入子宫内膜的过程称植入,又称着床。植入开始于受精后第5~6天,于第11~12天完成。

(一) 植入的过程

植入时,内细胞群顶部的极端滋养层最先与子宫内膜接触,分泌蛋白水解酶,在子宫内膜溶蚀形成一个缺口,胚泡则沿着缺口处逐渐埋入子宫内膜中。在植入过程中,与子宫内膜接触的滋养层细胞迅速分裂增生,并分化为内、外两层。外层细胞互相融合,细胞界限消失,称为合体滋养层;内层仍保持明显的细胞界限,由单层立方细胞组成,称为细胞滋养层。细胞滋养层的细胞具有分裂能力,可不断形成新的细胞加入合体滋养层。胚泡全部植入子宫内膜后,缺口附近上皮细胞修复,植入完成(图12-4)。

(二) 植入的部位

胚泡的植入部位通常在子宫体和底部,多见于后壁。若植入部位靠近子宫颈处,将形成前置胎盘,常引起无诱因、无痛性的反复阴道流血,分娩时可导致胎儿娩出困难或胎盘早剥。若胚泡植入在子宫以外部位,则称为异位妊娠(宫外孕),常发生在输卵管,偶见于子宫阔韧带、肠系膜、卵巢表面等处。异位妊娠的胚胎多早期死亡而被吸收,或引起植入处血管破裂而导致大出血(图12-5)。

(三) 植入的条件

(1) 植入必须在雌激素和孕激素的协同调节下进行,子宫内膜处于分泌期。

(2) 胚泡适时进入子宫腔,透明带及时溶解消失。

(3) 子宫内环境保持正常。

四、蜕膜的形成

植入后的子宫内膜称为蜕膜。此时分泌期的子宫内膜进一步增厚,血液供应更丰富,腺体分泌更旺盛,基质细胞变肥大,富含糖原和脂滴,称为蜕膜细胞。子宫内膜的这些变化称为蜕膜反应。根据蜕膜与胚的位置关系,蜕膜分为三部分:①基蜕膜:位于胚深部的蜕膜。②包蜕膜:覆盖在胚表面的蜕膜。③壁蜕膜:子宫其余部分的蜕膜(图12-6)。

NOTE

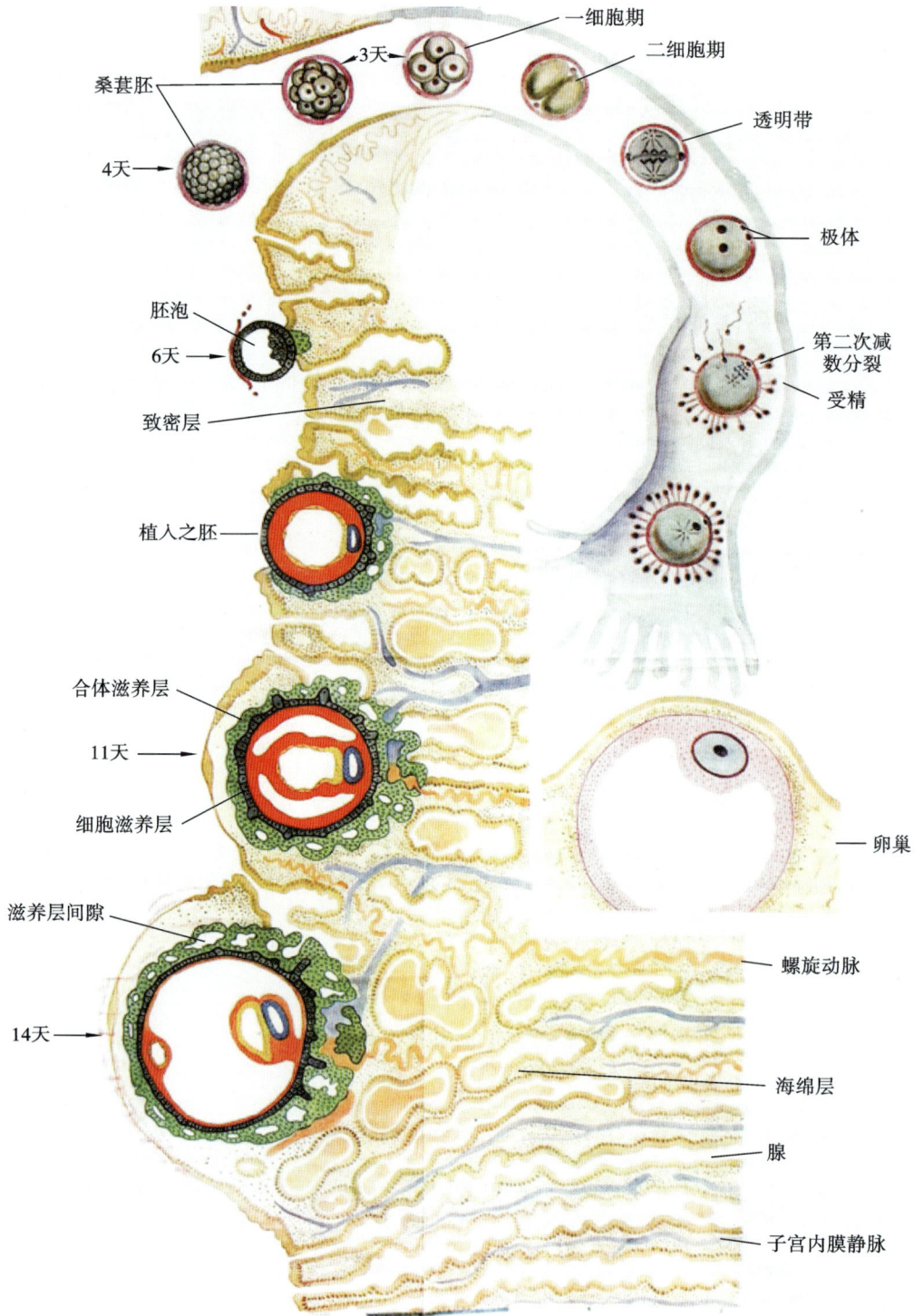

图 12-4　胚泡的植入

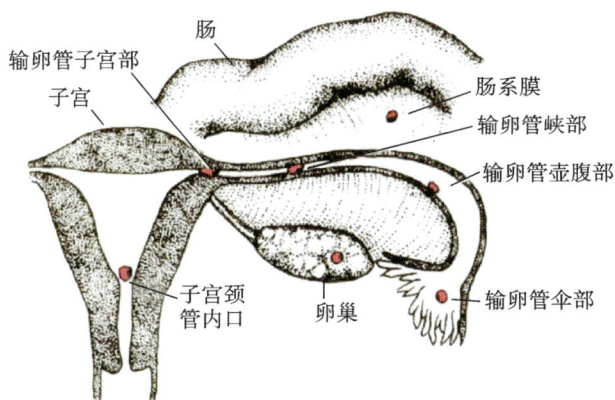

图 12-5　植入的部位

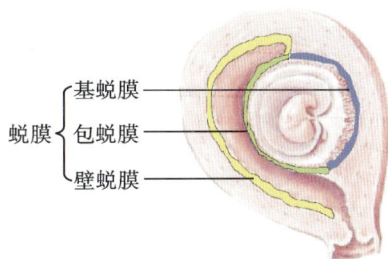

图 12-6　胚泡与子宫内膜的关系

知识拓展

试管婴儿

　　受孕是一个复杂而微妙的过程,一旦其中的一个环节出现失误,就会导致受孕失败。1978 年,世界上第一例试管婴儿 Louis Brown 在英国诞生,为许多不孕家庭带来福音。

　　试管婴儿是一种辅助生殖技术,采用的是体外受精-胚胎移植术(in vitro fertilization and embryo transfer,IVF-ET),即从女性体内取出卵子,在体外(试管内)与精子受精,待受精卵发育到桑葚胚或更早的时期,再将培养的胚移植到女性子宫腔内,获得圆满妊娠。

　　我国大陆运用 IVF-ET 技术在 1988 年诞生了首例试管婴儿。三十多年来,世界上已有 300 多万例试管婴儿诞生。

五、胚盘的形成

胚泡内细胞群的细胞增殖、分化,逐渐形成胚盘。

(一)二胚层胚盘及相关结构的形成

1. 二胚层胚盘的形成　受精后第 2 周,内细胞群的细胞开始不断分裂增殖。靠近胚泡腔侧(腹侧)逐渐形成一层立方形细胞,称下胚层;邻近滋养层侧(背侧)形成一层柱状细胞,称上胚层。上胚层和下胚层的细胞借基底膜紧密相贴,形成一个椭圆盘状结构,称二胚层胚盘,它是胚体的原基(图 12-7)。

2. 羊膜囊和卵黄囊的形成　受精后第 8 天,上胚层细胞增殖,内面出现含液体的小腔,形成羊膜腔,腔内的液体称羊水。羊膜腔周围的上胚层细胞分化形成羊膜上皮,羊膜上皮包绕羊膜腔形成的囊,称羊膜囊。上胚层封闭羊膜囊的底。

　　下胚层周缘的细胞增生并向腹侧迁移,围成一个囊,称卵黄囊,下胚层封闭卵黄囊

NOTE

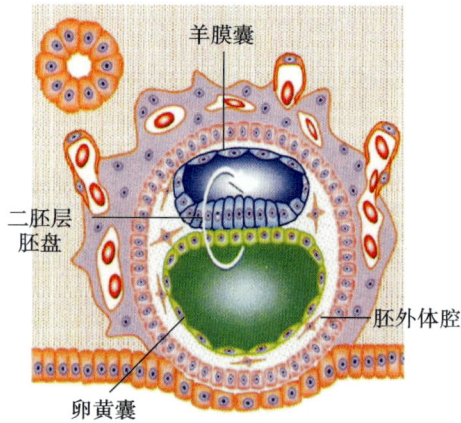

图 12-7　人胚结构

的顶。在羊膜囊和卵黄囊之间是二胚层胚盘。羊膜腔面为胚的背侧,卵黄囊面为胚的腹侧(图 12-7)。羊膜囊和卵黄囊对胚盘有保护和营养作用。

3.胚外中胚层的形成　随着二胚层胚盘的形成,胚泡滋养层的细胞向胚泡腔内增殖,胚泡腔内形成并充填着星状多突的细胞,填充于滋养层和羊膜囊、卵黄囊之间,称胚外中胚层。胚外中胚层内逐渐出现一些小腔,并逐渐融合,称胚外体腔。由于胚外体腔的出现,胚外中胚层被分隔为两层:铺衬在羊膜表面和滋养层内面的称壁层,覆盖于卵黄囊表面的称脏层。随着胚外体腔的扩大,羊膜囊顶壁与滋养层之间的胚外中胚层缩小变细形成索状,称体蒂,是发育为脐带的主要成分。

(二)三胚层胚盘及相关结构的形成

1.原条的形成　在第 3 周初,上胚层细胞迅速增生,向尾端中线迁移,形成一条增厚的细胞索,称原条。原条的出现决定了胚盘的头、尾端和中轴。原条头端的细胞增殖较快,略膨大,称原结,原结中央出现浅窝,原条中线出现浅沟,分别称原凹和原沟(图 12-8)。

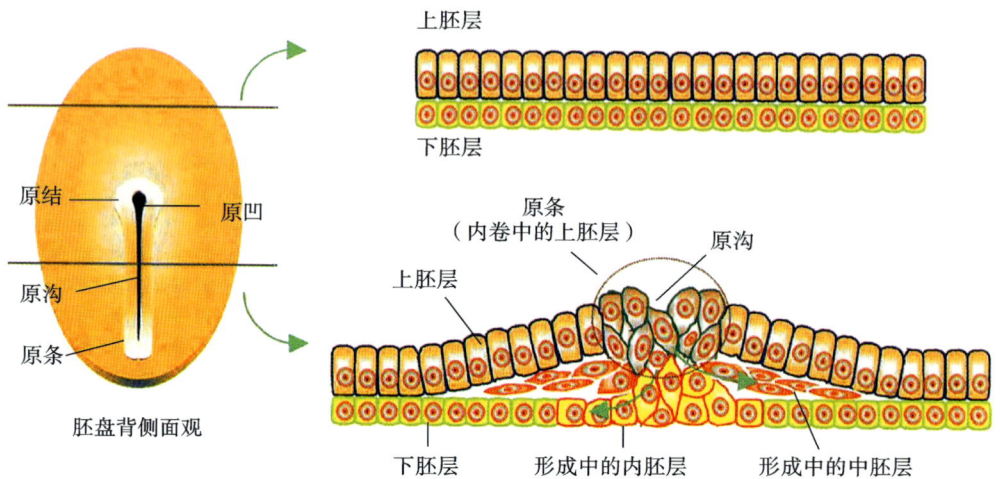

图 12-8　胚盘

2. 三胚层胚盘的形成 原沟底的细胞在上、下胚层间向胚盘左、右及头、尾侧扩展迁移,一部分在上、下胚层间形成一个新细胞层,即胚内中胚层,简称中胚层,其在胚盘边缘与胚外中胚层衔接;另一部分细胞进入下胚层,并完全替换下胚层细胞,形成另一个新的细胞层,称内胚层。内胚层和中胚层形成之后,上胚层改称外胚层。此时三胚层胚盘形成。

在胚盘头端和尾端各有一区域没有中胚层,内、外胚层直接相贴,分别构成口咽膜(头端)和泄殖腔膜(尾端)。口咽膜前端的中胚层称生心区,是发生心的部位。

3. 脊索的发生 与此同时,原结的细胞继续增殖并下陷,在内、外胚层间向头端形成一条细胞索,称脊索。原条和脊索构成了胚盘的中轴,并成为胚胎早期发育阶段的支持组织,随着胚体的发育,原条最终消失。若原条细胞残留,在人体的骶尾部可增殖分化,形成由多种组织构成的畸胎瘤。成人椎间盘中央的髓核即为脊索退化的遗迹。

六、三胚层的分化

(一) 外胚层的分化

脊索形成后,诱导其背上方的外胚层增厚呈板状,称神经板。构成神经板的这部分外胚层也称神经外胚层,而其余部分常称表面外胚层。

1. 神经管的形成和分化 神经板中央沿长轴向下凹陷,形成神经沟;左、右两侧隆起,形成神经褶。两侧的神经褶从中间向头、尾两端开始融合,使神经沟完全闭合为神经管(图 12-9)。神经管两侧的表面外胚层在其上方靠拢并融合,神经管埋入深部。神经管是中枢神经系统的原基,将分化为脑和脊髓以及神经垂体和视网膜等。神经管头、尾两端未闭合时,分别留有两个开口,称前神经孔和后神经孔。若前、后神经孔未闭合,将会分别导致无脑畸形和脊髓裂。

2. 神经嵴的形成和分化 在神经沟闭合为神经管时,神经褶与表面外胚层相连处的细胞并不参与神经管的形成过程。它们形成位于表面外胚层与神经管之间的两条纵行细胞索,称神经嵴。神经嵴是周围神经系统的原基,将分化为神经节和神经以及肾上腺髓质的嗜铬细胞。

3. 表面外胚层的分化 表面外胚层将分化为皮肤的表皮及其附属器,以及腺垂体、口腔、鼻腔及肛管下段的上皮等。

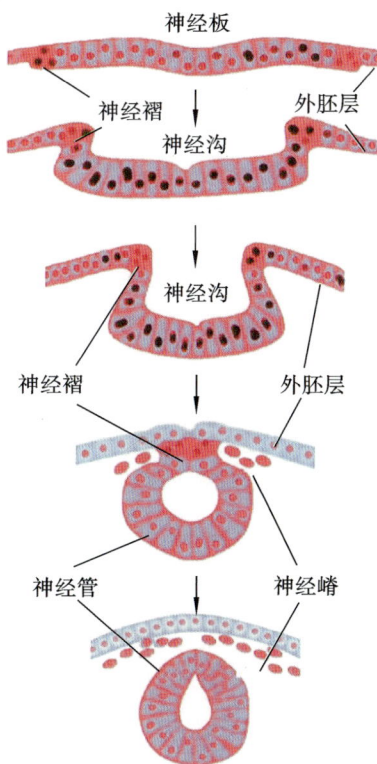

图 12-9　神经管的形成

（二）中胚层的分化

中胚层的细胞通常先形成间充质,再分化为各种结缔组织、肌组织以及部分上皮组织(如内皮和间皮等)(图 12-10)。

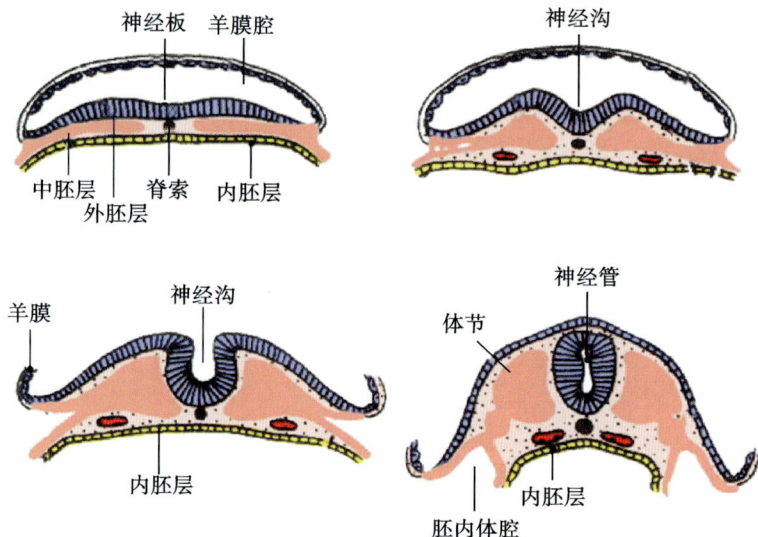

图 12-10　中胚层的分化

1. 脊索　在胚胎早期起一定的支架作用,以后大部分退化消失,仅在脊柱的椎间盘内残留为髓核。

2. 脊索两旁的中胚层　由内向外依次分化为三部分:轴旁中胚层、间介中胚层和侧中胚层。

（1）轴旁中胚层:随即断裂为团块状的体节。体节左右成对,共 42～44 对,分化为背部的皮肤真皮、皮下组织、骨骼肌、中轴骨骼和血管等。

（2）间介中胚层:分化为泌尿、生殖系统的主要器官。

（3）侧中胚层:其内部逐渐出现一个大的胚内体腔,并与胚外体腔相通,分为两层:①与外胚层相贴的为体壁中胚层,分化为胸腹部和四肢的皮肤真皮、皮下组织、骨骼肌、骨骼、壁层间皮和血管等;②与内胚层相贴的为脏壁中胚层,覆盖于由内胚层演化形成的原始消化管外面,分化为消化、呼吸系统的结缔组织、肌组织、脏层间皮和血管以及心壁等;③胚内体腔与胚外体腔分开,分化为心包腔、胸膜腔和腹膜腔。

（三）内胚层的分化

内胚层向腹侧卷折,最终被包入胚体内部,形成一条头尾走向的封闭管道,称原始消化管,将分化为咽喉及其以下的消化、呼吸系统等的上皮。

胚体经历了第 4～8 周的发育后,各器官的原基均已形成,至第 8 周末,颜面及四肢已初步形成,胚体初具人形(图 12-11)。

七、胚体的形成

三胚层胚盘形成后,即第 4 周初,其边缘向腹侧卷折形成头褶、尾褶和左、右侧褶。

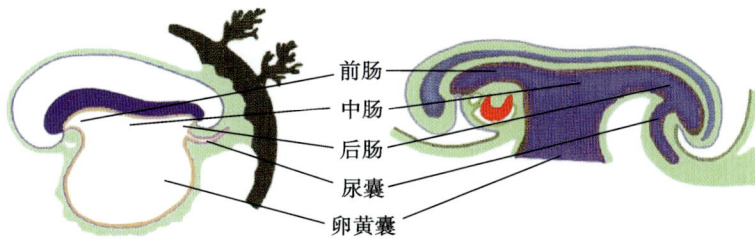

图 12-11　内胚层的分化

它们逐渐向中心靠拢,最终在胚盘腹侧的成脐处会聚,扁平形的胚盘变为圆柱状(头尾方向的生长快于左右侧向的生长)的胚体:外胚层包于胚体外表;胚体突入羊膜腔;体蒂和卵黄囊在成脐处合并,外包羊膜,形成脐带;内胚层卷到胚体内部,形成头尾方向的原始消化管;口咽膜和泄殖腔膜转到胚体的腹面,分别封闭原始消化管的头端和尾端。胚体外形的形成见图 12-12。

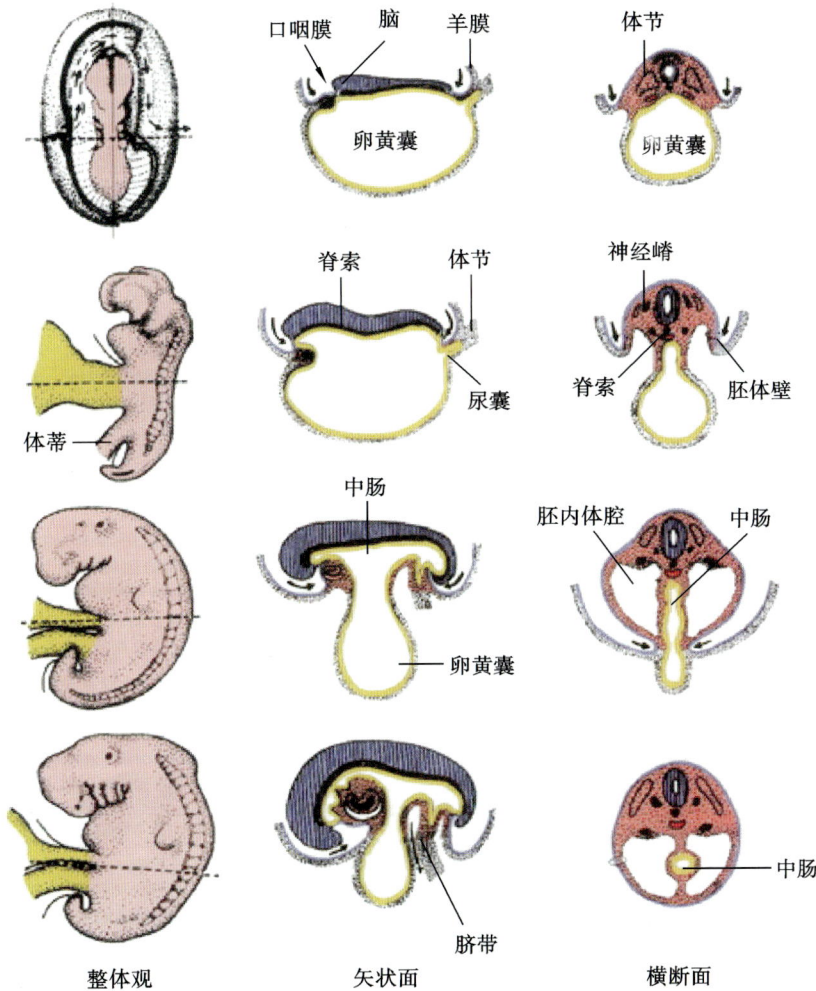

整体观　　　　矢状面　　　　横断面

图 12-12　胚体外形的形成

第三节 胎膜和胎盘

胎盘和胎膜不参与胚胎本身的形成,是胚胎以外的附属结构,对胚胎起营养、保护、呼吸和排泄等作用。胎儿娩出后,胎膜、胎盘和子宫蜕膜一起从子宫排出。

一、胎膜

胎膜(fetal membrane)包括绒毛膜、羊膜、卵黄囊、尿囊和脐带(图 12-13)。

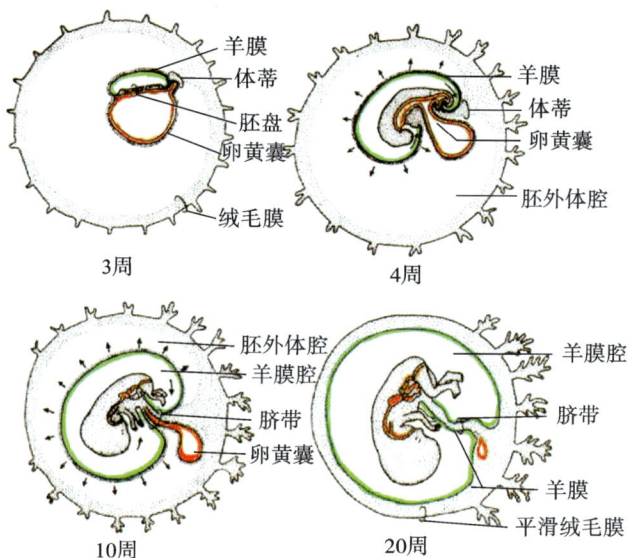

图 12-13 胎膜的演变

(一)绒毛膜

绒毛膜(chorion)由滋养层和其内面的胚外中胚层构成。胚泡完成植入后,在胚泡表面形成许多绒毛样的突起,以细胞滋养层为中轴,外裹合体滋养层,称初级绒毛干。第 3 周时,胚外中胚层深入中轴的细胞滋养层内,初级绒毛干改称为次级绒毛干。第 3 周末,绒毛干胚外中胚层内形成血管网和结缔组织,并与胚体内的血管相通,次级绒毛干改称三级绒毛干(图 12-14)。

在绒毛干顶端,细胞滋养层细胞增殖,穿出合体滋养层抵达蜕膜,在蜕膜表面扩展,彼此相连,在蜕膜表面形成细胞滋养层壳,将绒毛干固定在蜕膜上。绒毛干之间的间隙称绒毛间隙,其内充满了来自母体子宫螺旋动脉的血液,各级绒毛干表面形成的细小的绒毛浸浴在绒毛间隙的母血中,胚胎通过绒毛汲取母血中的营养物质和氧气并排出代谢废物。

胚胎发育早期,整个绒毛膜表面的绒毛均匀分布。此后,由于基蜕膜侧的绒毛膜

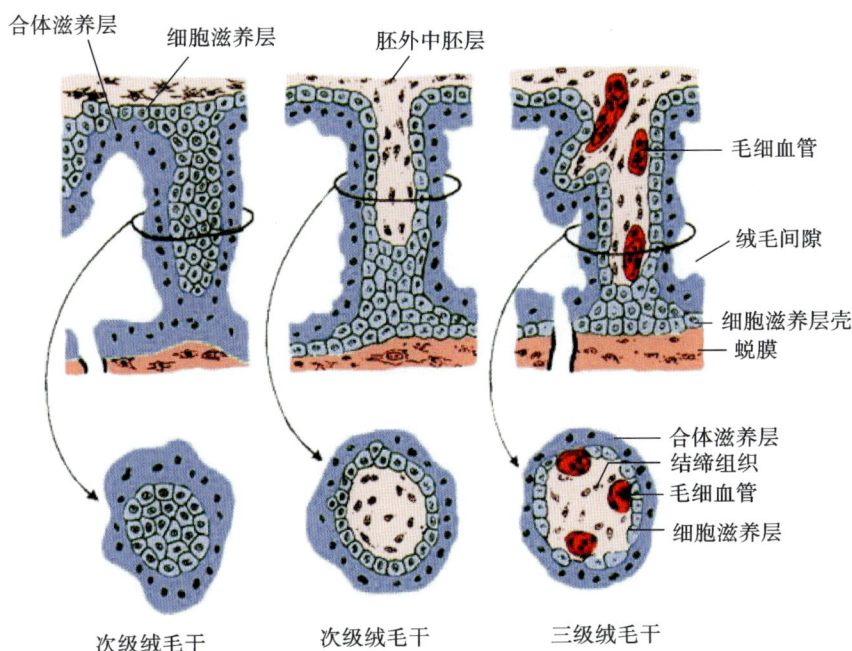

图 12-14 绒毛干的分化发育

血供充足、营养丰富,此处绒毛生长旺盛,称丛密绒毛膜,它与基蜕膜共同组成了胎盘。包蜕膜侧的绒毛膜血供匮乏,绒毛逐渐退化消失,称平滑绒毛膜。随着胚胎的发育增长及羊膜腔的扩大,羊膜、平滑绒毛膜和包蜕膜一起突向子宫腔,最终与壁蜕膜融合,子宫腔逐渐消失。

在绒毛膜发育过程中,若绒毛膜血供不足,可导致胚胎发育迟缓甚至死亡。若绒毛上的滋养层细胞过度分裂和增殖,可使胎盘绒毛形成大小不等的水泡,水泡之间还有细蒂相连成串,形似葡萄,称葡萄胎或水泡状胎。若滋养层细胞发生癌变,则形成绒毛膜上皮癌。

(二)羊膜

羊膜(amnion)为半透明薄膜,表面光滑,无血管、神经及淋巴,具有一定的弹性。羊膜由一层羊膜上皮和少量的胚外中胚层构成。羊膜腔内充满着的液体称羊水。随着胚体形成,羊膜腔扩大,胚胎突入羊膜腔内并浸泡在羊水里。

正常羊水于妊娠早期多为无色澄清液体,于妊娠中期,因胎儿吞咽羊水,并排出消化、泌尿系统的分泌物,羊水逐渐变混浊,妊娠晚期羊水因混有胎脂、脱落的上皮而呈乳白色。羊膜和羊水对胚胎有着重要的保护作用,如胎儿在羊水中自由活动,可防止胎儿肢体粘连,能缓冲外部对胎儿的振动和压迫;在分娩时还有扩张子宫颈和冲洗产道的作用。此外,通过羊膜穿刺术吸取羊水,进行细胞学检查或测定某种物质的含量,可确定胎儿染色体有无异常、胎儿的性别以及有无代谢异常等,为优生工作提供科学根据。

知识拓展

羊水穿刺术

穿刺抽取羊水后,通过对羊水标本的判断可以对胎儿的状况进行诊断。若羊水混有胎粪,呈黄绿色或深绿色,为胎儿窘迫征象;若羊水呈黄色黏稠状,提示胎盘功能减弱或过期妊娠;若羊水混浊呈脓性,有臭味,提示羊膜腔内有明显感染。此外,通过羊水的脱落细胞检查、细胞培养及生物化学检测可早期诊断某些先天性异常。

随着孕周的增加,羊水量增多,但最后 2～4 周羊水量会逐渐减少。妊娠足月时羊水量约 800 mL。如果羊水量多于 2000 mL,为羊水过多,此现象确切原因仍不清楚,临床多见于胎儿畸形、多胎妊娠以及孕妇和胎儿的各种疾病。妊娠晚期羊水量少于 300 mL,称羊水过少,临床上多见于胎儿畸形、过期妊娠以及羊膜病变等。若羊水量少于 50 mL,胎儿的死亡率达 88%。

（三）卵黄囊

人胚卵黄囊不发达,内无卵黄。第 4 周,卵黄囊顶壁的内胚层随着胚盘向腹侧包卷形成原始消化管,其余部分留在胚外。第 5 周时,卵黄囊缩小呈梨形,仅以卵黄蒂与原始消化管相连。第 6 周末,卵黄囊逐渐与原始消化管脱离并入脐带中,残存于脐带与胎盘附着处。

（四）尿囊

尿囊(allantois)发生于第 3 周,卵黄囊顶部尾侧的内胚层向体蒂内长出的盲管,即为尿囊。随着尿囊的发生,其壁上的胚外中胚层分化形成尿囊动脉和尿囊静脉,随着脐带的形成,尿囊动脉和尿囊静脉分别演化成脐动脉和脐静脉。尿囊根部参与膀胱形成,其余的部分仅存数周便退化。

（五）脐带

脐带(umbilical cord)是连接胎儿与胎盘间的索状结构,胚胎及胎儿借助脐带悬浮于羊水中。脐带一端连于胎儿腹壁脐部,另一端附着于胎盘胎儿面。脐带表面被羊膜覆盖呈灰白色,内含退化的卵黄囊、尿囊、两条脐动脉、一条脐静脉,以及具有保护脐血管作用的结缔组织。脐动脉可将胚胎血液中的代谢产物运至胎盘的绒毛内毛细血管,在此与绒毛间隙的母体血进行物质交换;脐静脉可将母体的营养物质和含氧的血液送回胚胎。因此,脐带是母体与胎儿间营养物质供应以及代谢产物排出的重要通道。

妊娠足月时,胎儿的脐带长 30～70 cm,直径 1.0～2.5 cm。脐带过短(短于 20 cm),胎儿分娩时易造成胎盘过早剥离,引起产妇大出血;脐带过长(长于 120 cm),易发生脐带打结或缠绕肢体或颈部,导致胎儿发育不良,严重者可窒息死亡。

二、胎盘

（一）胎盘的形态结构

胎盘（placenta）是母体与胎儿间进行物质交换的器官，由羊膜、胎儿的丛密绒毛膜与母体的基蜕膜共同组成。足月胎盘呈圆盘状，重约 500 g，直径 16～20 cm，厚 1～3 cm，中间略厚，边缘略薄（图 12-15）。胎盘分为胎儿面和母体面。胎盘胎儿面光滑，表面被覆羊膜，呈灰蓝色，脐带附着于中央或稍偏，透过羊膜可见脐血管由脐带附着处呈放射状走行；胎盘母体面粗糙，表面呈暗红色，可见胎盘小叶。

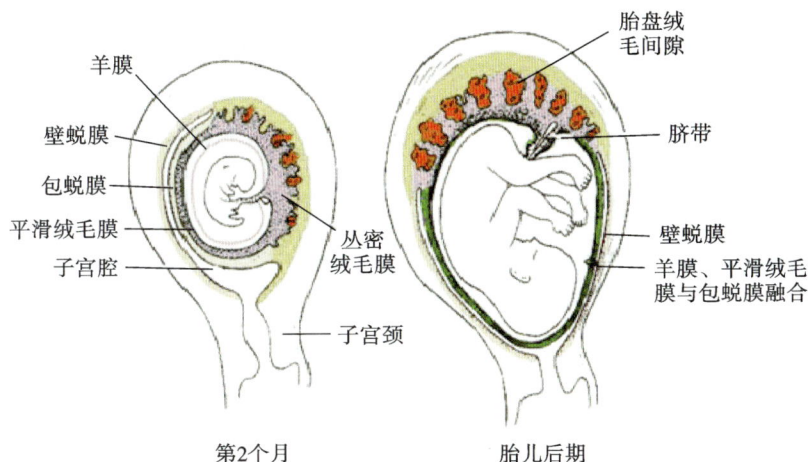

图 12-15　胎膜、蜕膜与胎盘的关系

在胎盘垂直切面上可见羊膜下方为绒毛膜的结缔组织，内有脐血管的分支。从绒毛膜板伸出的绒毛干，逐渐发出分支并向绒毛间隙伸展，形成终末绒毛网。绒毛末端以细胞滋养层壳固定于基蜕膜。每个绒毛干中均有脐动脉和脐静脉，随着绒毛干的一再分支，脐血管越来越细，最终成为毛细血管进入绒毛末端。绒毛干之间为绒毛间隙，从基蜕膜上发出若干小隔伸入绒毛间隙中，称为胎盘隔（placental septum）。胎盘隔形成若干浅沟将母体面分成 15～30 个胎盘小叶，每个小叶内含 1～4 个绒毛干及其分支。子宫螺旋动脉与子宫小静脉开口于绒毛间隙，绒毛浸浴在绒毛间隙的母体血液中。

（二）胎盘的血液循环

胎盘内有母体和胎儿两套血液循环通路，它们在各自封闭的管道内循环，互不相混，但可以进行物质交换（图 12-16）。母体与胎儿之间的物质交换均在胎盘小叶的绒毛处进行。可见胎儿的静脉血是经脐动脉及其分支到达绒毛的毛细血管，与绒毛间隙的母血进行物质交换，成为动脉血后再经脐静脉回流到胎儿体内。母体的动脉血经基蜕膜螺旋动脉开口通向绒毛间隙内，再经开口的子宫静脉返回母体内。

胎儿血和母体血在胎盘内进行物质交换所通过的结构，称胎盘屏障（placental barrier），称胎盘膜（placental membrane）。早期的胎盘屏障由绒毛内毛细血管内皮及其基底膜、绒毛内的薄层结缔组织、细胞滋养层及其基底膜、合体滋养层构成。随着胚

NOTE

273

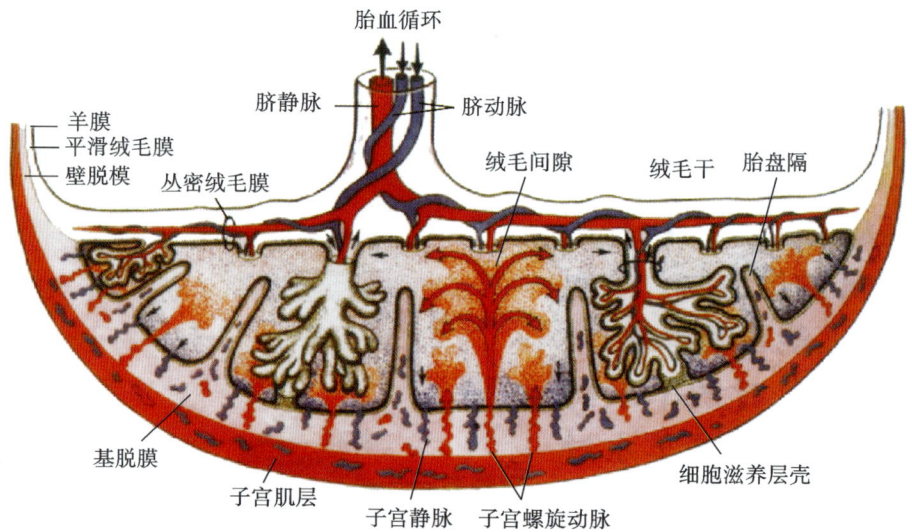

图 12-16 胎盘的结构与血液循环模式图

胎生长,细胞滋养层逐渐消失,胎盘屏障逐渐变薄,胎儿与母体血液之间仅隔以绒毛毛细血管内皮、薄层合体滋养层及两者的基底膜,更有利于物质交换。

(三) 胎盘的功能

胎盘功能包括物质交换、防御功能以及内分泌功能等。

1. 物质交换 物质交换是胎盘的主要功能。胎儿通过胎盘从母血中获得氧、葡萄糖、氨基酸以及多种维生素,同时排出二氧化碳、尿素、尿酸等代谢产物入母血,由母体排出体外。

2. 防御功能 胎盘屏障在正常情况下,能阻挡母血内大分子物质进入胎体,对胎儿具有保护作用。但是大部分药物和激素可以通过胎盘屏障进入胎体;某些病毒(如风疹病毒、麻疹病毒、脊髓灰质炎病毒及艾滋病病毒)也可通过胎盘屏障进入胎体使胎儿感染,有些病毒和药物还可引起先天畸形,故孕妇用药应慎重。

3. 内分泌功能 胎盘能分泌多种激素,对维持妊娠、保证胎儿正常发育具有重要作用。胎盘分泌的激素主要有如下几种。

(1) 人绒毛膜促性腺激素(human chorionic-gonadotropin hormone,HCG):在受精后第 2 周从尿中检出,妊娠后第 8 周血液中浓度达到高峰,持续 1～2 周迅速下降。因此,妊娠早期尿中检测此激素浓度可用于诊断妊娠。此激素的主要作用是促使黄体继续发育,维持正常妊娠。

(2) 人胎盘催乳素(human placental lactogen,HPL):于妊娠第 2 个月开始分泌,第 8 个月达到高峰,并维持至分娩。其主要作用是促进乳腺腺泡发育,为产后泌乳做好准备,同时可以促使母体的葡萄糖运送给胎儿促进其生长发育。

(3) 孕激素和雌激素:妊娠早期由卵巢妊娠黄体产生,妊娠第 8～10 周黄体逐渐退化,胎盘成为两种激素的主要来源,它们起到继续维持妊娠的作用。

NOTE

胚胎龄的推算

胚胎龄的计算方法通常有两种，一种是以受精龄推算，另一种是以月经龄推算。受精龄是以受精之日为胚胎龄的第一天，至胎儿娩出，共266天左右，科研中常用此种方法。月经龄即是从孕妇末次月经的第一天算起，胎儿娩出日为最后一天，共280天左右。计算预产期的公式：末次月经的月份减3，日加7，年份加1。这种方法常用于临床预产期的推算，但常由于月经周期的个体差异而出现一定误差。

第四节 胎儿血液循环

一、胎儿心血管系统结构特点

（一）卵圆孔

卵圆孔位于房间隔右面的尾侧部。左、右心房经此孔相通，由于胎儿右心房内血液的压力大于左心房，因此血液只能自右心房经卵圆孔流入左心房。

（二）动脉导管

动脉导管是一条连接肺动脉干和主动脉弓的大血管。

（三）脐动脉

脐动脉有一对，自髂总动脉发出，经胎儿脐部进入脐带。

（四）脐静脉和静脉导管

脐静脉和静脉导管各一条，经胎儿脐部进入胎儿体内，入肝后，延续为静脉导管，其有分支通向肝血窦。

二、胎儿血液循环途径

胎儿出生之前，肺处于不张状态，无肺呼吸，仅靠胎盘进行气体交换和排泄。在胎盘内，母体血和胎儿血经过渗透作用进行物质交换，含氧量高、营养物质丰富的动脉血，由胎盘经脐静脉入胎儿体内，脐静脉在胎儿肝内形成静脉导管，并有分支与肝窦相通。脐静脉的大部分血液经静脉导管进入下腔静脉，小部分进入肝窦，营养肝组织，后由门静脉经肝静脉进入下腔静脉，继而进入右心房。下腔静脉口正对卵圆孔，下腔静脉血的大部分经卵圆孔流入左心房，再进入左心室，后射入主动脉。其中大部分血液经主动脉弓的分支营养头、颈和上肢，小部分流入主动脉降部。因此在胎儿期，胎儿头、颈和上肢可得到含有丰富氧和营养物质的血供，发育较快。

NOTE

275

由上腔静脉回流进入右心房的血液和未能流入左心房的小部分下腔静脉血液相混合,流入右心室,再进入肺动脉干,其中小部分血入肺,营养肺组织,大部分血经动脉导管进入主动脉降部,在此与左心室来的血相混合,混合血沿着主动脉降部的分支,分布于躯干、内脏和下肢,一部分血经脐动脉流向胎盘,在胎盘内和母体血进行物质交换。

三、出生后心血管系统的变化

胎儿出生后,肺开始呼吸,脐带被剪断,胎盘循环立即终止,血液循环发生了一系列改变。

(一)动脉导管闭塞

先是管壁上的环形平滑肌收缩,使管腔暂时闭锁,以后由于其内膜的结缔组织增生,管腔才真正闭塞,形成动脉韧带。如果出生后,动脉导管不闭锁或闭锁不全,则肺动脉干与主动脉仍然相通,称动脉导管未闭。

(二)卵圆孔封闭

肺循环开始后,肺静脉回左心房的血量大增,因左心房内的压力超过右心房,卵圆孔封闭。出生后一年左右,因房间隔的结缔组织增生,卵圆孔完全封闭,仅在房间隔右面留一卵圆窝。

1. 脐动脉 近侧段成为髂内动脉,远侧段闭锁成韧带。

2. 脐静脉 转变为肝圆韧带,连于脐和肝门之间。

3. 静脉导管 变为静脉韧带。

| 第五节 双胎、多胎和联胎 |

一、双胎

双胎又称孪生(twins),是指一次妊娠分娩两个胎儿,其发生率在不同国家、地区之间略有差异,在我国占新生儿比例约1%。有家族史、胎次多、年龄大者发生孪生的概率高,近年来医源性原因增加了孪生的发生率。孪生有两种,一种是双卵孪生,另一种是单卵孪生。

1. 双卵孪生 由两个卵子分别受精发育为两个胚胎,约占孪生的2/3。两个胎儿的性别、血型可以不同,容貌与一般的兄弟姐妹相似。

2. 单卵孪生 由一个受精卵分裂发育成两个胚胎,约占孪生的1/3。由于胎儿的基因相同,因此其性别、血型、容貌等极其相似(图12-17)。

二、联胎

发生于单卵孪生,两个孪生胚体的局部相联称联胎(conjoined twins)或称联体畸胎(图12-18)。联胎有对称型和不对称型两类。对称型指两个胚胎大小相同,常见的

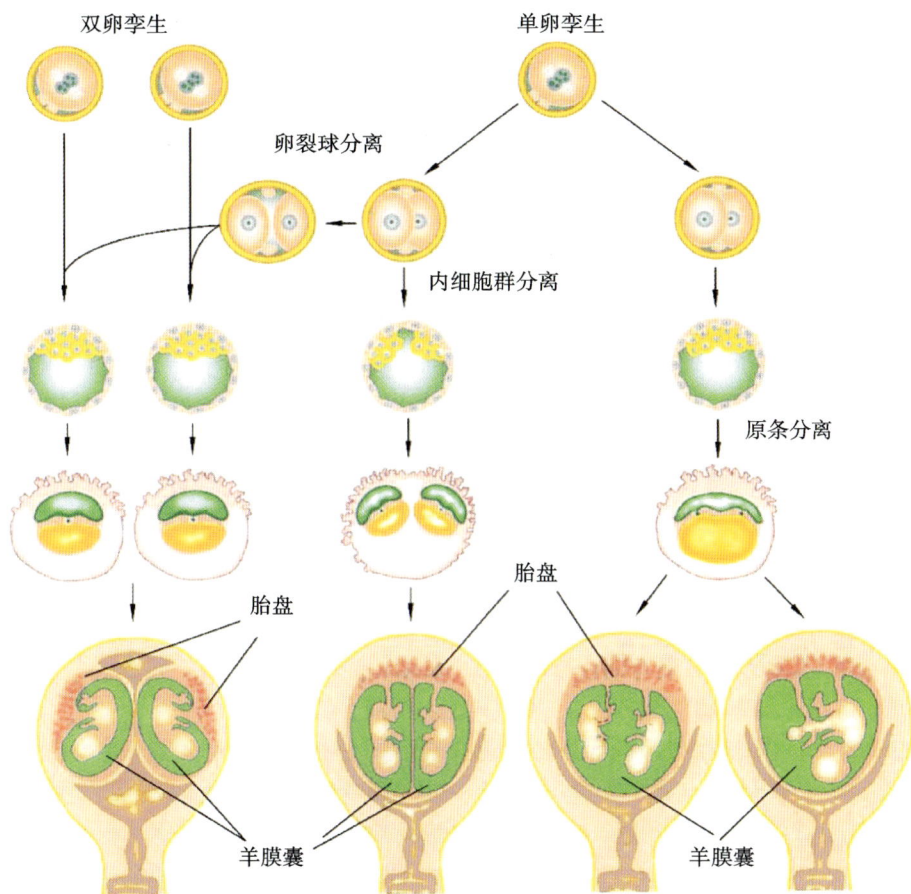

图 12-17　孪生的形成

有胸腹联胎、颜面胸腹联胎及臀部联胎等。若联体中两个个体一大一小,小者常发育不全,形成寄生胎或胎中胎。

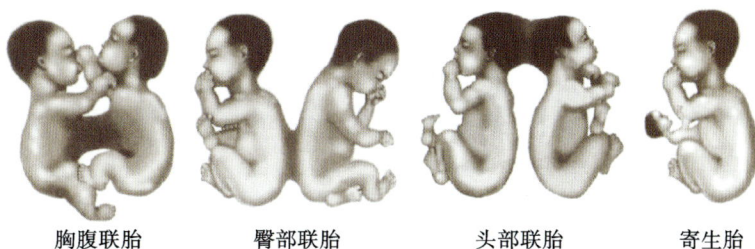

图 12-18　联胎

三、多胎

一次妊娠娩出两个以上新生儿为多胎(multiple birth)。多胎形成的原因与孪生大体相同,可以是单卵多胎、多卵多胎及混合多胎,以混合多胎多见。多胎的发生与遗传因素、环境因素、年龄及妊娠次数有关。近年来,临床上促排卵药物的应用增高了多胎的发生率。

第六节 先天畸形与致畸因素

一、先天畸形

先天畸形(congenital deformity)是由于胚胎发育紊乱而出现的形态结构异常,出生时即已存在。先天畸形影响胎儿发育,是胎儿宫内死亡的主要原因。近年来,随着现代工业发展和环境污染的加重,先天畸形的发生率有上升趋势。先天畸形给人们的生活带来了沉重的负担,应引起高度重视,并积极预防和控制先天畸形的发生。

二、致畸因素

先天畸形的发生原因主要是遗传因素和环境因素的单独或相互作用。

(一)遗传因素

遗传因素引起的先天畸形包括染色体畸变和基因突变。

1. 染色体畸变 染色体畸变是指染色体数目和结构发生改变而引起的发育异常。在生殖细胞成熟分裂过程中,某一对染色体不分离,会使子细胞出现增多或减少一条染色体,其受精卵将发育成多倍体或非整倍体的胎儿。如:先天愚型者多了一条常染色体;先天性卵巢发育不全患者少了一条性染色体(X染色体)等。染色体的结构畸变也可引起畸形,如5号染色体短臂末端断裂缺失可引起猫叫综合征。

2. 基因突变 基因突变是指基因的核苷酸顺序或数目发生改变。基因突变主要造成代谢性遗传病,如苯丙酮尿症等;引起的畸形有软骨发育不全、小头畸形、多囊肾、睾丸女性化综合征等。

(二)环境因素

有害的环境因素可对精子、卵子或受精卵发育的不同阶段产生影响,从而引发先天畸形。凡能引起先天畸形的环境因素统称致畸因子。环境致畸因子主要分为生物性致畸因子、物理性致畸因子、化学性致畸因子以及其他致畸因子。

1. 生物性致畸因子 致畸微生物可直接穿过胎盘屏障作用于胚体,或间接破坏胎盘屏障引起胎儿畸形。目前已经确定对人类胚胎有致畸作用的生物因子有风疹病毒、巨细胞病毒、单纯疱疹病毒、弓形体、梅毒螺旋体等。

2. 物理性致畸因子 射线是最早发现的一种物理致畸因子。孕妇在妊娠早期接受大剂量的X射线、放射碘等,可引起胎儿小头、智力低下、骨发育不全、甲状腺发育不全等畸形。还有一些物理因子,如高温、机械性压迫和损伤等也可引起胎儿先天畸形。

3. 化学性致畸因子 部分抗生素、抗惊厥药物、激素类口服避孕药可引起多种先天畸形,另外大多数抗肿瘤药物也有明显的致畸作用,如氨甲蝶呤可引起无脑、小头及四肢畸形。工业"三废"、农药、食品添加剂和防腐剂、某些重金属(如铅、砷、镉、汞)均含一些具有致畸作用的化学物质。

4. 其他致畸因子 酗酒、大量吸烟、缺氧、严重营养不良等均有致畸作用。妊娠期过量饮酒可引起多种畸形,称胎儿酒精综合征,其主要表现是发育迟缓、小头、小眼、短眼裂、眼距小等。吸烟的孕妇胎儿出现畸形的危险性比不吸烟者大大增高,严重者可导致胎儿死亡和流产。

三、胎儿致畸敏感期

胚胎的发育过程是一个极为复杂的过程,是细胞和组织按照一定的顺序进行分化的过程,在这个过程中任何一个环节受到干扰都可能导致各种畸形。受到致畸因子的作用最易发生畸形的发育阶段称为致畸敏感期(susceptible period)。

受精后2周内,对一般有害物质不敏感,较少发生畸形。

受精后3~8周,是人胚胎发育的最重要时期,许多重要器官及系统正在陆续分化,组织娇嫩、敏感,极易受到内、外环境因素的影响,导致形体与内脏畸形,故此期称为致畸敏感期。

受精后9~38周为胎儿期,胎儿组织器官渐趋发育成形,对有害物质的敏感性下降。但因中枢神经系统分化发育时间较长,直到妊娠晚期还保持对致畸因子的敏感性,故妊娠期受侵害可影响胎儿智力发育。

知识拓展

孕妇吸烟对胎儿的影响

胎儿的生长发育是借胎盘的血液循环与母体进行物质交换的,母亲接触到有害物质,有些会通过母体血液循环输送到胎儿体内,危害胎儿。香烟中的尼古丁可使胎盘血管收缩,导致对胎儿的供氧量减少;同时烟雾可使母体血液中的一氧化碳浓度升高、含氧量降低,造成胎儿发育迟缓、体重减轻。加之其他有害成分的影响,还可引起胎儿畸形、流产、早产或胎儿死亡。

课后习题

一、名词解释

1. 受精 2. 顶体反应 3. 植入 4. 胎盘

二、简答题

1. 简述胚泡的内细胞群分化形成三胚层胚盘的过程。

2. 试述人体各主要器官系统的胚层来源。

3. 试述绒毛膜的形成、结构和发育。

4. 试述胎盘的结构和功能。

5. 胎儿如何进行血液循环?

6. 引起先天畸形的环境因素有哪些?

参 考 文 献

[1] 基思·L·莫尔,阿瑟·F·达利.临床应用解剖学(第4版)[M].李云庆,译.郑州:河南科学技术出版社,2016.

[2] 柏树令,应大君.系统解剖学[M].8版.北京:人民卫生出版社,2013.

[3] 步宏,李一雷.病理学[M].8版.北京:人民卫生出版社,2018.

[4] 曹庆景,刘伏祥.人体解剖学与组织胚胎学[M].北京:人民卫生出版社,2022.

[5] 陈孝平,汪建平,赵继宗.外科学[M].9版.北京:人民卫生出版社,2018.

[6] 丁文龙,刘学政.系统解剖学[M].9版.北京:人民卫生出版社,2018.

[7] 范真,张宏伟.人体解剖学与组织胚胎学[M].郑州:河南科学技术出版社,2014.

[8] 傅玉峰,余寅.人体解剖学与组织胚胎学[M].北京:人民卫生出版社,2015.

[9] 高洪泉,乔跃兵.正常人体结构[M].4版.北京:人民卫生出版社,2019.

[10] 葛均波,徐永健,王辰.内科学[M].9版.北京:人民卫生出版社,2018.

[11] 顾晓松.系统解剖学(案例版)[M].2版.北京:科学出版社,2022.

[12] 孔令平,康照昌,张义伟.正常人体形态结构[M].武汉:华中科技大学出版社,2019

[13] 李继承,曾园山.组织学与胚胎学[M].9版.北京:人民卫生出版社,2018.

[14] 梁繁荣,王华.针灸学[M].北京:中国中医药出版社,2021.

[15] 刘志勇,武建军,鲍建瑛.正常人体形态结构[M].武汉:华中科技大学出版社,2012.

[16] 罗建文,谭毅,史铀.人体解剖学与组织胚胎学[M].2版.北京:科学出版社,2019.

[17] 谯时文,王建刚,张伟.正常人体形态结构[M].武汉:华中科技大学出版社,2015.

[18] 申社林,王玉孝,熊水香.正常人体形态结构[M].武汉:华中科技大学出版社,2010.

[19] 沈洪,刘中民.急诊与灾难医学[M].3版.北京:人民卫生出版社,2018.

[20] 苏传怀,高云兰.解剖学与组织胚胎学基础[M].北京:科学出版社,2011.

[21] 万学红,卢雪峰.诊断学[M].9版.北京:人民卫生出版社,2018.

[22] 王庭槐.生理学[M].9版.北京:人民卫生出版社,2018.

[23] 吴建清,徐冶.人体解剖学与组织胚胎学[M].8版.北京:人民卫生出版社,2018.

[24] 杨茂有,邵水金.正常人体解剖学[M].2版.上海:上海科学技术出版社,2012.

[25] 张朝佑.人体解剖学[M].3版.北京:人民卫生出版社,2009.

[26] 张烨,黄拥军,李泽良.正常人体结构[M].武汉:华中科技大学出版社,2011.

[27] 周瑞祥,杨桂姣.人体形态学[M].4版.北京:人民卫生出版社,2017.

NOTE